Wolfgang Paul

Wer war Hermann Göring

Wolfgang Paul

Wer war Hermann Göring

Biographie

Bechtle

Umschlaggestaltung: Christel Aumann
Herstellung und Layout: Franz Nellissen
Satz: Weihrauch, Würzburg
Druck und Bindung: Mohndruck Graphische Betriebe GmbH, Gütersloh
ISBN: 3-7628-0427-3

Inhalt

1. Das Treffen im Sönke-Nissen-Koog . . . 9
2. »Dann gnade uns Gott!« 20
3. Herkunft und Erziehung 32
4. Der Kriegsflieger 44
5. Pilot im Norden 56
6. Student in München 64
7. Putschversuch 78
8. Ins Exil 87
9. Ein Phönix aus Asche 94
10. Reichstagspräsident 112
11. Und jetzt Champagner 129
12. Preußischer Innenminister 137
13. »Weimar ist endgültig überwunden« . . . 147
14. »Was ehmals Grund war, ist nun Gipfel« . . 154
15. Erste Niederlage 164
16. Nach Carinhall 175
17. Das Blutbad 187
18. Die Hochzeitstafel 194
19. Noch mehr Macht 202
20. Der Erbe 210
21. Der Weg nach Mauterndorf 218
22. Luftwaffe zur Abschreckung 224
23. »Das ist doch Aufruhr!« 230
24. Krieg oder Frieden 237
25. Letzte Versuche 250
26. Nicht nur Triumphe 257
27. Niederlage und Resignation 267

28. Abstürze 280
29. Drama 292
30. Zusammenbruch 299
31. Dem Jüngsten Gericht entgegen 306
32. Eine letzte lange Reise 321
33. Gefangenschaft 333
34. Landung im »Mülleimer« 343
35. Gift 349

Nachwort 354

Literatur- und Quellenverzeichnis 357

Register 361

Bildnachweis 368

Welche Chimäre ist der Mensch!
Welche Neuheit, welches Monstrum,
welches Chaos, welches Gefäß des Widerspruchs,
welches Wunder! Richter aller Dinge,
armseliger Erdenwurm; Verwalter der Wahrheit,
Kloake der Unsicherheit und des Irrtums:
Herrlichkeit und Auswurf des Weltalls.

Blaise Pascal, Gedanken

1. Kapitel

Das Treffen im Sönke-Nissen-Koog

An diesem Sonntag, dem 6. August 1939, steht über dem Sönke-Nissen-Koog nahe der Stadt Husum an der Westküste Schleswig-Holsteins die heiße Sonne in einem hellblauen Sommerhimmel, unter dem die Ernte eingefahren wird. In Europa herrscht Friede. Der Spanische Bürgerkrieg war zu Ende gegangen, die Aufteilung des Kontinents in demokratische und diktatorische Herrschaftsformen mit der Machtübernahme durch General Franco auf ihrem Höhepunkt angelangt. Die Deutschen unter Hitler schienen nach der für sie überraschenden Besetzung des Restes der Tschechoslowakei Mitte März an einen langen, immerwährenden Frieden zu glauben, der jetzt, Anfang August, von der Erinnerung an den Ausbruch des Weltkrieges vor 25 Jahren nicht getrübt werden konnte, obwohl sie eine Warnung enthielt.

Den Friedensvertrag von Versailles hatte Hitler in weitgehender Übereinstimmung mit den Deutschen zunichte gemacht. Seine Fesseln waren gefallen, ohne daß es zu einem neuen Krieg gekommen war.

Die Weltgeschichte, deren Verlauf entweder das Chaos hervorbringt oder bändigt, hatte sich jedoch noch nicht entschieden, ob sie den Frieden bewahren oder einen neuen Krieg führen lassen wollte, um nochmals wie 1914 in Schlachten zu entscheiden, wer als Vormacht auf der Erde herrschen sollte.

Diese Erde wurde damals noch nicht als kleiner blauer Ball am Himmel gesehen, den Vernichtungswaffen wie Atom- und Wasserstoffbomben zerstören könnten.

August 1939. Die Erinnerung an die 25 Jahre, die seit 1914 vergangen waren, ließ die Deutschen an unglückliche und glückliche Zeiten denken, an ein Vierteljahrhundert unaufhörlicher Erregungen und seltener Ruhepausen in der Kakophonie aus Eindrücken, denen sie ausgeliefert waren oder sich selbst, mehr oder weniger freiwillig, ausgeliefert hatten.

Nach 25 Jahren war aus dem wilhelminischen Reich und der unge-

liebten Republik ein großdeutsches Reich geworden. Bismarcks Reichsgründung von 1871 war jetzt das Altreich; Österreich, dessen einstige sudetendeutsche Gebiete und das Land an der Memel waren wieder hinzugekommen. Nun wurde alles Großdeutsches Reich genannt, wozu noch ein Protektorat über Böhmen und Mähren gehörte, in dem Deutsche über Tschechen herrschten. Eine Abtretung der deutschen Ostgebiete, die nach dem Weltkrieg an Polen gefallen waren, das als Staat wiederaufgerichtet worden war, hatte es nicht gegeben, da sich Polen dagegen zu wehren wußte.
Danzig war, auch unter der Hakenkreuzflagge, Freie Stadt geblieben.
Daß aus Forderungen auf Rückkehr der verlorenen Ostgebiete ein neuer Krieg entstehen könnte, war für die Deutschen, die jetzt nur die Ernte des Sommers von den Feldern einfahren wollten, zwar vorstellbar, aber sie glaubten in ihrer Mehrheit, daß 25 Jahre nach 1914 eine Wiederholung des Weltkrieges außerhalb jeder menschlichen Vernunft wäre. Weshalb sollte Hitler die Macht, die er besaß, aufs Spiel setzen?
Großbritannien, das einen Pakt mit Polen geschlossen, aber noch nicht ratifiziert hatte, wollte doch nur den Ausbruch eines neuen Krieges verhindern, statt ihn herbeizuführen, wodurch Europa in den Mahlstrom neuer, noch unbekannter Ungeheuerlichkeiten geraten mußte.
An diesem Sonntag, dem 6. August 1939, in einem Augenblick, in dem die Weltgeschichte noch fügsam genug war, um sich friedlich leiten zu lassen, auch wenn der Friede unsicher war, den es jetzt in Europa gab – an diesem Sonntag also verließ in mehreren Autos eine Reisegesellschaft Hamburg, um unter dem hellblauen Sommerhimmel den Sönke-Nissen-Koog zu erreichen, auf dem sie am nächsten Tag mit Generalfeldmarschall Hermann Göring zusammentreffen wollte.
Hermann Göring. Über ihn schreibt Carl J. Burckhardt, an ihm habe er »Leidenschaft, mächtigen Appetit aufs Leben« bemerkt, »das breite, sichtbare Leben, nackt wie aus Spielen kindlicher Phantasie, wie bei allen im Pubertätsalter stehengebliebenen Tätern, Hemmungslosigkeit bis zum Bösen, aber keine natürliche Bosheit, keine kleinliche Rachsucht, unter anderem auch Verstand, in Augenblikken scharfe, kräftige Verstandeshandlung, ›der einzige, der Bilanzen lesen kann‹, sagte ein Großindustrieller.« Dieser Hermann Göring war der mächtigste Mann unter Adolf Hitler in Großdeutschland,

sein »treuester Paladin«, aber zugleich ein Mann des Friedens, der jetzt die Friedenspartei in der obersten Hierarchie des Reiches anführte, in der es auch eine Kriegspartei gab.
Die Herren, die sich mit Göring auf dem Sönke-Nissen-Koog verabredet hatten, waren ein Schwede, der Industrielle Birger Dahlerus aus Stockholm, und die aus England angereisten Kaufleute und Industriellen Charles MacLaren und C.F. Spencer, beide Direktoren von John Brown and Co., S.W. Rawson, ein Fabrikant aus Sheffield, Sir Robert Renwick, Brian Mountain, A. Holden und T. Mensforth, Direktor einer großen Elektrizitätsgesellschaft.
Keiner von ihnen gehörte der Regierung oder dem Parlament an, aber sie hatten als Mitglieder der Konservativen Partei Verbindungen zu ihnen, und ihre politische Mission, zu der sie aufgebrochen waren, fand im Einverständnis mit Außenminister Lord Halifax statt. Ursprünglich sollte diese Konferenz in Südschweden, auf dem Schloß Trolle-Ljungby des Grafen C.A. Trolle-Wachtmeister, 10 km östlich Kristianstad, stattfinden, aber wegen der Presse, die dort davon erfahren könnte, zog man den Sönke-Nissen-Koog vor, der im totalitär beherrschten Reich lag, das für Abschirmung sorgen würde. Auch Göring fuhr im Einverständnis mit Hitler, der an einen Krieg mit Polen dachte, aber nicht an einen Krieg mit England oder Frankreich.
Für die Engländer war Göring der Mann aus dem Dritten Reich, mit dem sie noch reden konnten, nachdem der britische Premierminister Chamberlain nach der Besetzung Prags die Brücke zu Hitler abgebrochen hatte, die er in der Krise um das Sudetenland 1938 mehrfach betrat, um den Frieden zu retten.
Göring nennt Carl J. Burckhardt im Vergleich zu Hitler »sehr preußisch«. »Er ist so lebhaft und beweglich, daß man seine Leibesfülle vergißt. Göring liegt und spricht. Er liegt wie Tristan im letzten Akt. Aber alles wagnerianisch, ein schöner Bassist mit leuchtenden blauen Augen, die Stirne im Profil gesehen hochgewölbt, der alle Karikaturen beherrschende Mund seltsam geschnitten, eingesunken wie bei einem alten Weib. Aus der ganzen Körperlichkeit aber dringt ein mächtiger Wille, er ist wie meist bei den Deutschen gemimt, nach außen gesteigert, sichtbar gemacht, aber hier ist dieser mimische Akt wirklich von einer Kraft gespeist. Da liegt er nun vor mir, glücklich wie es scheint, mit Zügen von Falstaff, der arriviert wäre, freigebig, sehr im Unterschied zu anderen in Augenblicken ritterlich, bisweilen gehen Wallungen des Gefühls vom Herzen aus.

Mut ist in manchen Lagen sehr viel vorhanden, vor dem merkwürdig fieberhaften oder plötzlich erloschenen Auge seines Führers fällt all dies zusammen.«

Würde auch jetzt dieser vor Hitler zusammenfallende Mut, wie Burckhardt es sah, sich zeigen, oder das andere »Ich« dieses seltsamen Mannes, in dem die Veranlagung sich vor der Geschichte bewähren konnte, Mut auch gegenüber dem Manne zu beweisen, durch den er zu dem geworden war, was er war, der aber auch nur durch seine Hilfe Führer und Reichskanzler geworden war?

Oder würde Göring auch jetzt, in dieser Erntezeit zwischen Frieden und Krieg, nur im diplomatischen Vorspiel der kommenden Ungeheuerlichkeiten seine wagnerianische Rolle als schöner Bassist spielen wollen?

In den ersten Augusttagen, so berichtete später der Staatssekretär des Auswärtigen, Freiherr v. Weizsäcker, habe er von Hitler den Eindruck gewonnen, daß dieser nach Auswegen suchte, um seinen Kopf wieder aus der Schlinge zu ziehen, aber dieser Eindruck sei auch bis über die Mitte des August hinaus bei ihm vorhanden gewesen.

Kopf aus der Schlinge? Zusammenbruch des Dritten Reiches, des Tausendjährigen, nach wenigen Jahren?

Auch für England stand viel auf dem Spiel. Sein Abstieg als Weltmacht könnte durch einen Weltkrieg beschleunigt werden. Sollte England diesen Abstieg durch ein Bündnis mit Deutschland aufhalten, das ihm von Hitler und Göring jetzt angetragen wurde? Mit Hitler nie - aber vielleicht mit Göring, der Hitler nicht nur entgegentreten, sondern ihn beseitigen könnte? Der Polenpakt war im Kriegsfalle unerfüllbar für England, das wußten damals alle, die sich auskannten.

England gegen Deutschland, aber nun mit den USA als Verbündeten, zugleich als dem Erben des britischen Weltreichs? Es gab viele Gründe für die sieben Herren aus England, an diesem 6. August 1939 zum Sönke-Nissen-Koog zu fahren, um dort mit Göring zusammenzutreffen.

Der Koog lag, der Nordsee abgewonnen, in dem Lande Angeln, aus dem einst Vorfahren der Angelsachsen auf die Insel gekommen waren. Über dem niedrigen Haus mit dem Dachgeschoß, das Fensteröffnungen zeigte, wehte die schwedische Flagge, das gelbe Christenkreuz im blauen Meer.

Birger Dahlerus hatte diese Flagge hissen lassen, um die Neutralität dieses Hauses den Gästen zu zeigen. Der Koog war jedoch nicht schwedisch, sondern deutsch; seine sieben Höfe gehörten Dahlerus' Frau, einer verwitweten Elisabeth Nissen. Dahlerus konnte seine Frau aus Stockholm nicht mitbringen, da sie gerade schwanger war. Als Hausfrau für die deutsch-englische Begegnung nahm er deshalb eine junge schöne Deutsche, Mary-Lies Stüve, aus Stockholm mit, die englisch sprach und früher als Hausdame seiner Frau tätig gewesen war. In diesem Sommer war sie bei den Dahlerus' zu Besuch, sie hatte die Tochter Hanna des Dresdner Sanatoriumsbesitzers Dr. Siegfried Möller mitgenommen, bei dem sie als Hausdame, Hauswirtschafterin und Erzieherin seit 1937 arbeitete. Das Kind mußte die Sommerferien in Stockholm abbrechen und fuhr allein mit dem Zug zurück nach Dresden.

Mary-Lies Stüve, uneheliches Kind einer Lübeckerin und des französischen Filmregisseurs Jacques Feyder, der mit Greta Garbo Filme in Hollywood drehte, wurde also nun für kurze Zeit Hausfrau im Hause des Bruders von Elisabeth Dahlerus, namens Rabe. Sie schrieb kurz nach dem Treffen im Koog am 14. August 1939 aus Dresden-Loschwitz an ihre Tante, die in die Schweiz emigriert war: »Ich hatte das zweifelhafte Vergnügen, dort mitten in der Ernte aufzutauchen und sechs Mann Hausbesuch sowie den Hausherrn und seine Frau und alle Kinder hinauszubugsieren, um dort ein nobles Quartier für verschiedene Gäste einzurichten. Abgesehen davon, daß es schon nicht ganz einfach ist, eine Familie aus ihrem eigenen Hause an die Luft zu setzen, so ist es auch nicht einfach gewesen, dort ein gutes Quartier zu machen. So mußte ich mir den Elektriker, Maler, Tischler und Schlosser kommen lassen. Mit ihnen ging ich durchs Haus, um Klingeln anlegen zu lassen, Lampen auszuwechseln, die entweder so kaputt waren, daß man mit dem Daumen hindurchkonnte, oder so voller Fliegendreck, daß sie einfach reif waren. Tapeten, die in Fetzen von der Decke hingen, mußten wieder angeklebt werden, Betten auf ihre Liegefähigkeit geprüft, teilweise Matratzen erneuert werden. Die Treppe bekam einen Läufer, das Klosett wurde zugkräftig gemacht und bekam eine neue Brille, nicht wegen der Größe (sie dachten an den allerhöchsten wohlbeleibten Benutzer aus Berlin!), sondern weil die Farbe bei einem Anstrich kleben geblieben wäre. Dies alles 3/4 Stunden per Auto von Husum entfernt! Was habe ich alles kaufen müssen, ich kam aus Hamburg schon mit Steppdecken und Bettwäsche an. Dann gab es ein großes Reinemachen, an dem ich mich zu beteiligen die Ehre hatte, wegen

Personalmangel und der Ernte. Am Sonnabendabend, 5. August, saß ich auf der Treppe, alle Mann raus, als einziges lebendes Überbleibsel im Hofe außer den Kühen, die im Stall muhten.«
Als die englische Delegation, wie sie damals Mary-Lies Stüve angekündigt war, mit zweieinhalbstündiger Verspätung im Koog eintraf (Dahlerus hatte mit den Herren aus England, die von Mr. Spencer angeführt wurden, in Hamburg noch eine Stadtrundfahrt gemacht, die beiden Autos, in denen sie kamen, gehörten Dahlerus und wurden von seinen beiden schwedischen Chauffeuren gefahren), war das Haus herausgeputzt, ein Koch aus Hamburg war mit schwedischen Gläsern und Proviant zur Stelle, denn Dahlerus wollte seinen Gästen schwedische Mahlzeiten reichen lassen. Im Brief von Mary-Lies Stüve heißt es dann: »Ich hatte die Ehre, mit allen bekannt zu werden und ihnen ihre Zimmer anzuweisen. Ich ging im Dirndl, natürlich ein besonders süßes, und erntete die nettesten Komplimente. Dafür durfte ich ihnen auch warmes Wasser zum Rasieren bringen, was sie aber nicht mehr verlangten, als sie erfaßten, daß ich morgens völlig allein im Hause war. Das Personal schlief aus Raummangel außerhalb, und da sie vor 2 Uhr nachts nicht fertig waren, konnte ich sie nicht vor 1/2 8 Uhr wieder bestellen.«
Auch Birger Dahlerus übernachtete nicht im Hause, er wohnte in Bredstedt, 11 Kilometer entfernt, im Hotel »Landwirtschaftliches Haus«.
Dahlerus hatte sich bald von seinen englischen Gästen verabschiedet, weil er annahm, sie wollten zeitig zu Bett gehen, um bei den Verhandlungen mit Göring in guter Form zu sein. Aber die englischen Hausgäste fanden erst Stunden nach Mitternacht ins Bett, wie Mary-Lies Stüve sich erinnert, die einiges Lampenfieber hatte, am anderen Morgen den zweitmächtigsten Mann Deutschlands begrüßen zu dürfen, denn sie war nach ihrer Herkunft das, was man damals eine Halbjüdin nannte. Sie sollte nun auf dem Sönke-Nissen-Koog Hausfrau vor dem Unterzeichner der Nürnberger Gesetze spielen! Da aber jetzt nicht nach arischen oder nichtarischen Vorfahren gefragt wurde, sondern nach höheren Dingen, Krieg oder Frieden, Zukunft oder Zukunftslosigkeit, schlief sie in der kurzen, hochsommerlichen Nacht schnell ein.
Ein Anruf des Bahnhofsvorstehers von Bredstedt riß sie am frühen Morgen des Montag aus dem Schlaf. Der Mann forderte sie auf, über den Häusern des Sönke-Nissen-Koogs die Hakenkreuzflaggen aufzuziehen, da der Sonderzug des Generalfeldmarschalls und preußi-

schen Ministerpräsidenten Hermann Göring ihm aus Hamburg gemeldet wäre und der Feldmarschall in Bredstedt seinen Zug zu verlassen gedenke, um dem Koog eine Visite abzustatten.
Da das Treffen auf dem Koog ein Geheimnis bleiben sollte, konnte sich Mary-Lies Stüve diesen Übereifer des Bahnhofsvorstehers nur aus den damaligen Verhältnissen erklären, unter denen es üblich war, zu flaggen, wenn einer der Großen des Reiches - und Göring war der Zweithöchste nach dem Führer und Reichskanzler - zu Besuch kam.
Da Mary-Lies Stüve annahm, daß Bredstedt jetzt schon im Flaggenmeer untertauchte, erwiderte sie dem Bahnhofsvorsteher, daß sie Bescheid wüßte, womit er sich zufriedengab. Dieser Übereifer des Bahnhofsvorstehers wurde dann zur Ursache für eine Meldung, die am 9. August im »Hamburger Fremdenblatt« (aber nur dort) erschien: »Generalfeldmarschall Göring begab sich gestern vormittag (es war aber einen Tag früher gewesen) von Bredstedt, wo er in einem Sonderzug eingetroffen war, mit Kraftwagen zum Sönke-Nissen-Koog, um dort den Rabeschen Hof zu besuchen.«
Am 9. August waren die englischen Gäste wieder in London. Birger Dahlerus verbrachte die Nacht zum Montag, dem 7. August, schlaflos. Er schreibt darüber: »Meine Gedanken kreisten ständig um die vor uns liegenden Probleme. Ich hatte sie so viel diskutieren hören, sowohl von deutscher wie von englischer Seite, daß ich glaubte, über die Bedeutung des Hauptproblems recht gut im Bilde zu sein. Könnten von beiden Seiten stammende Gesichtspunkte es ermöglichen, den Gedanken weiterzuverfolgen, durch persönliche Fühlungnahme einer neuen Katastrophe vorzubeugen? Würde Göring von dem, was er hörte, so beeindruckt sein, daß er sich wirklich Gedanken machte? Würde das Zusammensein in einem solchen Geist vor sich gehen, daß die Engländer ihrerseits Vertrauen zu Göring fassen könnten? Und würde Göring, wenn er von der Notwendigkeit und Möglichkeit einer friedlichen Lösung überzeugt wurde, sich stark genug erweisen, seine Auffassung in der deutschen Regierung durchzusetzen? Schlafen konnte ich nicht. Ich hatte neue und genaue Einzelheiten über die deutsche Aufrüstung erfahren; dadurch wurden mir alle Schrecken vor Augen gestellt, die ein neuer Weltkrieg über Europa bringen würde. Infolge der Entwicklung der Technik und der neu erfundenen Zerstörungsmittel war es undenkbar, daß in Europa ein Krieg ausbrechen konnte, ohne einen Weltbrand mit unübersehbaren Folgen hervorzurufen.

Als unbekannter Bürger in einem kleinen neutralen Staat wußte ich wohl, wie unendlich wenig ich als einzelner leisten konnte. Wenn ich aber etwas tun konnte, um einer Katastrophe vorzubeugen, dann wollte ich es auch tun.«

Vor dem Ablauf der Historie, der sich dann ergab, klingen diese Worte dünn, aber welcher Respekt könnte in solchen Zeiten - und auch nachher, vor neuen, vielleicht noch unseligeren Auseinandersetzungen auf diesem Erdball - zu hoch vor einem einzelnen sein, der versucht, sich der Schwerkraft, die solche Ereignisse besitzen, entgegenzuwerfen, und sei es auch nur mit einem kleinen Haus auf einem Koog, das er anbietet, um vielleicht in einer letzten Aussprache den Feinden von morgen die Hoffnung auf den Frieden abzuringen?

Die Vermittler werden von der Historie verschlungen, wenn sie auf der Strecke bleiben. Birger Dahlerus hatte damals keinen Ehrgeiz, er sah sich nur als zufälliges Bindeglied zwischen den Mächten, von denen es im August 1939 abhing, ob es Krieg oder Frieden in Europa geben würde.

Ebenso erging es Mary-Lies Stüve, damals 32 Jahre alt, ein schöner Mensch, eine kluge Frau, während sie das Haus vorbereitete, freundlich zu den Herren war und Görings Anerkennung fand, die er ihr herzlich aussprach, als er wieder abreiste: eine Zeugin der Geschichte, die damals glaubte, man könne sich miteinander verständigen, wenn man nur miteinander sprach, gut aß und trank und sich geborgen fühlte.

Geschichte ist ohne Mitleid. Wieviel Mitleid wird von ihr zertreten!

Dahlerus frühstückte am Morgen des 7. August mit den englischen Gästen; Spannung und Ernst sah er auf ihren Gesichtern.

Wieder war ein strahlender nördlicher Sommermorgen, ein Augusthimmel, der über dem flachen Koog unendlich hoch hing.

Als Dahlerus gegen 8 Uhr 30 wieder in Bredstedt eintraf, stand dort der Sonderzug Görings. Zuerst sprach Dahlerus mit Görings erstem Adjutanten, Ministerialrat Görnert, mit Staatssekretär Körner, der unter Göring den Vierjahresplan leitete, und den beiden Beauftragten, die an den Verhandlungen teilnehmen sollten, General Bodenschatz, Verbindungsmann zwischen Göring und Hitler, und Dr. Böttger, dem Dolmetscher. Dann gab Göring, wie Dahlerus schreibt, »in einem etwa einstündigen Gespräch im Zug eine Darstellung seiner Auffassung von der außenpolitischen Lage und dem Ergebnis, zu dem nach seiner Ansicht das Treffen führen müßte, nämlich zu einem gegenseitigen Übereinkommen, wonach eine deutsch-englische Konferenz mit bevollmächtigten Regierungsvertretern beider Länder abgehalten werden solle; dies natürlich unter der Voraussetzung, daß die heutigen Verhandlungen zeigten, eine solche offizielle Konferenz könne ein positives Ergebnis bringen.«

Als Göring in Zivil, im Mantel mit modischem Herrenhut auf dem Kopf, im Munde die Havanna, die er aus Wien bezog, mit Dahlerus, ohne Hut, aber ebenfalls in einem hellen Sommermantel, aus dem Bahnhof heraustrat, stand ein Spalier aus jubelnden Dithmarschern vor ihnen, die durch die Anweisung des Bahnhofvorstehers, zu flaggen, von Görings Besuch erfahren hatten. Dahlerus wurde etwas irritiert, da ja alles unter größter Geheimhaltung stattfinden sollte. Der Bredstedter Fotograf, der diese Gelegenheit wahrnahm, hinterließ davon einige Fotos, die hinter zum Hitlergruß ausgestreckten Armen einen schweren Kraftwagen mit dem Stander des Oberbefehlshabers der Luftwaffe zeigen, vor dem Göring, die Hände in den Taschen, mit ernstem Gesicht steht, während Dahlerus mit seiner Begleitung einsteigt. Der Chauffeur von Dahlerus verdeckt sie etwas. Göring stützt sich auf einen Spazierstock.

Die erste Konferenz fand von 10 Uhr bis 13 Uhr 30 im großen Wohnzimmer des Rabeschen Hauses statt, es folgte ein gemeinsamer Lunch, bei dem nach alter schwedischer Sitte der Hausherr, Dahlerus, die Gäste willkommen hieß. Kurz danach stand Göring auf, hob sein Glas mit Aquavit, trank ein »Skål« auf die anwesenden Vertreter Englands und schloß mit dem Vorschlag eines gemeinsamen »Skåls« auf den Frieden.

Dahlerus merkt hier an: »Die Stimmung war die beste, und ich glaube, daß bei einer Fortsetzung der Verbindung unter solchen Formen wirklich Möglichkeiten für eine friedliche Lösung der Probleme beständen. Nach dem Lunch wurden die Verhandlungen fortgesetzt.«

Dann faßt Dahlerus das Ergebnis der Beratungen zusammen: »Angesichts des Geistes der heutigen Besprechung sind die Anwesenden der Auffassung, ein Zusammentreffen bevollmächtigter Vertreter beider Regierungen müsse zu einem Einverständnis führen können, und sie einigen sich deshalb dahin, ihren Regierungen zu empfehlen, daß eine solche Konferenz baldmöglichst veranstaltet werde, am besten in Schweden.«

Göring hatte den Engländern »seine heilige Versicherung als Staatsmann und Offizier« gegeben, daß die Deutschen mit den Forderungen auf Danzig und einen Korridor dorthin keine Einkreisungspolitik gegen Polen beabsichtigten und daß der Forderung auf Lösung des Danzigproblems keine Forderungen auf andere Landgebiete folgen würden.

»Beim Abschied tranken die Engländer und Deutschen einander zu«, schreibt Dahlerus.

Mary-Lies Stüve schrieb aus Dresden in die Schweiz: »Es ist alles sehr nach Wunsch verlaufen, und das soll mich freuen, ganz abgesehen davon, daß alles, was mich anging, geklappt hat. Mir wurde von allen Seiten sehr gedankt, auch von dem Höchsten (womit sie Göring meinte). Mit der Familie Rabe habe ich mich wieder versöhnt, als sie merkten, daß es kein Jux war und besonders wie Teppiche, Möbel und Lampen sowie ein elektrischer Herd als bleibende Erinnerung blieben.«

Aber das greift schon vor. Jetzt mußte erst Göring - er war um 18.30 Uhr nach Niebüll gefahren - seinen Sonderzug besteigen, der ihn nach Westerland auf Sylt brachte, und von dort in sein Sommerhaus in Wenningstedt fahren, wo seine Frau und seine Tochter sich schon aufhielten.

General Bodenschatz flog am anderen Vormittag zu Hitler nach Berchtesgaden, um zu berichten.

Dahlerus frühstückte am Dienstag, dem 8. August, mit den Engländern noch im Hause des Treffens, wobei er merkte, daß seine Gäste der Auffassung zuneigten, es sei besser, wenn an der vorgeschlagenen Konferenz englischer und deutscher Regierungsvertreter auch solche der französischen und italienischen Regierung teilnehmen könnten.

Damit war München 1938 wieder ins Spiel gebracht worden, eine Viermächtekonferenz mit allen Folgen für denjenigen, um den es ging, damals war es die Tschechoslowakei, jetzt Polen.

Göring, mit dem Dahlerus noch am gleichen Tage in Westerland deswegen zusammentraf, war während einer Autofahrt über die Insel befriedigt über das Ergebnis des Treffens und meinte, der Vorschlag für eine Viermächtekonferenz sei auch für die Deutschen annehmbar. Er stellte aber stark heraus, daß diese Konferenz keine Katastrophe werden dürfte, deshalb müßten noch vorbereitende Diskussionen stattfinden. Damit war die Spontaneität des Treffens auf dem Koog in Gefahr, die lockere Atmosphäre deutsch-englischer Konversation über Krieg und Frieden.

Dahlerus kehrte dennoch befriedigt mit der Bahn auf das Festland zurück und traf sich abends in einer kleinen Bierkneipe in Niebüll

mit dem Delegationsleiter Mr. Spencer, der sorgfältig notierte, was Dahlerus von Göring mitbrachte.
Spencer kehrte nochmals zum Koog zurück, und Mary-Lies Stüve bemerkte, daß die Gäste wieder bis 2 Uhr nachts nicht in die Betten kamen. Dahlerus war, ohne den Koog nochmals gesehen zu haben, am nächsten Mittag wieder in Stockholm, »müde aber hoffnungsvoll«, wie er schreibt. Auf diese stillen Sommertage im deutschen Norden folgten Unwetter, täglich schreckliche Gewitter, auch über Dresden, wohin Mary-Lies Stüve nach dieser Exkursion in die Weltgeschichte zurückgekehrt war.
»Mein schwedischer Gastgeber ist wohl jetzt wieder in London«, schrieb sie in die Schweiz, »der fliegt was in der Welt herum.«
Aber Dahlerus flog noch nicht, wie sie glaubte, er telefonierte nur mit London; seinen englischen Gästen konnte er am 12. August mitteilen, daß die Deutschen den Vorschlag einer geheimen Viererkonferenz akzeptierten und am liebsten sehen würden, daß sie in Schweden stattfände.
»Nun kam es zu einem mir unerklärlichen und, wie sich zeigen sollte, verhängnisvollen Zwischenstadium, nämlich zu einem völligen Stocken der Verhandlungen. Das einzige, was ich – von Spencer, der nach Aix-les-Bains gereist war – erfuhr, war, daß mit einer englischen Antwort nicht vor Ablauf einiger Zeit gerechnet werden könne. Im Augenblick sei nämlich ein großer Teil der maßgebenden Personen, wie gewöhnlich um diese Zeit, auf Urlaub gefahren. Ich wurde immer unruhiger, konnte aber natürlich nichts tun. In der Zwischenzeit verschlechterte sich die politische Lage rasch.«
August 1939.
Über den Juli 1914 urteilte Henry Kissinger in einer Rede als amerikanischer Außenminister 1974: »Tatsächlich waren sie zu der Zeit alle in den Ferien, weil sie glaubten, es sei keine ernste Krise. Vier Wochen später hatten sie einen umfassenden Krieg.«
Geschichte wiederholt sich nicht, aber sie bietet Vergleiche, die nachträglich angestellt werden können, denn die Menschen, die Verantwortung tragen, die großen Macher der Geschichte, ändern sich kaum.

2. Kapitel

»Dann gnade uns Gott!«

Um Görings Rolle und Haltung in diesen Augusttagen 1939 kennenzulernen, müssen einige Tatsachen festgehalten werden.
Hitler hatte sich bisher von Göring und Ribbentrop außenpolitisch beraten lassen. Beide gerieten zueinander in eine Konkurrenzsituation, als Hitler darauf drängte, endlich sein »Ostprogramm« zu beginnen, das weit über Danzig, den Korridor und Polen hinausreichende Ziele hatte.
Über dieses »Ostprogramm« sagte er am 11.August 1939 auf dem Obersalzberg zu Carl J. Burckhardt, den er aus Danzig (dort war Burckhardt Hoher Kommissar des Völkerbundes) in Begleitung des Gauleiters Forster zu einer Aussprache über die Lage eingeladen hatte: »Ich habe keine romantischen Ziele. Vor allem will ich vom Westen nichts, heute nicht und nicht morgen. Alle die Ideen, die mir die Leute zuschreiben, sind Erfindungen. Aber ich muß freie Hand im Osten haben.«
Ribbentrop hatte Hitler leichtsinnigerweise versichert, daß England seine Polengarantie nicht wahrmachen werde. Der italienische Außenminister Ciano jedoch hatte Hitler mitgeteilt, daß Polen der casus belli für Großbritannien sein werde. Göring saß in Wenningstedt auf Sylt. Durch seine Begegnung mit den sieben Engländern auf dem Sönke-Nissen-Koog wußte Hitler, daß auf englischer Seite eine Viermächtekonferenz in Schweden ins Gespräch gebracht worden war, zu der sich aber in den folgenden Tagen die Regierung in London nicht äußerte.
Die Teilung Polens durch den Hitler-Stalin-Pakt war in diesen Tagen noch nicht Gesprächsstoff. Hitler zögerte, über einen Handelsvertrag mit der Sowjetunion hinauszugehen. »Ich möchte, bevor es zu spät ist, nochmals mit einem Engländer reden, der Deutsch kann«, sagte er am 11.August zu Carl J.Burckhardt im Teehaus auf dem Obersalzberg. »Sir Neville Henderson spricht, wie ich höre, fließend Deutsch«, erwiderte der Völkerbundkommissar. »Das hat keinen Sinn«, sagte Hitler. »Das ist ein Diplomat mit einer Nelke im

Knopfloch. Ich möchte mit einem Mann sprechen, wie Lord Halifax einer ist. Er kann selbst nicht mehr kommen, aber – wie wäre es mit dem Marschall Ironside, ich höre Gutes von ihm? Könnten Sie das den Engländern sagen?«
Lord Halifax stand, wie Hitler durch Göring wußte, hinter den sieben Engländern vom Koog. Aber von Lord Halifax kam nach dem Treffen vom 7. August nichts mehr, wie Dahlerus schreibt. Deshalb wünschte Hitler, von Burckhardt eine direkte Verbindung zum Chef des Empire-Generalstabes Marschall Ironside zu bekommen.
Am Tage nach diesem Gespräch, am 12. August, gab Hitler den Befehl zum Aufmarsch der Wehrmacht gegen Polen und bestimmte als Angriffstag den 26. August.
Mit Göring beriet sich Hitler vorläufig nicht mehr. Der Feldmarschall sonnte sich am Strand von Kampen. Dort war schon 1933 ein Schild zu sehen, das verbot, den preußischen Ministerpräsidenten zu fotografieren. 1934 schippte der Reichsarbeitsdienst für Göring eine Strandburg, um die Stacheldraht gezogen wurde.
Ribbentrop hatte nach Cianos Besuch Hitler für den Abschluß eines Nichtangriffspaktes mit der Sowjetunion gewonnen, der nach seiner Meinung die letzte Chance war, England von einem Eingreifen in einen deutsch-polnischen Krieg abzuhalten.
Hitler schlug nun Stalin vor, Ribbentrop »so bald wie möglich« zu empfangen. In Moskau verhandelte eine englisch-französische Militärmission bisher ergebnislos mit Offizieren der Roten Armee. Am 21. August traf Stalins Zusage auf dem Obersalzberg ein, Ribbentrop am 23. August zu empfangen.
Hitler befahl nun für den 22. August die Oberbefehlshaber der Wehrmachtteile mit den Generalstabschefs, Amtschefs des Oberkommandos der Wehrmacht und die für den Mobilmachungsfall vorgesehenen Oberbefehlshaber der Heeresgruppen und Armeen in Zivil auf den Berghof bei Berchtesgaden.
Erst jetzt hatte er auch Göring wieder in seiner Nähe, der vom Urlaub an der Nordsee in sein Haus auf dem Obersalzberg zurückgekehrt war. Bisher hatte Göring als Oberbefehlshaber der Luftwaffe noch keine Kenntnis vom deutschen Aufmarsch im Osten, den der Generalstab des Heeres ausgearbeitet hatte. Hitler befahl nun Generaloberst v. Brauchitsch, seinen Chef des Generalstabes General Halder vor der Generalsversammlung auf dem Berghof Vortrag bei Göring über die militärischen Maßnahmen halten zu lassen. Halder hielt diesen Vortrag für überflüssig, aber meldete sich dann, aus Ber-

lin kommend, am 22. August 10 Uhr bei Göring auf dem Obersalzberg. Aus seinen Vortragsnotizen, die in seinem Kriegstagebuch verzeichnet sind, geht hervor, daß es »Auftrag des Führers« sei, »mit überraschend starken Schlägen den Krieg zu eröffnen, die zu schnellen Erfolgen führen müßten«. Die Mobilmachung sei erst für den Angriffstag vorgesehen. Ziel sei die Vernichtung des polnischen Heeres. Zuletzt richtete Halder die »Bitte an die Luftwaffe«, ihren Einsatz an Weichsel-Mlawa und die Möglichkeiten der Luftlandung zu prüfen.

Anschließend fand um 12 Uhr die Generalsversammlung bei Hitler im Berghof statt. Hier spielte Hitler seine Trumpfkarte aus. Er teile den Generalen mit, Rußland werde durch einen Pakt ausgeschaltet. Er sprach nicht von der Absicht, sich Polen mit Stalin zu teilen.

Göring sprach als rangältester Offizier das Schlußwort. Er gelobte Hitler Treue, Gehorsam und bedingungslose Gefolgschaft. Erst nachdem die Generale den Berghof verlassen hatten, kam es zu einem Gespräch zwischen Hitler und Göring, der nun wußte, daß sein Konkurrent Ribbentrop ihn während seiner Abwesenheit vom Obersalzberg beiseite gedrängt hatte. Göring hielt das Auswärtige Amt nicht für willens und auch nicht für fähig, einen hinreichend engen Kontakt zum Foreign Office in London herzustellen. Er reiste deshalb am 22. August nach Berlin zurück in der Absicht, Birger Dahlerus sofort wieder einzuschalten, um diesen Kontakt von seiner Seite aus wieder zu beleben. Hitler dürfte einverstanden gewesen sein.

Am nächsten Morgen, Mittwoch, dem 23. August, rief Göring Birger Dahlerus in Stockholm an und ersuchte ihn, sofort nach Berlin zu kommen. Wie Dahlerus schreibt, »betont er, daß sich die Lage verschlechtert habe und daß die Aussichten auf eine friedliche Lösung sehr viel geringer geworden seien«.

Hier muß noch eingefügt werden, daß die Luftwaffe, die Göring seit 1933 aufgebaut hatte, nicht in der Lage war, einen ernsthaften Luftkrieg gegen England zu führen. Hitler hatte bei Vorführungen von neuen Flugzeugtypen am 3. Juli 1939 auf dem Luftwaffenerprobungsplatz Rechlin falsche Vorstellungen mitgenommen. Sein Luftwaffenadjutant v. Below wies Hitler auf der Rückfahrt darauf hin, daß alles, was er gesehen habe, Zukunftsmusik sei. Wie Below schreibt, rechneten Göring, Milch und Udet nach Hitlers bisherigen Äußerungen mit einer kriegerischen Auseinandersetzung frühestens 1943. Göring mußte es nun, da er wußte, daß in drei Tagen gegen Polen

Krieg begonnen werden sollte, darauf ankommen, die Frage Krieg oder Frieden auf seiner Verbindungslinie nach London in aller Dramatik zu stellen, gleichgültig, ob er dies aus Friedensliebe tat oder auch nur, weil er seine Luftwaffe nicht in der Lage sah, jetzt einen großen Krieg führen zu können.

Dahlerus sprach vor seinem Abflug nach Berlin mit dem schwedischen Premierminister Hansson, der seine Auffassung über den Ernst der Lage nicht teilte. Er dachte nicht daran, seine Ferien auf den Schären vor Stockholm abzubrechen. Am Donnerstag, dem 24. August, flog Dahlerus nach Berlin. Göring ließ ihn mit einem Auto nach Carinhall in der Schorfheide holen. Ihr Gespräch begann um 2 Uhr nachmittags. Wie Dahlerus schreibt, habe er einen umfassenden Überblick über die militärische und politische Situation erhalten. Von dem auf den 26. August festgesetzten Angriffstermin sagte ihm Göring nichts. »Göring betonte«, schreibt Dahlerus, »daß die Gefahr eines Mehrfrontenkrieges durch den Vertrag mit Rußland weggefallen sei, unterstrich aber gleichzeitig, daß die deutsche Regierung nach wie vor den aufrichtigen Wunsch hege, mit England zu einer Vereinbarung zu kommen. Er beklagte, daß die beabsichtigte Konferenz (in Schweden) nicht zustande gekommen sei, und versuchte im Verlauf des Gesprächs, die Lage so darzustellen, als ob der Gang der künftigen Ereignisse ganz von der Bereitschaft und der Initiative Englands abhänge. Er bat mich, am folgenden Tag nach England hinüberzufahren und der englischen Regierung zu bestätigen, daß die deutsche Regierung zu einer Verständigung zu kommen wünsche, und daß er, Göring, seine ganze Autorität einsetzen werde, um dieses Ziel zu erreichen.« Aber wie hoch war jetzt Görings Autorität noch einzuschätzen?

Es war ihm nicht gelungen, Hitler von seinem Krieg gegen Polen abzubringen. Er hatte ihm widersprochen, sich aber dann gefügt, als Ribbentrop die Moskauer Ernte einbringen sollte. Erst nachdem der Hitler-Stalin-Pakt geschlossen worden war, suchte er einen letzten Ausweg über Dahlerus.

»Eigenartig war Görings Verhalten, aber typisch für ihn«, schreibt Nicolaus v. Below in seinem Buch »Als Hitlers Adjutant 1937–45«. »Eifersüchtig betrachtete er Ribbentrops politischen Erfolg in Moskau und tadelte ihn, sich nicht genügend für die deutsch-englische Verständigung eingesetzt zu haben ... Gewiß begrüßte Göring das Abkommen mit Rußland, befürchtete aber eine neue Gefahr: daß Ribbentrops Einfluß auf Hitler wieder stärker geworden sei. Göring und Ribbentrop mochten sich nun einmal nicht, so Bodenschatz. Ich hatte den verhängnisvollen Einfluß persönlicher Sympathien und Antipathien unter den ›Großen des Reiches‹ auf die Behandlung und Abwicklung politischer Vorgänge mit Unverständnis verfolgt. In der Situation dieser Tage wäre es darauf angekommen, durch vertrauensvolle Einigkeit zwischen Göring und Ribbentrop Hitler zum Verzicht auf den Einsatz der Wehrmacht gegen Polen zu bewegen und den Weg zu neuen Verhandlungen freizumachen. Jeder wollte aber für sich allein den Ruhm in Anspruch nehmen, Hitlers nächster und bester Berater zu sein.«

Ehe Dahlerus am 24. August von Göring in Carinhall empfangen wurde, hatte der Generalfeldmarschall noch seine Zustimmung für den Vorschlag des Oberbefehlshabers des Heeres, v. Brauchitsch, gegeben, einen französischen Einmarsch in Luxemburg nicht als casus belli gegen Frankreich zu betrachten. Luxemburg war bei Kriegsbeginn 1914 handstreichartig von den Deutschen besetzt worden, um einem französischen Einmarsch zuvorzukommen, deshalb hatte Brauchitsch dieses Problem aufgeworfen. Görings Zustimmung gab den Ausschlag für Hitlers Entscheidung, Luxemburg nicht besetzen zu lassen.

Bevor Dahlerus am Freitag, dem 25. August, mit der normalen Linienmaschine von Berlin nach London abflog, hatte Göring ihn noch telefonisch im Hotel Esplanade erreicht und mitgeteilt, daß der Vertrag mit Rußland weitergehende Konsequenzen habe, als aus dem offiziellen Communiqué zu entnehmen sei. Als Dahlerus an diesem Freitag mit Lord Halifax im Foreign Office zusammentraf, erfuhr er, daß er nicht mehr weiter in Anspruch genommen werden müsse, da gerade der britische Botschafter, Sir Neville Henderson, von Hitler in die Reichskanzlei gerufen worden sei und somit offizielle Wege für Verhandlungen beschritten würden. Dahlerus gab sich damit aber nicht zufrieden. Beim Abendessen mit den sieben Herren, die auf dem Koog seine Gäste gewesen waren, wurde ihm nahegelegt, selbst zu hören, wie man in Berlin die Lage nach dem Gespräch mit Henderson beurteile. Da die Telefonverbindungen nach Deutschland schon abgebrochen waren, konnte Dahlerus nur mit Hilfe des Foreign Office Göring um 22 Uhr 20 erreichen. Das Gespräch wurde in die Reichskanzlei umgeschaltet. Dort befand sich Göring.

Dahlerus schreibt: »Göring war sehr nervös und äußerte vorbehaltlos seine Unruhe über die ernste Lage, ja er erklärte, daß er einen

Kriegsausbruch jeden Augenblick befürchte. Er betonte, daß er viel von meiner Reise nach London erwarte und an diesem Freitagmorgen mit Hitler eingehend unser Gespräch am Donnerstag diskutiert habe. Ich äußerte meine Verwunderung über die eingetretene Veränderung und fragte nach der Ursache. Göring antwortete etwas undeutlich, aber allmählich verstand ich, was er meinte. Er wies nämlich darauf hin, daß die Engländer eben Freitagnachmittag den Pakt mit Polen unterzeichnet hätten. Dies geschah in London im Ergebnis gleichzeitig mit dem Besuch Hendersons bei Hitler in Berlin und wurde von Hitler als eine Herausforderung und eine ausdrückliche Erklärung Englands dahin aufgefaßt, daß es eine friedliche Lösung nicht wünsche.«

An diesem Abend, um 19 Uhr, hatte Hitler den Angriffsbefehl gegen Polen für den Morgen des 26. August zurückgenommen. Als Ursache für dieses erneute Schwanken wird auch angenommen, daß Mussolini nicht bereit gewesen sei, seinen Bündnispflichten nachzukommen. Die Unterzeichnung des Paktes England-Polen am gleichen Tage hat bei der Rücknahme eine besondere Rolle gespielt. Als Dahlerus mit Göring in der Reichskanzlei telefonierte, war dort die Entscheidung gefallen. Um 22 Uhr 30 gab der Heeresadjutant Engel auf Befehl Hitlers das »Abblasen des Angriffs« an General Halder telefonisch durch. Halder erfuhr von Engel: »Führer ziemlich zusammengebrochen. Leise Hoffnung, daß man auf Verhandlungsweg England zur Annahme von Forderungen bringt, die Polen ablehnt. Danzig-Korridor. Henderson: Angebot Lösung der Korridorfrage und Danzig, z. Zt. London.

Göring – Kompromiß.«

Es sah aus, als sei jetzt, nach der Rücknahme des Angriffsbefehls durch Hitler, Göring endlich am Zuge.

Dahlerus traf am nächsten Vormittag Lord Halifax in Downing Street. In London herrschte eine »erschreckende Stimmung«, wie Dahlerus schreibt. Mehrere seiner Bekannten »hatten London früh am Morgen verlassen, da sie jederzeit mit dem Kriegsausbruch rechneten«.

Bei Kriegsausbruch, so glaubte man damals, würden zuerst die Hauptstädte bombardiert, ehe es zu anderen Kampfhandlungen käme.

Dahlerus betonte gegenüber Lord Halifax, »der einzige Mann in Deutschland, der einen Krieg verhindern könne, sei Göring. Ich machte deshalb den Vorschlag, daß Halifax in einem persönlichen

Brief an Göring, den ich übergeben könne, Englands ernsten Willen, zu einer friedlichen Lösung zu kommen, bestätigen solle, und äußerte die Hoffnung, daß eine solche Maßnahme die erregte Stimmung in Berlin beruhigen könne.
Nach einer halbstündigen Beratung mit Chamberlain teilte mir Lord Halifax mit, daß der Premierminister meinen Vorschlag gutheiße und er, Halifax, einen persönlichen Brief an Göring schreiben würde, den ich mitnehmen und ihm übergeben solle. Dieser Brief, von Englands Außenminister zu einem Zeitpunkt abgesandt, als die Krise ihren Höhepunkt erreicht zu haben schien, ist aus keinem der veröffentlichten offiziellen Berichte bekannt. Halifax las mir den Brief vor; er erklärte in ihm klar, aufrichtig und freundlich Englands entschiedenen Wunsch, mit Deutschland zu einer Verständigung zu kommen.«
Mit diesem Brief von Lord Halifax in der Tasche flog Dahlerus am 26. August über Amsterdam nach Berlin-Tempelhof. Er wurde dort von dem Luftwaffen-Oberstleutnant Conradi erwartet, der ihn im Auftrag von Göring nach Carinhall fahren sollte. Als sie dort eintrafen, erfuhren sie, der Feldmarschall habe Carinhall in der Abenddämmerung verlassen. Er hatte sich für den bevorstehenden Feldzug gegen Polen in sein Hauptquartier begeben, das aus seinem Sonderzug bestand, der in der Nähe von Carinhall auf dem kleinen Bahnhof Friedrichswalde an der Bahnstrecke Joachimsthal-Templin hielt. Dort übergab ihm Dahlerus den Brief des britischen Außenministers Lord Halifax. Er mußte ihn übersetzen, da Göring die englische Sprache nicht beherrschte. Dahlerus bemerkte, daß der Inhalt »einen tiefen Eindruck« auf Göring machte, der meinte, er sei von entscheidender Bedeutung, deshalb müsse er sofort mit Hitler darüber sprechen. Mit dem Auto fuhren sie sofort durch die Nacht nach Berlin zur Reichskanzlei, wo Göring gesagt wurde, der Führer sei zur Ruhe gegangen.
Göring blieb in der Reichskanzlei; Dahlerus wurde von ihm in das Hotel Esplanade geschickt, in dem er stets wohnte, wenn er in Berlin war. Dort wurde er nach Mitternacht von zwei Offizieren im Rang von Obersten mit den Worten abgeholt: »Der Führer läßt bitten.« In der Reichskanzlei hielt ihm Hitler, an seiner Seite »ein schweigsamer Göring«, einen halbstündigen Vortrag, in dem er die Stärke der Wehrmacht hervorhob, um dann auf Danzig und den Korridor zu kommen. Göring riß aus einem Atlas ein Blatt heraus und markierte mit Rotstift das polnische Gebiet, auf das Deutschland Anspruch

erhebe. Aus dem Vortrag Hitlers wurde ein mehrstündiges Nachtgespräch, in dem auch ein Bündnis Deutschlands mit England zur Sprache kam, das Hitler vorschlug.
Göring hatte während der ganzen Zeit fast nur zugehört. »Göring saß dabei und sah sehr befriedigt aus«, schreibt Dahlerus. »Er war sichtlich bei guter Laune, wenn auch sein streng formelles und untertäniges Verhalten gegenüber seinem Chef mich verwunderte und einigermaßen bedenklich stimmte.«
Während des Rückfluges nach London (er schlief bei diesen Flügen auf dem Boden der Maschine, wenn er erschöpft war) überlegte sich Dahlerus: »Ich glaubte, ziemlich sicher annehmen zu können, daß Göring aus dem einen oder anderen Anlaß für eine friedliche Regelung arbeitete. Er hatte hinreichend viel über die Lage erzählt, um mir Anlaß zu dem Glauben zu geben, daß man auf seine Hilfe rechnen konnte bei Schritten, die bezweckten, einer Gewaltpolitik in der gegenwärtigen Lage vorzubeugen. Und Hitler? Von dem ersten Augenblick an fühlte ich mich beunruhigt. Vom Beginn unserer Unterhaltung an mißfiel mir sein Verhalten gegenüber Göring, seinem nächsten Freund und Kameraden der Kampfjahre. Daß Hitler zu dominieren wünschte, war erklärlich; daß er aber von seinem nächsten Mitarbeiter ein so demütiges und untertäniges Verhalten verlangte, wie es Göring an den Tag legte, wirkte auf mich höchst abstoßend und unsympathisch.«
Es sollte sich bald herausstellen, daß Görings Versuche, Hitler mit seinen Verbindungen nach London über Dahlerus zu beeindrucken, nichts nützten. Hitler spielte nur mit Görings Absicht, den Krieg zu verhindern, der ein Weltkrieg werden würde, wenn England sein Versprechen gegenüber Polen hielte. Göring widersetzte sich Hitler nicht, als dieser ihm in dem Gespräch mit Dahlerus die Fäden aus der Hand nahm.
Hitlers Dank erhielt Göring am 1. September. In seiner Rede vor dem Reichstag nannte Hitler Göring als seinen Nachfolger, falls ihm etwas zustieße.
Am Vormittag des 3. September suchte Dahlerus Göring im Luftwaffenhauptquartier Potsdam-Eiche auf. Göring war bereit, nach London zu fliegen.
»So saß der zweite Mann des Deutschen Reiches im Luftwaffenhauptquartier nahe Potsdam, voller Befürchtungen vor dem, was wohl geschehen würde, ohne offenbar den Inhalt der schriftlichen Antwort auf Englands Ultimatum, der wichtigsten Erklärung«, wie

Dahlerus meint, »die jemals in Deutschlands Geschichte abgegeben worden war, in der geringsten Weise beeinflussen zu können. Es kochte in mir, als ich den sonst so mächtigen Mann völlig hilflos an einem großen Klapptisch unter einigen Buchen sitzen sah, und mir war es unbegreiflich, daß er nicht bei diesen Nachrichten sofort in sein Auto stieg, zur Reichskanzlei fuhr und dort seine wirkliche Meinung ehrlich und aufrichtig heraussagte – falls er wirklich das dachte, was er in den vergangenen zwei Monaten gesagt hatte. War es wirklich möglich, daß ein Mann, der durch Fügung des Schicksals eine solche Stellung und Macht wie Göring erhalten hatte, so ganz in den Händen eines anscheinend völlig wahnsinnigen Menschen war, oder spielte er ein Doppelspiel?« Dieser mächtige Göring: War er das wirklich? Der designierte Nachfolger Adolf Hitlers saß unter Buchen in Wildpark-Werder bei Potsdam, sah bedrückt und nachdenklich aus, wartete auf etwas, das 11 Uhr 15 eintrat. Einige höhere Luftwaffenoffiziere näherten sich dem Oberbefehlshaber der Luftwaffe, der mit Birger Dahlerus am Klapptisch saß und der bereit war, sofort in das Flugzeug zu steigen, das auf dem Flugplatz Staaken für ihn zur Verfügung stand, um nach London zu fliegen, mit der britischen Regierung zu verhandeln, den Versuch dieser Regierung zu teilen, den Weltkrieg zu verhindern.

Erinnerte sich Göring jetzt an den »preußischen Offizier«, der er doch gewesen war? Wie oft hatte er darauf bestanden, daß er es auch noch sei. Aber statt eines Kaisers oder Königs von Preußen hatte er über sich Hitler, der alles andere war als ein Preuße und ein preußischer Offizier. Hitler galt ihm als der gewählte König und Kaiser, der deutsche Caesar, ein Karl der Große, dessen erster »Reichswürdenträger« er, Göring, geworden war, der Paladin, wie einst der Held und Getreue des Königs unter Karl dem Großen genannt wurde. Aber das Wort »Paladin« war zurückzuführen auf den Palatin, den Palast-Leibeigenen und Palastoffizier, der persönlicher Besitz des Königs war.

Sollte dieser Paladin Göring seinem Wahlkönig Hitler die Treue aufkündigen, nicht mit ihm »durch dick und dünn« gehen, das Deutsche Reich als Last auf seinen Schultern, das auch durch ihn zerstört werden würde?

England jetzt fahren zu lassen, Polen zu zerstören, das Land mit der Sowjetunion zu teilen, hieß für Göring, dem Wahlkönig zu gehorchen, dem er in der Reichskanzlei »Wenn wir den Krieg verlieren, dann gnade uns Gott!« zurufen würde, nachdem die Ereignisse

ihren Lauf genommen hatten. England setzte, auch nach dem Ablauf des Ultimatums, das nicht, wie gefordert, um 11 Uhr an jenem 3. September 1939 von deutscher Seite beantwortet worden war, trotz des Kriegszustandes, in dem es sich jetzt mit dem Reich befand, noch etwa drei Monate lang auf Göring, auf einflußreiche Konservative und hohe Militärs, um den tatsächlichen Krieg zu vermeiden.
Hitler und sein anglophober Außenminister Ribbentrop hatten den Kriegsausbruch, nach britischer Sicht, provoziert. Ein Wechsel in der Führungsspitze, die kompromittiert war, hätte die Möglichkeit ergeben, mit einer Regierung Göring zu verhandeln und damit den Zweiten Weltkrieg zu vermeiden. Dabei ging man bei Chamberlain und im Foreign Office davon aus, daß Hitlers Zusammenarbeit mit Stalin und die als Vabanquespiel angesehenen Angriffsplanungen im Westen nach dem Polenfeldzug Göring und die deutschen Generale dazu bringen könnten, die Person Hitlers aus dem Wege zu räumen.
Wie es sich bald herausstellte, waren die wichtigsten deutschen Oberbefehlshaber an der »Westfront«, die diesen blutigen Namen damals noch nicht verdiente, gegen einen Angriff im Westen; sie hielten ein Stillhalten der Wehrmacht nach dem raschen Erfolg im Polenfeldzug für die einzige Politik, die Deutschland jetzt zu betreiben habe.
Die Rechnung der damaligen britischen Regierung hätte aufgehen können, wenn sich Göring dieser Fronde angeschlossen hätte. Wenn Heer, Luftwaffe und selbstverständlich auch die Kriegsmarine, die viel zu schwach war, um es mit Englands Flotte ernsthaft aufzunehmen, sich Hitler verweigert hätten, wäre die Weltgeschichte anders verlaufen.
Emmy Göring schreibt, nicht nur als Apologetin ihres Mannes, über diese Tage: »Als ein fast gebrochener Mensch kehrte er am 31. August 1939 aus der Reichskanzlei zurück. Sein Gesicht glich einer Maske. Gedankenversunken glitt er in einen Sessel, stützte den Kopf in die Hände und murmelte vor sich hin: ›Ich habe alles, aber auch alles versucht, aber nun ist es geschehen. Wir haben Krieg. Es wird fürchterlich werden. So grauenhaft, wie es noch niemand ahnt.‹ Später sagte er: ›Polen, das ist keine Affäre. Aber wir müssen England heraushalten. Vor einem Jahr in München, da ging noch alles gut. Aber seitdem hat die Wilhelmstraße (Auswärtiges Amt) Chamberlain offensichtlich falsch behandelt. Er ist ein Gentleman. Aber die Wilhelmstraße weiß nicht, wie man ihm begegnen muß!‹« Emmy

Göring fragte, wie lange der Krieg dauern würde. Göring erwiderte: »›Zwei Jahre, fünf Jahre, sieben – ich weiß es nicht‹. Und er fügte hinzu: ›Ich glaube kaum, daß eine Luftwaffe jemals einen Krieg allein entscheidet. Die Endentscheidung liegt beim Heer.‹ Wir begaben uns in mein Wohnzimmer. An der Wand, neben meinem Schreibtisch, hing Lukas Cranachs ›Madonna mit Kind‹, ein Gemälde, das die Stadt Köln unserer Edda zum Taufgeschenk gemacht hatte. Lange sah er das Cranachbild an. ›Schön, nicht?‹ Ich nickte. Dann wandte er sich ab. ›Von nun an wird es keine Schönheit, kein Glück und keine Freude mehr geben.‹«

Das war Göring. Ihm fehlte die Härte, die ihm doch nachgesagt wurde, er hieß »Der Eiserne« bei der Luftwaffe.

Die Härte, die der Staatsmann braucht, gepaart mit Geschmeidigkeit, war ihm nicht gegeben, wenn er auf sich allein gestellt wurde. Für Hitler zeigte er Härte.

Am 4. September machte der britische Botschafter Sir Neville Henderson seinen Abschiedsbesuch bei den Görings in Carinhall. »Sie werden sich nicht unterstehen, mit Ihrer Luftwaffe mein Haus in England anzugreifen«, meinte Henderson, worauf Göring erwiderte:

»Wenn auf mein Carinhall englische Bomben fallen, dann . . .«

Während der Kämpfe bei Warschau befand sich der Leutnant Eggert mit einem Zug Panzer in der Nähe eines Jagdhauses an der Straße Warschau-Modlin. Er wunderte sich, auf dem Schreibtisch des Jagdhauses ein Bild Görings zu finden, das der Besitzer dort stehengelassen hatte. Göring war bei ihm Jagdgast gewesen.

Polen sei keine Affäre, glaubte Göring damals, er nahm einen Krieg gegen die polnische Armee nicht ernst.

Aber England!

Er war jetzt 46 Jahre alt; noch sieben Jahre hatte er zu leben. Kurz vor seinem Ende im Nürnberger Gefängnis würde er im letzten Gespräch mit Werner Bross, dem Assistenten seines Verteidigers Rechtsanwalt Dr. Otto Stahmer, noch einmal von den Engländern zu sprechen haben, die Deutschland gegenüberständen wie der alte Cato einst Karthago, das von den Römern zerstört werden müßte, was dann auch geschah.

Werner Bross warf ein: »Aber war nicht gerade England diejenige Macht, die sogar noch nach dem Polenfeldzug unter gewissen Bedingungen bereit war, mit Deutschland zu einer Einigung zu gelangen?«

»Nein«, erwiderte Göring, »nicht England, sondern Chamberlain.

Denn Churchill hatte schon damals die persönliche Zusicherung Roosevelts über amerikanischen Beistand in der Tasche, und Churchill wollte Deutschland restlos vernichten. Dabei hat er sich allerdings in der Stärke Rußlands getäuscht. Aber der Engländer ist Realpolitiker genug, um sich mit der jetzigen Lage abzufinden. Deutschland hat er jedenfalls ausgeschaltet, und gegen den ihm zu kräftigen Russen hält er eben auf Gedeih und Verderb mit dem Amerikaner zusammen.«

Dachte er, nach dem Selbstmord Hitlers, kurz vor seinem eigenen Selbstmord, noch immer an die Chance, die sich ihm 1939 bot?

Hätte ein deutscher Regierungschef Hermann Göring mit einem britischen Regierungschef Chamberlain den Zweiten Weltkrieg verhindern können, wenn beide Regierungen das Buschfeuer ausgetreten hätten, als es noch zu löschen war?

Werner Bross schreibt weiter: »Nachdem wir noch eine Weile die politischen und wirtschaftlichen Verhältnisse in Deutschland erörtert hatten und ich vor allen Dingen auf die weitverbreitete Hoffnungslosigkeit hingewiesen hatte, meinte Göring im Aufstehen: ›Es ist wohl doch am besten, abzufahren, denn das Leben in Deutschland bietet nichts mehr. Es ist vorbei.‹

Er warf seinen Mantel über die Schultern, setzte seine Feldmütze auf, nickte mir noch einmal zu und verschwand mit langsamen Schritten im langen Gang.«

Verschwand er aus der Geschichte?

Gott hat in seinem Zorn zugelassen, daß es nicht nur gute Menschen gibt, sondern auch schlechte. Kann so nicht ein guter Mensch auch ein schlechter Mensch sein oder ein schlechter Mensch ein guter? War diese sonderbare Mischung in Göring vorhanden, dieser Doppelnatur, die Rätsel aufgab, deren Lösungen so einfach erscheinen und doch in Labyrinthe irdischen Lebens führen, wie sie nur das 20. Jahrhundert hervorgebracht hat?

3. Kapitel

Herkunft und Erziehung

Das Jahr 1893, in dem Hermann Wilhelm Göring am 12. Januar geboren wird, ist ein friedliches Jahr.
In Berlin ist General v. Caprivi deutscher Reichskanzler. In Großbritannien wird die »Unabhängige Arbeiterpartei« gegründet und in China die Vorstufe der republikanischen Kuomintangpartei.
Gerhart Hauptmann schreibt den »Biberpelz« und Oscar Wilde »Lady Windermeres Fächer«, beide Werke sind Lustspiele.
In Rußland veröffentlicht Peter Tschaikowskij seine 6. Symphonie, die Pathetische, und stirbt.
Der deutsche Arzt Behring findet das Diphtherie-Heilserum und Rudolf Diesel baut den ersten Dieselmotor, die Heißdampfmaschine wird durch W. Schmidt erbaut und Nansen geht mit der »Fram« auf Nordpolexpedition.
Frege begründet die mathematische Logik, die Logistik, und Reinhold Koser veröffentlicht die historische Biographie »König Friedrich der Große«.
Für den zweiten Sohn des deutschen Generalkonsuls in Haiti, Dr. Heinrich Ernst Göring, aus dessen zweiter Ehe mit Franziska Tiefenbrunner wird einiges von Bedeutung werden, das aus seinem Geburtsjahr überliefert ist: der Dieselmotor und die Pathétique, die Geschichte Friedrichs des Großen und die Nordpolexpedition der »Fram« Nansens.
Er wird Hochfahrendes unternehmen, um sein Geburtsjahr 1893 mit seiner eigenen Person in die Geschichte einzubringen, die noch zu gestalten ist.
Er wird 53 Jahre leben dürfen, um dieses Ziel zu erreichen, das er selbst, durch seine eigene Veranlagung, endlich verspielte.
Dennoch wird etwas von ihm bleiben, das auf extreme Art die Widersprüche aufzeigt, die in den Deutschen des 20. Jahrhunderts wirksam geworden sind.
Aber auch die Familie, zu der das Kind nun gehörte, wurde bestimmend für Zukünftiges, für seine Anlage, sich von der Masse abzuhe-

ben und ihr dennoch durch sein mütterliches Erbe verbunden zu bleiben.
Franziska Göring kam aus einer bayerischen Bauernfamilie. Sie soll in einem Gasthaus gearbeitet haben, ehe sie die zweite Frau des Dr. Göring wurde. Dessen erste Frau war 1879 gestorben. Fünf Kinder kamen aus dieser Ehe.
Dr. Göring hatte 1866 und 1870 als Kavallerieoffizier an den Kriegen teilgenommen; die Görings stammten aus Westfalen. Unter den Vorfahren war auch ein Kriegsrat Friedrichs des Großen, ein »Geheimer Kriegsrat«, der sich Verdienste um Preußen erwarb. (Anmerkung des Verfassers: Zu diesem Punkt schreibt mir Professor Dr. Decker-Hauff:
Görings ganze Ahnentafel wurde für den Druck bearbeitet von Universitätsprofessor Dr. Otto Freiherr von Dungern, Graz. Sie erschien in der Serie »Ahnentafeln berühmter Deutscher«, etwa 1938. Göring war der einzige prominente Nazi, der aus »guter« Familie war [der väterliche Großvater preußischer Regierungspräsident, die Urgroßmutter eine Metternich zur Gracht]. Görings Mutter war allerdings – und darunter litt Göring sehr – eine Münchner Biergartenkellnerin zweifelhafter Herkunft. Um so mehr legte er Wert auf die Erforschung und Veröffentlichung seiner Vaterahnen, zumal er da außer viel Kleinadel auch genealogisch interessante »Dynastenbrücken« (legitime Abstammungsreihen zum Hochadel) hatte und tatsächlich von fast allen Herrscherhäusern des Mittelalters abstammte. Unter seinen patrizischen Ahnen hat er viele bedeutende Familien, die ausführlich gedruckt wurden. Weggelassen hatte Dungern aber, wohl auf Druck von oben, die Abstammung von der Basler Geldwechslerfamilie Eberler, genannt Grünzweig, die im 15. Jahrhundert vom Judentum zum Christentum übertrat. Die Eberler/Eberlin sind unter anderem Ahnen von Zeppelin [dort in den »Ahnentafeln berühmter Deutscher« gedruckt], von Gertrud von Le Fort, den Darmstädter und Hamburger Merck, Hermann Grimm, Jacob Burckhardt und Carl J. Burckhardt sowie zahllosen anderen.
Diese Abstammungen sind lange bekannt [vgl. die Stammtafel Eberlin in Stählins »Basler Wappenbuch« oder Strohmeyers »Merian-Ahnen«, beide Stuttgarter Landesbibliothek].
Abraham von Vesoul als Stiefahne Görings und aller der genannten anderen ist lange bekannt. Daß die von Vesoul durch eine zweite Heirat auch Ahnen der Genannten sind, habe ich vor einigen Jahren erforscht, aber noch nicht publiziert.)

Der Landgerichtsrat Dr. Göring fiel durch eine Denkschrift über Kolonien dem Reichskanzler Otto v. Bismarck auf, als dieser Anfang der 80er Jahre sich wider Willen gezwungen sah, an eine deutsche Kolonialpolitik zu denken, die von der öffentlichen Meinung gefordert wurde, um deutsche Interessen in Übersee zu schützen.
Bismarck hatte zunächst mit Rücksicht auf das Deutsche Reich, das noch nicht fest verwurzelt war, wie er meinte, grundsätzlich alle kolonialpolitischen Ideen und Pläne zurückgewiesen. Er wollte nicht durch überseeische Unternehmungen Streit mit anderen Kolonialmächten für dieses neue Reich bekommen, dessen Lage in Europa noch nicht stabilisiert war.
Erst seit 1881 hatte er sich zögernd und vorsichtig der Kolonialpolitik zugewandt, für die er den Grundsatz aufstellte: »Schutz den deutschen Pionieren, nicht staatlicher Kolonialbesitz.«
Im 19. Jahrhundert hatte es bisher viele Forschungsreisen gegeben, die vor allem in Afrika stattfanden, an denen sich zahlreiche Deutsche beteiligten. An den Erwerb von Besitzungen wurde dabei nicht gedacht. Deutsche Kaufleute wollten in Übersee Handel treiben; es lag ihnen nicht, Kapital und Unternehmungsgeist in eigene Kolonien zu stecken.
Dennoch konnte es nicht ausbleiben, daß Forschungsreisende und Kaufleute Land erwarben, für das sie den Schutz des Reiches gewinnen wollten.
Am 8. Dezember 1882 hatte sich der »Deutsche Kolonialverein« gebildet, der eine lebhafte Werbung veranstaltete. Es ging ihm auch darum, für deutsche Auswanderer überseeischen Besitz zu erhalten.
1882 hatte das Bremer Handelshaus Lüderitz umfangreichen Besitz in Angra-Pequena (später Lüderitz-Bucht) erworben, wo sich schon zahlreiche Hamburger und Bremer Faktoreien befanden. Monatlich zweimal fuhr ein Dampfer von Hamburg dorthin. Als der Kaufmann Lüderitz um den Schutz des Reiches in diesem Gebiet zwischen einer portugiesischen Kolonie und der Kapkolonie bat, ließ der vorsichtige Bismarck in London anfragen, ob England Ansprüche erhebe. Er bekam von Lord Granville zur Antwort, England beanspruche Souveränität nur über die nördlich gelegene Walfischbai und über die Inseln von Angra-Pequena. Doch die englische Regierung sei der Ansicht, daß Souveränitätsansprüche einer fremden Macht in diesem Gebiet zwischen der südlichen Grenze der portugiesischen Oberhoheit und den Grenzen der Kapkolonie in ihre legitimen Rechte eingriffen.

Bismarck forderte nun das englische Kabinett auf, die ungeheuerlichen Ansprüche juristisch zu belegen, worauf ihm London die Antwort schuldig blieb.
Bismarck ließ deshalb den deutschen Konsul in Kapstadt erklären, daß Lüderitz und seine Besitzungen unter deutschem Schutz stünden. Die Kapregierung wollte nun diese von den Deutschen beanspruchten Gebiete unter ihren Schutz nehmen, was sie bisher abgelehnt hatte. Dabei wurde nur an die Küstenstriche bis zur Walfischbai in Kapstadt gedacht. Bismarck erklärte, er werde diese Besitzergreifung nicht hinnehmen. England lenkte ein und anerkannte am 18. August 1884 die deutsche Schutzherrschaft über Angra-Pequena, die bald darauf auf Namaqua und Damara ausgedehnt wurde. Anfang September 1884 hißte das Kanonenboot »Wolf« die deutsche Flagge über der Küste vom 26. Breitengrad bis Kap Frio. England hielt still und beschränkte sich auf die Souveränität in der Walfischbai.
Bismarck schickte 1884 den Landgerichtsrat Dr. Göring nach London, der die englische Kolonialverwaltung kennenlernen sollte. Dort heiratete Dr. Göring im gleichen Jahr Franziska Tiefenbrunner. 1885 reiste das Ehepaar nach Lüderitz-Bucht, um fünf Jahre in dem nun entstehenden Deutsch-Südwestafrika zu leben. Dr. Göring war der erste Gouverneur oder Minister-Resident der Kolonie geworden.
Im November 1885 hatte Bismarck noch erklärt: »Mein Ziel ist der regierende Kaufmann in jenen Gegenden, nicht der regierende Militär und der preußische Beamte.«
Doch es mußte sich herausstellen, daß die Zuammenfassung dieses afrikanischen Gebietes als deutsche Kolonie einen Mann benötigte, der als Reichskommissar die Fähigkeiten eines Militärs mit denen eines preußischen Beamten verband und gleichzeitig streng unparteiisch in seiner Amtsführung war.
Auf Dr. Heinrich Ernst Göring traf dies zu. Als 46jähriger kam er nach Afrika. Später folgte ihm seine Frau Franziska nach der Geburt ihres ersten Kindes Karl Ernst, das sie mitbrachte.
Am 17. April 1886 waren die Rechtsverhältnisse in den deutschen Schutzgebieten durch ein Gesetz geordnet worden, nach dem alle nötigen Anordnungen durch kaiserliche Verfügung getroffen werden konnten. Aber erst am 1. April 1890 wurde im Auswärtigen Amt eine Kolonialabteilung eingerichtet. Um seinem Reichskommissar in Südwestafrika etwas Bequemlichkeit zu bieten, stellte ihm Bis-

marck seine Reisekutsche zur Verfügung, die er während des deutsch-französischen Krieges 1870/71 benutzt hatte. Die Familie Göring erhielt sie zum Geschenk. Sie reiste in diesem komfortablen Wagen durch das neue Land; Franziska Göring begleitete ihren Mann auch in die Gebiete, in denen es seitens der Schutztruppe und den weißen Siedlern zu Kämpfen mit den Hereros, den Berg-Damaras und den Namaguas kam.

Doch die größeren Kämpfe mit den Stämmen brachen erst in den neunziger Jahren aus, als die Görings wieder in Deutschland lebten. Er konnte weitgehend friedliche Arbeit leisten, die ihm hohe Anerkennung einbrachte.

Er war taktvoll und höflich gegenüber den Häuptlingen. Die Bismarcksche Reisekutsche wurde auf ihren vielen Fahrten von sieben deutschen Kolonialsoldaten sowie von 100 Askaris eskortiert. Später sollte dieses imposante Auftreten auf den jungen Hermann Göring einen tiefen, nachhaltigen Eindruck machen.

Mit Cecil Rhodes, der ein gigantisches Ziel verfolgte, war Dr. Göring befreundet. Rhodes wollte Afrika vom Kap bis Kairo britisch machen, wozu ihm eine Eisenbahnlinie helfen sollte, die er von Kapstadt nach Kairo zu bauen gedachte.

Das armselige, zum großen Teil von der Kalahari-Wüste bedeckte Deutsch-Südwestafrika lag außerhalb seiner Pläne; er konnte sich mit den Deutschen in der Kolonie abfinden und sogar mit ihnen anfreunden.

Eine andere Bekanntschaft, die von den Görings gemacht wurde, sollte für sie schicksalhaft werden. Ein Arzt, der sich schon länger in Afrika aufgehalten hatte, half ihnen die Widerwärtigkeiten zu ertragen, die sich für eine deutsche Familie in diesem Land ergaben.

Dieser Dr. Hermann Epenstein war durch den Handel sehr wohlhabend geworden. Er war ein deutschnational gesinnter Jude, der sich als Junggeselle in Franziska Göring verliebte und sie später zu seiner Geliebten machte.

Als Frau Göring in Afrika ihr zweites Kind, Olga, zur Welt brachte, kümmerte er sich um sie und wurde den Görings bald unentbehrlich.

Epenstein wurde in Österreich später geadelt, er hieß dann Dr. Ritter von Epenstein.

Die Gesundheit des Minister-Residenten und Gouverneurs der Kolonie war Ende der achtziger Jahre erschüttert.

Nach fast sechsjähriger Tätigkeit mußte Dr. Göring nach Deutsch-

land zurückkehren. Er ließ eine etablierte deutsche Kolonie zurück, die vom Cap Frio im Norden bis zum Oranje River im Süden reichte. Die Walfischbai blieb weiter in britischer Hand.
(Die Göring-Straße in Windhouk erinnert an den Vater Hermann Görings.)
Nach einem längeren Urlaub meldete sich Dr. Göring zur Wiederverwendung durch das Auswärtige Amt, das ihn als Generalkonsul nach Haiti schickte. Den Titel eines Minister-Residenten behielt er. Daraus machte dann später der junge Hermann Göring den väterlichen »Ministerpräsidenten«, wenn er von den Diensten sprach, die sein Vater dem Deutschen Reich in Übersee geleistet hatte.
Ende 1890 folgte Dr. Görings Frau mit ihren drei Kindern - Paula war erst sechs Monate alt - auf die Insel, auf der das Leben nicht ungefährlich war.
Das Göringsche Haus wurde überfallen, sie mußten sich gegen Pferdediebe wehren. Dabei spielte Frau Göring eine wichtige Rolle. Sie galt als kühn und mutig, als gute Reiterin und Jägerin.
Als sie ihr viertes Kind erwartete, reiste sie nach Deutschland, um es dort zur Welt zu bringen. Dr. Epenstein besorgte ihr eine Unterkunft in einem Kurhaus Marienbad in der Nähe von Rosenheim, wo am 12. Januar 1893 ihr zweiter Sohn Hermann geboren wurde.
Er erhielt seinen Vornamen nach dem des Dr. Epenstein.
Frau Göring wollte ihr jüngstes Kind nicht der damals langen Reise nach Haiti aussetzen. Sie brachte es bei der engen Freundin ihrer Mutter, einer Frau Graf, in der fränkischen Stadt Fürth unter. In der Grafschen Familie wuchs er heran. Der junge Hermann Göring war sehr eifersüchtig auf seine Familie, die in Afrika gewesen war und nun in Haiti lebte. Er hörte von dem Leben, das seine Geschwister auf der Insel führten, von Ponyreiten und Segeltouren, deshalb fühlte er sich benachteiligt.
In Fürth erlernte er jenes fränkisch geprägte Deutsch, das sich später vom harten, oberösterreichisch-bayerisch klingenden Idiom Hitlers vor der Öffentlichkeit in Deutschland angenehm abheben sollte.
Er wurde evangelisch getauft.
Der Preuße Hermann Göring wuchs in Franken auf, das zum Königreich Bayern gehörte. In Franken sollte sein Leben auch enden.
Sein väterliches Vorbild wurde ein national gesinnter deutscher Jude, der sehr reich geworden war und sich zwei Schlösser kaufen konnte.
Frau Göring wurde die Geliebte Dr. Epensteins, ihr Mann duldete

das Verhältnis, der aus Haiti mit der Familie als kranker, alter Mann zurückgekehrt war.
Was ein Kind erlebt, um sich sieht, woran es sich festhält, das prägt. Eine Ausgangslage entsteht, die für das zukünftige Leben mitbestimmend sein kann.
Hermann Göring konnte stolz auf seinen Vater sein, der Bismarck und Kaiser Wilhelm II. in Afrika eine Kolonie zwar nicht gegründet, aber doch zu einem Verwaltungsgebilde aufgebaut hatte, das sich sehen lassen konnte. In Haiti hatte sein Vater als Generalkonsul die letzten physischen Kräfte verbraucht, die ihm nach Afrika noch geblieben waren. Seine Mutter hatte seine drei Geschwister unter schwierigen Umständen aufgezogen. Erst als er drei Jahre alt war, sah er seine Mutter, die ihn als Säugling in Deutschland zurückgelassen hatte. Er schlug ihr mit der Faust ins Gesicht, als sie 1896 mit der Familie aus Haiti zurückkehrte.
Von seinen Geschwistern erfuhr er, wie mutig die Mutter in Afrika und Haiti gewesen war; er hatte nun eine tapfere Frau zur Mutter, an die er sich gewöhnen mußte.
In Berlin-Friedenau bezog die Familie eine Wohnung in der Fredestraße. Friedenau war ein wohlhabendes, großbürgerliches Viertel in der Reichshauptstadt. Der Pensionär Dr. Göring wohnte mietfrei, denn die Wohnung gehörte zu dem beträchtlichen Grundbesitz des Dr. Epenstein, der sich ebenfalls in Berlin niedergelassen hatte.
Im Gegensatz zu Dr. Göring, der ohne Vermögen war und von seiner Pension mit der Familie leben mußte, konnte sich Dr. Epenstein alles leisten, was er haben wollte. Franziska Göring liebte den Luxus. Als sie Dr. Epensteins Geliebte wurde, sorgte sich dieser um das Wohlergehen der Familie Göring. Der Hang zum Luxus, der einer der Wesenszüge des erfolgreichen Hermann Göring werden sollte, war von der Natur und von der Umgebung, in der er als Kind lebte, angelegt.
Im Salzburger Lungau besaß Dr. Epenstein Schloß Mauterndorf, das er nach damaliger Sitte in seinem mittelalterlichen Glanz wieder herrichten ließ. Aber Dr. Epenstein wollte auch im Reich einen Landsitz haben, deshalb erwarb er nach der Rückkehr der Görings aus Haiti die Burg Veldenstein in der Nähe Nürnbergs, die auf einer alten fränkischen Festung des 11. Jahrhunderts stand. In das Biedermeierhaus auf Veldenstein bei Neuhaus, hoch über der Pegnitz gelegen, zog zur Jahrhundertwende die Familie Göring ein.
Es war ein romantischer Platz, von dem aus sich der riesige Velden-

steiner Forst nach Nordwesten erstreckte, am Rande des Fränkischen Jura gelegen, hinter dem der Truppenübungsplatz Grafenwöhr sich ausdehnte.
Vater Göring bewohnte ein kleines Zimmer im Erdgeschoß, Franziska Göring hatte ihr Schlafzimmer neben dem des Dr. Epenstein, der nun sein Ziel erreicht sah. Die Frau, die er liebte, lebte mit ihm, ihr Mann fand sich damit ab.
In Fürth besuchte Hermann Göring die Volksschule. Er wohnte in Pension bei einem Lehrer. Sein Widerwille gegen die Schule zeigte sich früh; er war kein guter Schüler. Fürth haßte er, er wollte es niederbrennen. Veldenstein gefiel ihm, hier konnte er durch die tiefen Wälder streifen, mit Spielkameraden sich für die Buren begeistern, die sich damals im Krieg mit England befanden. Als Sohn eines Gouverneurs von Deutsch-Südwestafrika gefiel ihm die Uniform eines Burengenerals, die ihm sein Vater schenkte. Im Veldensteiner Forst stand ein Stein, auf dem der »Burengeneral Hermann Göring« sich als Kind zu verewigen gesucht hatte.
Die Soldatenspielerei gehörte damals im wilhelminischen Reich zu etwas Alltäglichem unter Kindern.
Unter dem Hut mit breiter Krempe, in kurzen Khakihosen, sah der junge Göring wie ein Pfadfinder aus.
Seine reiche Phantasie zeigte sich schon früh. Er fand immer neue Varianten beim Spiel mit seinen Bleisoldaten, die er wie jeder Junge besaß.
Veldenstein wurde im Spiel belagert oder verteidigt, die Helden der deutschen Geschichte, die Rittersagen und vor allem das Nibelungenlied machten auf ihn tiefen Eindruck. Aber auch das war damals nichts Besonderes.
Er soll sehr temperamentvoll und auch herrschsüchtig gewesen sein. Aber seine Familie war ja Herrschaft auf Veldenstein; er hob sich von seinen Spielgefährten ab.
Das prachtvoll eingerichtete, mit vielen Kunstschätzen ausgestattete Schloß Mauterndorf, das die Familie Göring in den Ferien bewohnte, wurde der Ausgangspunkt für eine Leidenschaft des jungen Göring, das Bergsteigen.
Gefährliche Bergtouren scheute er nicht. Er glaubte, ihm könne nichts zustoßen.
Im Alter von elf Jahren mußte er die Schule wechseln.
Sein Vater schickte ihn in ein Ansbacher Internat, in dem es streng zuging. Er sollte zur Unterordnung erzogen werden. Dagegen wehr-

te er sich mit Erfolg. Da das Essen schlecht war, organisierte er einen Streik der Internatsangehörigen. Er machte sich davon und beharrte darauf, in Veldenstein bleiben zu dürfen.
Sein Vater brachte ihn nun auf die Kadettenschule in Karlsruhe. Er war jetzt zwölf Jahre alt.
In Karlsruhe besuchte seine Schwester Paula die Schule, auch die Töchter der Frau Graf, die ihn als Säugling aufgenommen hatte, gingen dort zur Schule.
Der großherzoglich badische Kadett Göring trug nun Uniform.
Als er sechzehn Jahre alt war, wurde er in die Hauptkadettenanstalt Lichterfelde versetzt, die damals noch am Rande der Reichshauptstadt lag.
Das Kadettenleben gefiel ihm; er wollte die Laufbahn eines aktiven Offiziers einschlagen. Als Kadett hatte er die Ausbildung, die der einer Höheren Schule entsprach.
Das Lichterfelder Kadettenkorps war eine strenge Schule mit hohen Ansprüchen. Auch hiervon wurde Göring geprägt. Wer das Kadettenkorps mit Auszeichnung verließ, konnte in der Armee als Offizier Karriere machen. Er hatte eine hervorragende Ausbildung bestanden.
Sein Abschlußexamen in Lichterfelde brachte Göring die höchste Auszeichnung ein, die es für Kadetten gab. Er erhielt allerhöchstes Lob von Kaiser Wilhelm II., der ihm persönlich gratulierte. Der junge Leutnant Hermann Göring war der Stolz der Familie. Sein Vater schenkte ihm die damals beachtliche Summe von 1000 Mark. Er benutzte sie für eine Reise nach Norditalien, zu der er den Chauffeur seines Vaters, Sepp Rusch, einlud. Das Geld sollte für beide reichen.
Im Alter von neunzehn Jahren trat Göring in das 113. Infanterieregiment »Prinz Wilhelm« ein, das im Reichsland Elsaß-Lothringen in Mülhausen in Garnison lag.
1913 endete das Verhältnis zwischen Franziska Göring und Dr. Ritter von Epenstein (er war 1910 geadelt worden). Es kam zu Streitereien, die Familie siedelte nach München über, wo Dr. Göring am 6. Dezember 1913 starb. Hätte das Verhältnis etwas länger gedauert, so wäre es durchaus möglich gewesen, daß Dr. Ritter von Epenstein der Stiefvater Hermann Görings geworden wäre. Denn Franziska Göring war nach dem Tode ihres Mannes frei; beide hätten heiraten können. Als Stiefsohn eines getauften Juden hätte Hermann Göring niemals in der Hitler-Bewegung eine Rolle spielen können.
Sein Leben wäre anders verlaufen.

Am Grabe seines Vaters weinte Leutnant Göring. Tränen durfte er als Offizier nicht zeigen, aber hier geschah es - wie später öfter.
Das I.R.113 war ein preußisches Regiment, das alte Traditionen übernommen hatte. Der preußische Offizier Göring befand sich nun in einer Umgebung, die ihm gefiel. Aber er war in finanziellen Schwierigkeiten, da er über kein Vermögen verfügte. Für aktive Offiziere war ein solches damals notwendig, um standesgemäß leben zu können. Dr. Epenstein hatte geheiratet, er fiel - auch als Görings Pate - als Geldgeber aus. Der Vater war tot.
Im Regiment fand Göring bald einen Freund, den Leutnant Bruno Loerzer.
Loerzer war als junger Leutant wie Göring leichtsinnig und jovial, sie verstanden sich gut. Eine unverbrüchliche Freundschaft wuchs heran. Offiziere des Regiments hielten Göring für grob, er war ihnen nicht fein genug. Mit Kriegsbeginn im Sommer 1914 war Leutnant Göring Zugführer in einer Infanterie-Kompanie, doch der Mobilmachungsplan für I.R.113 war für die Offiziere eine Demütigung. Das Regiment hatte seine Garnison in Mülhausen aufzugeben und sich über den Rhein zurückzuziehen. Die Herstellung der Kriegsbereitschaft sollte nicht 40 Kilometer entfernt von der starken französischen Festung Belfort erfolgen. Im Feldzugsplan des Grafen Schlieffen war vorgesehen, den rechten Flügel stark zu machen, um mit ihm die Entscheidung in Frankreich zu suchen. Die 7. Armee unter Generaloberst von Heeringen, zu der I.R.113 gehörte, hatte sich zwischen Offenburg und Freiburg im Breisgau ostwärts des Rheins zu versammeln. Sie war die schwächste Armee im Westen mit nur 156 Bataillonen, 33 Schwadronen Kavallerie und 700 Geschützen. Sie bestand hauptsächlich aus Badenern und Elsässern.
Deutscher Grenzschutz sollte in den Vogesen nur hinhaltenden Widerstand gegen den erwarteten Vorstoß der Franzosen leisten. Die Preisgabe Mülhausens fand also schon vor Kriegsausbruch statt. Am 28. Juli 1914 ging das Regiment über den Rhein zurück. Am Tage vorher schrieb Leutnant Göring einen Abschiedsbrief an die Mutter in München und seine Schwestern.
Er erwähnte nicht den bevorstehenden Rückzug auf das östliche Rheinufer; er sprach nicht vom Krieg. Er wollte sich nur für seine schöne Kindheit auf den Schlössern Veldenstein und Mauterndorf bedanken, die nun für die Görings verloren waren.
Auf diesen Abschiedsbrief war seine Mutter stolz, aber zugleich empfand sie, wie heftig ihr Sohn bewegt zu sein schien, worüber sie

staunte. Solchen emotionalen Aufruhr hatte sie von ihm nicht erwartet.
Auch die Schwestern waren überrascht.
Rechtsrheinisch machte das Regiment mobil. Am 8. August, in der ersten Kriegswoche, nahmen die Franzosen seine Garnisonstadt Mülhausen ein, während das deutsche Feldheer über Belgien nach Frankreich vorstieß.
Am 7. August hatte Ludendorff im Handstreich Lüttich genommen. Generaloberst von Heeringen wollte nun die linke Flanke des Westheeres offensiv sichern und mit seiner Armee über den Rhein gehen. So erhielt Leutnant Göring am 9. August den Auftrag, mit seinem Zug als kampfkräftigem Spähtrupp die Stärke der Franzosen und deren Stellungen um Mülhausen zu erkunden.
Er setzte über den Rhein. Von Zivilisten erfuhr er, daß die Franzosen sich im Rathaus von Mülhausen einrichteten und Plakate anklebten, in denen die Stadt unter französisches Kriegsrecht gestellt wurde.
Dies empörte ihn so sehr, daß er sich entschloß, diese Schmach zu tilgen. Er hatte nicht den Auftrag, nach Mülhausen zu gehen.
Als er die Stadt dennoch mit seinem Zug erreichte, erfuhr er, daß die Franzosen das Rathaus wieder geräumt hätten. Göring setzte seinen Zug auf Fahrräder und machte sich selbst beritten. Bei der Verfolgung französischer Dragoner kam es zu einem kurzen Gefecht, in dem der Zug vier Dragonerpferde erbeutete.
Die französischen Plakate in Mülhausen ließ Göring abreißen. Dann zog er sich wieder zurück.
Am 10. August kam es dann zur Schlacht um Mülhausen, das von den Franzosen wieder besetzt worden war. Görings Infanterie-Zug auf Fahrrädern sollte bis zur Stadtmitte vordringen und versuchen, den französischen General Pau gefangen zu nehmen, der dort als Stadtkommandant eingesetzt war. Göring, wieder zu Pferde, seine Grenadiere auf Fahrrädern, verfehlte freilich dieses Ziel, da ein Grenadier aus Nervosität einen Schuß abgab und dadurch die Franzosen warnte. Dafür konnte der Zug am gleichen Tage in Illzach einige Franzosen gefangen nehmen.
An diesem 10. August war Mülhausen wieder in deutscher Hand. Die Schlacht wurde als deutscher Sieg im Reich gefeiert. Als erster Offizier seines Regiments erhielt Leutnant Göring das Eiserne Kreuz II. Klasse.
Tapferkeit, auch Leichtsinn, hatte er gezeigt, dazu Mißachtung von

Gefahren wie schon bei seinen Bergbesteigungen in den Alpen. Auch sein Drang, selbständig zu handeln, kam zum Vorschein. Er war ein eigenwilliger junger Leutnant.
Während der starke rechte deutsche Heeresflügel mit drei Armeen nach dem Schlieffenplan auf Paris marschierte, um Anfang September in der Marneschlacht die Entscheidung auf diesem Kriegsschauplatz des Weltkrieges zu verfehlen, begann im Oberelsaß der Stellungskrieg der deutschen 7. Armee in den Vogesen, der die französische 1. Armee des Generals Dubail mit 202 Bataillonen, 80 Schwadronen Kavallerie und 784 Geschützen gegenüberlag.
In den feuchten, herbstkalten Schützengräben zog sich Leutnant Göring eine schwere rheumatische Erkrankung zu, die ihn für den Infanteriedienst untauglich machte.
Er mußte sein Regiment verlassen und kam nach Freiburg im Breisgau ins Lazarett.
Dort zog sich seine Wiederherstellung hin; Göring fürchtete, sich nie wieder vor dem Feind auszeichnen zu können.
Aber durch seine Freundschaft mit Leutnant Loerzer fand er einen Ausweg aus dieser für einen aktiven preußischen Offizier unangenehmen Lage.
Er wurde Flieger.

4. Kapitel

Der Kriegsflieger

Der Krieg von 1914 wurde der erste Luftkrieg der Geschichte. Mit 264 Militärflugzeugen begann ihn das Deutsche Reich, die in 32 Feldfliegerabteilungen zu je 6 Maschinen und 8 Festungsfliegerabteilungen zu je 4 Maschinen zusammengestellt waren.

Der deutsche Eindecker war die Rumpler-Taube; außerdem gab es mehrere Zweideckertypen, Albatros, Aviatik, L.V.G. (Luftverkehrsgesellschaft) und D.F.W. (Deutsche Flugzeugwerke). Auch standen 15 lenkbare Luftschiffe zur Verfügung, die Graf Zeppelin entwickelt hatte.

Vor Kriegsausbruch war der junge holländische Flugzeug-Ingenieur Anthony Fokker in deutsche Dienste getreten, der bald für eine deutsche Luftüberlegenheit sorgte. Er entwickelte aus den Eindeckern von Morane, Hanuschke und Boutard den Fokker-Eindecker, auf dem die ersten größeren Luftsiege von Immelmann und Boelcke errungen wurden. Für die Fokker-Eindecker erfand der Ingenieur Schneider das mit dem Motor gekoppelte synchronisierte Maschinengewehr, das durch den Propellerkreis schoß. Der Pilot konnte die Nase seiner Maschine auf den Gegner richten und durch den rotierenden Propeller schießen.

Nachdem die Bewegungen der gegnerischen Armeen im Herbst 1914 im Stellungskrieg erstarrt waren, wurde es nötig, die deutsche Kriegsfliegerei zu verstärken, um die stehenden Fronten und das Hinterland aufzuklären und vor allem Beobachtungsflieger für die Artillerie einzusetzen.

In diesen kleinen Maschinen saß hinter dem Piloten der Beobachter, der durch Zuruf den Kurs bestimmte, Skizzen zeichnete und sie über den eigenen Truppen abwarf oder auf die improvisierten Feldflugplätze zurückbrachte. Jede deutsche Armee und jedes Armeekorps hatte eine Feldfliegerabteilung. Die Piloten und Beobachter, einsame Soldaten über den Schlachtfeldern, ahnten nicht, daß sie die Vorläufer vieler Generationen von Kriegsfliegern waren, die nach ihnen kommen würden, um jede Bewegung auf der Erde unsicher

zu machen, Landstriche und Städte zu zerstören und den Himmel mit den blutigen Spuren ihrer Geschwader aufzureißen.
Nicht nur Luftkämpfe, Mann gegen Mann, würde es geben, sondern Luftschlachten. Wenige Jahrzehnte sollten genügen, um diese waghalsige, noch ritterliche Kriegsfliegerei der ersten Monate 1914 zu einer schrecklichen Waffe weiterzuentwickeln. Der Mann, der daran einmal größten Anteil haben würde, Hermann Göring, begann seine fliegerische Tätigkeit im Frühjahr 1915 als Beobachter in einem Aufklärer.
Im Freiburger Lazarett hatte ihn sein Freund Leutnant Loerzer besucht, der vom I.R.113 zur Fliegerausbildung abkommandiert worden war. Diese fand auf dem Freiburger Flugplatz statt, von dem aus man in der Ferne die Vogesen sehen konnte, auf deren Pässen und Gipfeln gekämpft wurde.
Wenn Göring nicht mehr auf seinen Beinen dort dabei sein sollte, wie es die Ärzte ihm gesagt hatten, dann wollte er sich wenigstens an die Front fliegen lassen. Loerzers begeisterte Erzählungen von dieser neuen, ihm bisher unbekannten Waffe, einer Fliegerwaffe, bewogen Göring dazu, auf recht unmilitärische Weise vom Kommandeur seines Ersatzbataillons in Donaueschingen durch ein kurzes Telegramm die Versetzung zu der Freiburger Fliegerausbildungsabteilung zu verlangen. Sie wurde jedoch abgelehnt. Göring dachte aber nicht daran, nach seiner Wiederherstellung nach Donaueschingen zu gehen.
Er ließ sich von Loerzer als Beobachter ausbilden. Nach Beendigung des Lehrgangs nahm ihn Loerzer in seinem Flugzeug zuerst nach Darmstadt mit, dann weiter zur 25. Fliegerabteilung in Stenay, die zur 5. Armee des deutschen Kronprinzen Wilhelm gehörte. Sie lag vor Verdun in den Argonnen.
Die Aufklärungsflugzeuge hatten den Festungsgürtel rings um Verdun zu erkunden.
Vom Kommandeur des Ersatzbataillons 113 in Donaueschingen wurde der zur Front im Flugzeug »geflüchtete« Leutnant Göring zu drei Wochen Kasernenarrest verurteilt, weil er sich unerlaubt zu einem anderen Truppenteil entfernt hatte; aber das Urteil wurde nie vollstreckt, da Göring mit Loerzer nicht auffindbar war.
In der Aufklärungsstaffel der Feldfliegerabteilung in Stenay bewährte sich Göring als Beobachter. Er photographierte die gegnerischen Stellungen, wobei er sehr geschickt war und bald in gutem Ruf stand. Loerzer bevorzugte den Tiefflug, sein Beobachter Göring schoß mit

der Pistole auf französische Soldaten. Beide Offiziere erhielten vom Kronprinzen für ihre Tapferkeit das Eiserne Kreuz I. Klasse.
Während des Aufklärungsfluges mußte sich der Beobachter weit aus dem Sitz herausbeugen, um mit der schweren Kamera Aufnahmen zu machen.
Göring erlernte das Morsen; nun konnte er Beobachtungen an die deutschen Geschützstellungen senden.
In der Fliegersprache hieß Loerzer der »Emil«, Göring war sein »Franz«.
Stenay war das Ziel französischer Luftangriffe, da dort der deutsche Kronprinz sein Hauptquartier hatte. Als diesen einmal die Kronprinzessin Cäcilie besuchte, erfolgte ein französischer Luftangriff. Göring und Loerzer fanden diesen Angriff unanständig gegenüber der deutschen Kronprinzessin. Sie stiegen ohne Befehl auf und Göring soll es gelungen sein, mit der Pistole ein gegnerisches Flugzeug abzuschießen. Anschließend warf er kleine Bomben, die »Fliegermäuse« genannt wurden, auf den französischen Feldflugplatz.
Göring als Rächer der Ehre der Kronprinzessin wurde nun bei den Hohenzollern ein angesehener, zukunftsträchtiger junger Offizier, der dem Hause auch persönlich verbunden war. Jeder preußische Offizier hatte unmittelbaren Zugang bei Hofe, und Göring hatte sich dieses Privileg durch eine ritterliche, militärische Tat noch zusätzlich erworben.
Das sollte später einmal große Bedeutung erhalten.
Göring und Loerzer nahmen im Hauptquartier des Kronprinzen an Stabsbesprechungen teil. Sie kannten sich durch ihre Aufklärungsflüge über die Lage an den Fronten und im Hinterland des Gegners im Raum von Verdun aus; man brauchte ihren Rat.
Göring war einer der ersten Beobachter, die ein Maschinengewehr bei ihren Flügen mitführten.
Aber nun drängte er darauf, Pilot zu werden. Loerzer wurde Jagdflieger, ihm wollte Göring es nachmachen. Im Herbst 1915 erwarb er bei der Feldfliegerausbildungsabteilung in Freiburg den Pilotenschein in kürzester Zeit, und im Oktober 1915 wurde er zur Jagdstaffel 5 versetzt, in der sich Loerzer als Jagdflieger befand.
Engländer waren hier im Norden der deutschen Westfront die Gegner der Deutschen in der Luft. Sie flogen als Bomber die großen, zweimotorigen Handley-Page, die in der Kanzel Maschinenwaffen hatten. Hier an der Somme war damals die englische Luftwaffe der deutschen zum mindesten quantitativ überlegen.

Während eines Fluges zur »freien Jagd« auf diese schweren, aber langsamen Bomber, bei dem er von zwei deutschen Jägern begleitet wurde, gelang es Göring, eine Handley-Page mit seinem Maschinengewehr kampfunfähig zu schießen. Als der Engländer nach unten ging, um einen Notlandeplatz zu finden, wurde Göring von sechs britischen Jägern angegriffen, die Treffer in seinem Tank erzielten und einen Flügel seiner Maschine abschossen.
Mit einer schweren Hüftverwundung kam Göring kurz hinter den deutschen Linien auf die Erde zurück.
Metallsplitter wurden aus seiner tiefen Wunde entfernt. Ohne sofortige ärztliche Hilfe wäre er verblutet. Sechzig Einschußstellen fand man an seinem Flugzeug. Eine lange Lazarettzeit stand ihm bevor.
Geführt wurde die damalige deutsche Fliegertruppe von Generalleutnant v. Hoeppner, einem sächsischen Generalstabsoffizier, der bei Kriegsbeginn Chef des Stabes der 3. Armee des Generalobersten v. Hausen gewesen war, mit der er in die Marneschlacht zog. Nach dem Rückzug von der Marne wurde die Sachsenarmee aufgeteilt, v. Hoeppner war disponibel. Er wurde mit der Wahrnehmung der Geschäfte des Kommandierenden Generals der Luftstreitkräfte beauftragt. Chef des Stabes war Oberstleutnant Thomsen, Ia Major i.G.v. Oppeln-Bronikowski. Bald wurde v. Hoeppner Kommandierender General (Ko Gen Luft). Inspekteur der Fliegertruppe war Major Siegert.
Unter den ersten deutschen Fliegern, die sich in die Geschichte der deutschen Fliegertruppe eintrugen, waren Widdessen, Caspar, Frhr. v. Thüna, Frhr. v. Buttlar und Fisch. Ihr Vorbild spornte den jungen Nachwuchs an. Immelmann und Boelcke gehörten zu ihm, die bald berühmt wurden. Es folgte Rittmeister Frhr. v. Richthofen.
»Ich will ein Boelcke werden«, hieß das Leitmotiv für die jungen Jagdflieger an der Westfront, zu denen Göring gehörte, der im November 1915 schwerverwundet ins Lazarett kam. Seinen Genesungsurlaub verbrachte er auf Schloß Mauterndorf in Österreich, das Dr. von Epenstein den Görings wieder zur Verfügung stellte. Der junge Göring, nun 23 Jahre alt, war für den national gesinnten Juden Epenstein ein deutscher Kriegsheld.
Göring schmerzte es, nicht mit den jungen Jagdfliegern konkurrieren zu können, deren Abschußerfolge der Heeresbericht nannte.
Während seines Urlaubs verliebte er sich in Marianne Mauser, eine Bauerntochter aus Mauterndorf, deren Eltern eine Verlobung nicht wünschten, da Jagdflieger wohl nicht lange leben würden.

Nach seiner Genesung hatte Göring sich bei seiner Luftwaffen-Ersatzabteilung in Böblingen bei Stuttgart zurückzumelden, aber ihn drängte es an die Front. Er schickte an Ko Gen Luft ein despektierliches Telegramm, in dem es hieß, er könne weder im Eisenbahnfahrplan noch auf der Landkarte Böblingen finden, deshalb sei er unmittelbar an die Front zurückgekehrt.
Er hatte sich in Mülhausen, seiner alten Garnisonstadt im Elsaß, bei seinem Freund Loerzer zurückgemeldet, der Führer der Jagdstaffel 26 geworden war. Es herrschte »Not am Mann«, die Luftstreitkräfte der Gegner im Westen hatten sich stark vermehrt, es kam zu vielen erbitterten Luftkämpfen. Hierbei konnte Göring seinem Freund einmal das Leben retten, der bald darauf seinerseits in die Lage kam, Göring vor dem Fliegertod zu bewahren: Die Maschine seines Freundes wurde von französischen Jägern verfolgt und konnte gerade noch notlanden.
Am 2. November 1916 mußte der Chef des Stabes der Luftstreitkräfte, Oberstleutnant Thomsen, die Grabrede für den gefallenen Fliegerhelden Boelcke halten, in der es hieß: »Und so lege ich denn als letzten Scheidegruß an dem Grabe unseres treuen Freundes diese Worte nieder, die ein feierliches Gelöbnis sein sollen jedes einzelnen unserer deutschen Flieger: Ich will ein Boelcke werden! Solange dieses Wort unser Leitstern bleibt, solange Boelckes Geist und Können in unserer Fliegertruppe lebendig bleibt, solange: ›Lieb Vaterland, magst ruhig sein!‹«
1917 lag die Jagdstaffel an der Flandernfront. Göring hatte Auszeichnungen erhalten: das Ritterkreuz des Hausordens von Hohenzollern, den Zähringer Löwenorden, den Karl-Friedrich-Orden. Im Mai wurde er Staffelführer der 27. Jagdstaffel, die auf dem gleichen Flugplatz in Iseghem bei Ypern lag wie Loerzers Jagdstaffel 26.
Ihr Ruf war nicht der beste. Oberleutnant Göring sorgte dafür, daß sich das änderte. In Flandern flog auch der neue Luftheld der Deutschen, Rittmeister Manfred Frhr. v. Richthofen mit seiner Jagdstaffel 11.
Um die Effektivität der Jagdwaffe zu verstärken, wurden Jagdstaffeln zu Jagdgeschwadern zusammengefaßt, mit denen die Überlegenheit der alliierten Flieger gebrochen werden sollte.
Richthofen erhielt das erste Jagdgeschwader, das seinen Namen trug, Loerzers und Görings Jagdstaffeln kamen in ein drittes Jagdgeschwader. Neben Richthofen wurde auch Ernst Udet als Jagdflieger mit höchsten Abschußzahlen berühmt.

Im Mai 1918 erhielt Göring nach seinem zwanzigsten Luftsieg von Kaiser Wilhelm II. den Orden Pour le mérite. Es war üblich, diesen höchsten preußischen Orden im späteren Verlauf des Krieges erst nach dem 25. Luftsieg zu verleihen, doch Loerzer hatte sich dafür eingesetzt, Göring den Orden schon eher zu geben. Er bekam die Auszeichnung als »kampferprobter Pilot«. Die 25 Luftsiege hat er nicht mehr erreicht. Gegen die fliegerische Glorifizierung, die man ihm später zusprach, haben manche Fliegerkameraden von damals, die ihn auf den Feldflugplätzen erlebten, Einwände erhoben.
Am 21. April 1918 war Richthofen von der Erde aus abgeschossen worden.
Hauptmann Reinhardt übernahm das Jagdgeschwader 1 »Richthofen«. Zusammen mit Göring erprobte Reinhardt im Juni 1918 eine neue Jagdmaschine auf dem Flugplatz in Berlin-Adlershof. Göring flog zuerst, dann übernahm Reinhardt die Maschine. In größerer Höhe verlor sie beide Flügel, Reinhardt stürzte ab.
Ko Gen Luft ernannte am 7. Juli 1918 Oberleutnant Göring zum Kommandeur des Jagdgeschwaders 1 »Richthofen«.
Der damalige Adjutant des Jagdgeschwaders, Karl Bodenschatz, beschreibt in seinem Buch »Jagd in Flandern« die Kommandoübernahme. Entschlossen habe Göring ausgesehen, als er mit seltsam eindringlicher Stimme nach der Vorstellung durch Leutnant v. Wedel zu den angetretenen Fliegern sprach.
Leutnant Bodenschatz gab an Göring den mit Kerben gezeichneten Knotenstock weiter, den, Richthofen als Talisman getragen, auch Reinhardt wenige Wochen besessen hatte.
Der Flugplatz des Jagdgeschwaders lag nahe der Front; feindliches Artilleriefeuer reichte bis zu ihm. Die gegnerische Luftüberlegenheit war groß, bis zu fünfmal täglich mußte gegen den Feind geflogen werden. Am 18. Juli 1918 errang Göring seinen 22. und letzten Luftsieg. Er schoß eine »Spad« ab. Vom 26. Juli bis 21. August nahm er seinen Jahresurlaub. Der Bruder Manfred Frhr. von Richthofens, Leutnant Lothar Frhr. von Richthofen, vertrat ihn als Kommandeur.
Das Jagdgeschwader Richthofen erlitt schwere Verluste. Im Juli hatte Göring an den Fliegerführer der 7. Armee schon melden müssen: »Piloten und Maschinen können diese Anstrengungen auf die Dauer nicht leisten. Die englischen Einsitzer, meist in mehreren Ketten der Höhe nach gestaffelt, schlagen sich nach altbewährter Weise gut. Die französischen Jagdflieger dagegen stoßen nur selten über die Front

vor und meiden jeden ernsten Kampf. Im Gegensatz hierzu treten die französischen Doppelsitzer in starken Geschwadern immer geschlossen auf, sie führen ihre Bombenangriffe zum Teil in niedrigen Höhen rücksichtslos durch. Die doppelmotorigen Coudrons werden hierzu mit Vorliebe verwandt. Ihre Panzerung wird nach wiederholten Versuchen erfahrungsgemäß von unseren K-Geschossen nicht durchschlagen.«
In neun Monaten schoß das Jagdgeschwader 1 etwa 500 Flugzeuge ab. Aber jetzt neigte sich der ungleiche Kampf seinem Ende zu.
Im Westen waren die deutschen Armeen auf dem Rückzug. Am 8. November richtete sich das Jagdgeschwader auf dem belgischen Flughafen Tellancourt ein. Die Wolken hingen tief über dem Flugfeld, tagelang hatte es geregnet. Starts waren unmöglich.
Am 9. November wurde der Rückmarsch vorbereitet. In Deutschland brach die Revolution aus.
Auch am 10. November herrschte kein Flugwetter. An diesem Tage erhielt Oberleutnant Göring Befehl vom Kommandeur der Flieger bei der 5. Armee, die Flugzeuge auf dem Luftwege nach Darmstadt zu bringen, das restliche Material sei auf dem Landweg dorthin zu überführen. Kurz darauf traf der Gegenbefehl ein. Die Flugzeuge sollten an die Amerikaner übergeben werden.
Göring lehnte es ab, diesen Befehl zu befolgen.
Am 11. November wurde in Tellancourt der Waffenstillstand bekannt. Göring erhielt von einem Stabsoffizier den Befehl, seine Flugzeuge den Franzosen in Straßburg zu übergeben.
Der Geschwaderkommandeur dachte nicht daran, diesen Befehl zu befolgen. Er wollte nach Darmstadt. Seinen Adjutanten Bodenschatz schickte er mit den Lastkraftwagen dorthin. Das fliegende Personal wartete auf Flugwetter. Es fürchtete, trotz Umgehung der Bedingungen des Waffenstillstands nicht in die Heimat fliegen zu können, wenn das schlechte Wetter anhielte. Aber am Morgen des 12. November hatte sich der Nebel gelichtet, so daß um 10 Uhr gestartet werden konnte.
Einige Maschinen flogen nach Straßburg und machten dort Bruchlandung. Eine andere Gruppe landete, ebenfalls irrtümlich, in Mannheim, dessen Flugplatz in den Händen von Soldatenräten war, die den Fliegern die Handwaffen abnahmen. Göring, der mit der Masse in Darmstadt gelandet war, ließ sofort wieder starten, nachdem die Bord-Maschinengewehre durchgeladen worden waren.
Mit seinem Verband erschien er über dem Flugplatz von Mann-

heim. Die Entwaffneten erhielten ihre Handwaffen zurück, nachdem sie gedroht hatten, ihre Kameraden am Himmel würden den Platz beschießen. Göring flog mit allen Maschinen nach Darmstadt zurück, und dort machte das Jagdgeschwader durch Bruchlandung die Flugzeuge unbrauchbar.
Bodenschatz traf mit dem Gepäck ein, das in einer Halle der Buntpapier AG in Aschaffenburg untergestellt wurde. Göring fand Quartier in der Villa des Fabrikdirektors. Im Kriegstagebuch des Jagdgeschwaders »Richthofen« trug er unter dem Datum des Waffenstillstandes, dem 11. November 1918, die 644 Luftsiege ein, die das Geschwader seit seiner Aufstellung errungen hatte.
Er nannte die Verluste.
56 Offiziere und Flugzeugführer waren gefallen, 6 Mannschaften. Verwundet wurden 52 Offiziere und Flugzeugführer sowie 7 Mannschaften.
Der Kommandeur hatte nun das Geschwader aufzulösen.
Die Unteroffiziere und Mannschaften wurden in die Heimat entlassen.
Die Offiziere, die in Aschaffenburg Quartiere hatten, trafen sich im Stiftskeller; sie wollten zusammenbleiben.
Bei der Demobilisierung wurden letzte Beförderungen ausgesprochen.
Hermann Göring wurde Hauptmann.
Am 19. November verabschiedete er im Stiftskeller von Aschaffenburg das Geschwader, das jetzt nur noch aus Offizieren bestand. Karl Bodenschatz schrieb später, hier habe Göring seine erste große Rede gehalten. Er sprach vom Geschwader Richthofen, von Kämpfen und Siegen, von den Offizieren, die sich für das Vaterland geopfert hätten und nun in der Heimat so schmachvoll empfangen würden.
Er verurteilte die Auflehnung der Soldaten gegen ihre Offiziere, die Soldatenräte, die jetzt die Macht an sich gerissen hätten.
Aber er entließ seine Offiziere nicht mit dunkler Trauer über das Vaterland, für das sie gekämpft hatten.
»In eine Stunde hinein«, schrieb Bodenschatz, »die bis in den Himmel grau ist von Hoffnungslosigkeit, wirft dieser Mann mit hinreißenden Worten den neuen Glauben und die neue Hoffnung. In einem Augenblick, in dem Deutschland ausgeblutet, zu Tode erschöpft, kraftlos und verzweifelt seinen großen Kampf aufgegeben hat, ruft dieser Mann zu einem neuen Kampf auf.

Zum Kampf um die innere Gestaltung der deutschen Seele.«
Görings Geschwaderoffiziere, die im Sommer ihren neuen Kommandeur sehr zurückhaltend empfangen hatten, hörten diese großen Worte erstaunt und ergriffen, während vor dem Stiftskeller Einwohner und entlassene Soldaten sie beschimpften.
Im Saal wurde von Göring ein letztes »Hurra!« auf das Geschwader ausgebracht. Danach warfen die Offiziere ihre Weingläser an die Wände.
Beim Verlassen des Stiftskellers wollte die Menge den Offizieren die Orden abreißen. So endete 1918 das Jagdgeschwader 1, das den Namen Richthofen trug, in einem Tumult.
Diese Ausschreitungen konnte Göring nie vergessen. Sein Haß gegen die »Roten« hatte hier seine Wurzeln. Es gelang ihm, die Menge davon abzuhalten, ihm den Pour le mérite und die Achselstücke abzureißen.
An diesem 19. November 1918 entschied sich erst am späten Abend, ob es zu einem Bürgerkrieg im Reich kommen würde. Seit zwei Tagen verhandelten die Mehrheitssozialisten (SPD) mit den Unabhängigen (USPD) in Berlin. Gegen 23 Uhr kam es zu einer Einigung: einige Unabhängige traten in die Regierung Friedrich Ebert ein; der Bürgerkrieg wurde vorerst vermieden. In Aschaffenburg schlug sich die Erregung über den Fortgang der Revolution in diesen Tumulten um die Offiziere des Richthofen-Geschwaders nieder.
Erst am nächsten Morgen erfuhr man durch die Zeitungen, daß eine Räteregierung nach russisch-sowjetischem Muster nicht mehr die Macht im Reich an sich reißen wollte.
Der Eintritt der Unabhängigen in den »Rat der Volksbeauftragten«, der durch sie erweitert wurde, da er bisher nur aus sechs Mehrheitssozialisten mit Ebert bestand, beruhigte vorübergehend die Lage im Reich. Hinzu kam Friedrich Eberts Bündnis vom 10. November mit der Obersten Heeresleitung, das den Mehrheitssozialisten den Rükken stärkte.
Göring blieb noch zwei Wochen in Aschaffenburg. Als aktiver Offizier und hochdekorierter Geschwaderkommandeur hatte der 25jährige Hauptmann a.D. trübe Zukunftsaussichten. Er konnte sich nicht vorstellen, weiter Offizier zu bleiben, obwohl er nur diesen Beruf erlernt hatte seit seiner Aufnahme in das Kadettenkorps.
Er hatte keine Generalstabsausbildung. Er trug schwer an seinen Verwundungen, vor allem an der Wunde im Hüftgelenk, deren Schmerzen er durch Morphiumspritzen betäubte.

Die Hohenzollern hatten abgedankt, denen sein Vater gedient hatte. Eine Welt war zusammengebrochen. Der Eid, den Göring auf den Kaiser und König von Preußen geschworen hatte, war nichtig geworden. Wie könnte dieser stolze junge Offizier jemand anderem nochmals einen Treueid schwören?
Er hatte allerdings einen Vorzug gegenüber den demobilisierten Offizieren des Heeres und der Kriegsmarine: Er war Flieger, als Pilot beherrschte er eine neue Technik, die im Kriege große Fortschritte gemacht hatte.
Er stellte sich in Aschaffenburg, zusammen mit Udet und anderen Offizieren, damals vor, daß ihre Lage doch nicht so aussichtslos sei, denn sie könnten fliegen, und Flieger würden immer gebraucht, ob im Reich oder im Ausland.
14 Jahre später, im Sommer 1932, sagte er als Reichstagspräsident zu Martin Henry Sommerfeldt, der sein erster Pressereferent werden sollte: »Als ich 1918 das Richthofen-Geschwader ohne seine Flugzeuge nach Hause schicken mußte, habe ich vor den Männern einen Schwur getan, daß ich nicht ruhen und rasten werde, bis wir Deutsche wieder fliegen dürfen, ich werde der Scharnhorst der deutschen Luftwaffe sein.«
Ob Göring diesen Schwur, den er in Aschaffenburg geleistet haben will, tatsächlich halten könnte, war 1918 ungewiß. An den geheimen Unternehmungen der Reichswehr, eine künftige Luftwaffe vorzubereiten, war Göring nicht beteiligt. Sie begannen schon früh, während des Ruhreinfalls der Franzosen und Belgier, und der Mann, der sie einleitete, war General v. Seeckt, der nach dem Kapp-Putsch die neue Reichswehr aufbaute.
An Hermann Göring war dabei nicht zu denken.
Der Grund dafür könnte ein Vorfall gewesen sein, der sich Ende Dezember 1918 in Berlin zutrug.
Anfang Dezember war Göring mit Udet nach Berlin gereist. Göring wollte sich in der Reichshauptstadt nach einer Verwendung umsehen, ehe er nach München zu seiner Mutter zurückkehrte. In Berlin sollte ein Deutscher Offiziersbund gegründet werden, der die Interessen der entlassenen Offiziere wahrnehmen wollte. Nach Weihnachten 1918 übergab der bisherige preußische Kriegsminister Schéuch sein Amt dem heimgekehrten General Walter Reinhardt. Dieser sagte zu, auf einer Versammlung des Offiziersbundes eine Rede zu halten. Es kam damals darauf an, die entlassenen Offiziere für ein Verbleiben im Heer zu gewinnen, das auf Wunsch Eberts in

Berlin das Regierungsviertel und wichtige Gebäude der Stadt gegen die Volksmarinedivision und die Spartakisten sicherte.
Die Versammlung fand in den Räumen der Berliner Philharmonie in der Bernburgstraße am Potsdamer Bahnhof statt. Eine Resolution sollte verabschiedet werden, die sich gegen die künftige Offiziersuniform richtete. Es war angeordnet worden, daß die Offiziere ihre Schulterstücke verlieren, dafür blaue Streifen als Erkennungszeichen tragen sollten.
Der neue preußische Kriegsminister General Reinhardt war ohne Achselstücke, mit blauen Streifen am Arm, erschienen. Göring, der diese Versammlung besuchen wollte, hatte davon gehört. Er ging in voller Uniform mit Orden und Ehrenzeichen in die Philharmonie. Nachdem Reinhardt erklärt hatte, er sei auch nicht mit den blauen Streifen einverstanden, aber er bitte die Offiziere, ihn jetzt nicht im Stich zu lassen, meldete sich Göring zu Wort. In voller Uniform, mit dem Pour le mérite am Hals, den beiden Eisernen Kreuzen am Uniformrock, den Hauptmannssternen auf den weißen Achselstücken, trat er auf das Podium als letzter Kommandeur des Richthofengeschwaders. Dies geschah so unerwartet und schnell, daß die Versammlung nicht reagieren konnte.
In scharfem Ton, eisig, rief Göring: »Ich wußte, daß Sie, Exzellenz, heute hier erscheinen würden. Aber ich hoffte, Sie mit einem Trauerflor am Arm zu sehen, der symbolisieren würde, wie tief Ihr Bedauern ist, daß diese Lage entstanden ist. Statt eines Trauerflors tragen Sie die blauen Streifen an Ihrem Ärmel. Ich denke, Exzellenz, es würde mehr zu Ihnen passen, wenn Sie rote Streifen am Ärmel trügen.«
Dieser Affront eines Hauptmanns gegenüber einem General (und einer Exzellenz), der als preußischer Kriegsminister in die Versammlung des Offiziersbundes gekommen war, um die Offiziere zu bitten, ihm zu helfen, wurde zuerst mit Schweigen, dann mit großem Beifall aufgenommen. General Reinhardt verließ, ohne ein Wort zu erwidern, den Saal. Dann gebot Göring Ruhe und rief: »Wir Offiziere erfüllten unsere Pflicht in vier langen Jahren auf der Erde, auf dem Wasser und in der Luft, und wir riskierten Leib und Leben für unser Vaterland. Jetzt kommen wir heim – und wie behandelt man uns? Sie speien uns an, reißen uns unsere Auszeichnungen ab. Und das kann ich Ihnen sagen, daß das Volk dafür nicht verantwortlich ist. Das Volk, das waren unsere Kameraden, Kameraden von jedem von uns, gleichgültig wessen Standes, in vier schweren Kriegsjahren.

Nein - das Volk ist nicht daran schuld. Die allein sind schuld, die das Volk aufstachelten. Solche Leute, die unserer ruhmreichen Armee den Dolchstoß in den Rücken versetzten und an nichts als an die Erringung der Macht dachten und daran, sich auf Kosten des Volkes zu bereichern!«

Damit hatte Göring das Wort vom »Dolchstoß« übernommen, das in jenen Wochen aufkam.

Dann sprach er noch von dem Tag, der kommen werde, an dem diese »Brüder« ihr Spiel verloren hätten und aus dem Land getrieben würden.

»Bereiten wir uns darauf vor«, rief er, »wappnen wir uns für diesen Tag, arbeiten wir für diesen Tag. Ich bin sicher, daß er kommen wird.«

Nach dieser Rede verließ Göring die Philharmonie und traf sich mit Kameraden.

Durch diesen Vorfall hatte Göring die Brücken abgebrochen, die Offizieren von der Republik gebaut wurden. Er hatte sich in den Augen der besonnenen Offiziere unmöglich gemacht, die bereit waren, weiter zu dienen - auch in einer Republik.

Die emotionale Rede, die Göring hier unaufgefordert gehalten hatte, wurde später als Entdeckung seines Rednertalents gefeiert.

Sie zeigte, daß Göring Mut hatte, nicht nur als Jagdflieger, sondern nun auch als entlassener Offizier.

Er hatte auf sich aufmerksam gemacht, er war nicht irgendwer. Und er zeigte eine Zukunft auf, an die manche damals dachten; aber sie hüteten sich, in dieser revolutionären Atmosphäre in der Reichshauptstadt sich so offen zu äußern.

Gleichzeitig zeigte sich die Unbeherrschtheit Görings, der in einer Weise dem preußischen Kriegsminister und verdienten General der alten Armee gegenübertrat, die bisher eines Offiziers nicht würdig gewesen wäre.

Er verließ nun Berlin, fuhr nach München zu seiner Mutter. Auf große Worte kam es jetzt nicht mehr an.

Er mußte daran denken, seinen Unterhalt zu verdienen.

Sein »Heldenleben« war zu Ende.

Wie viele andere, wurde der Hauptmann a.D. ein Arbeitsloser, der nichts gelernt hatte als fliegen und Soldaten zu führen.

Aber fliegen - das war schon etwas.

Doch wer würde ihn fliegen lassen?

5. Kapitel

Pilot im Norden

Von München aus nahm Göring wieder Kontakt zu Marianne Mauser in Mauterndorf auf. Er hätte sie geheiratet, aber der Vater, ein reicher Bauer, fragte in einem Brief, was er denn seiner Tochter zu bieten habe, und Göring konnte nur antworten: »Nichts«.
Noch gab es keinen Versailler Vertrag, die Flugzeugfabriken arbeiteten weiter. In München befanden sich die Fokker-Werke, deren Flugzeuge Göring gut kannte und wo der letzte Richthofenkommandeur gern gesehen wurde. Die Alliierten hatten in der bayerischen Landeshauptstadt eine Beobachtergruppe, der Captain Frank Beaumont, ein englischer Fliegeroffizier, angehörte. Beaumont hatte nach Abschuß von zwei deutschen Kampfflugzeugen mit seinem beschädigten Flugzeug notlanden müssen. Göring hatte ihn ehrenhaft als Kriegsgefangenen aufgenommen, mit ihm gegessen und Champagner getrunken, wie es sich für ihn während des Krieges gehörte, wenn der Fliegergegner in seine Hände gelangte. Göring, der aus Berlin Udet nach München mitgenommen hatte, besuchte mit ihm zusammen Captain Beaumont. Sie erfuhren, daß er in München die deutschen Luftstreitkräfte liquidieren sollte.
Unter Kriegsfliegern verstand man sich; Beaumont sprach dazu noch deutsch, und als in München nach der Ermordung des Ministerpräsidenten Eisner die Räterepublik ausgerufen wurde, ließ Beaumont Göring bei den Wehrverbänden untertauchen, die sich rings um München bereitstellten, um dann unter General Ritter von Epp mit Truppen die Stadt zu befreien. Göring spielte dabei jedoch keine Rolle.
Es gelang ihm durch die Hilfe Beaumonts, nach der Befreiung Münchens, von den Fokker-Werken eine Fokker F 7 zu leihen, die er im Kriege geflogen hatte. Die Fokker-Werke suchten Absatz für ihre Maschinen im neutral gebliebenen Ausland, da es keine deutsche Luftfahrt mehr geben sollte.
Die Fokker-Werke beteiligten sich an der großen skandinavischen Flugausstellung, die im Frühjahr 1919 in Kopenhagen stattfand. Auf

dieser internationalen Veranstaltung, die erstmals wieder seit 1914 Flugzeuge vieler Modelle einem Publikum vorstellte, das in den skandinavischen Staaten auch zahlungskräftig genug war, um die zivile Luftfahrt voranzubringen, vertrat Göring in der F 7 die Fokkerwerke. Der junge Kriegsflieger aus Deutschland wurde bestaunt. Sein Flugzeug, von dem er sagte, er sei mit ihm im Richthofengeschwader geflogen, hatte vorzügliche Flugeigenschaften. Die Werbung für Fokker fiel so glänzend aus, daß die Münchner Fokker-Werke Göring die F 7 schenkten. Zur Flugausstellung wurde eine Fluglinie Malmö - Bulltofta - Kopenhagen - Kastrup eingerichtet, für die der schwedische »Flugbaron« Carl Cederström sich engagierte, der 1910 als zweiter Flieger den Öresund zwischen Kopenhagen und Malmö bezwungen hatte. Göring machte viele Bekanntschaften. Er entschloß sich, als Pilot mit seiner F 7 in Kopenhagen zu bleiben, um Kunst- und Rundflüge durchzuführen.
Der Flughafen Kastrup wurde sein Arbeitsplatz; er flog für 50 dänische Kronen pro Person seine Passagiere, um ihnen das Gefühl des Fliegens zu vermitteln. Hinzu kam, daß man sich von einem Fliegerhelden aus den Luftkämpfen des Weltkrieges, dem letzten Kommandeur des auch im neutralen Ausland bekannten Richthofen-Geschwaders, einen Nervenkitzel versprach, außerdem auch absolute Sicherheit in der Luft.
Der 26jährige Göring machte auf Dänen und Schweden, die er flog, einen großen Eindruck mit seiner F 7, an der für die Neutralen noch der Geruch des Krieges zu hängen schien, den sie aus der Ferne beobachtet hatten.
Der gut aussehende junge Deutsche gefiel den Frauen in der dänischen Hauptstadt. Göring hatte einiges nachzuholen, es war angenehm, gut zu essen und zu trinken, Husarenstückchen mit seiner Maschine auszuführen, die imponierten.
An eine Rückkehr nach Deutschland dachte er nicht mehr. Die Ereignisse in der Heimat widerten ihn an.
Er lebte einige Zeit mit einer verheirateten Frau zusammen, der er, wie der britische Historiker Roger Manvell herausfand, 1933 sein signiertes Foto mit privater Telefonnummer schickte, von dem eine Journalistin 1940 bei der Besetzung Dänemarks Gebrauch machte, als die Gestapo ihre Wohnung durchsuchte. Die Gestapo-Beamten fanden Görings Foto mit Widmung, wurden sofort sehr höflich und verschwanden.
Im Mai 1919 erfuhr Göring in Kopenhagen von dem Versailler Ver-

trag, den der französische Ministerpräsident Clemenceau am 7. Mai dem deutschen Außenminister Graf Brockdorff-Rantzau übergab und den sechs Monate lang ein »Rat der Vier« (Präsident Wilson, die Ministerpräsidenten Lloyd George, Clemenceau und Sonnino) ausgearbeitet hatte. Er sah u.a. das Verbot der »Unterhaltung von Luftstreitkräften« vor, was Göring besonders traf. »Eines Tages werden wir zurückkommen, um einen anderen Vertrag zu schreiben«, rief er wütend in einer Gesellschaft aus, in der er sich gerade befand, als die Zeitungen die Bedingungen veröffentlichten.

Er unterschied sich damit kaum von anderen Deutschen im Reich, die wie er das Diktat ablehnten. Aber die Formulierung seines Protestes zeigt, daß er immerhin ein politisches Ziel hatte. Er wollte dieses Diktat durch einen Vertrag ersetzen, der die schweren Bedingungen auslöschte. An Revanche dachte er aus guten Gründen damals nicht; sie war militärisch nach dem Zusammenbruch im Reich undenkbar. In Deutschland hieß das Diktat der »Schandfrieden«. Es wurde am 28. Juni 1919 im Spiegelsaal des Schlosses von Versailles unterzeichnet. Dieser Saal war gewählt worden, um die Deutschen auch historisch zu demütigen, die hier 1871 ihr Zweites Reich gegründet hatten.

Die deutsche Nationalversammlung in Weimar ratifizierte den Versailler Vertrag am 9. Juli. Drei Tage später wurde die Blockade des Reiches aufgehoben.

Am 31. Juli wurde der Friedensvertrag von England, am 6. Oktober von Italien, am 14. Oktober von Frankreich ratifiziert.

Die USA verweigerten ihre Unterschrift. Erst nach Austausch der ratifizierten Urkunden im Januar 1920 durften die deutschen Kriegsgefangenen heimkehren. Göring sah keinen Grund, nach Deutschland zurückzukehren. Eine zivile Luftfahrt war zwar nicht ausdrücklich verboten, aber er konnte sich nicht vorstellen, wo man ihn dort gebrauchen könnte.

Die Bedingungen von Versailles waren viel härter als die Waffenstillstandsbedingungen, über die Erhard Milch, damals Fliegerhauptmann wie Göring, am 11. November 1918 in sein Tagebuch geschrieben hatte: »12 Uhr mittags Waffenstillstand. Die Bedingungen sind die beste Grundlage für einen zukünftigen Krieg.«

1920 flog Göring nach Schweden. Dänische Freunde hatten ihm geraten, bei der Luftverkehrsgesellschaft, die in Schweden gegründet wurde, als Berufspilot unterzukommen.

Die Svenska Lufttrafik A.-B. war an dem deutschen Flieger interes-

siert, doch ihm blieben Prüfungen und hinhaltende Besprechungen nicht erspart, ehe sie ihn einstellte.
Mit seinem Privatflugzeug unternahm er deshalb weiter Schauflüge und Charterflüge für Reisende von Stockholm aus.
Er verdiente Geld als Vertreter für den Heinicken-Fallschirm, der sich automatisch öffnete, wenn der Pilot abspringen mußte. Die Flugsicherheit war für die Skandinavier ein wichtiges Problem. Sie fanden es angenehm, zu wissen, daß man sich aus den damals noch kleinen Flugzeugen retten konnte.
Im August 1920 sah Göring Deutschland wieder. Er war jetzt als Pilot bei der Svenska Lufttrafik A.-B. angestellt, die ihn für den ersten Luftpostflug Warnemünde - Kopenhagen - Malmö einsetzte.
Göring flog dabei ein Wasserflugzeug, begleitet von einem Mechaniker. Er wurde als Pionier der Luftpost aus Deutschland im Malmöer Industriehafen Limhamn begrüßt.
Ein Zeitungsfoto zeigt Göring beim Empfang im Hafen. Er trägt eine Lederjacke, die er aufgeknöpft hat. Breitbeinig steht der schlanke Postpilot auf der Landungsbrücke und liest von einem Papier etwas laut ab. Seriös gekleidete Herren sehen ihm dabei freudig erregt zu.
Die Malmö-Chronik nahm das flughistorische Bild in ihre Publikation im Jahre 1940 auf.
Die Nachrichten, die in diesem ersten schwedischen Jahr Göring aus Deutschland erreichten, enthielten nur Unheil. Die Siegermächte forderten die Auslieferung des nach Holland geflüchteten Kaisers als »Kriegsverbrecher«, aber Holland lehnte ab.
Anfang 1920 überreichte der französische Geschäftsträger in Berlin dem Reichskanzler Bauer eine Auslieferungsliste, die 895 Namen nannte: deutsche Fürsten und Thronfolger, alle namhaften Heerführer, den früheren Reichskanzler v. Bethmann-Hollweg, Großadmiral Tirpitz, U-Boot-Kommandanten, Offiziere und Beamte aller Dienstgrade. Eine deutsche Gegenliste aufzustellen, lehnte Außenminister Müller vorläufig ab. Der Kapp-Putsch in Berlin brach zusammen; der Generalstreik war ausgerufen worden. Die Stärke der neuen Reichswehr wurde auf 100 000 Berufssoldaten festgesetzt. Flugzeuge, Panzer und schwere Artillerie waren ihr verboten.
An dem Leben in Schweden fand Göring Gefallen. Dort gab es viele Menschen, die offen Sympathie gegenüber Deutschland zeigten, auch Mitleid. Für hungernde Kinder im Reich wurde die »Schwedenspeisung« eingerichtet, hölzerne Notkirchen, »Schwedenkirchen« genannt, wurden gestiftet.

Göring war nicht der einzige Kriegsflieger, der in Schweden arbeitete. Auch andere Fliegerkameraden waren dort tätig, um der schwedischen Industrie ihre Erfahrungen zur Verfügung zu stellen. Skandinavien wollte in kurzer Zeit aufholen, was es durch den Krieg auf dem Kontinent versäumt hatte.
Durch diese deutschen Kriegsflieger kamen bald Verträge mit deutschen Firmen zustande, so mit den Heinkel-Werken, die ab 1921 Wasserflugzeuge nach Schweden lieferten.
Im Winter 1920 machte Göring die Bekanntschaft des jungen Grafen Eric von Rosen, der auf Forschungsreisen gewesen war und auf der Heimreise nach seinem Schloß Rockelstad am Bavensee ein neues Abenteuer suchte: einen Sturmflug im Winter. Auf dem Stockholmer Flugplatz fragte er Göring, ob er ihn nach Hause fliegen wolle, da er den Zug nach Sparreholm in Södermanland verpaßt habe. Es schneite. Die frühe Dämmerung des nordischen Wintertages mußte bald hereinbrechen. Göring ließ sich das Flugziel auf der Karte zeigen. Es war keine weite Reise. Er mußte nur, wie es damals üblich war, möglichst der Bahnlinie folgen, die von Stockholm über Södertälje nach Sparreholm führte.
Aber im Schneesturm war es gefährlich. Man konnte sich verirren. Doch Göring imponierte dieser Graf Rosen. Sie schnallten die Fallschirme um und bestiegen die Fokker F 7. Der Flug wurde schrecklich. Göring gelang es jedoch, die im Schneesturm immer wieder abfallende Maschine zu halten. Bald verloren sie – Graf Rosen machte sich als Beobachter nützlich, hatte damit aber kein Glück – die Bahnlinie unter sich. Sie verirrten sich über zugefrorenen Seen und verschneiten Wäldern. Graf Rosen übergab sich, dadurch wurde seine Fliegerbrille undurchsichtig.
Endlich landeten sie erschöpft auf dem zugefrorenen Bavensee beim Schloß Rockelstad.
Sie hatten gemeinsam ein Abenteuer bestanden. Was jetzt kam, war ein Märchen für den abgetakelten Kommandeur des Richthofengeschwaders. Da es zum Rückflug nach Stockholm zu spät geworden war, lud ihn Graf Rosen ein, im Schloß zu übernachten.
Graf Rosen war mit Mary von Fock verheiratet, die die beiden auf der Schloßtreppe empfing. Sie hatte Ängste ausgestanden, als ihr Mann sie aus Stockholm anrief und ihr seinen Heimflug ankündigte. Nun war sie glücklich, daß beide Männer heil angekommen waren. Die Schwester der Gräfin von Rosen, Fanny Gräfin von Wilamowitz-Moellendorff, deren Mann im deutschen Heer gedient hatte

und gefallen war, beschreibt in ihrem 1934 in Berlin erschienenen Buch »Carin Göring« die Begegnung Görings mit dem Schloß und ihrer Schwester Carin: »Froh winkend, wenn auch etwas besorgt, stand die junge Hausfrau auf der Treppe, empfing die Männer und führte sie hinein in die Halle, wo loderndes Kaminfeuer und warmes Getränk bald die steifgefrorenen Glieder erwärmte.
Wie schön war doch dieses Heim!
An den Wänden in dem hohen bis in den zweiten Stock reichenden Raum hingen alte Waffen und Rüstungen, schöne Bilder und Wandteppiche mit nordischen Motiven.
Überall fanden sich Jagdtrophäen und Erinnerungen an die weiten, in alle Erdteile ausgedehnten Reisen des kühnen Forschers. Am Treppenaufgang stand ein riesiger Bär, einer der vielen, die der Hausher nach altnordischem Brauch mit dem Speer erlegt hatte.
Hermann Göring stand vor dem offenen Kamin und sah in die Flammen hinein. Zwei große Hakenkreuze aus Schmiedeeisen schmückten die eisernen Stangen, worauf die Holzscheite gestapelt waren. Das Hakenkreuz ... ihm war, als hätte er es immer gekannt, von uralten Zeiten her.
Die Treppe hinunter kommt eine hohe Gestalt, eine Frau mit edler, königlicher Haltung, die Schwester der Hausfrau, Carin. Ihre tiefen blauen Augen begegnen Hermann Görings suchendem Blick. Diese Frau ... Schweigend und ehrfurchtsvoll stand er da. Ihm war, als hätte er sie immer gekannt.
Lange saß man zu Tisch an diesem Abend. Frei und offen konnte der Kampfflieger reden; die lang verhaltene, nur mit Gewalt in einer fremden Umgebung niedergedrückte Empörung über das Schicksal seines Vaterlandes brach ungestüm hervor. Die Schmach seines Volkes, die Leidensgeschichte dieser bis zuletzt tapfer kämpfenden Jugend öffnete sich den ergriffenen Zuhörern. Höhenflug und Höhensturz waren Hermann Göring wohl vertraut, niedere Gesinnung, Unehre und Verrat, damit konnte er sich nicht abfinden.
Der Hausherr erhob sein Glas, gefüllt mit deutschem Wein. Ernst, aber glaubensfest waren seine Worte, als er einer kommenden, hoffentlich nicht allzu fernen Zeit gedachte, wo deutsche Männer die deutsche Ehre wieder auf starkem Schild erheben würden, wo Deutschland wieder frei, geachtet und gleichberechtigt seine edlen Traditionen und Aufgaben unter den Völkern wahrnehmen könnte. An Deutschland brauchte niemand zu verzweifeln, der soeben die von Vaterlandsliebe getragenen Worte von diesem seiner Söhne ge-

hört hätte. Er tränke auf die Zukunft Deutschlands, an die er wie das ganze Schwedenvolk unerschüttert glaube.
Feierlich erhoben sich alle von ihren Plätzen, fest drückte der Hausherr die Hand des Gastes.
Bis spät in die Nacht blieb man beisammen. Graf von Rosen nahm seine Laute, wehmütige, stolze und frohe Volkslieder wurden gesungen, immer wieder merkte der Gast, wie nahe dem deutschen Empfinden die Töne der schwedischen Volksseele stehen.
Hier war ein freies Volk, das trotz allem noch an Deutschlands Freiheit glaubte, hier war ein Gefühl und eine Innigkeit in der Musik, die sich unmittelbar an das Herz eines Deutschen schmiegt.
Viel hat Hermann Göring mit Carin an diesem ersten Abend nicht sprechen können. Dazu war ihm die Seele zu bewegt. Der Sturmvogel des offenen Meeres hatte endlich Land in Sicht bekommen.«
Diese gefühlvolle Beschreibung entsprach dem Stil jener Zeit. Sie enthält aber, abseits der großen Worte, einen wahren und zugleich märchenhaften Kern.
Es war selbstverständlich, daß Göring Gast auf dem Schlosse werden mußte, nachdem er mit Graf von Rosen diesen ungewöhnlichen Flug hinter sich gebracht hatte.
Als er das Schloß betrat, fühlte er sich erstmalig wieder geborgen. Ein Schloß war ihm vertraut, er war auf Veldenstein und Mauterndorf aufgewachsen.
Hier fand er endlich wieder, was er verloren hatte.
Das Hakenkreuz wird er zum ersten Male gesehen haben.
Nicht Hitler, den er noch nicht kannte, hatte ihm das Hakenkreuz gezeigt, sondern Graf von Rosen.
Das Hakenkreuz verband sich für ihn mit diesem Winterabend auf Rockelstad in Södermanland. Es ist auch 1983 noch dort zu sehen.
Es war ein nordisches Sonnenrad, und der Norden hatte ihn in seinen Bann gezogen.
Die Gastfreundschaft mit der Willkommensansprache des Hausherrn und dem Toast auf dessen Vaterland gehörte zu Schweden.
Daß Göring sich vorstellte und dabei sein Vaterland nicht vergaß, versteht sich von selbst.
Zu dem Reichtum, der ihm hier begegnete, kam die Anwesenheit einer, wie es aussah, alleinstehenden Frau, die ihn interessieren mußte. Carin von Kantzow, die Schwester von Mary und Fanny von Fock, war fünf Jahre älter als Göring.
Sie tranken Wein und sangen Lieder zur Laute.

Das Feuer im Kamin, der ausgestopfte Bär, die Jagdtrophäen – alles war für Göring die Erfüllung eines Traums. Und die »Liebe auf den ersten Blick«?
Eine wichtige Entscheidung war für den romantischen jungen Mann gefallen, als er in dieses schwedische Schloß geriet.

6. Kapitel

Student in München

Über die Ehe, die Hermann Göring als Student an der Münchner Universität am 23. Februar 1922 in der bayerischen Hauptstadt mit Carin von Kantzow, geborene Freiin von Fock, schloß, sind manche Märchen und Legenden entstanden, die ihre Ursache nicht allein darin haben, daß Romantik in Tragik endete, sondern daß auch Geheimnisse zurückblieben, die nach Carin Görings frühem Tod von Hermann Göring zu einem Kult hochstilisiert wurden. Für die politische Rolle Görings ist es wichtig, daß Carins starker Einfluß auf diesen Mann zwei Jahre vor dem 30. Januar 1933 mit ihrem Tode erlosch. Es gab danach für Göring viele Erinnerungen an seine erste Frau, die sich bei seinem Auftreten zeigten, als er das Geld und die Macht hatte, so zu leben, wie er mit Carin Göring hatte leben wollen. Aber die innere Bescheidenheit dieser Frau fehlte ihm nun als Vorbild, ihr Rat in persönlichen und politischen Dingen fiel aus. Politisch hatte sich Carin Göring lebhaft interessiert gezeigt. Vielleicht hätte sie ihren Mann vor Angelegenheiten bewahrt, in die er sich dann verstricken ließ. Für die Barbarei des nationalsozialistischen Systems in seinen späten Jahren hätte sie nur Abscheu übrig gehabt. So wurde die tote Carin Göring zur Kultfigur, zu der zu früh dahingegangenen Gattin eines preußischen Ministerpräsidenten und Paladins des Führers und Reichskanzlers Adolf Hitler, zu einer Königin Luise aus Schweden, die im Mausoleum in der Schorfheide ruhte. Über ihre Familie schrieb Fanny Gräfin von Wilamowitz-Moellendorff 1933 in Stockholm: »Carin war die vierte und zweitjüngste der fünf Töchter des schwedischen Obersten Freiherr Carl A.von Fock und seiner Gattin, geborene Huldine Beamish, aus Irland. Die Focksche Familie stammt von einem alten in Westfalen und Niedersachsen gebürtigen Geschlecht, das sich auch von Brucken, aus dem Hause Bruck oder Bruggen genannt hat. Die Focks zogen mit den Ordensrittern in das Baltikum, und Walter von Plettenberg hat ihnen dort Güter verliehen. In Kurland besaß die Familie außerdem andere Güter, wie das nach ihnen genannte Fockenhof, welches spä-

1 *Dr. Heinrich Göring, der Vater Hermann Görings.*

2 *Schloß Mauterndorf im Salzburger Lungau.*

3 *Burg Veldenstein bei Neuhaus an der Pegnitz.*

4 *Oberleutnant Göring im Sommer 1918 als Führer des Jagdgeschwaders 1 mit Richthofens Knotenstock* (Bild links).

5 *Nach Rückkehr vom Feindflug 1918* (Bild links Mitte).

6 *Oberleutnand Göring in seiner einsitzigen Fokker F 7 im Herbst 1918 an der Westfront* (Bild links unten).

7 *Mit dem Pour le mérite ausgezeichnete Offiziere des Jagdgeschwaders 1 Richthofen Herbst 1918: Vorne von links nach rechts: Göring, Loerzer, Boenigk. Hinten von links nach rechts: Klein, Veltiens, im Zivil der Direktor der Fokker-Werke, Udet, Jakobs* (Bild rechts oben).

8 *Kriegsende 1918. Hauptmann Göring, letzter Kommandeur des Jagdgeschwaders 1 Richthofen* (Bild rechts Mitte).

9 *Malmö-Limhamn (Schweden) im August 1920: Görings Eintreffen als erster Luftpostflieger der Svenska Lufttrafik A.-B aus Warnemünde über Kopenhagen-Kastrup. Eröffnung des Luftpostdienstes zwischen Deutschland und Schweden* (Bild rechts).

10 *Die Edelweißkapelle im Garten des Stockholmer Hauses der Familie des Freiherrn von Fock, Grev Karlavägen. Meditationsort für den christlichen Schwesternorden, der sich nach dem Edelweiß nannt.*

11 *Carin Göring in Bayrisch-Zell.*

12 *Ursprünglich war »Carinhall« in der Schorfheide bei Berlin ein schwedisches Blockhaus: Arbeitszimmer des preußischen Ministerpräsidenten Göring 1934 mit dem Ölgemälde der verstorbenen Carin Göring.*

ter in der Zeit einer Vormundschaft verkauft wurde und jetzt den Fürsten Liewen gehört.«

»Johan von Fock, geboren 1575, hatte vier Söhne; dem jüngsten, Gideon, verlieh Königin Kristina von Schweden den schwedischen Adel.

Das alte Wappen, eine herausgerissene Eiche mit drei Wurzeln und einem nach oben wachsenden Zweig, verwandelte die schwedische Heraldik in damals leider mangelhaftem Stilgefühl in einen Baum mit zwei darunterliegenden Kugeln. In Schweden besaß die Familie große Güter in Wästergotland. Durch sorglosen Leichtsinn und treuherzige Gutgläubigkeit verlor sie beinahe alle wieder. Die Focks waren Soldaten. ›Nach Beruf wird nicht gefragt, man trägt des Königs Rock‹, meinten die Väter und Söhne.

Carins Mutter, Huldine Beamish, gehörte einer alten englischen Familie an. Carins Großmutter, Mrs. Beamish, war wiederum eine Schwedin. Die junge Huldine Beamish durfte ihre Mutter öfter zum Besuch bei der schwedischen Großmutter begleiten. Diese war eine Frau mit regen geistigen Interessen und unterhielt einen literarischen und gesellschaftlichen Salon in Stockholm sowie in ihrem Landhaus Engsholm bei Drottningholm. Dort haben Carins Eltern sich kennengelernt.

Mit dem damaligen Leutnant bei der Svea-Garde, Carl Freiherr von Fock, wurde Huldine Beamish am 15. September 1880 in der Skeppsholmkirche in Stockholm getraut.

In dieser Ehe wurden fünf Töchter geboren. Die älteste, Fanny, heiratete den 1903 zur deutschen Gesandtschaft kommandierten Grafen Wichard von Wilamowitz-Moellendorff auf Schloß Gadow, der im Weltkrieg fiel. Die zweite, Elsa, blieb unverheiratet. Sie widmete sich den religiösen und sozialen Bestrebungen ihrer Mutter. Die dritte, Mary, heiratete den Forschungsreisenden Graf Eric von Rosen auf Schloß Rockelstad. Die vierte, Carin, wurde die Frau des Leutnants Nils von Kantzow, nach der in Güte durchgeführten Trennung dieser Ehe die Gattin Hermann Görings. Die fünfte Schwester, Lily, heiratete den Leutnant und Kunstmaler Seth Martin.« Fanny Gräfin von Wilamowitz-Moellendorff nennt ihre Schwester Carin, die am 23. Oktober 1888 geboren wurde, sehr sensibel von Kindheit an. »Sie ›fühlte‹, wenn jemand traurig war und doch nichts sagte, sie ›wußte‹, wenn Schlechtes gedacht oder geplant wurde, sie ahnte im voraus, was später Wirklichkeit wurde.«

Diese Sensibilität verband sich früh mit einer schweren Herzkrank-

heit. Zwei Jahre nach ihrer Hochzeit mit Nils von Kantzow wurde am 1. März 1912 Thomas von Kantzow geboren.
1913 ging die Familie nach Paris, da Nils von Kantzow auf ein Jahr von der Schwedischen Gesandtschaft auf die französische Offizierakademie von St. Cyr kommandiert wurde. Kurz vor Ausbruch des Weltkriegs kehrten die Kantzows nach Stockholm zurück.
Hier begann die Entfremdung zwischen Carin und Nils von Kantzow. Carins Schwester Fanny schreibt: »Carin war glücklich, wieder in der Nähe ihrer Eltern zu sein. Eine gewisse Unruhe, Zeichen einer inneren Disharmonie und eines Einsamkeitsgefühls, machte sich jetzt öfters bei ihr bemerkbar. Sie ging viel aus, machte immer wieder neue Bekanntschaften, fand neue Freunde, wurde bewundert und gefeiert und blieb doch innerlich alleine. Mehr und mehr widmete sie sich ihren künstlerischen Interessen, bedeutende Schriftsteller und Künstler verkehrten in dem gastfreien Hause. Bilder von ihr als einer der schönsten Frauen Schwedens erschienen in den Zeitschriften, Gedichte und Musikkompositionen wurden ihr gewidmet. Die Sehnsucht nach etwas ganz Großem, nach etwas Geahntem, noch nicht Offenbartem, lebte stark in ihrer Seele in diesen Jahren. Ohne direkt unglücklich zu sein, fühlte sie jedoch eine Leere, eine Einsamkeit.
Da ist sie Hermann Göring begegnet.«
Da ihr das »zweite Gesicht« zugetraut wurde, könnte sie geahnt haben, daß sie mit diesem ehemaligen deutschen Fliegeroffizier, der viel Charme besaß, aber sonst nichts, ein Schicksal haben würde, das sie aus der Enge ihrer Ehe mit dem unbedeutenden schwedischen Offizier herausheben müßte.
Beide Ehepartner waren sich zu dieser Zeit längst gleichgültig geworden.
Göring war als Kind ohne seine Mutter aufgewachsen, der er später nicht viel mehr als den schuldigen Respekt entgegenbrachte, der jedoch getrübt wurde durch das fünfzehnjährige Liebesverhältnis, das Franziska Göring mit dem Dr. Ritter von Epenstein vor den Augen ihres Mannes und ihrer Kinder geführt hatte. So suchte er in seiner künftigen Frau auch die Mutter, da er von der eigenen nicht viel gehabt hatte.
Carin von Kantzow war eine schöne Frau, zu der er aufsehen konnte.
Das Schwärmerische, das in seiner Natur lag, war auch in Carin angelegt, so verstanden sich beide sehr schnell.
Die Einheirat in diese adlige schwedische Familie, die deutsche

Ahnen hatte, mußte sein Selbstgefühl stärken. Aber er stellte eine Bedingung: Carin mußte sich scheiden lassen. Er wollte keine Zustände wie zwischen seiner Mutter und Epenstein, sondern klare Verhältnisse.
Carin wäre einverstanden gewesen, mit ihm auch ohne Scheidung zu leben. Ihren Sohn Thomas hätte sie in jedem Falle ihrem Mann überlassen müssen.
Eine »mélange a trois«, die seine Mutter mit seinem Vater und Epenstein geführt hatte, widersprach Görings Ehrgefühl. Er sollte sich später auch darin von anderen Mächtigen aus der Umgebung Hitlers (und Hitler selbst) unterscheiden, deren sexuelles Leben in keiner Weise den Normen entsprach, die vor 1933 galten.
Die Eltern Carins waren ohne Vermögen, aber zwei Schwestern, Fanny und Mary, hatten reich geheiratet. Viel Geld war mit dieser Einheirat für ihn nicht zu erwarten, aber darum ging es Göring in dieser Zeit noch nicht.
Als Pilot bei der winzigen schwedischen Luftverkehrsgesellschaft sah er für sich keine berufliche Zukunft. Hinzu kam, daß die Begeisterung und Liebe Carins zu diesem fünf Jahre jüngeren, mittellosen ehemaligen deutschen Offizier von der Stockholmer Gesellschaft bald als Skandal angesehen wurde, der einer schwedischen Offiziersfamilie in solcher Offenheit nicht zugestanden werden konnte.
Die Kantzows lebten damals am Grev Karlavägen in Stockholm in einem kleinen Haus, das Göring Anfang 1921 zum ersten Mal betrat, als er zum Essen eingeladen worden war.
Thomas von Kantzow erinnerte sich später: »Mein Vater war ganz begeistert von ihm, und meine Mutter sah ihn unentwegt an. Ich fühlte, daß sie sich in ihn verliebt hatte.«
Richard Wagner gab Carin das Stichwort, als sie ihrer Schwester Fanny schwärmerisch gestand: »Wir sind wie Tristan und Isolde«. Von der Musik Wagners ist Göring nie mehr losgekommen. Nur darin wurde er Hitler ähnlich.
Die Faszination durch Richard Wagners gefühlsstarke Musik gehörte zu dieser Kriegsgeneration. Sie nahm sie in ihre Gefühlswelt auf, der es an Vorbildern fehlte. Aus den Schlachten des Weltkriegs waren keine zu gewinnen.
Hitlers Zugang zu Wagner war der »Rienzi« gewesen, der Volkstribun; Göring fand zu Wagner durch »Tristan und Isolde«. Zuletzt blieb ihnen die »Götterdämmerung«.
Aber jetzt, 1921, war Göring ein Niemand, der das Glück hatte, eine

schöne, intelligente, stark gefühlsbetonte Ausländerin gewonnen zu haben, die manches in Stockholm unternahm, um ihm Kunstverständnis beizubringen. Sie besuchten die Museen, bewunderten aber nicht nur Gemälde und Skulpturen, sondern Carin brachte Göring auch ein ästhetisches Stilgefühl bei, das sich am Kostbarsten und Glanzvollsten orientierte.

Auch diese private Einführung in die Kunst alter Meister sollte später ihre Konsequenzen haben, als Göring begann, Kunstwerke zu sammeln.

Es genügte Göring nicht, ein berühmter Fliegerhauptmann zu sein, dem die Flügel gestutzt waren und der sich vorgenommen hatte, die Schande des Versailler Friedensvertrages einmal zu beseitigen.

Was er als Kind auf den Schlössern des Dr. von Epenstein gesehen hatte, bewunderte er nun, und Carin von Kantzow erklärte ihm, weshalb man es bewundern mußte.

Göring war ein schwärmerischer Mensch, der daran glaubte, daß alles für ihn gut ausgehen würde, ein »Ego-Optimist«, der dieses Rollenspiel bis zuletzt beibehielt.

Im Hause der Eltern Carin von Kantzows traf er sich mit ihr, beide fanden im Garten des Familienbesitzes in einer kleinen Kapelle ungestörte Abgeschiedenheit. Diese Edelweiß-Kapelle gehörte einem Edelweiß-Orden, den Carins Großmutter, Mrs. Beamish, gegründet hatte. Dieser christliche Schwesternorden war eine winzige Sekte, wie man sie in Schweden oft findet. Die Kapelle war nur wochentags geöffnet. In Schweden konnte man sonst nur sonntags eine Kirche aufsuchen, um Stille zu finden. In der Kapelle wurde nicht gepredigt, sondern nur meditiert oder musiziert. Das Edelweiß, das der Kapelle den Namen gab, war auch in Schweden als seltene Alpenblume geschätzt, es symbolisierte »Vorwärts – gleichbedeutend mit Aufwärts«, wie Fanny Gräfin von Wilamowitz-Moellendorff schrieb. Die Sekte verfügte über weitreichende Beziehungen, die Göring später nützlich werden sollten. Eine Edelweiß-Schwester war die Prinzessin Marie-Elisabeth zu Wied, die den Görings in Berlin viele adlige Besucher brachte.

Anfang Januar 1926 schrieb Göring in schwedischer Sprache an seine Schwiegermutter einen Brief, in dem er einen Besuch in der Kapelle erwähnte: »Liebste Mama! – – – Jetzt möchte ich Dir auch noch ganz besonders herzlich danken für den schönen Augenblick, den ich in der Edelweißkapelle zubringen durfte! Du ahnst nicht, was ich in dieser wundervollen Atmosphäre empfunden habe.

Es war so ruhig, so schön, ich vergaß jeglichen anderen Lärm, alle Sorgen, fühlte mich wie in einer anderen Welt. Ich schloß die Augen und ließ mich durchfluten von der reinen überirdischen Atmosphäre, mit welcher der ganze Raum erfüllt war. Ich fühlte mich wie ein Schwimmer, der eine kleine Weile auf einer einsamen Insel ausruht, um neue Kräfte zu sammeln, ehe er sich wieder hineinwerfen muß in den rasenden Strom des Lebens. Ich dankte Gott und sandte zu ihm warme Gebete hinauf, er möge uns allen helfen im neuen Jahre, daß endlich die Sonne erneut strahlen möge in unser dunkles Leben.«

Görings dunkles Leben: Auch jetzt, fünf Jahre vor diesem Brief, war es beruflich dunkel. Er trennte sich von Carin und fuhr nach München zurück, um dort an der Universität zu studieren. Durch Carin war er auf seine Bildungslücken hingewiesen worden. Mit seiner Abreise war auch eine Probezeit für ihr Verhältnis verbunden.

Sie wollten ihre Liebe auf die Probe stellen; Göring sollte sich klarwerden, welchen Beruf er ausüben wollte. Aber kaum war Göring in München bei seiner Mutter, als Carin ihn dort besuchte. Sie hielt es ohne ihn nicht aus.

Görings Mutter gefiel diese Schwedin, sie riet ihr, sich scheiden zu lassen. In Schweden könne man vielleicht auch ohne Scheidung zusammenleben, in Deutschland sei das nicht möglich. Sie hatte ihre Erfahrungen.

Während Carin in Stockholm die gütliche Trennung durch offizielle Scheidung von ihrem Mann betrieb, dem sie ihren Sohn Thomas lassen mußte, begann Göring das Studium der Geschichte und politischen Wissenschaften an der Münchner Universität.

Eine Vorlesung, die er belegte, behandelte die Befreiungskriege 1813 bis 1815 gegen Napoleon.

Als beide endlich am 23. Februar 1922 in München heiraten konnten, brachte Carin etwas Geld in die Ehe mit, das sie von ihrem geschiedenen Mann regelmäßig erhielt. An der kirchlichen Trauung nahmen Görings Mutter, seine Schwestern und Brüder sowie Carins älteste Schwester Fanny und deren Tochter Dagmar teil. Anschließend fand das Hochzeitsessen im Parkhotel statt. »Die Stimmung war ernst und doch schön und herzlich«, schreibt Fanny Gräfin von Wilamowitz-Moellendorff. »Die erste Rede bei Tisch mündete in ein Hoch auf Deutschland aus, dessen Lage damals dunkler und ungewisser schien als je. Das Deutschlandlied erklang. Carin sah aus wie eine Märchenprinzessin, sie trug ein weißes Kleid und im

Haar einen Kranz weißer Rosen. Dunkelrot glühten die Nelken in ihrem großen Blumenstrauß, der mit grünweißen (den Fockschen Farben) und rotweißen (den Göringschen) Bändern umschlungen war. Der junge Flieger von Köckritz brachte einen Gruß der Kameraden, der mit folgenden Worten endigte: ›Das haben wir schon immer gesagt: Unser Göring wird es weiter bringen als alle anderen‹.«

Nach Tisch sang Görings Adjutant beim Richthofengeschwader, Karl Bodenschatz, Hermann-Löns-Lieder zur Laute. Bodenschatz war jetzt Reichswehroffizier.

Das Edelweiß, das der Bräutigam Göring im Knopfloch trug, wird in den Hochzeitserzählungen besonders erwähnt.

Die Flitterwochen verbrachten die Görings in einer Jagdhütte, die sie in den deutschen Alpen, hart an der Grenze zu Österreich, in Hochkreuth (Wildbad Kreuth) bei Bayerisch-Zell mieteten.

»Die glücklichste Zeit ihres Lebens«, schreibt Fanny Gräfin Wilamowitz-Moellendorf, »brachten Hermann und Carin Göring in dem kleinen Jagdhaus Hochkreuth zu. Dort in der wundervollen Gebirgslandschaft verschwanden Sorgen, Kämpfe und Unruhe, dort waren sie wie zwei glückliche Kinder, die den Tag so nehmen, wie er kommt.«

Fotos aus dem Jahre 1922 zeigen beide bei Wanderungen im Gebirge; sie behielten das Jagdhaus auch nach den Flitterwochen. Am Studium an der Universität zeigte Göring wenig Interesse. Aber er lernte dort Menschen kennen, die, wie er, unzufrieden mit dieser Weimarer Republik waren und auf eine Wiederherstellung der alten deutschen Herrlichkeit hofften.

Göring blieb Monarchist, aber er hatte etwas gegen den Kaiser, der seine Soldaten im Stich gelassen hatte, als er ins Exil nach Doorn floh, wie es ihm sein Generalstab geraten hatte. Das Studium in München wurde auch deshalb zu einer Quälerei für Göring, weil seine Frau in Hochkreuth blieb; er war während des Semesters viel allein.

Merkwürdig bleibt, daß sich Göring nicht einem der vielen vaterländischen Verbände anschloß, die es in München und Oberbayern gab. Es hätte nahegelegen, dort mitzumachen, um mit alten Kriegskameraden sich auf eine Zukunft vorzubereiten, in der sie noch einmal gebraucht werden würden.

Die Reichswehr war nun eine Berufsarmee, aber es gab noch die »Schwarze Reichswehr«, in der sie ihre Miliz sah, wie auch in den va-

terländischen Verbänden, die genügend Waffen vorgefunden hatten, als sie entstanden.
Göring blieb ein Einzelgänger, der vorerst keinen Gefallen an einer Unterordnung in einem dieser Verbände fand.
Er war zu berühmt, um sich als einfacher Soldat wieder etwas befehlen zu lassen.
Wenn er jemals dort mitmachen würde, dann nur, wenn ihm wieder ein Kommando zufiele. Aber wer sollte ihm dieses Kommando übertragen? Es gab damals zu viele Kriegshelden eines verlorenen Krieges.
Damals machte Adolf Hitler in München viel von sich reden. Doch Göring interessierte sich nicht für diesen ehemaligen Gefreiten, der ein Österreicher war, aber in der bayerischen Armee im Weltkrieg als Freiwilliger gedient hatte und mit dem Eisernen Kreuz I.Klasse ausgezeichnet worden war.
Was war ein Gefreiter gegen den Kommandeur eines Jagdgeschwaders Richthofen, der den Pour le mérite trug!
Hitler war Führer einer Partei, die NSDAP genannt wurde, aber es gab in München viele Parteien und noch mehr vaterländische Gruppierungen.
Die Scheu Görings, sich irgendwo anzuschließen, hatte noch einen anderen Grund. Viele seiner Kameraden hatten nach Kriegsende in den Freikorps gekämpft. Er hielt sich in diesen Jahren heraus; er hörte von ihnen, aber er lebte in Dänemark und Schweden, und die deutschen Zustände schmerzten ihn, doch aktiv wollte er nicht mehr werden. Durch Carin war er in eine andere Welt als die seiner Kameraden aus dem Krieg entführt worden.
Göring war keine Landsknechtsnatur.
Er wollte sein Leben genießen, das ihm Carin so zielbewußt auf das Schöne und Gute ausrichtete.
Wäre Göring nicht im November 1922 Hitler begegnet, dann hätte er vielleicht in der internationalen Luftfahrt eine Rolle gespielt. Er hätte auch reich werden können – wie durch Hitler. Aber die Macht, die er von Hitler erhalten sollte, hätte ihm niemand anders zuspielen können.
Der Freistaat Bayern, in dem am 7. April 1919 in München und Augsburg die Räterepublik ausgerufen worden war, die am 1. Mai 1919 blutig durch Freikorps aus Bayern, Norddeutschland und Württemberg niedergeworfen wurde, hatte sich zu einem starken Widerpart der Reichsregierung in Berlin entwickelt. Bayern hatte die Verord-

nungen des Reichspräsidenten zum Schutz der Republik vom 29. August 1921 und 26. Juni 1922 ebenso verworfen wie das Republikschutzgesetz vom 24. Juli 1922. Durch Verhandlungen zwischen Bayern und Berlin wurde eine Verständigung erzielt, die jedoch die Spannungen nicht beseitigte.

Hitler war im Herbst 1922 nur einer von vielen, die daran dachten, die Republik von Weimar von den »Novemberverbrechern« zu säubern und ein nationales Regime einzuführen, das aus Schwarzrotgold wieder Schwarzweißrot machte.

München wurde als eine »nationale Zitadelle« betrachtet, die bewacht wurde von nationalen bewaffneten Verbänden. Als Hindenburg nach einer Reise durch Ostpreußen im Sommer 1922 nach Hannover zurückkehrte, fand er eine Einladung des ehemaligen bayerischen Regierungschefs Ritter von Kahr, der die Republikschutzgesetze abgelehnt hatte und danach zurückgetreten war, des Kronprinzen Rupprecht von Bayern und Ludendorffs, vor, zur Jagd auf das Klosterschloß Dietramszell zu kommen.

Bei seinem kurzen Aufenthalt in München schlugen ihm die drei Gastgeber vor, seinen Wohnsitz in München zu nehmen, das als »Ordnungszelle« und Ausgangspunkt für die »deutsche Wiedergeburt« von ihnen bezeichnet wurde. Hier soll Hindenburg auch das erste Mal von Hitler gehört haben. Nach seinem Besuch in Dietramszell, das er nun alljährlich zur Jagd aufsuchte, schrieb er an seinen Gutsnachbar in Neudeck (Ostpreußen), Graf von Brünneck: »Hoffentlich strahlen beide Landesteile (gemeint sind Ostpreußen und Bayern) ihr Licht nationaler Gesinnung dauernd so stark aus, daß es schließlich die dunkle Mitte des Vaterlandes durchdringt«.

Mit »dunkler Mitte« war Berlin, Mittel- und Nordwestdeutschland gemeint.

Im Herbst 1922 wurde in München auf Versammlungen der nationalen Verbände und Parteien heftig protestiert. Der antikommunistische Charakter der Proteste war damals aus den Erfahrungen der Rätezeit zu erklären.

Hitler hatte seine Leibwache, die SA, zu einer ansehnlichen Truppe gemacht, die jedoch ohne militärischen Wert war. Es fehlte ihr ein Mann, der Autorität besaß und geeignet war, sie zu einer paramilitärischen Organisation zu machen. Dieser Mann wurde nun der Student Göring.

Er hatte von Hitler gehört, aber er war noch auf der Suche nach einer politischen Richtung, der er sich in diesem politisch aufgewühlten,

voller Verachtung auf Berlin blickenden München vielleicht anschließen könnte.
Im November 1922 befand sich Göring in einer Menge, die eine Protestkundgebung abhielt. Wie damals üblich, kamen Redner der Parteien und Organisationen zu Wort. In Nürnberg sagte Göring 1946: »Am Schluß der Kundgebung wurde auch Hitler auf das Podium gerufen. Ich hatte seinen Namen kurz vorher schon einmal gehört und war nun gespannt auf das, was er zu sagen hätte.
Doch Hitler lehnte es ab, irgend etwas zu sagen.
Es war reiner Zufall, daß ich ganz in seiner Nähe stand und so die Gründe für seine Weigerung mitanhören konnte. Hitler sagte, es wäre doch sinnlos, Proteste in die Welt hinauszuschreien, ohne die geringste Möglichkeit zu haben, ihnen mit Machtmitteln Nachdruck zu verleihen. Das hat mich sehr stark beeindruckt - ich war ja völlig derselben Ansicht.«
Göring besuchte dann eine Versammlung der NSDAP, auf der Hitler wiederholte, was Göring von ihm am Ende der Protestkundgebung gehört hatte.
Am nächsten Tag ging er in die Geschäftsstelle der NSDAP, um Hitler zu sprechen.
Sie waren sich einig, daß der Vertrag von Versailles beseitigt werden müßte, diese »Schande unseres Vaterlandes«.
Entscheidend für Göring war Hitlers Angebot, seine SA zu reorganisieren. Er schmeichelte dem 29jährigen Studenten, indem er sagte, er habe schon lange nach einem Mann gesucht, der so berühmt sei wie der letzte Kommandeur des Jagdgeschwaders Richthofen.
Göring interessierte sich kaum für das Parteiprogramm der NSDAP, er suchte eine Aufgabe, die einem Hauptmann a.D. gemäß sein könnte, und er hatte sie nun angeboten bekommen.
Freilich bat er sich eine Bedenkzeit aus, um mit seiner Frau alles zu besprechen. Sie war einverstanden. Im Münchner Vorort Obermenzing erwarb Göring ein Häuschen, das beide einrichteten. Sie hatten nun ein Heim in München.
Zwei Monate nach seiner Begegnung mit Hitler übernahm Göring die neue Aufgabe, aus einem »verwilderten Haufen«, wie Hitler damals die SA nannte, »eine Macht von elftausend Mann« zu machen. »Zuerst war es wichtig«, berichtete Göring, »die SA fest zusammenzuschließen, Gehorsam hineinzubringen und sie so zu einer zuverlässigen Kraft zu entwickeln, die alle Befehle von mir oder von Adolf Hitler ausführte.

Ich war von Anfang an darauf aus, Parteigenossen in die SA zu holen, die jung und idealistisch genug waren, ihre freie Zeit zu opfern und ihre ganze Kraft hinzugeben. Zweitens mußte ich aber versuchen, Nachwuchs unter den Arbeitern zu finden.«
Die Wehrverbände in Bayern fanden finanzielle Unterstützung. Görings Tätigkeit als Kommandeur der SA dauerte weniger als ein Jahr. Er hatte sich Hitler unterstellt, fühlte sich aber doch irgendwie ihm gleichberechtigt. Ein Amt in der NSDAP nahm er nie an.
Dafür war er sich zu schade.
Über den ersten Aufmarsch der neuen Göringschen SA schreibt Fanny Gräfin von Wilamowitz-Moellendorf: »Am 28. Januar 1923 wurden sie zum ersten Mal zu einer großen Versammlung auf dem Marsfeld zusammengerufen. In Reih und Glied marschierten sie auf, und das schöne, durch soviel Schmerz geheiligte Lied ›Wir treten zum Beten‹ erhielt eine neue Bedeutung, Hitler weihte die Fahne. Nachher marschierten sie alle durch Münchens Straßen zur Versammlung ins Münchner Kindl. Carin ging mit.«
Im Reich begann die Inflation. Am 22. Dezember 1922 hatten die Gesamtausgaben des Haushalts eine Billion Mark betragen, der Fehlbetrag für 1922 lautete auf 7,1 Billionen Mark.
Der Kurs für einen Dollar betrug im Januar 1923 49 000 Mark.
Der Kauf des Häuschens in Obermenzing dürfte durch die Inflation begünstigt worden sein. Carin Göring hatte ein Bankkonto in Schweden; sie besaß harte Währung.
»Das Jahr 1923 wurde zur schwersten Prüfungszeit und stärksten Nervenkrise der Weimarer Republik«, schreibt Friedrich-Karl von Plehwe in seiner Biographie des Reichskanzlers von Schleicher. »Nie war das Reich dem totalen Verfall so nahe wie damals. Eine schier unlösbare Situation folgte der anderen, verursacht durch Eingriffe von außen und innere Zwietracht.
Es begann im Januar mit der Besetzung des ganzen Ruhrgebietes durch die Franzosen, auf die von deutscher Seite nur mit dem beschwerlichen und opfervollen ›passiven Widerstand‹ reagiert werden konnte.
Es folgte die Inflation. Nachdem bereits im Vorjahr die Zerrüttung der Währung begonnen hatte, näherte sich der Niedergang der Mark nun unaufhörlich dem vollkommenen Ruin des Wirtschaftslebens. Gegen Ende des Jahres 1922 war Deutschland mit einigen Reparationslieferungen in Verzug geraten. Es handelte sich um eine größere Anzahl von Telegrafenstangen und um eine verhältnismäßig ge-

ringe Kohlenmenge. Die französische Regierung Poincaré hatte sich schon seit einiger Zeit darauf eingestellt, sich bei einem solchen Anlaß ›Produktive Pfänder‹ zu beschaffen, und hatte dazu die Besetzung des Ruhrgebiets ins Auge gefaßt.
So marschierte ein erstaunlich großes Truppenkontingent, nämlich 2 Generalkommandos mit 5 Divisionen, am 11. Januar 1923 dort ein. Eine belgische Division schloß sich an. Auch die Italiener gesellten sich dazu, allerdings nur mit einer eher harmlosen Geste. Sie entsandten eine Ingenieur-Kommission ins Ruhrgebiet.
Die Engländer hatten den Franzosen von diesem Unternehmen abgeraten. Sie rührten sich daher auch nicht, sondern beließen ihre Truppen wie bisher in den von ihnen besetzten Teilen des Rheinlandes. Die Amerikaner billigten das Vorgehen der Franzosen ebenfalls nicht und zogen als Zeichen dessen ihre Truppen, die sich noch in einigen Brückenköpfen am Rhein befanden, in die Heimat zurück.
Eine Welle höchster Empörung erhob sich im ganzen deutschen Reich gegen den französischen Griff nach der Ruhr.
Übereinstimmend geht aus der bisherigen Geschichtsschreibung und der gesamten Sekundärliteratur hervor, daß das deutsche Volk selten in seiner Geschichte eine so starke Einmütigkeit an den Tag gelegt habe wie in der Verurteilung und Entrüstung über dieses Geschehen.«
Vor diesem Hintergrund ist die Rolle Görings als Kommandeur der SA (Sturmabteilung) 1923 zu sehen.
Hitler wollte sich durch Göring eine kampfkräftige Truppe schaffen lassen, die auch bereit wäre, die Reichswehr zu verstärken, falls die Franzosen noch tiefer in das Reich eindringen würden. General von Seeckt, der damals die Reichswehr kommandierte, äußerte nach der Besetzung des Ruhrgebiets, die Franzosen würden bei einem weiteren Vordringen nach Berlin auf den bewaffneten Widerstand des ganzen Volkes stoßen.
Unter dem Eindruck der Ruhrbesetzung begann Seeckt mit der geheimen Vorbereitung des Aufbaus einer zukünftigen deutschen Luftwaffe, die 1934 der damalige SA-Kommandeur Göring ans Licht der Öffentlichkeit bringen sollte.
Ein Foto Görings aus dem Jahre 1923, das als Postkarte weite Verbreitung fand, zeigt den ersten Kommandeur der SA in einem glänzenden schwarzen Regenmantel, mit Offizierskoppel und Schulterriemen, am linken Arm eine Binde mit dem Hakenkreuz. Aber es ist nicht die einfache Hakenkreuzarmbinde, die auch Hitler trug, son-

dern sie hat drei silberne Litzen, das Hakenkreuz einen gestickten Saum.
Der Stahlhelm auf dem Kopf Görings zeigt auf der Stirnfront ein großes weißes Hakenkreuz, wie schon bei den Kapp-Putschisten der Loewenfeld-Brigade 1920 in Berlin.
Unter dem Kinn blitzt der Pour le mérite.
Aber Göring steht keineswegs in militärischer Haltung vor dem Fotografen. Er hat beide Hände in die Manteltaschen gesteckt, wie es auch auf seinen Fotos als Jagdflieger im Kriege zu sehen war.
Als Junge wollte er der »Buren-General« sein, aber das war Spiel. Jetzt meint Göring es ernst. Er fühlt sich als SA-General, der über eine bewaffnete Macht verfügt, die mit denen anderer vaterländischer Verbände, wie dem Bund Oberland, den Organisationen und Freischaren Roßbachs und Ehrhardts, konkurrieren kann.
Die braune Uniform hat man sich von Roßbachs Scharen abgesehen, die SA-Mütze hat merkwürdigerweise an das k.u.k. Heer zu erinnern, in dem Hitler nicht dienen wollte, und das Hakenkreuz »schenkte« der Schriftsteller Dietrich Eckardt der NSDAP.
Im Wehrkreiskommando VII (Bayern) ist Hauptmann Ernst Röhm der Verbindungsmann zu Görings »Stürmen«, der in ihnen eine Miliz sieht, die von der Reichswehr verwendet werden könnte, wenn der Ernstfall einträte. Aber Hitler lehnt das ab.
In den Wäldern um München übt die SA, Göring denkt an seine Zeit als Leutnant bei I.R. 113 in Mülhausen.
Für Hitler ist dieser Göring ein Glücksfall, den ihm die »Vorsehung« geschenkt hat.
Görings politische Vorstellungen waren damals noch gering entwikkelt. Er wollte Macht, und die sah er eher militärisch als politisch.
Das kleine Haus in Obermenzing wurde zum Treffpunkt für die Männer um Hitler.
Carin Göring hatte sich im Obergeschoß eingerichtet. Dort standen ihre alten Biedermeiermöbel, das kleine weiße Harmonium. Chinesische Stickereien, Bilder und Teppiche machten die Zimmer gemütlich. Im Erdgeschoß befand sich ein großes Herrenzimmer mit Erker und altdeutschen Butzenscheiben.
Im Kellerraum war ein offener Kamin, vor dem große Tische und alte Bauernstühle standen.
Hier fanden die Zusammenkünfte mit Dietrich Eckardt, Hermann Esser, Ernst Hanfstaengl, mit Amann und Rudolf Hess statt, und auch mit Alfred Rosenberg.

Eckardt gab den »Völkischen Beobachter« heraus, der Balte Rosenberg sollte einmal sein Nachfolger werden. Hanfstaengl kam aus einer wohlhabenden Münchner Verlegerfamilie, Hess war Auslandsdeutscher, er studierte wie Göring an der Universität. Amann war Feldwebel in dem Regiment Hitlers gewesen.
Diese neuen Kameraden Görings gaben seiner Frau einige Rätsel auf. Sie hatte bisher einen anderen Umgang gehabt. Hitler, der meistens spätabends zu ihnen kam, wenn die Diskussionen längst beendet waren und viel Bier getrunken wurde, hatte großen Respekt vor Carin Göring, er bewunderte ihre aristokratische Haltung.
Durch diesen Adolf Hitler hatte ihr Mann eine Aufgabe gefunden, die ihm zusagte. Carin Göring war Hitler dafür dankbar.
Und die Schwedin glaubte, sie sei jetzt in München mitten in politische Ereignisse von großer Tragweite geraten, die für die Görings in naher Zukunft wichtig werden könnten.

7. Kapitel

Putschversuch

Der Aufruf zum passiven Widerstand, den die Regierung des Reichskanzlers Cuno am 13. Januar 1923 erlassen hatte, wurde von den Besetzern des Ruhrgebiets mit Ausweisungen, Verhaftungen und harten Strafen beantwortet. Deutsche Freiwillige wie Albert Leo Schlageter, die aktiven Widerstand leisteten, Brücken und Schienen sprengten, wurden zum Tode verurteilt. Die Hinrichtung Schlageters rief Trauer und Empörung hervor.

Die Franzosen versuchten, westlich des Rheins bis zur Pfalz eine deutsche separatistische Bewegung zu steuern, um diese Gebiete vom Reich abzutrennen.

Die Führung der Reichswehr erhöhte die Mannschaftsstärke der Truppenteile durch Zeitfreiwillige, da sie befürchtete, Polen, der Verbündete Frankreichs, werde ins Reich einfallen. Im Sommer trat die Regierung Cuno zurück, Gustav Stresemann bildete als Reichskanzler am 13. August 1923 ein Kabinett der großen Koalition aus Deutscher Volkspartei, Zentrum, Demokratischer Partei und SPD. Am 26. September erklärte Stresemann den passiven Widerstand an der Ruhr für beendet. Er wollte sich mit den Franzosen verständigen, was zunächst nicht gelang. Erst im Spätsommer 1925 räumten die Franzosen das Ruhrgebiet.

Am gleichen 26. September 1923 übertrug die bayerische Landesregierung dem früheren bayerischen Ministerpräsidenten Gustav von Kahr die vollziehende Gewalt und ernannte ihn zum Generalstaatskommissar für Bayern.

Gleichzeitig gab sie ihm das Recht, die Reichswehr in Bayern einzusetzen.

Damit war die Autorität der Reichsregierung und des Reichspräsidenten nicht nur von München aus in Frage gestellt; in Berlin fürchtete man, Bayern wolle sich vom Reich lossagen.

Am selben Tage übertrugen Reichspräsident und Reichskanzler nach Artikel 48 der Reichsverfassung die vollziehende Gewalt dem Reichswehrminister Gessler.

Die Befehlshaber der Reichswehr wurden zu Trägern der vollziehenden Gewalt bestimmt, darunter auch der Befehlshaber im Wehrkreis VII, der Kommandeur der 7. Division General von Lossow. Dieser weigerte sich, da Kahr schon über die vollziehende Gewalt in Bayern verfügte.
Lossow wurde von Gessler abgesetzt, aber von der bayerischen Regierung sofort zum »Landeskommandanten von Bayern« ernannt und mit der Weiterführung der 7. Division beauftragt.
Kurz vorher hatte es Lossow abgelehnt, gegen den »Völkischen Beobachter« einzuschreiten, der den Chef der Heeresleitung, General von Seeckt, in einem Artikel beleidigt hatte.
Hitler hatte sich im Sommer nach Berchtesgaden zurückgezogen. Jetzt kam er wieder nach München zurück, wo Göring den Schutz der Redaktion des »Völkischen Beobachters« durch die SA übernommen hatte.
In Berlin sprach man von hochverräterischen Umtrieben in Bayern. General von Lossow vereidigte die Reichswehr in Bayern auf seine Person.
Im Oktober 1923 wollte die Regierung der »republikanisch-proletarischen Verteidigung« in Sachsen unter Ministerpräsident Erich Zeigner, die von der KPD und dem linken Flügel der SPD gebildet wurde, den Anordnungen des Befehlshabers im Wehrkreis IV, General Müller, nicht gehorchen, der die vollziehende Gewalt erhalten hatte. In der kommunistischen Presse Sachsens war zur »Bewaffnung des Proletariats« aufgerufen worden, worauf General Müller diese Presse verbot.
Am 22. Oktober 1923 marschierte die Reichswehr in Sachsen ein. Da Zeigner nicht zurücktreten wollte, wurde die sächsische Regierung amtsenthoben. Am 30. Oktober bildeten Sozialdemokraten eine neue Regierung für den Freistaat Sachsen.
Vorher hatte der bayerische Generalstaatskommissar von Kahr am 26. Oktober erklärt, daß er nicht mehr mit der Reichsregierung verhandeln wolle.
Ein kommunistischer Putsch Mitte Oktober in Hamburg war nach dreitägigen Straßenkämpfen zwischen Polizei und Kommunisten von Marinesoldaten niedergeschlagen worden. Am 6. November mußte in Thüringen die Reichswehr gegen bewaffnete kommunistische Hundertschaften vorgehen, die entwaffnet und aufgelöst wurden.
Moskau hatte die deutschen Kommunisten zum Aufstand aufgefor-

dert, aber sich sofort wieder davon distanziert und alles widerrufen. Dies ist der Grund für die schnelle Niederschlagung durch die schwache Reichswehr.

Fünf Jahre waren seit dem 9. November 1918 vergangen. Bayern hatte sich vom Deutschen Reich abgewandt. Es fehlte nur noch, daß es sich für unabhängig erklärte.

Vor einem Jahr war Mussolini in Italien durch den Marsch seiner »Schwarzhemden« auf Rom zur Macht gekommen. Daran dachte man in Görings Haus in Obermenzing. Göring hatte General von Lossow schon vorgeschlagen, mit der Reichswehr, den bayerischen Wehrverbänden und der SA durch einen »Marsch auf Berlin« die Macht im Reich an sich zu reißen. Aber Lossow hatte abgelehnt.

Jetzt fürchtete Hitler, Lossow und Kahr könnten tatsächlich Bayern aus dem Reich lösen wollen.

Damit würden sie Hitler und seine Anhänger ausmanövrieren.

Ein Ende der Inflation war abzusehen. Mitte November sollte die Rentenmark eingeführt werden, nachdem der Reichstag am 13. Oktober ein Ermächtigungsgesetz angenommen hatte. Anfang November betrug der Kurs für einen Dollar 130 Milliarden Mark.

Die roten Aufstände waren niedergeschlagen. Es war vorauszusehen, daß das Deutsche Reich die schlimmste Krise seit 1918 überstehen könnte.

Aber Bayern?

Es hatte die Verfassung gebrochen, einen Staatskonflikt mit dem Reich heraufbeschworen.

Wollte von Kahr, der mit General von Lossow und dem bayerischen Chef der Staatspolizei, Oberst Seisser, die eigentliche Macht in Bayern ausübte, die Monarchie in dem Freistaat wieder einführen? Der amtierende Ministerpräsident von Knillinger konnte ebenfalls dafür sein, obwohl er zu dieser Zeit im Hintergrund blieb. Und was war mit General Ludendorff, der unter dem Einfluß einer Mathilde von Kemnitz stand, die fanatisch an dunkle Mächte glaubte, von denen der »Dolchstoß« 1918 gegen das kämpfende Heer geführt worden sei?

Er stand mit Hindenburg in Verbindung, der im Herbst wieder in Dietramszell auf Jagd war. Mitte Oktober hatte Hindenburg an Groener, den Nachfolger Ludendorffs in der Obersten Heeresleitung, in einem Brief seiner Zuversicht Ausdruck gegeben, »daß der Parlamentarismus ein baldiges Ende nehmen, alte Zucht und Ordnung« wiederkehren würden.

Groener riet Hindenburg ab, sich in die bayerischen Aktionen zu verstricken.
Er schrieb, »daß die Männer um Kahr deutsch gesinnt« seien, aber dem Schwaben Groener ging es um etwas anderes. Die Idee einer »Wiederherstellung der preußischen Vormachtstellung im Reiche«, schrieb er, werde »durch Bayerns Initiative und Machtmittel als unmöglich, wenn nicht gar als politischer Irrsinn angesehen werden«. Er appellierte an den Preußen Hindenburg, die Preußen müßten sich entschließen, »Preußen und Reich auch in der republikanischen Staatsform als eins zu betrachten«.
Ludendorff hatte bis zum Sommer auch Görings Villa in Obermenzing besucht, wo im September die Zusammenkünfte der Männer um Hitler aufhören mußten, da Carin Göring schwer erkrankt war. Bei der Beerdigung der Mutter Görings hatte sie sich eine Erkältung zugezogen, die in eine Lungenentzündung überging. Franziska Göring, zu der Carin ein gutes Verhältnis gefunden hatte, war Ende August gestorben.
Franziska Göring hatte ein Alter von nur 57 Jahren erreicht. Sie wurde auf dem Münchner Waldfriedhof neben ihrem Mann, Heinrich Göring, beerdigt.
Görings Beziehungen zu seiner Mutter waren in der letzten Zeit besser geworden; er trauerte um sie und wurde durch die Erkrankung seiner Frau sehr beansprucht. Sein Einfluß auf die Pläne in Bayern, loszuschlagen, war deshalb gering.
Ihm wurden auch keine Versprechungen auf hohe Ämter gemacht. Göring war der »brave Soldat«, der seine SA kommandierte und sie natürlich einsetzen würde, wenn die Stunde schlug. Mit seiner SA veranstaltete er Nachtübungen. Der Putsch, den Hitler und Ludendorff planten, wurde in Hitlers Haus bei Berchtesgaden, im Landhaus Ludendorffs in dem Dorf Prinz-Ludwigs-Höhe bei München und in der Geschäftsstelle der NSDAP vorbereitet.
Carin Göring erfuhr davon nichts.
Die vaterländischen Verbände sollten, mit der SA, in München einmarschieren und dadurch die Reichswehr und die Landespolizei auf ihre Seite ziehen.
Wie sie dann von München nach Berlin kommen wollten, blieb unklar. Aber Hitlers Absicht war es, dort nach der Macht zu greifen, wie Mussolini es in Rom unternommen hatte. General Ludendorff sollte Oberbefehlshaber einer neuen Nationalarmee aus Reichswehr und Wehrverbänden werden. Da es aber der Reichswehr so rasch ge-

lungen war, die kommunistischen Aufstände im Oktober niederzuschlagen, geriet Hitlers Putschplan in Zeitnot. Die Regierung Stresemann hatte wieder Autorität gewonnen, allerdings nicht in Bayern. Nun plante Hitler den Putsch für die Nacht vom 10. zum 11. November.

Kahr, Lossow, Seisser und der Ministerpräsident von Knillinger kamen ihm jedoch zuvor. Sie beriefen eine Kundgebung für den 8. November in den großen Saal des Bürgerbräukellers ein, die voller Neugier von damals maßgebenden Persönlichkeiten Münchens und Oberbayerns aufgesucht wurde. Man wollte wissen, was Kahr - nach dem Bruch mit Berlin - vorhatte.

Es war eine seriöse Versammlung, die in der »Bierhalle« stattfinden sollte, nach der dann der Hitlerputsch von angelsächsischen und anderen Historikern genannt wurde. Würde nun das Triumvirat Kahr, Lossow und Seisser die Abtrennung Bayerns vom Reich proklamieren?

Auf Polizei im Saal hatten die Veranstalter verzichtet, weil sie nicht den Eindruck erwecken wollten, sie fürchteten sich. Dies wurde ihnen zum Verhängnis.

Hitler hatte erfahren, daß keine Polizei anwesend sein werde, und darauf baute er seinen Coup.

Mit dem »Kampfbund«, dem die Wehrverbände mit der SA angehörten, konnte er nicht in München erscheinen, da sein Zeitplan dafür durch die Bürgerbräu-Versammlung umgestoßen worden war. Göring erhielt von ihm den Auftrag, wenigstens einen Trupp SA zu alarmieren, der auf einem Lastwagen bereitgehalten werden sollte. Fanny Gräfin Wilamowitz-Moellendorff schreibt: »Carin ging es nicht gut, eine schwere Lungenentzündung war soeben überstanden, sie hustete und lag mit Fieber zu Bett, und obgleich sie wie gewöhnlich nichts von dem eigenen Befinden sagte, hatte man doch Grund zu Besorgnis. Hermann Göring war immerzu unterwegs. Nachmittags, am 8. November, konnte er nur kurz in ihrem Zimmer sitzen. ›Wir haben viel vor, heute abend ist große Versammlung im Bürgerbräukeller, vielleicht wird es sehr spät werden. Sorge dich nicht‹, sagte er zu Carin. Er brauchte nichts mehr zu sagen, durfte es wohl auch nicht. Allein geblieben, sorgte sie sich doch.«

Daß ihr Mann mit einigen SA-Trupps eine militärische Aktion unternehmen sollte, kam ihr nicht in den Sinn. Der Anteil Görings an dem »Bierhallen-Putsch«, der 20 Uhr 45 begann, besteht aus der Aktion eines Stoßtruppführers, der mit seinen SA-Männern, auf

dem Kopf den Stahlhelm mit dem aufgemalten Hakenkreuz, in den Saal eindringt, in dem Hitler an einem Tisch im Hintergrund, zusammen mit Max Amann, dem Geschäftsführer des »Völkischen Beobachters«, Josef Gerum, Rudolf Heß und Ernst Hanfstaengl sitzt. Sein Leibwächter Ulrich Graf hatte Hitler im Saal begrüßt und ihm eine Maß Bier gebracht.
Er hatte Hitler dabei gemeldet, daß die SA angekommen sei; daraufhin zogen Hitler und seine Begleiter Pistolen aus den Taschen, während von Kahr auf der Bühne redete. Göring stieg auf einen Tisch und rief »Ruhe!« in den unruhig gewordenen Saal.
Hitler hatte sich inzwischen von Ulrich Graf den Weg zur Bühne freimachen lassen, auf der er nun einen Schuß in die Decke abgab. Dann rief er, er werde ein Maschinengewehr auf der Galerie postieren lassen, wenn nicht sofort Ruhe einträte.
Darauf hielt er eine Rede, in der er erklärte, Kahr habe sein volles Vertrauen, er werde Landesverweser Bayerns werden, er selbst werde mit Ludendorff, Lossow und Seisser eine neue nationale Regierung bilden, die für Deutschland sprechen wolle.
»Laute Zustimmung rauschte auf, kein Widerspruch war mehr zu hören«, schreibt Karl Alexander von Müller, der damals im Saale saß.
Während anschließend Hitler mit Kahr, Lossow und Seisser in einem Nebenzimmer verhandelte, wobei er mit seiner Pistole herumfuchtelte, hatte Göring die Aufgabe, die Menge von der Bühne her zu beruhigen. »Keiner braucht Angst zu haben«, rief er, »wir sind eure Freunde, es besteht kein Grund zur Beunruhigung.«
Zum Coup gehörte, daß Ludendorff dabei sein sollte, aber der verspätete sich. Da Kahr, Lossow und Seisser sich weigerten, auf Hitlers Plan einzugehen, ließ er sie durch Rudolf Heß und Ulrich Graf bewachen, ging wieder in den Saal und log die Versammlung an: Er rief ihr zu, eine neue Nationalregierung sei soeben gebildet worden, außerdem werde General Ludendorff mit Reichswehr, Polizei und Wehrverbänden, der »neuen Nationalarmee«, nach Berlin marschieren.
»Der morgige Tag findet entweder in Deutschland eine nationale Regierung, oder uns tot - eines von beiden.«
Nun endlich kam Ludendorff in Uniform mit allen Orden. Ihm gelang es, das Triumvirat im Nebenzimmer dazu zu bringen, Hitlers Coup vor der Versammlung zu unterstützen, was sie sofort taten. Kahr war jetzt bereit, als Regent für die Monarchie, das Haus Wit-

telsbach, tätig zu werden; Lossow und Seisser sagten, sie seien bereit, Hitler zu unterstützen, wenn der Umsturz gelungen wäre.
Es war nun Mitternacht, die Versammlung lief auseinander. Dazu gehörten auch Kahr, Lossow und Seisser, die Ludendorff auf Ehrenwort versichert hatten, daß sie sich an die Abmachung halten wollten.
Einige Versammlungsteilnehmer wurden als Geiseln genommen und von Rudolf Heß mit SA-Männern bewacht.
Göring war glücklich, daß der Staatstreich gelungen war. Da er aber seiner Frau versprochen hatte, um Mitternacht wieder bei ihr zu sein, ließ er sie durch Hanfstaengl benachrichtigen. Zufällig befand sich ihre Schwester Fanny Gräfin Wilamowitz-Moellendorff bei ihr.
In dieser Nacht sah sich Hitler schon als neuer Reichskanzler. In Berlin trat noch in derselben Nacht unter Vorsitz des Reichspräsidenten Ebert die Reichsregierung mit General von Seeckt zusammen! Fast einstimmig wurde beschlossen, die vollziehende Gewalt im Reich von Reichswehrminister Gessler auf Seeckt zu übertragen, der dafür seine Bereitschaft erklärte.
Auf unbestimmte Zeit war damit das Schicksal des Reiches in die Hand des General von Seeckt gelegt.
Dieser telegrafierte sofort dem Stadtkommandanten von München, Generalmajor Ritter von Danner, der ihm über die Ereignisse in München Meldung erstattet hatte, General von Lossow müsse sofort alles unternehmen, um den Putsch niederzuschlagen, sonst würde er selbst von Berlin nach München kommen.
Kahr hatte sich nach Regensburg abgesetzt.
Lossow sagte Danner, er habe nur Zeit gewinnen wollen und deshalb zugestimmt, außerdem sei er mit der Pistole erpreßt worden.
Ehe Kahr abreiste, ließ er Bekanntmachungen drucken, die am Morgen des 9. November in Münchens Straßen angeschlagen wurden. Auf ihnen stand, die NSDAP sei aufgelöst, jedes Abkommen mit Hitler nichtig. Haftbefehle wurden gegen die Putschisten erlassen.
Im Generalkommando hatte sich Hauptmann Röhm mit Anhängern verschanzt.
Im Bürgerbräukeller hielten sich noch immer Hitler, Göring, Ludendorff und Heß auf. Kuriere, die sie zu Lossow schickten, wurden festgenommen.
Ludendorff schlug vor, einen Protestmarsch durch München zu unternehmen, an dem er teilnehmen wolle. Als Ziel wurde das Generalkommando angegeben, in dem Röhm sich aufhielt.

Nun befahl Hitler Göring, die SA im Bürgerbräukeller zu versammeln. Dort vereidigte sie Göring auf Ludendorff. In der Nacht hatte es in München geschneit, der Morgen war trübe.
Göring, der nun wußte, daß die Reichswehr und die Landespolizei gegen die Putschisten waren, hatte Bedenken. Der Marsch durch die Stadt gefiel ihm nicht. Er befahl, die Geiseln mitzunehmen.
Die Organisation des Marsches war dilettantisch. Vor der Kolonne fuhr ein Lastwagen des »Sturmtrupps Hitler« mit einem Maschinengewehr.
Die etwa 3000 Teilnehmer des Marsches waren bis auf Ausnahmen unbewaffnet.
Es wurden keine Spähtrupps vorausgeschickt, um festzustellen, wo der Gegner stünde.
An der Spitze marschierten Ludendorff, Hitler und Göring, ihnen wurde von Ulrich Graf eine Hakenkreuzfahne vorangetragen. Die Ludwigsbrücke über die Isar hatte Landespolizei abgesperrt. Sie ließ aber die Kolonne durch, der jetzt Göring vorausging. Ehe die Kolonne sich dem Odeonsplatz näherte, über den sie zum Generalkommando ziehen wollte, mußte sie durch die enge Residenzstraße.
An ihrem Ausgang neben der Feldherrnhalle hatte Polizeioberleutnant Michael Frhr. von Godin sein Polizeikommando aufgestellt. Er hatte Seissers Befehl, die Kolonne auf keinen Fall auf den Odeonsplatz marschieren zu lassen.
Der Lastkraftwagen mit den SA-Männern befand sich nicht mehr an der Spitze, sondern mitten in der Kolonne.
Als die Kolonne auf die Polizeiabsperrung traf, blieb sie stehen.
Hitler schickte Ulrich Graf vor, der den Polizisten zurief: »Nicht schießen, nicht schießen! Seine Exzellenz General Ludendorff kommt!«
Hitler schrie: »Ergebt euch, ergebt euch!«
Dann fielen Schüsse. Godin hatte Feuer kommandiert. Ludendorff ignorierte die Schüsse, aufrecht ging er mit seinem Adjutanten, Major a.D. Hans Streck, auf die Polizisten zu, die eine Gasse öffneten und ihn durchließen. Dann wurde er unter Arrest gestellt.
Hitler, der Arm in Arm mit Dr. Scheubner-Richter gegangen war, wurde durch seinen Begleiter zu Boden gerissen und verrenkte sich dabei die Schulter. Sein Begleiter war tot.
Göring war schwer verwundet; er lag auf der Straße mit Schüssen in den Oberschenkeln und der Hüfte.
SA-Männer trugen ihn weg. Im Hause des Möbelhändlers Ballin

übergaben sie ihn dessen Frau, die im Kriege Krankenschwester gewesen war.
Ballin war Jude. (Göring sorgte 1939 dafür, daß er mit seiner Familie das Land verlassen durfte.)
Die Ballins verrieten Göring nicht an die Polizei. Nach Einbruch der Dunkelheit nahmen sie Verbindung mit Professor Alwin Ritter von Ach auf, in dessen Klinik er am Morgen des 10. November zur Behandlung eingeliefert wurde. Drei Polizisten und sechzehn Mitglieder der NSDAP hatten an der Feldherrnhalle den Tod gefunden.
Die kranke Carin Göring sah ihren Mann am 10. November in der Klinik. Fanny Gräfin Wilamowitz-Moellendorff, die sie begleitete, schreibt: »Kreidebleich, verbunden, von Schmerzen gepeinigt liegt er da, ohne sich rühren zu können. Sein Blick ist verwandelt; so unbetrübt treuherzig werden diese Augen später nie mehr um sich blicken können.
Treue ist nicht nur höchste Tugend des Nordens, sie ist auch erste Pflicht. Hier war Heiliges verletzt worden.«
Um es weniger pathetisch auszudrücken: Göring war nicht nur schwer verwundet. Der erste Schuß, der an der Feldherrnhalle abgegeben wurde, kam aus dem Gewehr, das der Kommandeur der Landespolizeieinheit, Oberleutnant Frhr. von Godin, einem seiner noch zögernden Leute entrissen hatte, als er den Schießbefehl gab.
Und dieser Schuß traf Göring, der vor Hitler und Ludendorff ging, den Pour le mérite um den Hals.
Göring fühlte sich verraten und verkauft.
Wenn er bisher politisch naiv gewesen war, als er sich Hitler anschloß und die SA kommandierte – von jetzt an würde er es nicht mehr sein.
Falls er überlebte, und das war nicht sicher.

8. Kapitel

Ins Exil

Vier Tage später, am 13. November 1923, schrieb Carin Göring aus Innsbruck einen Brief nach Stockholm: »Durch die Zeitungen hast Du, liebe Mutter, wohl das Offizielle gelesen, aber es steht dort wohl nichts anderes als das, was amtlich mitgeteilt wurde. Hermanns Bein ist zerschossen, die Kugel ging quer durch, einen halben Zentimeter von der Schlagader entfernt, eine Menge Steine und Schmutz sind in dem langen Kanal, den die Kugel bohrte. Der Schuß ist hoch oben, am Schenkel, gräßlich entzündet dadurch, daß der ganze Schmutz herauszukommen versucht und daher Eiterbildung, Fieber und starke Schmerzen verursacht.

Die Gefahr für ein Verbluten ist noch nicht vorüber. Von München nach Garmisch fuhren wir, Hermann noch mit seinem ersten Verband, im Auto zu guten Freunden, in deren Villa wir ein paar Tage wohnten, aber dann kam es heraus, daß er da war, Demonstranten und Hurrarufe vor der Villa mit einer Menge Menschen, die dorthin zogen. Da fanden wir es das beste, uns fortzubegeben, über die Grenze nach Österreich, wir fuhren im Auto dorthin, wurden an der Grenze verhaftet, Polizisten mit geladenen Revolvern fuhren mit uns nach Garmisch zurück. Seinen Paß nahmen ihm die Behörden ab, er kam in ein Krankenhaus, das von Posten umringt wurde.

Trotzdem wurde uns durch ein Wunderwerk geholfen. Hermann wurde hinausgetragen, er kann ja keinen Schritt gehen, wieder in ein Auto und dann, nur im Nachthemd, mit Pelz und Decken, innerhalb von zwei Stunden mit falschen Paß versehen ›über die Grenze‹ gebracht.«

Die Entführung aus dem Garmischer Krankenhaus hatte Carin Göring von echten und falschen Polizeibeamten (sie gehörten zu Görings SA) durchführen lassen.

Sie mußte vorher ihren Mann überzeugen, daß Kahr, der am 9. November selbst wortbrüchig geworden war, das Ehrenwort, nicht zu fliehen, das Göring in Garmisch abgegeben hatte, nicht ernst nehmen würde.

Hitler war nach Uffing geflohen, wo er sich bei der Familie Hanfstaengl verbarg. Am 11. November wurde er verhaftet.
Carin Göring schrieb in ihrem Brief: »Aber eins haben wir in dieser Zeit gelernt, wie Gott doch hilft, und wie viele Menschen haben wir nicht lieben gelernt. So viele haben uns geholfen, mit großer Aufopferung und Gefahr, und das kann man später nie vergessen, glaube ich.
Mama, Du sollst nicht glauben, daß Hitlers Sache verloren ist, daß sie aufgegeben ist, o nein, im Gegenteil, die Energie ist stärker als je zuvor. Und er wird siegen, ich fühle es, ich weiß es, wir haben das Ende noch nicht gesehen.«
Hier wird deutlich, wie stark Carin ihren Mann beeinflußte, der verzweifelt war. Ihre hellseherische Veranlagung, die ihr zugeschrieben wurde, sah Zukünftiges; ihre Voraussicht könnte sich auch aus der Haltung der Bevölkerung erklären, die mit dem schwer verwundeten Göring und seiner gerade von einer Krankheit geschwächten tapferen Frau sympathisierte.
Das setzte sich auch in Innsbruck fort. Im Krankenhaus wurde Göring der erste Verband abgenommen, die Wunden wurden wieder geöffnet. Nach einer Operation blieb das Fieber, Göring litt starke Schmerzen. Carin Göring wohnte bei Dr. Soppelsa am Bahnhofsplatz 9.
Am 21. November schrieb sie einen zweiten Brief an ihre Mutter: »Hermanns Wunde ist besser, das Fieber nicht mehr als 38 Grad in den letzten Tagen, aber durch den Blutverlust ist er natürlich grenzenlos matt. Außerdem hält die große Enttäuschung, die er erlebt hat, ihn vollkommen schlaflos.«
Am 30. November heißt es im dritten Brief Carin Görings: »Hermann geht es schlecht - sein Bein schmerzt nicht zum Aushalten - vor vier Tagen brachen alle fast geheilten Wunden von neuem auf - starke Eiterbildungen im Bein, er wurde geröntgt, und da sah man eine Menge Kugelstücke, Steine von der Straße usw. drinnen in den Muskeln, die all dieses hervorgerufen haben.
Er wurde operiert, unter Chloroform zwar, aber seit drei Tagen liegt er jetzt mit hohem Fieber, phantasiert, weint, träumt von Straßenkämpfen und hat unbeschreibliche Schmerzen. Das ganze Bein ist mit Gummiröhren für den Eiter versehen.«
Dann schreibt sie, wie sehr ihr Mann nicht nur körperlich, sondern auch seelisch leidet, er sei »grenzenlos verzweifelt«. Hanfstaengl und Bodenschatz hatten Göring in Innsbruck besucht. Bodenschatz

wurde nach seiner Rückkehr ins Reich verhaftet. Anfang Dezember erfuhr Carin Göring, daß auch gegen sie ein Haftbefehl vorläge.
Die Ärzte verschrieben Göring gegen die Schmerzen und die Schlaflosigkeit täglich zwei Injektionen Morphium.
Art und Schwere der Verwundung lassen es zu, den Patienten unter Morphium zu setzen. Es ist aber nicht üblich, diese Spritzen längere Zeit zu verabreichen. Die Gefahr besteht, daß der Verwundete morphiumsüchtig wird.
(Die Erfahrungen führten im II. Weltkrieg dazu, daß die Injektionen mit Morphium nach kurzer Zeit abgesetzt wurden, der Verfasser, der ein ähnliche Verwundung 1941 vor Moskau erhielt, mußte sich damit abfinden.)
Am 8. Dezember schreibt Carin Göring: »Seine Wunde ist eine einzige Eiterbildung, der ganze Schenkel. Es tut so weh, daß er da liegt und die Kissen entzwei beißt, ich höre nur unartikulierte Laute. Heute ist gerade ein Monat vergangen, seitdem man auf ihn schoß, und trotz täglichen Morphiums sind die Schmerzen nicht geringer.«
Carin Göring zieht ins Krankenhaus um, da sie auf der Straße von Kommunisten mit Steinen beworfen wurde, wobei ein Stein durch den Schuh drang und eine Zehe brach.
An Krücken kann Göring am 24. Dezember 1923 das Krankenhaus verlassen. Das Ehepaar kommt im »Innsbrucker Hof« unter. »Ich kenne ihn kaum wieder«, schrieb Carin am 28. Dezember an ihren Vater, »der ganze Mensch ist wie ein anderer, er sagt kaum ein Wort – so deprimiert von diesem Verrat, so herunter, wie ich es nie bei ihm für möglich gehalten hätte.«
Über den Heiligen Abend 1923 schreibt Carin: »Ich hatte versucht, das Hotelzimmer so wohnlich wie möglich zu machen, aber mit den Plüschmöbeln und dem grellen Licht war es sehr schwer. Die SA von Innsbruck hatte Hermann einen kleinen geschmückten Tannenbaum geschenkt, jedes Licht war mit schwarzweißroten Bändern dekoriert. Todmüde versuchte er auf seinen Krücken herumzuhinken. Er wurde vom Krankenhaus hierher getragen, etwa um sechs Uhr abends. Absichtlich hatte ich ihm kein Weihnachtsgeschenk gebracht, da ich verstand, daß es ihm schwerfallen würde, da er doch mir nichts hatte kaufen können, weil er ja zu Bette lag.
Wie saßen beisammen, starrten die Lichter an, dachten zurück.
Gegen acht Uhr hielt ich es nicht mehr aus, ich zog mich an, um etwas frische Luft zu bekommen. Draußen war ein fürchterlicher Schneesturm, aber ich merkte es kaum. Plötzlich hörte ich aus ei-

nem offenen Fenster in der ersten Etage etwas Wundervolles – Orgel und Geige: ›Stille Nacht, heilige Nacht‹ – und so seltsam, auf einmal wurde alles in mir ruhig. Ich weinte natürlich, aber war wieder ganz voller Vertrauen und Ruhe. Kehrte zu Hermann zurück, war imstande, ihn aufzumuntern und ihm Mut zuzureden.
Am folgenden Tage erwachte ich schwer erkältet und fiebrig, und habe seitdem das Bett hüten müssen. Ich stand wohl zu lange im Sturm und hörte dem Gesange zu.«
Die Erkrankung, die sich Carin Göring zugezogen hatte, sollte noch längere Zeit andauern; Herzbeschwerden kamen hinzu. Sie wurde leidend, und in diesem Zustand blieb sie bis zu ihrem frühen Tod. Göring fühlte sich schuldig an Carins körperlichen Leiden, er hatte sie dahin gebracht, und er verzieh es seinen politischen Gegnern nie, ihm und damit auch seiner Frau dies alles zugefügt zu haben.
Das Morphium verschaffte ihm Erleichterung in seinem langen Leiden, das der Verwundung folgte, denn die Schmerzen in der Leistengegend und im Bein hielten an, aber es machte ihn zugleich süchtig. Als Einunddreißigjähriger wurde er seelisch und körperlich ein anderer Mensch.
Seine Frau sah es mit Entsetzen und Erstaunen, aber sie liebte diesen Mann und blieb bei ihm.
Während Göring körperlich immer schwerer wurde, schwand seine Frau dahin, sie wurde zerbrechlich, und diese zerbrechliche Schönheit, die fiebrig glänzenden Augen der Schwedin beherrschten das Bild, das sich diejenigen, die sie kannten, von ihr in ihren letzten Lebensjahren machten. Carin hoffte jetzt, im März oder April nach Schweden reisen zu können; sie hatte starkes Heimweh. Mitte Februar erfuhr sie, daß ihre Mutter krank war und in ein Sanatorium mußte.
Carins Herzbeschwerden machten es erforderlich, eine katholische Krankenschwester zu rufen, die sie versorgte.
Ihr Mann hatte von Hitler, der nicht wollte, daß Göring sich den bayerischen Behörden stellte, wie dieser es seinem Führer Ende Dezember vorgeschlagen hatte, den Auftrag erhalten, die nationalsozialistische Bewegung in Österreich auszubauen.
Göring hoffte, daß er nach dem Prozeß gegen Hitler und Ludendorff amnestiert werden würde und nach München zurückkehren könnte. Er glaubte auch, die Verhafteten würden zwar verurteilt, dann aber begnadigt und freigelassen.
Fanny Gräfin Wilamowitz-Moellendorff schreibt: »Von außen be-

trachtet, sah die Zukunft der Hitlerbewegung nach dem unheilschweren 9. November 1923 sehr schlecht aus. Hitler saß in der Festung Landsberg am Lech, dort waren auch u.a. Rudolf Heß, Dr. Weber und Oberst Kriebel. Göring lebte landflüchtig, von den seelischen und körperlichen Wunden schwer erschöpft, in Italien, Ludendorff schien die gemeinsame Sache aufgegeben zu haben, und die anderen waren teils verhaftet, teils streng überwacht und über ganz Deutschland zerstreut. Ein jeder hatte für sich zu sorgen, offene Zusammenkünfte waren verboten, Geld besaß niemand. Carin ging es gesundheitlich noch immer schlecht. Ihr Herz hatte unheilbaren Schaden genommen, schonen konnte und wollte sie sich niemals. Ihr ganzes Leben war und wurde immer mehr zu einer einzigen großen innerlichen Erregung, die sie allerdings äußerlich zu beherrschen und zu verbergen wußte.«

Die Görings waren Anfang Mai 1924 nach Italien gereist, sie folgten der Einladung eines Hoteliers in Venedig, der mit den Nationalsozialisten sympathisierte; er war ein Deutscher, Freund des Direktors vom Innsbrucker Hof. Dieser hatte den Görings die Hotelkosten erlassen, als sie, gedrängt von der österreichischen Polizei, abreisen mußten.

Im April 1924 hatte der Prozeß gegen Hitler, Ludendorff und andere stattgefunden. Ludendorff wurde freigesprochen. Aber die anderen mußten mit Hitler auf Festung.

Göring hatte vor dem Hitler-Prozeß an seine Schwiegermutter, die Baronin von Fock, geschrieben, daß er während des Prozesses noch in Innsbruck bleiben wolle, »dann aber, wenn keine Aussicht vorhanden ist, vorläufig zurückkehren zu können, wollen wir via Italien per Schiff nach Schweden, da der Aufenthalt dort immer noch billiger und vor allem auch viel schöner ist als hier in Österreich. Schließlich können wir nicht jahrelang im Hotel wohnen. Vielleicht finde ich dort auch irgendeine Tätigkeit, bis die Verhältnisse eine Rückkehr nach Deutschland gestatten. Denn ich will nur in ein nationales Deutschland zurückkehren und nicht in diese Judenrepublik. Ich liebe ja Schweden über alles, da ich in erster Linie Germane bin und dort das reinste Germanentum zu Hause ist. Außerdem sehne ich mich ebenso wie Carin nach Euch allen, die Ihr so herzlich und gut zu uns seid. Auch um Carins willen wäre ich glücklich, einige Zeit dort wohnen zu können, damit sie endlich wieder mit ihrer Familie und ihren Bekannten zusammen sein kann.«

Nach dieser Vorbereitung auf die – wohl reumütige – Rückkehr nach

Schweden mit Carin heißt es in dem Brief vom 22. Februar 1924: »Noch einmal nimm meinen tiefsten Dank und die Versicherung, daß ich unendlich glücklich bin, Dich auch Mutter nennen zu dürfen.«

Nach dem Hitlerprozeß hatte Göring bei der bayerischen Regierung ein Gnadengesuch eingereicht, das abgelehnt wurde. Er hatte tatsächlich gehofft, wie Ludendorff als Träger des Pour le mérite behandelt zu werden und ohne Strafe davonzukommen.

Der militärische Ausnahmezustand im Reich war am 28. Februar 1924 aufgehoben worden. Zum 4. Mai standen Reichstagswahlen bevor. Göring hatte sich dabei eine Chance ausgerechnet, für die Deutsch-Völkische Freiheitspartei, die für die verbotene NSDAP tätig wurde, zu kandidieren, um Reichstagsabgeordneter zu werden. Das war nun nicht möglich, aber er hielt daran fest, in den Reichstag einzuziehen, was ihm vier Jahre später gelingen sollte. Aus den Wahlen gingen die Deutschnationalen mit 106 Mandaten als stärkste Partei hervor. Die Deutsch-Völkische Freiheitspartei erhielt wenige Mandate.

Mitte April reiste Carin Göring nach München. Das Bankkonto war zusammengeschmolzen, es hatte die Inflation kaum überdauert. Sie mußte Möbel aus dem Haus in Obermenzing und das Auto verkaufen, zumeist an Mitglieder der Hitler-Partei. Sie sah Ludendorff, der nun in Solln wohnte. Aber der General hatte seine Lektion gelernt. Er wollte von Hitler nichts mehr wissen, der ihn durch den Putschversuch lächerlich gemacht hatte.

Sie fuhr auch nach Landsberg, um Hitler zu besuchen, der dort seit zwei Wochen seine Strafe verbüßte, die auf sechs Jahre Festungshaft lautete, aber nach sechs Monaten schon auf Bewährung ausgesetzt wurde.

Er schenkte ihr sein Foto mit der Widmung: »Der verehrten Gemahlin meines S.A.Kmds. Frau Carin Göring zur Erinnerung an den Besuch in der Festung Landsberg am 15. April 1924 - Adolf Hitler.« Dieses Bild stand später in ihrem Zimmer in Stockholm und Berlin, dazu das Edelweiß.

Hitler diktierte in Landsberg Rudolf Heß, der sich freiwillig gestellt hatte, das Manuskript von »Mein Kampf«. Die Görings entschwanden aus seinem Gesichtskreis. Er erfuhr von Carin Göring, sie wollten über Italien nach Schweden zurückkehren. Daraufhin wünschte er ihnen viel Glück auf der Reise und riet, Mussolini in Rom aufzusuchen.

Das Ehepaar Göring hätte jetzt aus der Geschichte verschwinden können. In München führte Alfred Rosenberg den flüchtigen Hermann Göring nur noch als inaktives Mitglieder der (verbotenen) NSDAP; bald strich er ihn ganz aus der Liste. Hitler wußte davon nichts. Als er später erfuhr, setzte er Göring wieder in die Mitgliederliste ein. Kontakte zu den Görings nahm er nach seiner Entlassung aus der Festung Landsberg am 20. Dezember 1924 nicht auf.

Die geheime Zusammenarbeit zwischen der Reichswehr und der Roten Armee führte 1924 dazu, daß in Lipezk, nicht weit vom oberen Don, ein deutsches Fliegerzentrum entstand, in dem Offiziere der Reichswehr als Flieger ausgebildet wurden. Die Grundlage für eine neue deutsche Luftwaffe wurde dort gelegt.

Außenminister Stresemann orientierte die deutsche Außenpolitik nach Westen. Die guten Jahre der Weimarer Republik begannen.

Die Görings hatten nun im Exil zu leben, zuerst in Italien, dann in Schweden.

Carin Göring war leidend, Hermann Göring wurde Morphinist. Er war im Kriege und an der Feldherrnhalle in München schwer verwundet worden, aber als Rauschgiftsüchtigen gab es für ihn keine Zukunft.

Diese Krankheit war die Folge seiner Verwundungen.

Er war beruflich gescheitert, politisch tief enttäuscht.

Ihm waren Wunden zugefügt worden, die nicht erwarten ließen, daß er noch eine Rolle unter den Deutschen spielen könnte.

9. Kapitel

Ein Phönix aus der Asche

Über das Jahr, das die Görings in Italien verbrachten, schreibt Fanny Gräfin Wilamowitz-Moellendorff, die Schwester, an die Carin ihre Briefe richtete: »Ihre Briefe aus Italien klingen beinah alle heiter und froh. Die Schönheit der Natur, die leichte, liebenswürdige Art des Volkes waren so unendlich wohltuend nach der langen Krankheitsperiode. Doch merkte Carin stets, wie sehr der Gatte sich nach politischer Betätigung sehnte. Seine Gesundheit war auch nicht gut, die Schmerzen ließen nicht nach, die von den Ärzten verordneten schmerzbetäubenden Mittel brachten keine Linderung, konnten nicht vermindert werden. Dazu diese ewigen Geldsorgen, die Unmöglichkeit, für die zarte Frau so sorgen zu können, wie sein Herz es verlangte. Es war eine schwere Zeit, wie schwer, ließ Carins Liebe nie die Ihrigen in Schweden wissen.« Sie wurden kurze Zeit in einem Hotel am Canale Grande in Venedig aufgenommen, in das sie der Direktor ihres Innsbrucker Hotels vermittelt hatte. Sie erhielten einen Vorzugspreis, 65 Lire pro Tag und Person statt 100 Lire.
»Das Essen ist ausgezeichnet, Languste, Suppe, Omelette, Küken mit Salat, Lammkotelett mit Spaghetti, Obst, Früchte jeden Mittag«, schreibt Carin Göring. »Entzückende Läden, Schmucksachen, daß man wegsehen muß, um nicht über die eigene Armut weinen zu müssen.« Sie besuchten Galerien und Museen wie einst in Stockholm, aber nun war alles prächtiger, und Carin Göring bemerkte, wie sehr ihr Mann von den alten Gemälden beeindruckt wurde. Sie nahmen sich vor, einmal alles nachzuholen, was sie jetzt versäumen mußten. »Oh, liebste Mutter, wenn man Millionen hätte, wäre es nicht zuviel. Aber man hat nicht das Wenigste.«
Über Siena, dessen Kunstwerke sie bestaunen, reisen sie nach Rom. In einer billigen Pension kommen sie unter; ihr Essen besteht hauptsächlich aus Mehlspeisen, sie sind zu arm, um sich Fleisch leisten zu können. Die Mehlspeisen schwemmen den Körper Görings auf, der von Geburt an – er wog damals 12 Pfund – durch einen starken Knochenbau auf Fülle angelegt war. Zu Mussolini kommen sie durch

Vermittlung eines Bekannten, des Prinzen Philipp von Hessen, der zufällig in Rom ist. Der Prinz wollte die Tochter des italienischen Königspaares, Mafelda, heiraten.
Benito Mussolini empfängt Göring, der ihm vom Marsch zur Feldherrnhalle erzählt, aber für die Görings kommt dabei nichts heraus. Der Duce des faschistischen Italien gewährt dem gescheiterten Offizier und SA-Führer, der an der Nachahmung seines Marsches auf Rom beteiligt war, keine Unterstützung.
Da die schmerzbetäubenden Mittel nicht wirken, sieht sich Göring gezwungen, sich das teure Morphium zu besorgen. Deshalb muß er Schulden machen, die ihn belasten.
Er denkt auch an Selbstmord. Aber er kann seine Frau nicht im Stich lassen, die er in diese schlimmen Verhältnisse gebracht hat.
Eine Amnestie, auf die beide hoffen, gibt es nicht.
»Die Sehnsucht, nach Schweden zu kommen, nach dem Norden, war jetzt stark, sowohl bei Hermann als auch bei Carin Göring«, schreibt Gräfin Wilamowitz-Moellendorf. »Dank der Hilfe treuer Freunde ließ sich auch diese Reise im Frühjahr 1925 ermöglichen.« Das Wort »auch« zeigt an, daß die Görings in Italien von der finanziellen Unterstützung ihrer Freunde und Bekannten lebten.
»Der Weg (nach Schweden) war weit, er führte über Österreich, die Tschechoslowakei und Polen nach Danzig. Deutschland war ja für sie gesperrt. Als Hermann Göring aber in Danzig wieder auf deutschem Boden war, fiel er auf die Knie und dankte Gott. In Stockholm war die Freude groß. Carin war schöner als je, nur hatte sie einen leidenden, gespannten Ausdruck von den dauernden seelischen wie physischen Überanstrengungen, der ihrer Familie ernsten Grund zu Besorgnis und Unruhe gab.«
Sie sah endlich ihren Sohn Thomas wieder, der 13 Jahre alt war. Göring brachte aus Italien einen größeren Morphium-Vorrat mit. Er spritzte sich jetzt täglich vier- bis sechsmal, mit zweimal täglich hatte er vor einem Jahr angefangen.
Carin Görings Leiden verschlimmerten sich. Sie litt an einem schlechten Kreislauf, der zu Ohnmachten führte, ihre Lungen waren angegriffen, das Herz war schwach. Sie mieteten eine Wohnung auf der Ödengatan, lebten von dem Geld, das der Verkauf ihres Hauses in München gebracht hatte. »Nun galt es für Hermann Göring eine Tätigkeit zu finden«, schreibt Carins Schwester Fanny, »und hier entstanden sogleich große Schwierigkeiten. In Schweden herrschte ernste Arbeitslosigkeit; aus dem Baltikum sowie aus Rußland war ei-

ne große Flüchtlingsschar gekommen. Alle hofften auf Arbeit, schlimmstenfalls auf Hilfe und Unterstützung von den nichtsozialdemokratischen Kreisen. Für diesen tüchtigen Offizier, der in einen politischen Aufstand verwickelt gewesen war, fiel es jedoch schwer, irgendeinen Zivildienst zu bekommen, zumal das Flugwesen noch wenig entwickelt war. Dazu gab es viel zu viel Bewerber. Hermann Göring tat sein Bestes, aber mehr kann ein Mensch nicht tun.«
Hinzu kam, daß die Verwandtschaft die politische Einstellung der Görings nicht mehr verstand; sie wurde mißbilligt. Das führte zu einer Entfremdung, die Verwandtschaft half nicht. Nur Carins Mutter »gab mit vollen Händen«, wie Carins Schwester Fanny schreibt. »Sie konnte es jedoch nicht verhindern, daß Sorge, Not, Krankheit und Unruhe in dem Göringschen Heim Einzug hielt. Ein Stück nach dem andern mußte verkauft werden, Krankheit und Armut waren tägliche Gäste geworden.
Den schwedischen Verwandten offen zu sagen, wie bedrängt die pekuniäre Lage geworden, wie erschüttert seine eigene Gesundheit und sein seelischer Zustand geworden war, daran hinderte Hermann Göring sein Stolz.«
Im Sommer 1925 kam es - nach achtzehn Monaten Morphium-Sucht - zum Zusammenbruch. Die Familie von Fock ließ Göring in das Aspudeen-Krankenhaus einweisen, um den Morphiumsüchtigen dort beobachten zu lassen. Der Hausarzt Carin Görings hatte erklärt, seine Patientin sei durch den Süchtigen gefährdet.
Göring ließ sich freiwillig einweisen, denn er wußte, daß er nicht mehr Herr über sich selbst war.
Im Krankenhaus kam es zu einer Bedrohung einer Krankenschwester, als er schlaflos eines Nachts nach der Injektion verlangte, die sie ihm nicht geben durfte. Carin Göring prozessierte um das Sorgerecht für ihren Sohn, den sie bei sich behalten wollte, und unterlag, da Nils von Kantzow vor Gericht nachweisen konnte, daß Göring Morphinist sei.
Als »gefährlicher Rauschgiftsüchtiger« wurde Göring am 1. September 1925 in die Psychiatrische Anstalt (damals Irrenanstalt genannt) Langbro eingeliefert.
Die Entziehungskur, der er sich dort drei Monate unterzog, war rigoros. Die Droge wurde ausgesetzt, und Göring mußte mit den Folgen selbst fertig werden.
Nach seiner Entlassung griff er wieder zum Morphium, er war dann noch zweimal in Langbro, doch nachher war er geheilt.

Morphium hat er nie wieder gespritzt, aber später gab es andere Möglichkeiten.
Seine Wunde von 1923 schmerzte ihn immer noch, und das blieb so bis zu seinem Tode.
Der behandelnde Arzt nannte ihn einen »Gefühlsmenschen, dem es an moralischem Mut« fehle.
Das klingt hart, wenn man bedenkt, welcher Mut dazu gehörte, die Entziehungskur unter damaligen Verhältnissen erfolgreich zu überstehen.
Aber unter »moralischem Mut« konnte auch eine Art höheren Mutes verstanden werden, und es sollte sich ergeben, daß es Göring tatsächlich daran fehlte, als er ein mächtiger Mann geworden war. Vom Sommer 1926 bis Herbst 1927 versuchte er, als Vertreter in Schweden Geld zu verdienen. Er war beim Vertrieb von Fallschirmen tätig, vor allem aber seit Herbst 1926 für die Bayerischen Motorenwerke (BMW), deren Flugmotoren er verkaufen wollte. Wichtig war die Provision, die man als Vertreter erhalten konnte, wenn man Erfolg hatte.
Er versuchte, einen Auftrag der schwedischen Regierung für 12 Flugmotoren zu bekommen, die BMW liefern sollte. Aber bei der Bestellung in München muß er übergangen worden sein, denn nach seiner Rückkehr nach Deutschland im Herbst 1927 mahnte er eine Provision über 30 000 RM bei BMW an, die inzwischen jemand anderes erhalten hatte. Erst als er einen Brief an den neuen Inhaber von BMW, einen aus Triest stammenden Italiener jüdischer Herkunft, Camillo Castiglioni, schrieb, kam er zu dieser hohen Geldsumme. Das Herzleiden seiner Frau verschlechterte sich. Sie mußte stundenlang unbeweglich liegen und hatte große Schmerzen. Eine Amnestie für ihn ließ noch immer auf sich warten. Ende Februar 1925 hatte Hitler die NSDAP neu gegründet. Er hatte Redeverbot in der Öffentlichkeit. Seine Anhänger kamen vor allem aus dem Mittelstand; Arbeiter und wohlhabende Leute versagten sich ihm. Die SA führte ein ehemaliger Offizier, Pfeffer v. Salomon. Zu Göring in Schweden bestanden keine Verbindungen. Am 28. Februar 1925 war Reichspräsident Friedrich Ebert gestorben. Generalfeldmarschall von Hindenburg wurde am 26. April 1925 sein Nachfolger.
Nach seinem achtzigsten Geburtstag am 2. Oktober 1927, der, wie Carl von Ossietzky in der »Weltbühne« schrieb, »zu einem ungeheuren Jubelfest aller Schwarzweißroten wurde«, verabschiedete der Reichstag mit den Stimmen der Rechtsparteien und der KPD eine

Amnestie für alle Personen, die aus politischen Gründen ins Exil gegangen waren, zugleich eine Entlassung aller Gefangenen, die aus politischen Gründen inhaftiert waren.
Noch im Oktober konnte Göring nach Deutschland heimkehren. Er meldete sich telegrafisch bei Hitler in München an, der ihn kühl empfing. Er riet seinem ehemaligen SA-Kommandeur, sich eine geachtete Position in Berlin zu schaffen, dann würde man weitersehen. Die SA wollte er Göring nicht geben.
Ein Amt in der Partei, in dem er eine regelmäßige Bezahlung erwarten konnte, war für Göring nicht in Sicht, aber er blieb BMW-Vertreter, nun in Berlin, und hoffte, dazu noch einiges zu bekommen.
1922 war es für Hitler ein Glücksfall gewesen, daß der Fliegerheld in die Partei eintrat, ihm fehlten berühmte Leute.
1927 lag ihm daran, Einfluß in der Berliner Gesellschaft zu bekommen, und dazu sollte ihm Göring verhelfen.
Hitler hatte immer noch Redeverbot in Preußen, er durfte in Berlin nicht öffentlich auftreten.
Für Göring war jedoch noch etwas anderes wichtig. Die NSDAP (Deutsch-völkische Freiheitspartei) hatte 14 Reichstagssitze. Im Mai 1928 sollte es Neuwahlen geben. Er hoffte, auf die Kandidatenliste gesetzt zu werden, aber Hitler wollte erst sehen, wie Göring sich in Berlin bewährte.
Carin Göring mußte in Schweden zurückbleiben, da sie bettlägerig war.
Nun hatte Göring ein Ziel vor Augen: Er wollte eine Wohnung in Berlin beziehen und in den Reichstag gewählt werden.
In der Reichshauptstadt bewohnte er zuerst ein Zimmer in einem Hotel in der Nähe des Kurfürstendamms.
Mit Victor Siebel, der später die »Siebelfähre« für die Kriegsmarine erfand, teilte er sich ein kleines Büro in der Geisbergstraße.
Er traf Bruno Loerzer wieder, der reich geheiratet hatte und ihm einflußreiche Leute vermitteln konnte. Göring wurde für die Firma Heinkel tätig, vertrat die schwedische Firma Tornblad, die Fallschirme herstellte, und konnte Verbindung zur Deutschen Lufthansa aufnehmen, deren Generaldirektor Erhard Milch war.
Mit Paul Körner, »Pilli« genannt, der sein Partner wurde, baute sich Göring eine Existenz als selbständiger Vertreter in der Flugindustrie auf.
Weihnachten 1927 verbrachte er bei Carin in Stockholm. Er war zuversichtlich, sich in Berlin beruflich durchsetzen zu können.

Im Januar 1928 gelang es Göring bei einem Besuch in München, Hitler zu überzeugen, daß er für die Partei als Kandidat bei den Reichstagswahlen nützlich werden könne.
Er erhielt Platz 7 auf der Reichstagsliste der NSDAP. Neben seiner Vertretertätigkeit mußte er jetzt Wahlversammlungen abhalten. Er bewährte sich als Redner, imitierte Hitlers Stil und sah trotz seiner Fülle glänzend aus.
Seine Stimme hatte einen metallischen Klang, der in Norddeutschland gut ankam. Gauleiter von Berlin war Dr. Joseph Goebbels, der über eine hervorragende Rednergabe verfügte. Früh wurden Göring und Goebbels Konkurrenten.
An Intelligenz war Goebbels, der Gauleiter, dem einfachen Parteigenossen Göring überlegen, aber an persönlicher Wirkung übertraf ihn Göring bei weitem. Goebbels war Zyniker, Göring ein Gutgläubiger, der Bequemlichkeit liebte.
Göring hatte nichts gegen die Juden, Goebbels haßte sie.
Als BMW-Vertreter stand Göring im Dienste einer Firma, die einem Juden gehörte. Zu seinem damaligen Brotgeber Castiglione sagte Göring nach dem 1. April 1933, dem Boykott jüdischer Läden in Berlin: »Es ist ein Unglück, ein Zufall, es wird nicht mehr geschehen. Herr Castiglioni, meine besten Jugendfreunde sind Juden gewesen und haben mich gut behandelt. Ich denke gar nicht daran, gegen sie vorzugehen.« Castiglioni erwiderte: »Aber Hitler ist Antisemit.« Darauf Göring: »Ich werde ihn davon abbringen, verlassen Sie sich darauf.«
Aber hatte nicht Göring 1924 in einem Brief nach Stockholm von der »Judenrepublik« geschrieben, in die er nicht mehr zurückkehren wollte?
Görings Äußerungen werden weiter zwielichtig bleiben. Kurz vor der Reichstagswahl 1928 traf endlich Carin Göring in Berlin ein. Göring wohnte in der Berchtesgadener Straße 16.
Am 18. Mai schrieb Carin Göring an ihre Mutter: »In Berlin holte mich Hermann vom Bahnhof ab. Zuerst tranken wir Kaffee in ›Nordland‹, dann im Auto hierher, wo Hermann ein Riesenzimmer hat, ein Eckzimmer mit herrlich sonnigem Balkon mit blühendem Flieder. Ganz Berlin ist in Wahlstimmung, die Wahl findet am Sonntag statt. Sie haben schon angefangen, einander totzuschießen, jeden Tag ziehen Kommunisten mit roten Fahnen mit brennenden Bibeln (sie meint das Sowjetzeichen) darauf durch die Stadt, und immer treffen sie auf Hitlerleute mit ebenso roten Fahnen mit dem

Hakenkreuz darauf, und dann gibt es Streit und Tote und Verwundete. Wir müssen sehen, wie es am Sonntag bei den Wahlen geht. Ach ja, möchte es gut für Hermann gehen, dann hätten wir eine längere Zeit Ruhe. Hermann sieht wohl aus, hat aber schrecklich viel zu tun. Ich bin froh, daß wir ein Auto stets zur Verfügung haben, ein Freund von Hermann (Paul Körners Mercedes) hat es ihm geliehen.«

Am 21. Mai 1928 konnte sie an ihre Mutter telegrafieren: »Hermann gestern gewählt. Mutter, du verstehst. Deine Carin.«

Es waren nur 12 Nationalsozialisten in den Reichstag gekommen, auf Platz 7 Göring.

Im Reichstag saß er nun auf der äußersten Rechten ganz vorn, zusammen mit General Ritter v. Epp. Auch Goebbels war in der neuen Fraktion der NSDAP, Wilhelm Frick und Gregor Strasser. Hitler hatte auf sein Mandat verzichtet. Die 12 Nationalsozialisten waren von 810 000 Deutschen gewählt worden. Im Reichstag saßen 491 Parlamentarier. Jeder Abgeordnete erhielt monatlich 500 RM und einen Freifahrschein Erster Klasse auf der Deutschen Reichsbahn. Göring bekam Glückwünsche, auch vom ehemaligen Kronprinzen, der ihn noch aus Stenay in Frankreich kannte: »Ihr außerordentliches Talent, Ihr Ausdrucksvermögen und Ihre Körperkraft mögen sich als nützlich erweisen für Ihre neuen Aufgaben als Volksvertreter«, telegrafierte ihm der Kronprinz, der dabei auch an die Raufereien dachte, die im Deutschen Reichstag stattzufinden pflegten. Das kleine Häuflein um Göring sah sich einer erstarkten Linken gegenüber. Die SPD war mit 153 Mandaten stärkste Regierungspartei unter Reichskanzler Hermann Müllers »Großer Koalition«, die Ende Juni gebildet wurde.

Göring konzentrierte sich im Reichstag auf das Verkehrswesen. Er hatte vor seiner Wahl in den Reichstag schon einen Beratervertrag mit der Deutschen Lufthansa erhalten. Ein Jahr nach der Wahl erhielt er von der Deutschen Bank einen Scheck der Lufthansa über 10 000 RM. Die Lufthansa hatte auch andere Abgeordnete des Reichstags als Berater unter Vertrag, wie David Irving schreibt. So den Abgeordneten Keil (SPD) und den Abgeordneten Dr. Cremer (Deutsche Volkspartei).

Der Großindustrielle Fritz Thyssen lernte die Görings kennen. Er war von ihnen beeindruckt. Durch finanzielle Zuwendungen ermöglichte er es ihnen, eine moderne Fünfzimmerwohnung in einem Mietshaus in der Badenschen Straße 7 zu mieten. Zu dem Haus gehörte eine Tiefgarage, was damals sehr selten war. Dort konnten die

Autos abgestellt werden, mit denen Görings Gäste kamen. Dadurch verschwanden sie von der Straße, in der sie bei den damaligen politischen Auseinandersetzungen gefährdet gewesen wären. Das Mietshaus, das den Krieg überdauerte, zeichnete sich durch einen Fahrstuhl aus. Die Wohngegend war großbürgerlich-wohlhabend.
Thyssen schrieb später, Carin Göring habe er als »außerordentlich charmante Frau kennengelernt, als die einzige Frau, die Göring leiten und führen« konnte. Als die Görings im Herbst 1928 einzogen, konnten sie sich zum Teil mit ihren früheren Möbeln einrichten, die sie zurückerwarben. Carins Schwester Fanny schreibt: »Ihr Heim wurde zur größten Bedeutung für die Arbeit und das Weiterkommen der Partei, denn der Führer empfing hier oft die verschiedenen Persönlichkeiten, die Parteiführer und auch manchmal die Gegner, die ihn bei seiner Anwesenheit in Berlin sprechen wollten. Hier war ein Treffpunkt, wo sich jeder wohl fühlen konnte. Die Hausfrau konnte durch ihr tiefes Miterleben, ihre kluge Menschenbeurteilung und ihr mildes, vermittelndes Wesen viel zum harmonischen Verlauf der Zusammenkünfte und Beratungen beitragen. Carin hatte einen rein intuitiven Blick für das Wesentliche, und sie sah immer, früher als andere, wo eine Brücke gebaut werden konnte, allerdings auch, wo jede Bemühung verfehlt sein mußte. Ihr Herzleiden gab unvermindert Grund zu den ernstesten Besorgnissen. Das Ganze war, wie sie selbst sagte, ›ein Abenteuer, das den Einsatz des ganzen Menschen verlangt‹.«
In Carins Zimmer stand das Harmonium, auf dem sie oft spielte.
Die Schulden, die Göring gemacht hatte, mußten nun abgetragen werden. Dies wurde möglich, da der Reichstagsabgeordnete jetzt ein Einkommen von mehr als 2000 RM hatte. Diese Geldsumme erhielt damals ein Reichsminister. Zu den 500 RM als Abgeordneter bekam Göring 800 RM als Reichsredner der NSDAP und Spesen. Die Deutsche Lufthansa zahlte ihm monatlich 1000 RM. »Gerade heute hat Hermann seine erste große Rede im Reichstag«, schreibt Carin Göring am 21. Februar 1929 an ihre Mutter. »Heute abend spricht er in der Berliner Universität vor den Studenten aller politischen Parteien. Von ihnen sind bereits mehr als die Häfte Nationalsozialisten, ich hoffe, daß er dazu beiträgt, daß auch der Rest es wird. Morgen spricht er in Nürnberg, und dann geht er auf eine zehntägige Reise durch Ostpreußen mit zwölf verschiedenen Vorträgen. Das ganze Heim ist gefüllt von Politikern, daß man verrückt werden könnte, wenn es nicht gleichzeitig so riesig interessant wäre.«

Für die Görings waren die elenden Jahre zu Ende. In kurzer Zeit wurde, mit Hilfe des Reichtagsmandates, aus einem unbedeutenden, noch jungen, dicken Mann ein Herr, mit dem in Berlin gesellschaftlich gerechnet wurde - nicht zuletzt wegen seiner Frau.
Seit dem Friedensvertrag von Versailles waren 1929 zehn Jahre vergangen. Nun sollte der Dawes-Plan, der nur als zwischenzeitliche Überbrückung bei der Zahlung der Reparationssummen durch das Deutsche Reich gedacht war, durch ein abschließendes Abkommen ersetzt werden. Dies war der seit Februar 1929 in Paris von internationalen Sachverständigen erarbeitete Young-Plan, genannt nach dem amerikanischen Bankier Owen Young, der den Vorsitz führte, damit die Bedingungen von Versailles erfüllt würden.
Der Young-Plan wurde zu einem politischen Hebel für die Parteien der Rechten, Hugenbergs Deutschnationale Volkspartei und die (noch winzige) NSDAP, um Mehrheiten und Macht zu gewinnen. Gegenüber dem Dawes-Plan waren die jährlichen Reparationszahlungen im Young-Plan geringer geworden, aber die Verteilung von Zahlungen über 34,5 Milliarden Goldmark auf 59 Jahre mußte die Deutschen empören.
Das hieß doch, bis 1989 hätten die Deutschen Reparationen an diejenigen Siegermächte des Weltkriegs zu zahlen, die darauf bestanden. Es war nicht einzusehen, wie man sich auf Generationen verpflichten sollte, für einen Krieg zu bezahlen, der von 1914 bis 1918 stattgefunden hatte.
Bei Annahme des Vertrages durch den Deutschen Reichstag wollten die Alliierten das Rheinland bereits 1930, nicht erst 1935, räumen. Es gab auch eine Revisionsklausel und den Verzicht auf Sanktionen, falls die Deutschen mit den Zahlungen in Verzug gerieten.
Gegen die »Verewigung der Versklavung des deutschen Volkes« wurde nun Sturm gelaufen.
Die Deutschnationalen Hugenbergs verbündeten sich im Sommer 1929 mit Hitlers Nationalsozialisten, um mit anderen Gruppierungen im »Reichsausschuß für das deutsche Volksbegehren« zusammenzuarbeiten, der Listen für das Volksbegehren gegen den Young-Plan auslegte. In sie trugen sich am 16. Oktober 1929 knapp zehn Prozent der Wahlberechtigten ein, wodurch der Volksentscheid möglich wurde. In diesem politisch aufgewühlten Umfeld wurde Göring eine wichtige Figur auf der nationalen Rechten weit über seine kleine Partei hinaus. Da Hitler keine Wohnung in Berlin hatte, blieben seine Besuche in der Reichshauptstadt nur sporadisch.

Der Gauleiter Dr. Goebbels machte als Agitator Furore mit der Berliner SA, die sich mit dem Rotfrontkämpferbund herumschlug, der im Mai 1929 verboten wurde.
Am 1. Mai 1929 war es im Berliner Osten zum ersten schweren Kampf zwischen SA und Rotfront gekommen, bei dem 19 Menschen getötet und 40 verletzt wurden.
Hitler schien entschlossen zu sein, den Kommunisten die Herrschaft über die Straße zu nehmen.
Die Straßenkämpfe zwischen Rot und Braun beunruhigten nicht nur die Führung der Reichswehr, sondern auch die Geschäftswelt und Industrie.
Für Göring entstand nun die Gelegenheit, auch mit Hilfe seiner früheren Bekanntschaften, sich als Sicherheitsfaktor in dieser aufgewühlten Umwelt darzustellen, was ihm sehr lag.
Im Reichstag trat er im Sommer 1929 während der Debatte über den zivilen Luftfahrthaushalt gegen falsche Sparsamkeit auf. Er stellte die Frage, warum es keinen Luftfahrtminister gäbe. Damit hatte er auch für sich persönlich eine Frage angerührt, die ihn seit der Verabschiedung des Jagdgeschwaders Richthofen im Dezember 1918 in Aschaffenburg nicht in Ruhe gelassen hatte.
Er glaubte als Ego-Optimist, daß er einmal Luftfahrtminister werden würde.
Die deutsche Luftfahrt hatte 1929 große Erfolge erzielt. Ein Heinkelflugzeug führte von Bord der »Bremen«, die bei ihrer Jungfernfahrt nach New York Geschwindigkeitsrekord fuhr und das »Blaue Band« erwarb, den ersten Katapultstart aus und brachte Post nach New York. Das Luftschiff »Graf Zeppelin« umrundete erstmalig die Erde. Der deutsche Sportflieger Wolf Hirth siegte in einer internationalen Rallye über 4000 Kilometer.
Dornier baute sein erstes Flugboot Do X für 169 Personen und begann damit den Massentransport in Flugbooten über den Atlantik. Hermann Oberth veröffentlichte »Wege zur Raumschiffahrt«, die erste maßgebliche Raumfahrttheorie. Junkers konstruierte den ersten Diesel(Schweröl)-Flugmotor. Auf den deutschen Fliegerschulen wuchsen die Piloten einer künftigen Luftwaffe heran. Es waren Reichsoffiziere, die für dieses Training beurlaubt wurden.
Göring erkannte die Chance, die sich für einen Politiker aus dieser Lage ergeben konnte. Und er fühlte sich als der Mann, der sie auf Grund seiner Vergangenheit beanspruchen durfte. Sein Vater hatte einst Deutsch-Südwest-Afrika für das Deutsche Reich als Schutz-

gebiet ausgebaut. Der Sohn wollte auf seinem Gebiet, der Luftfahrt, für dieses Reich tätig werden und dadurch Macht gewinnen. Aber die Partei, für die er im Reichstag saß, war winzig. Sie brauchte Unterstützung, für sie hatte er sich einzusetzen, nur mit ihr konnte er das Amt gewinnen, für das er sich prädestiniert sah.

Sein persönlicher Ehrgeiz traf sich hier mit dem Ehrgeiz Hitlers, Reichskanzler zu werden.

Das Bündnis Hugenberg–Hitler gegen den Young-Plan machte die NSDAP gesellschaftsfähig, da diejenigen nationalen Kreise, die 1925 sich für die Wahl Hindenburgs eingesetzt hatten, sich nun von dem Reichspräsidenten im Stich gelassen sahen, der für den Young-Plan eintrat.

Göring »erbte« Vertreter dieser nationalen Kreise, wozu auch Monarchisten gehörten. Er war nun die Kontaktperson, die gesucht wurde.

Für Hitler war der Kampf gegen den Young-Plan der Durchbruch in die große Politik.

Das Ende der Weimarer Republik deutete sich an, als im Oktober 1929 Reichsaußenminister Stresemann plötzlich starb, der ein Befürworter des Young-Plans war, und die Weltwirtschaftskrise nach dem »Schwarzen Montag« im Oktober in New York begann.

Beim Volksentscheid über den Young-Plan scheiterte das Bündnis Hugenberg–Hitler. Gegen den Plan stimmten nur 5,8 Millionen, für ihn mehr als 21 Millionen. Am 13. März 1930 wurde der Young-Plan vom Reichstag angenommen.

Dagegen stimmten die Deutschnationalen, die Nationalsozialisten und die Kommunisten.

In der Badenschen Straße 7 in Berlin-Schöneberg ist Carin Göring neben ihrem Mann Mittelpunkt für interessante und einflußreiche Leute geworden, die wissen wollen, was dieser Adolf Hitler eigentlich will, mit dem man mehr und mehr rechnet.

Am 28. Februar 1930 berichtet sie darüber ihrer Mutter. Die Gesellschaften, die sie gibt, die Einladungen, denen das Ehepaar Göring folgt, zehren an ihren Kräften. »Gewöhnliche Gesellschaften würde keiner von uns heute mehr aushalten. Und wir wissen, daß dahin, wohin man uns bittet, wir eingeladen werden, weil wir geben sollen. Wieds wollen ihren ganzen Bekanntenkreis für die Hitlerbewegung interessieren, und Hermann wird mit Fragen überhäuft, mit Wendungen und Einwendungen. Es ist ein Suchen nach allen möglichen Fehlern und Mängeln bei Hitler, oder man kritisiert sein Programm usw. Und dann muß Hermann erzählen, antworten und geben, so daß er manches Mal ganz fertig hinterher ist. Aber ich merke, daß der Kreis um uns sich immer mehr vergrößert, und daß wir viel für Hitler und seine Sache gewonnen haben. Prinz August Wilhelm von Hohenzollern führt uns, wie Prinz und Prinzessin Wied, mit einer großen Reihe interessanter Menschen zusammen. Gestern frühstückten wir beim Fürsten Henckel-Donnersmarck, er ist vierzig Jahre alt, sitzt im Rollstuhl, die Lähmung nimmt zu, er tut mir sehr leid. Er läßt sich auf alle Versammlungen bringen, in denen Hermann spricht. Es scheint beinahe, als ob die nationalsozialistische Bewegung ›modern‹ würde, da muß man doppelt achtgeben, daß sie dadurch nicht verwässert wird. Vor einigen Tagen war der Baron Koskull hier zum Mittag, er ist an der schwedischen Gesandtschaft in Berlin, gleichzeitig mit ihm waren v. Bahrs hier, Prinz August Wilhelm und zwei nationalsozialistische Arbeiter, die bei uns wohnten und von München gekommen waren. Später Graf Solms mit Frau und der Herzog von Koburg mit Tochter.

Ich schicke eine Karte mit von der verstorbenen Kaiserin und dem kleinen August Wilhelm. Auf der Karte steht ›Eine kleine Erinnerung an glückliche Zeiten‹. Er schickte sie an Hermann.«

Prinz August Wilhelm war 1930 in die NSDAP und die SA eingetreten und wurde nun Begleiter Görings auf den Wahlreisen.

Am 22. März 1930 berichtete Carin Göring ihrer Mutter, daß Göring mit dem Prinzen aus dem Hause Hohenzollern auf Versammlungstournee in Ostpreußen sei, von da gehe es bis nach Köln, an jedem Abend an einem anderen Ort. Alle Versammlungen seien schon seit vielen Tagen ausverkauft, der kleinste Saal fasse viertausend Menschen, der größte fünfundzwanzigtausend. »August Wilhelm ist ganz und gar Hitlermann, er ist anspruchslos, hilfsbereit, dienend, arbeitsam.«

Im Sommer 1930 brach Carin Göring zusammen. Sie mußte nach Kreuth bei Bayerisch-Zell in ein Sanatorium gebracht werden. Ihre schwere Herzkrankheit wurde durch die Aufregungen und Anstrengungen dieser Zeit in Berlin seit 1928 verschlimmert.

Es bestehen keine Zweifel, daß Carin Göring eine gläubige Idealistin war, die an die Hitlerbewegung wie an etwas Gutes und Großes glaubte. Aber ihr wurde das Tempo, mit dem sie Anhänger gewann, unheimlich. Sie fürchtete um die Reinheit der Bewegung, die sie gefährdet sah. Auch Hitler sah sie jetzt mit Distanz. Er war bemüht, Streitereien in der Partei und SA zu beseitigen, die nicht zuletzt durch den neuen Anhang aus wohlhabenden und monarchistisch gesinnten Kreisen hervorgerufen wurden. Der SA-Führer Otto Strasser rebellierte in Berlin gegen Hitler. Er rief zu Streiks und Unruhen in der Industrie auf, seine sozial-revolutionären Ideen standen gegen die Absicht Hitlers, legal die Macht im Reich anzustreben. Göring war der Exponent des rechten Flügels der NSDAP, Goebbels schwankte, ob er mit Strassers Leuten gehen sollte, die im September 1930 Parteilokale der NSDAP in Berlin stürmten.

Hitler griff ein. Er kam nach Berlin, unterstellte sich die SA. Pfeffer v. Salomons, dem sie entglitten war, löste er ab. Strasser wurde auf Befehl Hitlers von Goebbels, dem Gauleiter von Berlin und Propagandachef der Partei, aus der Partei ausgestoßen. Daraufhin gründete er die »Schwarze Front«, die sich als wahre nationalrevolutionäre Bewegung bezeichnete.

Die Zahl der Arbeitslosen stieg 1930 im Jahresdurchschnitt auf 3,8 Millionen gegenüber 1,9 Millionen im Jahre 1929. Die Regierung des Sozialdemokraten Hermann Müller trat zurück, Brüning wurde Reichskanzler. Er regierte mit Notverordnungen, die der Reichspräsident unterzeichnete und die Brüning sich von wechselnden Mehrheiten im Reichstag bestätigen ließ. Als ihm diese Bestätigung verweigert wurde, löste Hindenburg am 18. Juli 1930 den Reichstag auf. Neuwahlen wurden für den 14. September 1930 angesetzt.

Erhard Milch, damals Generaldirektor der Deutschen Lufthansa, gefiel Görings Geschick während der Debatten über den Luftfahrtetat im Reichstag. »Es war erstaunlich, wie schnell er alle Verhältnisse überschaute und aus reinen Darlegungen den Extrakt zog«, schrieb er in sein Tagebuch. Während des Wahlkampfes trat Göring im Braunhemd auf, über dem dunkelbraunen ledernen Schlips trug er den Pour le mérite. Er sah frisch und attraktiv aus, die Schwammigkeit war weitgehend wieder verschwunden. Milch schrieb, von Hitler spräche Göring immer mit Ehrfurcht und Begeisterung, aber Parteiangelegenheiten erwähne er nie.

Görings Charme beeindruckte damals viele.

34 000 Wahlversammlungen hielt Hitlers Partei von Mitte Juli bis Mitte September ab. 28 Parteien bewarben sich um 577 Reichstagssitze. Das Wahlergebnis des 14. September 1930 war eine Sensation. Von 800 000 Stimmen 1928 kam die NSDAP auf 6,4 Millionen. Sie erhielt 107 Mandate und war nach der SPD die zweitstärkste Reichstagspartei. Die KPD erhielt fast 4,6 Millionen Stimmen, sie erhöhte ihre Sitze von 54 auf 77.

Die SPD verlor fast 0,6 Millionen Stimmen, war aber weiterhin mit 8,5 Millionen Stimmen stärkste Fraktion.
Göring, der sich selbst einen wesentlichen Anteil an dem Erfolg von Hitlers Partei zuschrieb, wurde nun politischer Beauftragter seines Führers. Damit war er ohne Parteiamt der wichtigste Berater Hitlers geworden. Für die SA holte sich Hitler Ernst Röhm aus Bolivien und machte ihn zum Stabschef. »Kommandeur« blieb Hitler. Röhm sollte die SA wieder auf Vordermann bringen, Göring hatte den Auftrag, den Boden für die Übernahme der Macht durch Hitler diplomatisch vorzubereiten.
Unmittelbar nach der Wahl fand in Leipzig vor dem Reichsgericht der Prozeß gegen drei Ulmer Reichswehroffiziere statt, in dem Hitler die Gelegenheit gegeben wurde, unter Eid die Frage zu beantworten, ob die NSDAP die Macht im Staate auf legalem Wege erreichen wolle. Die drei jungen Offiziere, Leutnant Ludin, Leutnant Scheringer und Oberleutnant Wendt (er war schon aus der Reichwehr ausgeschieden) erhielten 18 Monate Festung. Ihr Ulmer Regimentskommandeur war Oberst Beck, der 1933 Chef des Generalstabes des Heeres wurde und am 20. Juli 1944 bei den Verschwörern als Nachfolger Hitlers als Reichspräsident vorgesehen war.
Nach der Reichstagseröffnung am 13. Oktober 1930, zu der alle Abgeordneten der NSDAP im Braunhemd erschienen waren, fanden in den Straßen der Berliner City erste Ausschreitungen gegen Juden statt.
Abends hatte Göring in seine Wohnung eingeladen.
Das Ehepaar Göring empfing Hitler, Goebbels, Prinz August Wilhelm von Preußen, dessen Sohn, den Herzog von Hessen, Prinz und Prinzessin von Wied, Niemann und Frau, den Fotografen Hoffmann und Tochter, die Hitlers Sekretärin war, Rudolf Heß und Frau, Paul Körner, Hermann Esser, den Weimarer Professor Schulze-Naumburg mit Frau und Tochter, Frick und Ritter von Epp; neu war in diesem Kreis Erhard Milch, der Lufthansa-Direktor und Hauptmann a.D. der Fliegerwaffe des Weltkrieges, der von Hitlers »Bescheidenheit, Freundlichkeit, Klarheit und Intelligenz« sehr beeindruckt war.
Hitler hatte auch diesmal sein Reichstagsmandat nicht angenommen.
Die Görings hatten jetzt eine Haushälterin und Köchin, Cilly Wachowiak.
Den Heiligen Abend 1930 verbrachten die Görings mit Goebbels,

der noch unverheiratet war, Thomas von Kantzow und Cilly. Goebbels kam 8 Uhr abends mit Geschenken, zum Abendessen gab es kalten Aufschnitt und Früchte.
Goebbels setzte sich an das Harmonium und spielte alte Weihnachtslieder, »Stille Nacht«, »O, du fröhliche«, die auf schwedisch und deutsch gesungen wurden. Als die Geschenke ausgepackt wurden, bekam Carin Göring Schüttelfrost, sie fiel vom Sofa und lag mit 39,5 Grad Fieber in der folgenden Zeit darnieder.
Am 1. Feiertag hatten die Görings 14 Gäste, Carin war im Bett.
Am Neujahrsabend war Carin wieder aufgestanden, gefeiert wurde mit Goebbels bei den Wieds.
Am 5. Januar 1931 kamen zum Abendessen (es gab Erbsensuppe mit Schweinefleisch und schwedischen Apfelkuchen mit Vanillesoße) Hitler, Schacht, Fritz Thyssen und andere Männer der Wirtschaft.
Zu den Görings kamen aber auch Unbekannte, die Hilfe suchten. Carin Göring schreibt von einem deutschen Grafen Wedel mit Frau, die Schwedin sei, junge Menschen, 2 Kinder, der Graf ohne Arbeit, die ganze Familie wohnte zerstreut bei verschiedenen Verwandten, er war verzweifelt. Göring setzte ihn auf die Liste derer, denen er helfen wollte, darauf standen mehrere hundert Namen. Graf Wedel kam bei der SA in Potsdam unter.
Göring wollte seine Frau bald nach Schweden reisen lassen, damit sie sich dort erholte, aber sie war nicht reisefähig.
Die Arbeitslosenzahl überstieg zur Jahreswende 1930/31 die $4^1/_2$-Millionen-Grenze.
Brünings Versuche, Hitler zur Tolerierung seiner Regierung zu gewinnen, mißlangen. Brüning wollte eine Verfassungsreform mit dem Ziel der monarchistischen Restauration. Hitler, den Brüning erstmals am 6. Oktober 1930 getroffen hatte, lehnte es ab, in loyaler Weise, erst versteckt und dann offen, mitzuarbeiten. Er erwiderte Brüning, »er habe nicht an Maßnahmen für die Krisenmilderung Interesse, sondern nur an der Erringung von Mehrheiten durch immer neue Wahlen«.
Göring hatte 1931 die Aufgabe, den Kanzler Brüning zu attackieren. Es kam zum Auszug der Abgeordneten der NSDAP aus dem Reichstag – zusammen mit anderen Parteien als Protest gegen Brünings Regierung ohne Mehrheit.
Die Görings erhielten Anfang Januar 1931 auf Veranlassung von Oberst a.D. Leopold v. Kleist, der Hausmeister des abgedankten Kaisers Wilhelm II. in Berlin war, eine Einladung zum Besuch in

Doorn in Holland. Um den Besuch zu tarnen, wurde auch Carin Göring eingeladen. Göring wurde unter dem Pseudonym »Dr. Döhring« ins Exil des Ex-Kaisers gebeten. Am 18. und 19. Januar fand der Besuch statt. Verärgert waren der Kronprinz, der ihn als »seinen Göring« bezeichnete, und Prinz August Wilhelm, der wütend war, daß er es nicht gewesen war, der Göring nach Doorn gebracht hatte. Sigurd von Ilsemann schreibt in seinem Buch »Der Kaiser in Holland« als Augenzeuge: »Haus Doorn stand zwei Tage im Banne dieses Besuches, der ganz gut abgelaufen ist ... Der Kaiser hat sich Mühe gegeben, diesem Mann zu imponieren, und Göring wiederum sonnte sich in seiner Eitelkeit ... An beiden Abenden dauerte die Unterhaltung bis elf Uhr. Außerdem war das Ehepaar Göring mit Kleist an zwei Nachmittagen von fünf bis halb acht Uhr bei den Majestäten zum Tee. Meistens wurde über Politik, aber am 18. Januar abends vor allem über Archäologie und kulturmorphologische Fragen gesprochen ... Der Kaiser hat aus allen Äußerungen Görings entnommen, daß er für seine Rückkehr arbeiten wird.« Aus Anlaß des 18. Januars (Reichsgründungstag) erhob sich Wilhelm II. bei Tisch und trank auf das Wohl des »kommenden« Reiches. Göring hoffte, den »Stern von Hohenzollern«, einen Hausorden, zu erhalten, aber er bekam ihn nicht. Doch wurde ihm ein Auto von Doorn nach Amsterdam bezahlt. Er legte sich in seinen Doorner Gesprächen übrigens nicht auf Wilhelm II. als zukünftigen Monarchen fest, sondern nur auf einen »kommenden König im allgemeinen«. Am 20. und 21. Mai 1932 besuchte Göring nochmals den Ex-Kaiser in Doorn. Er wurde jetzt noch wichtiger genommen, da er mit Wissen Hitlers gekommen war, der bald selbst geheim nach Doorn kommen sollte, was aber nicht geschah.

Im Frühling 1931 bekam Carin Göring einen schweren Anfall von Herzschwäche. Fanny Gräfin Wilamowitz-Moellendorff schreibt: »Stundenlang lag sie ohnmächtig, wie tot. Hermann Göring war vollkommen niedergebrochen. Die Ärzte sagten offen, daß keine Hoffnung mehr sei, ihr Leben zu retten. Er kniete neben seiner bewußtlosen Frau, flehte die Ärzte an, nochmal zurückzukehren. Einspritzungen wurden gemacht, alles aber schien vergebens.«

Doch Görings Frau kam wieder zu Bewußtsein. Ende Juni brachte Göring sie nach Bad Altheide in Schlesien. Mitte Juli schenkte Hitler Göring einen Mercedes. Er sagte, er habe ihn kaufen können, da sein Buch »Mein Kampf« ihm hohe Honorare einbrächte.

Am 26. August 1931 begannen die Görings ihre letzte gemeinsame

Reise, die vierzehn Tage durch Deutschland und Österreich führte. Mit ihnen fuhren Carins Schwester Fanny und Paul Körner, den sie »Pilli« nannten.
Fanny Gräfin Wilamowitz-Moellendorff erinnert sich: »Die Fahrt ging zuerst nach Dresden. Dort wurde der erste Ferienabend in Gesellschaft des Führers zugebracht. Als am nächsten Morgen die Nachricht sich verbreitet hatte, daß Hitler in der Stadt sei, sammelten sich winkende und Heil-rufende Menschenmassen vor dem Palasthotel. Carin war selig.«
Auf der Weiterfahrt wurde der mit der Hakenkreuzflagge versehene Mercedes bestaunt, Göring mußte Autogramme auf Postkartenbilder mit seinem Porträt geben.
In Österreich nahmen sie an der Taufe einer Tochter von Görings Schwester Paula Huber teil, zu der auch die Herzogin von Koburg angereist war.
Die Autoreise war für Carin Göring sehr anstrengend, sie verließ unterwegs kaum das Auto, man brachte ihr aus Gasthäusern, in denen gerastet wurde, Getränke und Speisen. Nach der Rückkehr erhielten sie am 25. September 1931 in Berlin die Nachricht vom Tod der Mutter in Schweden. Carin brach zusammen. Mit ihrem Mann reiste sie nach Schweden, aber zur Beerdigung der Mutter kamen sie nicht mehr zurecht. Die Ärzte hatten ihr die Teilnahme untersagt, da sie für ihr Leben fürchteten.
In der Nacht nach der Ankunft erkrankte Carin so heftig, daß man annehmen mußte, sie würde ihrer Mutter in den Tod folgen.
Anfang Oktober wurde Göring nach Berlin zurückgerufen. Er sollte mit Hitler am 10. Oktober vom Reichspräsidenten empfangen werden.
Göring wollte bei seiner Frau bleiben, aber sie forderte ihn auf, zu reisen, zuerst komme der Führer, die Pflicht, sagte sie. An dem Bett der Kranken knieend nahm Göring Abschied.
Göring glaubt jetzt, das Ziel sei erreicht, Hindenburg werde die Beteiligung an der Regierung einräumen oder die Regierungsbildung übertragen.
Aber der 10. Oktober wird für ihn zu einer Enttäuschung. Hitler macht auf Hindenburg einen schlechten Eindruck, Göring kommt nicht zu Wort. Nachher meint Hindenburg, Hitler tauge höchstens zum Postminister. Allein das Kommuniqué aus dem Reichspräsidentenpalais vom 10. Oktober 1931 bleibt, es macht die Nationalsozialisten »hoffähig«: »Der Reichspräsident empfing heute Herrn

Adolf Hitler und Hauptmann Hermann Göring, einen Abgeordneten des Reichstages, und ließ sich von beiden Herren über die Ziele der nationalsozialistischen Bewegung genau unterrichten. Eine Erörterung innen- und außenpolitischer Fragen schloß sich an.«
Hitler und Göring fahren sofort nach Bad Harzburg zu einem Treffen der Rechtsparteien der »Harzburger Front«, hier ist Hitler einer unter vielen, er zieht sich zurück, die »Front« ist ein Fiasko.
Am 13. Oktober sitzt Göring wieder im Reichstag, Brüning stellt sein neues Kabinett vor, das am 16. Oktober ein Mißtrauensvotum übersteht.
Am frühen Morgen des 17. Oktober stirbt Carin Göring in Stockholm.
Mit seinem Bruder Karl und dem Freund Paul Körner fährt Göring nach Schweden. Er findet die Tote aufgebahrt in der Edelweißkapelle im Garten des Fockschen Hauses.
Im Familiengrab an der alten Kirche Lovö bei Drottningholm ist am 21. Oktober die Beisetzung. Noch einmal liegt Göring auf den Knien, ehe der Sarg vom Altar ins Freie getragen wird. Göring fährt sofort zurück nach Berlin. Wie Hitler bezieht er im Hotel Kaiserhof am Wilhelmplatz ein Zimmer. Gegenüber liegt die Reichskanzlei.
Jetzt sollte es für ihn nur noch ein Ziel geben: Macht. Er war ihr in dem Augenblick sehr nahe gekommen, als er verlor, was er liebte.

10. Kapitel

Reichstagspräsident

Wenige Tage vor Carin Görings Tod hatte sich Hitlers Nichte Geli Raubal am 18. September 1931 in der Wohnung ihres Onkels in München, Prinzregentenstraße, erschossen. Hitler liebte die Tochter seiner Stiefschwester Angela, deren Mann im Kriege gefallen war. Als die dunkelhaarige Geli nach Wien reisen wollte, um sich ihrem Onkel Alf, wie sie ihn nannte, zu entziehen, verbot er es ihr. Er hatte erfahren, daß sie einen anderen Mann liebte. Sie hatte sich mit Hitlers Revolver umgebracht, während er außerhalb Münchens war. Obwohl Selbstmord vorlag, wurde Geli Raubal auf einem Wiener Friedhof kirchlich bestattet. Hitler ließ sich dabei von Röhm und Himmler vertreten.

Nun verband auch gemeinsame Trauer um etwas, das sie für unersetzlich gehalten hatten, Hitler und Göring. Hitler mußte außerdem den Skandal, der sich um den Tod seiner Nichte bildete, ertragen. Göring machte sich Vorwürfe, daß er seine Frau in der letzten Zeit seinem hektisch gewordenen Politiker-Leben ausgesetzt hatte.

Goebbels heiratete Magda Quandt, die wahrscheinlich Hitler dem kleinen, scharfzüngigen Intellektuellen vorgezogen hätte. Das Ehepaar Goebbels bezog eine große Wohnung in Berlin-Westend, am Reichskanzlerplatz, die nun zum Mittelpunkt für die Menschen um Hitler wurde, der im Kaiserhof wohnte, wenn er nach Berlin kam. Früher war er im Askanischen Hof am Anhalter Bahnhof abgestiegen.

Göring gab die Wohnung in der Badenschen Straße 7 auf und zog in ein Haus am Kaiserdamm 34, Ecke Soorstraße, ganz in die Nähe der Goebbelsschen Wohnung. Den Haushalt führte ihm Cilly Wachowiak. Die Wohnung im 3. Stockwerk hatte 9 Zimmer, Bad, zwei Toiletten, eine Tiefgarage. Die Miete betrug ca. 250 RM. (Das Haus wurde im Krieg zerstört. Auf dem Grundstück steht heute eine Tankstelle. Die Garage blieb erhalten.) Die Abende verbrachten Hitler und Göring oft in der Wohnung von Goebbels. Dort fanden die Beratungen statt, bei denen es um die Machtergreifung im Jahre 1932 ging.

Hindenburgs Amtszeit lief ab. Würde der greise Reichspräsident sich einer Wiederwahl stellen? Dazu brauchte er die Rechtsparteien. Reichskanzler Brüning dachte an eine Restauration der Monarchie. Aber er war im Reichstag ohne Mehrheit.
Deshalb wollte er Hindenburgs Amtszeit durch eine Verfassungsänderung verlängern, wozu er jedoch Hitler und Hugenberg mit ihren Parteien brauchte.
Görings Einfluß bei den Beratungen am Reichskanzlerplatz und im Hotel Kaiserhof am Wilhelmplatz war erheblich. Er wurde Hitlers Unterhändler, wobei er geschickt vorging.
Er war es auch, der den zögernden Hitler überredete, als Hindenburgs Gegenkandidat bei der Reichpräsidentenwahl anzutreten, als dieser sich bereit erklärt hatte, noch einmal zu kandidieren.
Es fiel Hindenburg schwer. Er nahm die Kandidatur nur an, um zu verhindern, daß es um die Nachfolge im Amt des Reichspräsidenten zu einer »Schlacht« zwischen den Linken und den Rechten käme, die schwerste Erschütterungen bringen würde.
Gegen Hindenburg wollte Hitler nicht antreten, der nicht einmal über die wichtigste Voraussetzung für eine Kandidatur verfügte: Er war kein deutscher Staatsbürger. Aber in Thüringen gab es eine Landesregierung aus Deutschnationalen und Nationalsozialisten. Volksbildungs- und Innenminister war Wilhelm Frick in Weimar, das jetzt auch aus geographischen Gründen - im Herzen Deutschlands gelegen - zu einem wichtigen Platz für Zusammenkünfte der führenden Männer der NSDAP geworden war. Es lag auf halbem Wege zwischen München und Berlin.
Als aus administrativen Gründen der Versuch scheiterte, Hitler zum thüringischen Beamten zu ernennen, wodurch er automatisch deutscher Staatsbürger geworden wäre, sorgte die braunschweigische Regierung, in der eine ähnliche Koalition sich zusamengefunden hatte, für Hitlers Berufung zum planmäßigen Regierungsrat bei der braunschweigischen Vertretung in Berlin.
Dies geschah am 25. Februar 1932; am 25. Februar wurde Hitlers Kandidatur für die Reichspräsidentenwahl bekanntgegeben.
Jetzt stellte Hugenberg einen eigenen Kandidaten auf, den Stahlhelmführer Duesterberg.
Die KPD setzte auf ihren Vorsitzenden Ernst Thälmann. Die Mittelparteien und die SPD unterstützten Hindenburg.
Während des Wahlkampfes, der mit größter Erbitterung geführt wurde, war Göring ein Redner, der starke Wirkungen erzielte. Im

Berliner Sportpalast wurde er vom Beifall fortgerissen, er sprach frei, improvisierte, die metallene, fränkisch gefärbte Stimme rief Beifallsstürme hervor. Sein Einsatz für Hitler auf vielen Versammlungen machte ihn zum Paladin des Führers, der nicht an sich dachte, sondern allein an den Mann, dem er sich ergeben hatte.

Es ist Göring zuzurechnen, daß der Kronprinz die Stimmabgabe für Hitler empfahl. Die Monarchisten glaubten, nur durch Hitler wieder zu einer Monarchie zu kommen, da Hindenburg sich von den Demokraten unterstützen ließ. Göring hat damals bewirkt, daß die Rechte sich spaltete und, angeführt von wichtigen Leuten, mit Unterstützung von Thyssen und Kirdorf und anderen Industriellen, in großen Teilen zu Hitler überlief.

Aber der andere Teil der Rechten sowie weite Kreise der Wirtschaft unterstützten auch finanziell noch Hindenburg. Am 13. März 1932 stimmten fast 11,4 Millionen Wähler für Hitler. Hindenburg konnte zwar mehr als 18,6 Millionen Stimmen erreichen, aber ein zweiter Wahlgang wurde nötig. Duesterberg hatte 2,5 Millionen erhalten, Thälmann fast 5 Millionen.

Für den Fall eines Wahlsieges Hitlers hatte die SA ihre Vorbereitungen getroffen. Sie wollte in Berlin den Wahlsieg Hitlers gegen einen Aufstand der Linken sichern. Staatsstreichartige Maßnahmen wurden geplant.

Jetzt hatte Hitler die Wahl verloren, aber er hatte viele Millionen Wähler auf einen Schlag gewonnen. Göring beruhigte die Auslandspresse am 17. März, der er mit viel Charme versicherte, daß an einen Staatstreich nicht gedacht worden sei.

Beim zweiten Wahlgang war nur mehr die relative Mehrheit nötig, die Hindenburg am 10. April mit 19,4 Millionen erzielte. Duesterberg hatte seine Kandidatur zurückgezogen. Thälmann erhielt wieder runde 5 Millionen.

Hitler brachte es auf 13,4 Millionen.

Diese mehr als 13 Millionen Stimmen für Hitler konnten jedoch nicht als Entscheidung für die NSDAP angesehen werden.

Aber sie hoben Hitler von seiner Bewegung ab und machten ihn zum Führer, der den Ausweg aus der schweren Krise finden könnte.

Und neben diesem Führer Hitler stand Göring in den Augen der Wähler, zwei Personen, die sich von der Masse ihrer Partei markant abhoben.

Aus jener Zeit stammt die Ansicht im Volke, daß Göring etwas Eigenes, etwas Besonderes sei; er selbst sagte, er sei »aus eigener Macht«

das geworden, was er dann auch gewesen ist. Seine Popularität war die »Eigenständigkeit«.
Bald sollte er sogar als Reichstagspräsident der dritte Mann in der Weimarer Republik nach dem Reichspräsidenten von Hindenburg und dem Präsidenten des Reichsgerichtes werden.
Vorher kam es noch zum SA-Verbot, das auch erlassen wurde, um der internationalen Abrüstungskonferenz in Genf, die seit dem 2. Februar 1932 tagte, zu zeigen, daß die Regierung Brüning eine paramilitärische Privatarmee der NSDAP über 400 000 Mann nicht auf die künftige Stärke des Reichsheeres angerechnet wissen wollte, um die es auf der Abrüstungskonferenz auch ging. Die Heeresvermehrung, die den Deutschen zugestanden werden sollte, war für 1932 voraussehbar.
Das SA-Verbot wurde propagandistisch von der NSDAP genutzt; die SA-Männer wurden alle in die Partei aufgenommen und konnten so ihre Tätigkeit fortsetzen.
Am 24. April hatten auch die Landtagswahlen in Preußen, Württemberg, Anhalt und Hamburg einen starken Stimmenzuwachs für Hitlers Partei gebracht. Statt der bisher 9 Sitze im preußischen Landtag hatte die NSDAP nun 162 Sitze.
Im Reichstag, dessen Sitzungen zum Teil vom Rundfunk zeitversetzt übertragen wurden, führte Göring eine scharfe Sprache, auch dadurch wurde er populär.
Sonst war den Parteien des Mikrofon verboten, nur der Reichspräsident, der Reichskanzler und seine Minister durften über den Rundfunk sprechen.
Der Sturz des Reichsinnen- und Reichswehrministers Groener am 12. Mai 1932, der das SA-Verbot erlasssen hatte, leitete das Ende des Kabinetts Brüning ein. Groener, der Nachfolger Ludendorffs in der Obersten Heeresleitung, hatte mit Hindenburg das Verdienst, die Weimarer Republik in ihrer Entstehungsphase militärisch gestützt zu haben, als Friedrich Ebert und Wilhelm Noske Hilfe gegen eine Räteherrschaft benötigten, die sich in Berlin etablieren wollte. Göring attackierte Groener scharf im Reichstag; der Minister hatte keinen guten Tag auf der Rednertribüne, sein Rücktritt wurde unausweichlich.
Für Göring war es ein großer Tag. Er konnte den Mann, der Hindenburg und Ludendorff am nächsten gewesen war, aus seinen Ämtern vertreiben.
Danach war auch Brüning als Reichskanzler nicht mehr von Hin-

denburg zu halten. General von Schleicher, Chef des Ministeramts im Reichswehrministerium, schlug Hindenburg vor, Franz von Papen zu berufen und ein Kabinett von parteilosen Ministern zu bilden, das er als Übergangskabinett ansah. Schleicher war bereit, das Reichswehrministerium zu übernehmen, in dem er lange Jahre eine wesentliche politische Rolle gespielt hatte.
Alle Minister des Kabinetts Papen waren ehemalige Offiziere der alten Armee, fünf von ihnen - Papen, Schleicher, Eltz-Rübenach, Frhr. von Gayl, Frhr. von Braun - Angehörige Potsdamer Garderegimenter. Dieses »Kabinett der Barone« hatte nur drei nichtadlige Minister: Warmbold vom IG-Farben-Konzern, Kruppdirektor Schäffer und Gürtner, einen Freund Hugenbergs, der in München Hitler gute Dienste in juristischen Angelegenheiten geleistet hatte, so beim Tode Geli Raubals.
Fünf dieser zehn Minister sollten auch ihre Posten unter dem Kanzler Hitler behalten: Papen, Frhr. von Neurath, Graf Schwerin-Krosigk, Frhr. Eltz-Rübenach und Gürtner. Die Absicht Schleichers und Papens war es, den Reichstag neu wählen zu lassen.
Nach Lage der Dinge mußten diese Neuwahlen der NSDAP nützen, die bei den vorhergehenden Landtagswahlen große Erfolge erzielt hatte. Damit mußte Schleicher rechnen, über dessen Einstellung in diesen Tagen sein Biograph Friedrich-Karl von Plehwe schreibt: »Aus Anlaß der Regierungsbildung empfing der Reichspräsident von Hindenburg am 30. und 31. Mai 1932 einzeln die Führer der Parteien. Es blieb ein formaler Akt, da die Zusammensetzung des Kabinetts bereits feststand. Von Bedeutung war nur, daß bei dieser Gelegenheit der Reichspräsident auf Befragen von Hitler die Antwort erhielt, er sei bereit, das neue Kabinett zu unterstützen oder zu tolerieren, je nach weiterer Entwicklung der Lage. Als Voraussetzungen dafür betrachtete er allerdings die Aufhebung des SA-Verbots, das Recht auch für seine Partei, den Rundfunk zu benutzen, und vor allem Neuwahlen zum Reichstag.
Dabei handelte es sich aber nur um eine Wiederholung der Voraussetzungen, die Hitler in vorangegangenen Gesprächen mit Schleicher vorgebracht hatte und die dem Reichspräsidenten und auch dem neuen Reichskanzler von Papen bekannt waren. Als besonders bedrohlich mußte die Forderung nach Neuwahlen betrachtet werden. Denn mit Neuwahlen wurde der NSDAP erneut eine gute Chance geboten, aus der günstigen Lage der Opposition heraus ihre Wählerzahl weiter ansteigen zu lassen und die Dynamik der Bewe-

gung noch zu verstärken. So ist es nicht unverständlich, wenn man stellenweise Schleicher hier einen politischen Fehler vorgehalten hat.« Die Absicht Schleichers war es zweifellos, Hitler nach diesen Neuwahlen in die Regierungsverantwortung zu ziehen, was ein gefährliches Unternehmen werden mußte. Daß Hitler bei Neuwahlen Stimmeneinbußen zu verzeichnen hätte, konnte kaum erwartet werden. Am 14. Juni erfolgte die erste präsidiale Notverordnung, die eine rigorose Kürzung der Erwerbslosenunterstützung vorsah. An eine Identifizierung Hitlers mit diesem Kabinett konnte nun nicht mehr gedacht werden. Die NSDAP hätte ihren Einfluß auf die Massen verloren. Die Neuwahl des Reichstages wurde auf den 31. Juli 1932 festgesetzt. Dies geschah am 5. Juni.

Sofort begann der Wahlkampf.

Das SA-Verbot wurde am 15. Juni aufgehoben.

Göring hielt viele Wahlversammlungen ab, auf denen er davon sprach, Hitler sei von Gott gesandt, das Volk wolle geführt werden, denn es könne sich selbst nicht regieren, wie es die Parteienherrschaft bewiesen habe.

Lufthansa-Direktor Milch stellte Hitler zum Vorzugspreis Flugzeuge vom Typ Junkers 52 zur Verfügung, mit denen er schnell von Ort zu Ort reisen konnte.

Bevor dieser Wahlkampf begann, der Göring stark beanspruchte, hatte er im Frühjahr die Schauspielerin Emmy Sonnemann in Weimar kennengelernt. Vorher war sie schon Hitler aufgefallen, der sie in Weimar bemerkt und in ein Gespräch gezogen hatte.

Wenige Tage später traf Göring in Weimar ein.

Im Kaiser-Café wurde nach dem Essen oder am späten Nachmittag Kaffee getrunken. Dort gab es auch einen Stammtisch für Politiker und Professoren.

In diesem Café trank die Schauspielerin mit einer Freundin regelmäßig Kaffee. Hitler dürfte Göring auf sie aufmerksam gemacht haben, denn als Göring mit Paul Körner eintrat, bat er Frau Sonnemann, an ihrem Tisch Platz nehmen zu dürfen.

Emmy Sonnemann schreibt: »Wir unterhielten uns nur kurz. Als ich ihm bedeutete, daß mich meine Freundin zu einem Spaziergang überredet hätte, fragte Göring, ob er mit von der Partie sein dürfe. Und wir promenierten zu viert fast zwei Stunden im Park. Aufmerksam lauschte ich Hermann Görings Erzählungen und spürte, wie sehr er mich gefangennahm. Seine Gedanken waren plötzlich bei seiner verstorbenen Frau. Er sprach von ihr. Er tat es mit so unendli-

cher Liebe und einer so tiefen Trauer, daß ich ihn mit jedem Wort lieber gewann. Unsere beiden Begleiter brachten mich zum Theater.«
Zwei Wochen später telegrafierte ihr Göring aus Capri, wo er sich erholte, ehe er in den Wahlkampf ging, der so entscheidend werden mußte, daß er bald nach Weimar käme, um sie wiederzusehen.
Nach seiner Ankunft hielt er auf einer Wahlversammlung eine Rede, dann kam er mit Paul Körner in den »Goldenen Adler«, wo Emmy Sonnemann mit Freundin beide erwartete. Emmy Sonnemann schreibt: »Den Nachhauseweg trat ich mit Hermann Göring allein an. Es war nur ein kurzer Weg, aber auf ihm entschied sich mein zukünftiges Leben.«
Emmy Sonnemann wurde Görings Geliebte. Er war damals nur Reichstagsabgeordneter, aber bald sollte er Reichstagspräsident sein.
Auch Hitler, der Geli Raubal nachtrauerte, hatte sich für Emmy Sonnemann interessiert.
Aber es scheint, als habe er die Schauspielerin Göring empfohlen, der nicht lange zögerte, diese Empfehlung anzunehmen.
Er war jetzt 39 Jahre alt.
Die Schauspielerin war, wie Carin Göring, schon einmal verheiratet gewesen. Sie war nicht ätherisch wie Carin, sondern kräftig und dennoch schön. Außerdem war sie so alt wie Göring.
Sie stammte aus Hamburg, eine norddeutsche Blondine, die Ansehen als Schauspielerin am Weimarer Nationaltheater erworben hatte und über eine hervorragende Bildung verfügte. Sie entsprach ganz dem nordischen Ideal, das Göring schon einmal in Carin gefunden hatte.
Es war für ihn mit einer Frau nun einfacher, sich in die Getümmel zu begeben, die bevorstanden. Er hatte für die Gäste, die er in seiner Wohnung am Kaiserdamm empfing, wieder eine Frau des Hauses, obwohl Emmy Sonnemann im Weimarer Engagement blieb.
Magda Goebbels bekam in Berlin eine Rivalin.
Hitler, der wahrscheinlich Magda Quandt hätte haben können und vielleicht auch Emmy Sonneman, wollte als der »von Gott gesandte Führer« keine Ehefrau; er begnügte sich mit Eva Braun, die ihm der Fotograf Hoffmann zuführte.
»Als ich das erste Mal nach Berlin fuhr«, schreibt Emmy Göring, »gab Göring an dem gleichen Abend eine große Gesellschaft. Er hatte große schwere Möbel, aber weder im barocken noch im allzu

modernen Stil; eine Einrichtung freilich, die zu dieser Zeit etwas über seine Verhältnisse ging. Er gestand mir, daß ein großer Teil seiner Einnahmen und seines Vermögens von Beleidigungsprozessen verschlungen würde, in die er verwickelt war, weil er in seinem politischen Leben seine Gegner sehr scharf zu attackieren pflegte. Ein ungewöhnlicher Mensch. Ein Mann, der mit seiner markanten Stimme die Massen begeistern konnte. Ein Mann mit einem unbeugsamen Willen, der die Idee Adolf Hitlers aus tiefstem Herzen, ohne Rücksicht auf seine eigenen Kräfte, verfocht. Ein preußischer Offizier, wie er im Buche steht. Kräftig, von kerzengrader Haltung, mit einem stählernen Blick. Und dann wieder, im Gegensatz dazu, der Mann, der an seiner verstorbenen Frau mit einer überwältigenden Liebe, mit soviel Zartgefühl und Weichheit hing, was man bei ihm nicht vermutete. Ein Zimmer seiner Wohnung hatte er ganz dem Gedenken an Carin gewidmet. Es war ein etwas unheimlicher Raum. Ihr Harmonium stand darin. Hunderte von kleinen Gegenständen, die an sie erinnerten, waren wie in einem Museum ausgelegt. Von jeder Wand blickte sie mit ihren schönen Augen aus kostbaren Rahmen. Von den Gästen des ersten Abends sind mir am stärksten Prinz Philipp von Hessen, ein Neffe Kaiser Wilhelms II., und sein Bruder, Prinz Christoph, sowie dessen junge Frau, Prinzessin Sophie, in lebhafter Erinnerung.«
Die Schauspielerin aus Weimar war fasziniert von der neuen Umgebung, die sich ihr durch Göring erschloß. Dies war kein Theater mehr, sondern Leben, die Prinzen waren echt, die Politiker agierten auch auf einer Bühne, aber sie war nichts Künstliches, sondern ein Schauplatz, auf dem es um wirkliche Macht ging.
Nach dem »Altonaer Blutsonntag« am 17. Juli, der 17 Todesopfer hinterließ, als SA in die Arbeiterviertel Altonas marschierte und von den Kommunisten in blutige Straßenkämpfe verwickelt wurde, kam es am 20. Juli zur Verhängung des Ausnahmezustandes im Berliner Wehrkreis III, dessen Befehlshaber General von Rundstedt die vollziehende Gewalt erhielt. Durch den Reichspräsidenten wurde die preußische Regierung für abgesetzt erklärt, gleichfalls die Berliner Polizeiführung. Größere Truppenaufmärsche waren nicht notwendig; Rundstedt ließ die Aktion von der 9. Kompanie des 9. (Preuß.) Infanterie-Regiments unter Hauptmann Hauffe exekutieren, dazu von Polizei.
Ohne Widerstand zu leisten, räumten die preußischen Minister unter Ministerpräsident Braun ihre Ämter. Mit dieser später

»Preußenschlag« genannten Aktion wurde ein hochpolitischer Tatbestand herbeigeführt. Da der Reichskanzler nun Reichskommissar für Preußen geworden war, konnte jeder künftige Reichskanzler damit rechnen, daß ihm auch die Macht in Preußen zufiel. Preußen war damit als Korrelativ zum Reich politisch und administrativ ausgeschaltet oder, wie es später hieß, es wurde gleichgeschaltet. Damit war auch das Modell für zukünftige Reichsstatthalter in den übrigen Ländern des Reiches geschaffen worden.
Die Reichstagswahl vom 31. Juli 1932 brachte der NSDAP mehr als die voraussehbaren Gewinne; sie verdoppelte die Zahl ihrer Reichstagssitze auf 230 und stellte nun die stärkste Fraktion. Damit schienen die Weichen für einen Reichskanzler Hitler gestellt zu sein.
Doch Hindenburg dachte nicht daran, seinem Rivalen bei der Reichspräsidentenwahl diesen Posten anzubieten.
Er wollte Papen als Kanzler behalten. Hitler, so ließ er ihn durch Papen wissen, könne Vizekanzler werden, Göring preußischer Innenminister.
Für Hitler und Göring war das Angebot ein Affront, da der Führer niemandes Stellvertreter sein könne, wie Göring zu Papen gesagt haben soll. Göring selbst war geschmeichelt: Als preußischer Innenminister hätte er die Gewalt über die preußische Polizei erhalten, und zum ersten Mal wurde ihm seit seiner Rückkehr aus dem schwedischen Exil vor 5 Jahren ein Ministerposten angeboten.
Hitler blieb bei seiner Ablehnung, den Posten eines Stellvertreters Papens als Vizekanzler zu übernehmen.
Am 13. August wurde er von Hindenburg empfangen, zusammen mit Frick und Röhm, von dessen homosexueller Veranlagung der Reichspräsident erfahren hatte und der ihm deshalb unsympathisch war.
Hindenburg erklärte, er befürchte Unruhen, wenn Hitler Kanzler werde. Doch Hitler bestand auf der Übernahme der Macht als Reichskanzler.
Göring, der an der Audienz beim Reichspräsidenten nicht teilgenommen hatte, riet nun Hitler, nachdem dieser aus dem Palais des Reichspräsidenten zurückgekehrt war, nicht einem Vorschlag von Röhm zu folgen, der jetzt mit der SA losschlagen wollte, da Hitler die Früchte seines Sieges bei den Wahlen nicht ernten dürfe.
Hitler befolgte Görings Rat und beauftragte ihn nun, in Berlin zu bleiben, während er sich auf den Obersalzberg bei Berchtesgaden zurückzog.

Görings Realismus bei der Prüfung der Lage zeigte diesen Mann als klugen Taktiker. Er konnte jetzt Röhm ausmanövrieren, den er als lästigen Konkurrenten um den Einfluß auf Hitler und persönlichen Gegner ansah. Außerdem konnte er nun erwarten, beim Zusammentritt des Reichstags am 30. August zu dessen Präsidenten gewählt zu werden. Dies gelang ihm mit den Stimmen der Nationalsozialisten, des Zentrums und der Bayerischen Volkspartei.
Diese Mehrheit, die ihn wählte, nannte er auch in seiner Antrittsrede vor dem Reichstag. Er sagte, er sei in der Lage, eine Regierung zu bilden, die nicht auf präsidiale Notverordnungen angewiesen wäre. Er versprach, seine Amtspflichten unparteiisch zu führen und die Regeln des Hauses zu achten. Die Regierung Papen hatte keine parlamentarische Mehrheit hinter sich; Göring hatte sie. Er war überzeugt, daß es ihm gelingen würde, nun auch Hitler an die Macht zu bringen. Viel hatte er in kurzer Zeit erreicht, und er dachte an seinen Vater, dem er nun in seiner Stellung im Reich mehr als ebenbürtig geworden war.
Er berief den Reichstag zum 12. September ein und teilte noch mit, er werde jetzt seinen Antrittsbesuch beim Reichspräsidenten machen. Dieser gab ihm während des Empfanges unmißverständlich zu verstehen, daß er keinen Grund sehe, der Regierung Papen den Laufpaß zu geben. Wenn aber der Reichstag anderer Auffassung sei, so könne er von seinem verfassungsmäßigen Recht Gebrauch machen und ein Mißtrauensvotum beschließen. Aber auch in diesem Falle sei er entschlossen, sich nicht von der Regierung Papen zu trennen. Göring war nach Ostpreußen auf das Gut Neudeck gereist, wo Hindenburg den Sommer verbrachte.
Für Göring konnten die Worte Hindenburgs nur bedeuten, daß dieser Papen die Auflösungsorder für den Reichstag gegeben hatte, was auch den Tatsachen entsprach. Nur das Datum mußte noch in das Schriftstück eingesetzt werden.
Die dramatische Reichstagssitzung vom 12. September eröffnete Göring nicht im Braunhemd, sondern in Zivil. Am linken Arm trug er eine Trauerbinde.
Die KPD hatte einen Mißtrauensantrag eingebracht.
Papen war jedoch ohne die Mappe mit der Auflösungsorder erschienen. Eine halbstündige Debattenpause wurde von den Nationalsozialisten beantragt, in der Papen die Mappe selbst aus seinem Amt holte. Göring übersah jedoch den Reichskanzler, als dieser sich zur Geschäftsordnung meldete; er führte die Abstimmung über die Ver-

trauensfrage durch, die zur Niederlage für die Regierung wurde. 92 Prozent der Abgeordneten stimmten für das Mißtrauensvotum der KPD. Papen verließ den Reichstag, sein Staatssekretär erklärte die Abstimmung für ungültig, weil das Parlament nicht mehr bestanden habe.
Göring verlas Papens Auflösungsorder und bemerkte, sie sei ungültig, denn durch die Abstimmungsniederlage sei der Reichskanzler abgewählt, seine Unterschrift unter der Order des Reichspräsidenten ungültig.
Dieser Husarenritt Görings entsprach seinem Temperament, aber er mußte sich sagen lassen, daß er die Geschäftsordnung nicht beachtet habe, nach der Papen hätte zu Wort kommen müssen.
Das nahm er in Kauf. Er wollte demonstrieren, wie schwach die Position Papens war, den 42 Abgeordnete unterstützten, aber 421 abwählten. Da Hindenburg nicht billigen konnte, was Göring getan hatte, blieb der Reichstag aufgelöst. Papen war damit der einzige Reichskanzler, der im Reichstag nicht zu Wort gekommen ist.
Diese Abstimmung hieß auch für die Öffentlichkeit, daß der Parlamentarismus in der Republik nichts mehr taugte. Die überwiegende Mehrheit der Parlamentarier konnte die Regierung nicht abwählen, die das Vertrauen des Reichspräsidenten hatte.
Die Weimarer Republik war parlamentarisch am Ende.
Neuwahlen sollten am 6. November stattfinden.
Göring richtete sein Amtszimmer im Reichstagsgebäude mit Möbeln, Familienbildern und Gobelins ein, die er zum Teil von seinem Vater geerbt hatte. Er hing sehr an diesen Erinnerungsstücken.
Vor dem 13. August war es noch zu einer geheimgehaltenen Unterredung zwischen Reichswehrminister v. Schleicher und Hitler in Fürstenberg nördlich von Berlin gekommen. Danach war Schleicher der Ansicht, Hitler solle doch Kanzler werden, aber er stieß auf Widerstand bei Hindenburg und schloß sich dessen Meinung an.
Schleicher vertrat damals die Abnützungstheorie. Damit meinte er, man müsse Hitler die Gelegenheit geben, Verantwortung zu übernehmen, dann werde er schnell an den widrigen Umständen scheitern. Auch eine zweite Reichstagswahl im Jahre 1932 konnte in dieser Theorie untergebracht werden. Schleicher rechnete mit Stimmenverlusten der NSDAP, deren Parteikasse leer war. Unterschätzt wurde dabei von Schleicher, aber auch von den demokratischen Parteien und den Kommunisten, die Hitler-Bewegung. Sie an die Macht zu bringen, wäre jetzt einfach gewesen, aber sie wieder durch demo-

kratische Abwahl hinwegzufegen, mußte auf Hindernisse stoßen, die in der Person Hitlers und der Männer seiner Umgebung lagen, von denen Göring jetzt die gefährlichste, weil taktisch klügste politische Persönlichkeit war.
Es kümmerte Göring nicht, daß die NSDAP bei den Reichstagswahlen vom 6. November 34 Sitze verlor. Sie blieb stärkste Reichstagsfraktion. Die Kommunisten erhöhten ihre Sitze auf 100, die SPD ging auf 123 Sitze zurück, die Deutschnationalen holten etwas auf, Zentrum und Bayerische Volkspartei blieben stetig. Die Splitterparteien waren bedeutungslos. Vor der Wahl hatte die Kommunistische Partei am 3. November den Streik der Berliner Verkehrsbetriebe ausgerufen, der zu einem Chaos in der Reichshauptstadt führte. Der Streikleitung traten die Nationalsozialisten unter Goebbels bei, so daß erstmalig die äußerste Linke und Rechte gemeinsam handelten. Hindenburg war über die Teilnahme der Nationalsozialisten so empört, daß er nach der Wahl Hitler in einem Gespräch schwere Vorwürfe machte. Hitler erwiderte: »Die Leute sind sehr erbittert. Wenn ich meine Leute von der Beteiligung abgehalten hätte, hätte der Streik doch stattgefunden, aber ich hätte meine Anhänger in der Arbeiterschaft verloren. Das wäre auch kein Vorteil für Deutschland.«
Einen Tag vor der Wahl zogen sich die Nationalsozialisten aus der Streikleitung zurück. Der Streik begann daraufhin abzubröckeln.
Nach der Novemberwahl begann Hjalmar Schacht Unterschriften aus der Wirtschaft und Industrie zu sammeln, die für eine Eingabe an den Reichspräsidenten gedacht waren.
Solche Eingaben waren in der Weimarer Republik üblich, aber in diesem Falle hatte das Schriftstück höchste Brisanz. Wolfgang Ruge schreibt in seiner Hindenburg-Biographie: »Unter den im Zentralen Staatsarchiv der DDR befindlichen Originalexemplaren dieser Eingabe, bei der es sich um gleichlautende Schriftstücke mit je einer Unterschrift handelt, prangten u.a. die Namenszüge Schachts, von Schröders, Fritz Thyssens, des Montanherrn Hecker, der Präsident der Industrie- und Handelskammer Hannover war, des Landbund-Vorsitzenden Graf Kalckreuth, des Bankdirektors Reinhart von der Commerz- und Privatbank, der Großreeder Woermann und Beindorff, des Kalikönigs Rosterg, der Großkaufleute Hellferich und Witthoeft sowie einiger Adliger. Die nach dem Zweiten Weltkrieg im Nürnberger Krupp-Prozeß vorgelegten Exemplare des Dokuments weisen aus, daß auch Krupp, Siemens, Robert Bosch, Silver-

berg, Cuno, Haniel und weitere Industrielle und Bankiers sowie ehemalige Minister ihre Unterschriften unter das Dokument zu setzen bereit waren.«

Letztere haben es aber nicht getan, ebenso wie Albert Vögler von den Vereinigten Stahlwerken und Paul Reusch vom Haniel-Konzern, die nicht zu unterzeichnen wünschten, da sie politisch nicht hervortreten wollten. Sie sollen aber dem Reichspräsidenten versichert haben, daß sie auf dem »Boden der Eingabe« stünden. In ihr hieß es, daß es erforderlich sei, die Übertragung der verantwortlichen Leitung eines mit den besten sachlichen und persönlichen Kräften ausgestatteten Präsidialkabinetts an den Führer der größten nationalen Gruppe ohne offenen Verfassungsbruch zu vollziehen, um die »größtmöglichste Volkskraft hinter das Kabinett zu bringen«.

Über Göring im Herbst 1932 schreibt Martin Henry Sommerfeldt: »Trotz seiner Leibesfülle überraschte er durch große körperliche Ausdauer und Kraft, er war geladen mit Energie und sprühte von Vitalität. Er distanzierte sich mir gegenüber betont von den übrigen Tribunen der Partei, war stolz auf seinen früheren Offiziersberuf, auf seinen Ruhm als der letzte Kommandeur des Jagdgeschwaders Richthofen und legte großen Wert auf seine Herkunft aus ›gutem Hause‹.«

Göring war Sommerfeldts Jagdgast auf dessen Jagd in den weiten Wäldern der Mark Brandenburg, etwa 80 Kilometer von Berlin entfernt. Dabei kam es zu Gesprächen, in denen Göring äußerte, er rivalisiere mit Dr. Goebbels um den Einfluß bei Hitler. Goebbels wollte mit seinen wüsten Propagandamethoden Verhandlungen mit Hindenburg über die Regierungsbeteiligung zum Scheitern bringen. »Immer wenn ich diesen ostpreußischen Hartschädel (Hindenburg) benahe weich habe, schmeißt mir der Jupp einen Knüppel zwischen die Beine. Er überspannt alles, aber er tut es mit Absicht. ›Nationalbolschewisten!‹ wird mir der Marschall wieder mit steinernem Gesicht sagen.«

Göring verurteilte auch die Unterstützung des kommunistischen Streiks der Berliner Verkehrsbetriebe durch Goebbels sowie das Sympathietelegramm, das Hitler an die »Potempa«-Mörder richtete, SA-Leute aus Oberschlesien, die einen Kommunisten massakriert hatten und zum Tode verurteilt wurden.

Sommerfeldt schrieb auf Wunsch Görings eine Studie von 60 Seiten, die in dem Militär-Verlag E.S. Mittler und Sohn in Berlin erschien. Er wollte, daß es ein soldatisches Buch würde, das nicht in einem

Parteiverlag herauskommen sollte. Von Politik sollte so wenig wie möglich die Rede sein. Ein Jahr später verbot Göring diese Schrift.
Die tiefen Gegensätzlichkeiten, die in Göring steckten, erkannte Sommerfeldt: »Zwischen revolutionärem, rauffreudigem Ungestüm und den Träumereien von großem Herrentum, zwischen dem braunen Hemd der SA am Vormittag und dem gutsitzenden Frack am Abend.«
Er nennt ihn »einen Kerl«, aber einen, der König werden wollte. »Hermann Görings politisches Credo bestand in dem leidenschaftlichen Wunsche, mindestens der zweite Mann des Reiches zu sein, um vielleicht einmal der erste zu werden.«
Diese Charakterisierung wurde damals von vielen geteilt. Hitler blieb undurchsichtig, Göring war klar zu durchschauen. Er beteuerte auch immer wieder, daß er den Radikalismus eines Goebbels verabscheue.
Das Vertrauen, das den Nationalsozialisten von Industrie und Wirtschaft zusehends entgegengebracht wurde, stützte sich vor allem auf Görings Einfluß, den dieser auf Hitler ausübte.
Papens Position als Reichskanzler ohne Mehrheit war nach der Novemberwahl unhaltbar geworden. General von Schleicher riet Papen, mit dem Kabinett zurückzutreten. Dies geschah am 17. November.
Hindenburg empfing wieder die Parteiführer zu Verhandlungen über die Bildung einer neuen Regierung.
Göring hatte mit Staatssekretär Meißner die beiden Besprechungen des Reichspräsidenten mit Hitler vorzubereiten, die am 19. und 21. November stattfanden. Hitler beanspruchte die Ernennung zum Kanzler einer Präsidialregierung ohne Beschränkung durch bestimmte Weisungen des Reichspräsidenten und forderte den Erlaß eines Ermächtigungsgesetzes.
Hitler wollte dieses Gesetz, das ihm ermöglichte, ohne Zustimmung des Reichstages und des Reichspräsidenten zu regieren, schon jetzt, aber das Gesetz sollte der Reichspräsident verfügen, nicht der Reichstag beschließen.
Hindenburg lehnte das sofort ab.
Schleicher schlug nun mit Zustimmung Hindenburgs am 23. November Hitler vor, die NSDAP an einer von ihm selbst geführten Regierung zu beteiligen.
Hitler lehnte ab.
Die Absicht Schleichers war es, die NSDAP zu spalten, mit Gregor

Strasser als Vizekanzler eine Regierung zu bilden, die von den Gewerkschaften unterstützt würde. Dennoch verhandelte er mit Hitler weiter.
Am 1. Dezember schickte er Oberstleutnant Ott, seinen Vertrauten im Reichwehrministerium, als Unterhändler nach Weimar. Hier standen Gemeindewahlen bevor, die Führerschaft der NSDAP traf sich in der Hauptstadt Thüringens.
Ott hatte den Auftrag, Hitler vorzuschlagen, als Vizekanzler in ein Kabinett Schleicher einzutreten. Einige Ministerien könnte die NSDAP erhalten.
An diesem Tag kam es unter den Parteiführern der NSDAP in Weimar zu einer Entscheidung. Gregor Strasser, der einen Eintritt in das Kabinett Schleicher befürwortete und Hitlers Kurs »Alles oder nichts« mißbilligte, konnte sich nicht durchsetzen.
Hitler lehnte Schleichers Vorschlag brüsk ab und warnte ihn, die Regierung zu übernehmen.
Göring, der versuchte, nicht alle Brücken zu Hindenburg abzubrechen, sagte anschließend zu Oberstleutnant Ott, daß dies möglicherweise nicht Hitlers letztes Wort sei. Er deutete an, daß Schleicher Entgegenkommen zeigen könnte, wenn er ihm den Posten des preußischen Ministerpräsidenten und des Luftfahrtministers in Aussicht stellte.
Am 3. Dezember billigte Hitler diesen Plan, Göring statt Strasser »anzubieten«. Er war überzeugt, daß Göring ihm treu ergeben blieb.
Am 2. Dezember lehnte Hindenburg es ab, Papen erneut mit der Bildung der Regierung zu beauftragen, nachdem dieser ihm mitgeteilt hatte, daß seine Minister nicht mehr dazu bereit wären.
Am Vormittag des 2. Dezember hatten die Minister getagt. Schleicher, der Papen weghaben wollte, hatte auf die Gefahren eines Generalstreiks mit Einsatz von Reichswehr und Polizei hingewiesen.
Er hatte Oberstleutnant Ott mitgebracht, der sich im Vorzimmer bereit hielt.
Dieser hatte Ende November drei Tage lang eine Kriegsspielstudie über die Auswirkungen eines Ausnahmezustandes durchgeführt. Dabei wurde ein allgemeiner Generalstreik und ein Aufstand der KPD und NSDAP angenommen. Es hatte sich herausgestellt, daß die Reichswehr nicht in der Lage wäre, sich durchzusetzen.
Ott berichtete darüber Papens Ministern, die davon stark beeindruckt wurden.
In der Schleicher-Biographie Friedrich-Karl von Plehwes heißt es

hierzu: »Es ist der Verdacht geäußert worden, das Planspiel im Reichswehrministerium und der Vortrag von Ott vor den Ministern seien von Schleicher von vornherein lediglich als ein Mittel inszeniert worden, um Papens Stellung zu untergraben und seinen Rücktritt zu erzwingen. Diese Unterstellung wird schon dadurch widerlegt, daß den unmittelbaren Anstoß zu dem Planspiel der Berliner Verkehrsstreik geliefert hat. Der erste Gedanke daran ist jedoch noch früher aufgetaucht, nämlich in Verbindung mit dem Prozeß vor dem Staatsgerichtshof wegen der Absetzung der preußischen Regierung am 20. Juli 1932. Nach den Aussagen von Ott ist es damals ihm und seinen Mitarbeitern Marcks und Carlowitz besonders bewußt geworden, daß es leicht wieder einmal zur Anwendung des Artikels 48 der Verfassung kommen könnte und man sich gründlich darauf vorbereiten müßte. Schleicher habe sich jedoch erst ›förmlich drängen‹ lassen, bis er seine Zustimmung gab. Von einer Machenschaft gegen Papen konnte keine Rede sein.«
Hindenburg begründete seine Ablehnung, unter diesen Umständen Papen nochmals zum Kanzler zu machen, damit, er könne nicht am Ende seines Lebens die Verantwortung für einen Bürgerkrieg auf sich nehmen.
Am 3. Dezember hatte Schleicher sein Kabinett zusammen; er wurde der 12. Reichskanzler der Republik von Weimar.
Am 5. Dezember beriet die Führung der NSDAP im Berliner Kaiserhof. Die Partei hatte 12 Millionen Reichsmark Schulden. Es wurde beschlossen, sich gegenüber einem Kabinett Schleicher zurückzuhalten.
Göring fuhr zu Reichskanzler Schleicher und erklärte ihm, die Fraktion seiner Partei werde die neue Regierung vorläufig tolerieren.
Schleicher versuchte weiter, die NSDAP zu spalten. Bei den Gemeindewahlen in Thüringen hatte die NSDAP 40 Prozent der bisherigen Stimmen verloren.
Im Hotel Kaiserhof verteidigte sich Gregor Strasser am 5. und 7. Dezember gegen die Vorwürfe, sich an der Regierung beteiligen zu wollen. Am 8. Dezember trat er von allen Parteiämtern zurück.
Hitler und Göring befürchteten eine Parteirevolte. Falls die Partei auseinanderfiele, rief Hitler im Kaiserhof aus, werde er für sich in drei Minuten mit der Pistole Schluß machen.
Strasser hatte Berlin verlassen. Hitler berief das Führerkorps seiner Partei zum 9. Dezember nach Berlin und stellte die Einheit der Partei wieder her.

Diese Ereignisse fanden während der viertägigen Reichstagssitzung statt, die Göring leitete.
An einer erneuten Auflösung des Reichstags konnte jetzte niemand interessiert sein.
Es kam zur Tolerierung des Kabinetts Schleicher durch die NSDAP und die Parteien der Rechten und Mitte. SPD und KPD erklärten ihre Opposition. Am 9. Dezember vertagte sich der Reichstag auf vorläufig unbefristete Zeit. Die Ausschüsse setzten ihre Tätigkeit fort.
Zwei Tage später, am 11. Dezember, wurde von den USA, Großbritannien, Frankreich, Italien und Deutschland in Genf das Fünfmächteabkommen unterzeichnet, aus dem theoretisch die militärische Gleichberechtigung Deutschlands hervorging.

3 *Hauptmann a. D. Hermann Göring im Jahre 1922 als erster »Kommandeur der SA« während seines Studiums an der Münchner Universität.*

14 *Hitler mit seinem »Politischen Beauftragten«, dem Reichstagsabgeordneten Göring, am 4.12.1931 in dessen Zimmer im Hotel »Kaiserhof« am Berliner Wilhelmplatz.*

15 *30. August 1932: Göring verläßt als Reichstagspräsident das Reichstagsgebäude, in dem er eben gewählt wurde.*

19 *Reichstagspräsident Göring eröffnet am 23. März 1933 die erste Sitzung des Reichstags in der Kroll-Oper am Pariser Platz in Berlin, in der das Ermächtigungsgesetz angenommen wurde.* ▷

6 *Hermann Göring 1933.*

7 *Die Führungsspitze der NSDAP im Hotel »Kaiserhof« nach der Ernennung Hitlers zum Reichskanzler am 30. Januar 1933.*

8 *Reichstagseröffnung am 21. März 1933 (Tag von Potsdam). Die Mitglieder der Reichsregierung auf dem Wege zur Garnisonkirche.* ▷

20 *Vor dem Reichsehrenmal unter den Linden verabschiedet sich Hitler von Reichspräsident von Hindenburg am Volkstrauertag im März 1934 (Heldengedenktag).*
Im Hintergrund von links nach rechts: Reichswehrminister Werner von Blomberg, Generaloberst Freiherr von Fritsch, Oberbefehlshaber des Heeres, Außenminister von Neurath, Propagandaminister Dr. Josef Goebbels, Hermann Göring, Großadmiral Erich Raeder, Oberst Oskar von Hindenburg, der Sohn des Reichspräsidenten (Bild unten rechts).

21 *Göring meldet Hitler auf dem Reichs parteitag 1937 in Nürnberg die SA-Standart »Feldherrnhalle«* (Bild oben links).

22 *Göring mit Goebbels 1937 in Nürnber* (Bild oben rechts).

23 *Am 9. November 1936 versammelte sich die Teilnehmer am Hitlerputsch 192 vor dem Bürgerbräukeller in München. Hie Göring mit Himmler* (Bild links).

11. Kapitel

Und jetzt Champagner

Als Göring im Januar 1933 vierzig Jahre alt wurde, sah sich die Republik von Weimar im Reichstag einer absoluten Mehrheit von Nationalsozialisten und Kommunisten gegenüber. Für sie gab es keine parlamentarische Mehrheit mehr. Was die deutschen Wähler damit aufgaben, wußten sie noch nicht, aber es muß festgehalten werden, daß es Wähler waren, die entschieden hatten, noch keine Diktatoren.
Was sollte aus dem Deutschen Reich werden?
Eine proletarische Diktatur in Abhängigkeit von der Sowjetunion?
Eine NS-Diktatur nach dem Modell des faschistischen Italien unter einem unberechenbaren Adolf Hitler?
Eine Diktatur der Militärs?
Eine proletarische Diktatur hätte sich nur mit Hilfe der Sowjetunion halten können, aber Moskau war weit, und es war schwach.
Eine Militärdiktatur hätte auf längere Dauer keine Stabilität versprochen; sie wurde vom Reichspräsidenten abgelehnt, der einen Bürgerkrieg fürchtete.
Hindenburg war jetzt 85 Jahre alt, seine Tage waren gezählt.
Aber lagen nicht die Kronen im Staub? Konnte man sie nicht auflesen, die Monarchie wieder einführen, nachdem die Republik versagt hatte?
Göring, der sich als Monarchist in der Hitlerbewegung auszugeben schien, wurde als einflußreichster Mann neben Hitler für diese Lösung der Krise im Deutschen Reich für gut gehalten.
Er hatte sich mit Prinzen und Fürsten umgeben.
Um legal die Regierung übernehmen zu können, brauchten Hitler und Göring den Reichspräsidenten.
»Beim Rückblick auf die letzte Wegstrecke der Weimarer Republik fällt besonders auf«, schreibt Karl-Friedrich von Plehwe in seiner Schleicher-Biographie, »daß das Volk, die Parteien und gesellschaftspolitischen Zusammenschlüsse aller Art gar nicht mehr zu Wort kamen. In den Wochen des Januar 1933 schienen sie kaum noch zu existieren.«

Vorbereitet wurde die Kanzlerschaft Hitlers in Villen am Rhein und an der Spree, hinter tief herabgezogenen Vorhängen, in einem Zwielicht aus geheimer Diplomatie und gegenseitigen Beteuerungen, die später nicht gehalten wurden. Von der Legislative war Göring als Reichstagspräsident führend beteiligt, er verhandelte mit Papen, den Hindenburg beauftragt hatte, eine »Nationale Regierung« als letzten Ausweg aus der parlamentarischen Krise anzustreben. Sah Göring jetzt die Kronen, die aus dem Staub aufgelesen werden konnten?
Auf das Haupt setzen konnte sie nur der greise »Ersatz-Kaiser« Hindenburg, der sein Haus bestellen wollte – ohne Eidbruch gegenüber der von ihm beschworenen Verfassung von Weimar.
Aber wer nach ihm kam, der mußte schon jetzt an diesen Eid gebunden werden, darin sah Hindenburg einen letzten Dienst, den er der Republik noch erweisen konnte.
Diese Loyalitätserklärung gegenüber der Verfassung mußte der Mann abgeben, der Reichskanzler würde, und dies geschah am 4. Januar 1933 in der Kölner Villa des Bankiers von Schröder durch Hitler gegenüber Papen.
Danach war jeder Versuch General von Schleichers sinnlos geworden, einen Reichskanzler Hitler zu vermeiden, an seiner »Querfront« festzuhalten, die ihm dazu die Möglichkeit verschaffen sollte.
Göring konnte sich bei den Verhandlungen, die er als politischer Makler Hitlers mit Papen gegen Ende des Monats führte, auf die Mehrheit berufen, die ihn im November wieder als Reichstagspräsidenten gewählt hatte; sie reichte von ganz rechts bis zum Zentrum, der Bayerischen Volkspartei und der kleinen Staatspartei.
Papen und Schleicher war diese Mehrheit versagt geblieben, auch wenn sie im Falle Göring nur der Wahl zum Reichstagspräsidenten gegolten hatte.
Martin Henry Sommerfeldt schreibt: »Die offiziellen politischen Makler, die das große Geschäft à la Hausse zustande brachten, waren Hermann Göring für die NSDAP und Franz von Papen für die bürgerliche Rechte. Von nicht zu unterschätzender Bedeutung war aber auch die Rolle des Prälaten Kaas, dessen Fraktion das Zünglein an der Waage bildete. Die Bedeutung dieser nun endlich zustande gekommenen Machtverteilung lag nicht so sehr im Programm der Koalition, das in erster Linie die außenpolitische Gleichberechtigung und innenpolitisch die Arbeitsbeschaffung zum Inhalt hatte, als vielmehr in der Teilung der Macht.«
Göring hielt es für zweckmäßig, Papen diese Teilung der Macht zu

bestätigen. Die Wahlen in Lippe, die Anfang Januar stattfanden, bestätigten, daß die NSDAP nicht auf dem Wege des Stimmenverlierers blieb. Göring konnte in einer Rede, die er in Dresden hielt, öffentlich wiederum erklären, daß ein Eintritt der NSDAP in eine Regierung Schleicher nicht stattfinden werde.
Für Gregor Strasser waren damit die Felle weggeschwommen - wie auch für Schleicher, der mit dessen Hilfe die NSDAP immer noch spalten wollte. Die SPD versagte sich Schleicher. Am 22. Januar trafen die Emissäre Hindenburgs, sein Sohn Oskar und Staatssekretär Meißner, mit Hitler, Göring und Frick in der Berliner Villa Ribbentrops zusammen, der Mitglied der NSDAP geworden war.
Hitler kam dabei dem Reichspräsidenten entgegen. Er versicherte, keinen Einfluß auf die Ernennung des Außen- und Reichswehrministers nehmen zu wollen. Es stand so gut wie fest, daß v. Neurath und v. Blomberg vom Reichspräsidenten hierfür vorgesehen waren. Hitler versicherte außerdem, daß er als Reichskanzler einen Vizekanzler von Papen als gleichberechtigt ansehen würde und nur in dessen Anwesenheit Vortrag beim Reichspräsidenten halten wolle. Oskar von Hindenburg bestand darauf, daß Papen Reichskommissar für Preußen würde.
An dieses Amt dachte Göring, aber es sollte ihm auch genügen, Ministerpräsident von Preußen zu werden, dazu Reichskommissar der Luftfahrt, um sein Wort wahrzumachen, das er bei der Verabschiedung des Jagdgeschwaders Richthofen im Dezember 1918 seinen Kriegskameraden gegeben hatte: ein »Scharnhorst der Luftwaffe« werden zu wollen. Am folgenden Tage, dem 23. Januar, lehnte Hindenburg General von Schleichers Ansinnen ab, ihm Vollmacht zur Auflösung des Reichstages, zur Verkündigung des Staatsnotstandes und zur verfassungswidrigen Hinausschiebung der Wahlen um Monate zu geben.
Da Hindenburg bereits wußte, daß er eine legale Regierung Hitler/Papen bekommen konnte, sah er keinen Grund, sich auf dieses Abenteuer einzulassen, das für ihn Bürgerkrieg bedeutete, den er den »schlimmsten aller Kriege« gegenüber Schleicher nannte.
Am 24. Januar verhandelte Göring mit Papen.
Schleicher wurde am 28. Januar entlassen. Als der Chef der Heeresleitung, General Frhr. v. Hammerstein-Equord mit dem Befehlshaber im Wehrkreis III, General Joachim von Stülpnagel, am Abend dieses Tages den Reichspräsidenten aufsuchte, um zu erreichen, Schleicher wenigstens als Reichswehrminister in der Regierung Hit-

ler/von Papen zuzulassen, erwiderte Hindenburg: »Ich weiß selbst, was für die Wehrmacht tragbar ist, und muß in dieser Beziehung die Belehrungen der Herren Generale ablehnen.«
Auch die Einbeziehung Hugenbergs und seiner Deutschnationalen Volkspartei in die neue Regierung gelang.
Ebenfalls am Abend des 28. Januar, einem Sonnabend, saß Lufthansa-Generaldirektor Milch mit Gästen in seiner Wohnung in Berlin-Steglitz, als plötzlich Göring mit Paul Körner dort erschien, um ihn zu bitten, sein Staatssekretär unter ihm als künftigem Luftfahrtminister zu werden. Jetzt, da Göring endlich an einem Ziel angekommen war, das er sich 1918 gesteckt hatte, brauchte er einen sachkundigen Stellvertreter für das Vorhaben, »Scharnhorst der deutschen Luftwaffe« zu werden. Erhard Milch schlug ihm zwei andere Persönlichkeiten vor. Brandenburg, den Chef der Zivilluftfahrt im Reichsverkehrsministerium, und Admiral Lahs.
Doch Göring lehnte diese Namen ab; er gab Milch zwei Tage Bedenkzeit.
Die Mäßigung, mit der Hitler in diesen Tagen auftrat, verdankte er Göring.
Am Tage vor dem 30. Januar kam es noch zu einem Intermezzo, das sich aus einem Gerücht entwickelte. Der Präsident des Herrenclubs, Werner von Alvensleben, der sich als politischer Zuträger zwischen Schleicher, Hitler und Göring betätigte, hatte gegenüber Hitler geäußert: »Wenn die Gesellschaft in der Wilhelmstraße nur Scheinverhandlungen mit Ihnen führt, so müßte doch der Reichswehrminister und der Chef der Heeresleitung die Potsdamer Garnison alarmieren und den ganzen Saustall aus der Wilhelmstraße hinausfegen.«
Hitler alarmierte die SA, Staatssekretär Dr. Meißner in der Wilhelmstraße wurde von Hitler benachrichtigt. Aber niemand dachte daran, die Potsdamer Garnison nach Berlin zu holen. Dies hätte auch nur der Chef der Heeresleitung von Hammerstein befehlen können, doch Schleicher hatte sich dieser Lösung versagt, die ihm Hammerstein vorschlug, und so blieb es bei einem Gerücht.
Am Nachmittag des 29. Januar konnte Göring Hitler mitteilen, daß mit seiner Ernennung zum Reichskanzler nunmehr endgültig zu rechnen sei. Hitler befand sich in der Wohnung des Ehepaars Goebbels am Reichskanzlerplatz.
»Dies ist gewiß Görings schönste Stunde«, vermerkte Goebbels in seinem Tagebuch. »In jahrelangen aufreibenden Verhandlungen hat

Göring dem Führer den Boden diplomatisch und politisch vorbereitet. Seine Umsicht, seine Charakterfestigkeit und seine Treue zum Führer waren echt, stark und bewundernswert, und er hat nie einen Augenblick gezögert. Ebenso bewundernswert war seine Nervenkraft. Ernst und fest ist er seinen Weg gegangen, dem Führer ein unerschütterlich ergebener Schildknappe.«

So bombastisch diese Sätze auch klingen – sie enthielten die Wahrheit.

Seinen Triumph wollte Göring seiner Geliebten nicht vorenthalten, der er einen Wagen nach Weimar schickte, mit dem sie am späten Abend des 29. Januar in seiner Wohnung am Kaiserdamm eintraf, wo sich die Gäste gerade verabschiedeten. »Wir waren beide todmüde. Über den nächsten Tag sprachen wir so gut wie überhaupt nicht«, schreibt Emmy Göring. »Hermann bat mich lediglich: ›Geh morgen vormittag zu Adolf Hitler und bringe ihm ein paar Blumen. Er wird sich freuen.‹«

Am Morgen des 30. Januar rief Göring bei Erhard Milch an und erinnerte ihn, daß die Bedenkzeit abgelaufen sei. Nach Rücksprache mit seinem Freund von Stauss sagte Milch zu; er bestand jedoch darauf, ehrenamtliches Vorstandsmitglied der Lufthansa bleiben zu dürfen, was Göring bestätigte. Milch will bei diesem Gespräch auch Göring nach der Morphiumsucht gefragt haben, worauf dieser erwidert habe, die Sache sei überwunden.

Nachdem Göring die ihm vordringlichst erscheinende Angelegenheit geklärt hatte, fuhr er mit Hitler in die Reichskanzlei, die damals Hindenburg bewohnte, da sein Palais renoviert wurde.

Dort trafen sie mit den neuen Ministern zusammen, die zum größeren Teil die bisherigen waren.

Der neue Reichswehrminister General von Blomberg war am Morgen aus Genf mit der Bahn eingetroffen und sofort von Hindenburg vereidigt worden.

Kurz nach 11.15 Uhr vereidigte Hindenburg das neue Reichskabinett, worauf Reichskanzler Hitler mit wenigen Worten seine Verfassungstreue beteuerte. Hindenburg entließ die neuen Minister mit den Worten: »Und nun, meine Herren, vorwärts mit Gott!«

So hatte er es stets gehalten, wenn er als Feldmarschall eine Lagebesprechung abhielt.

Auf dem Foto, das anschließend von dem neuen Reichskabinett gemacht wurde, sieht man Hitler zwischen von Papen und Göring auf einem Kanapee sitzen, Hitler hat sich Papen zugewandt; Göring strahlt, er sieht glücklich und zufrieden aus. Er ist jetzt Reichsminister (ohne Geschäftsbereich), Reichskommissar für die Luftfahrt und kommissarischer preußischer Innenminister. Damit hat er Titel erhalten, die sein Vater unter Bismarck besaß: Minister-Resident und Reichskommissar.

Der Vater hatte sich auch Exzellenz nennen dürfen, doch so etwas gab es nicht mehr ohne einen Kaiser oder König oder Reichsfürsten. Aber Göring rechnete fest damit, daß er noch viel mehr werden könnte, wenn er Hitler treu bliebe.

Mußte nicht Hitler, nach Hindenburgs Tod, dessen Nachfolger werden? Oder sollte es wieder eine Monarchie geben, wie es Görings Freunde aus der Aristokratie erhofften?

Könnte nicht Hitler Kaiser werden, Göring König?

Zumindest müßten aber die Posten, die sie einzunehmen gedachten, denen entsprechen, die einst Kaiser und Könige besaßen – nun aber ihnen vom Volk anvertraut, nicht von Gottes Gnaden! Nachdem der neue kommissarische preußische Innenminister Göring mit Auslandskorrespondenten eine Pressekonferenz in einem Regierungsgebäude Unter den Linden abgehalten hatte, fuhr er zur ersten Kabinettssitzung, die Hitler ab 17.00 Uhr leitete.

An diesem 30. Januar hatte es einen Wetterumsturz gegeben, warme Westwinde hatten den Schnee in den Straßen Berlins fast aufgezehrt. In der Kabinettssitzung wurde besprochen, dem Reichspräsidenten am nächsten Tag die Auflösung des Reichstages vorzuschlagen, wogegen der neue Finanz- und Wirtschaftsminister Hugenberg Einwände vorbrachte: Die Zentrumspartei jetzt noch in die Regierung zu holen, um eine Regierungsmehrheit im Reichstag zu erhalten – das hätte bedeutet, Konzessionen zu machen, die nicht erwünscht waren. Ein Beschluß wurde nicht gefaßt, denn die Zeit drängte, ein Fackelzug stand bevor, den der Polizeipräsident innerhalb der Bannmeile genehmigt hatte. Göring tauschte in seiner Wohnung am Kaiserdamm den Cutaway gegen die SA-Uniform um, ehe er in die Reichskanzlei fuhr.

»Es ist schon ein merkwürdiger Augenblick«, sagte er zu Emmy Sonnemann, »wenn man weiß, daß es geschafft ist.« Aber da er in diesem merkwürdigen Augenblick auch an die Sicherheit für Emmy Sonnemann denken mußte, gab er ihr einen Revolver, damit sie ihn mit ins Hotel Kaiserhof nehmen könnte, in dem Göring für sie ein Zimmer gemietet hatte. Sie sollte sich aus dem Fenster den Fackelzug ansehen.

Die Schauspielerin fuhr dorthin mit Görings Haushälterin Cilly Wachowiak, der sie den Revolver weitergab, vor dem sie sich fürchtete.
Den Fackelzug in der Wilhelmstraße sah Göring, hinter Hitler mit Rudolf Heß am offenen Fenster der Neuen Reichskanzlei stehend, während wenige Meter von ihnen entfernt Hindenburg auf das Schauspiel hinabschaute, das ihm da geboten wurde.
Goebbels hatte durch Eugen Hadamovski für ein Mikrofon gesorgt, um zum ersten Mal direkt eine Reportage machen zu lassen, die sofort von den deutschen Sendern (oder auch zeitversetzt, wie beim Mitteldeutschen Rundfunk in Leipzig) gesendet wurde.
Göring benutzte die Gelegenheit, um - hinter Hitler stehend - eine Ansprache an das deutsche Volk zu richten, in der er von einer Stimmung sprach, die nur noch mit der Begeisterung zu vergleichen wäre, die im August 1914 geherrscht habe.
Er dachte nicht daran, daß damals ein Volk in den Krieg zog, wovon jetzt nicht gesprochen werden konnte. Aber es sollte sich dann doch ergeben, daß die Machtübernahme der erste Schritt in den Krieg war.
Göring sprach davon, daß der 30. Januar 1933 in die deutsche Geschichte eingehen würde, womit er ebenfalls recht behielt, vom ehrwürdigen Feldmarschall, dem »Führer Deutschlands im großen Kriege«, neben dem jetzt Adolf Hitler stehe, der »junge Führer Deutschlands«.
Und zuletzt nannte er, worum es nun gehen sollte:
»Brot und Arbeit für den deutschen Volksgenossen, Freiheit und Ehre für die Nation.«
Nach dem Fackelzug waren Emmy Sonnemann und Cilly Wachowiak wieder in die Wohnung am Kaiserdamm zurückgekehrt, aber Göring erschien dort erst gegen 3.00 Uhr morgens.
Er hatte beim Prinzen August Wilhelm von Preußen ab Mitternacht dessen Geburtstag gefeiert.
»In jener Zeit«, schreibt Emmy Göring, »waren die Bande zwischen den Nationalsozialisten und dem Hause Hohenzollern noch recht eng. Der deutsche Kronprinz dachte an eine Wiedererrichtung der deutschen Monarchie, und Hitler redete ihm diese Hoffnung zunächst nicht aus.«
So feierte Göring den 30. Januar 1933 bei den Hohenzollern, zu deren Kreisen er sich nach Herkunft und bisherigem Lebensweg zählte. Der preußische Kadett war preußischer Innenminister geworden und der letzte Kommandeur des Jagdgeschwaders Richthofen Reichskommissar für die Luftfahrt.

Bei seiner späten Rückkehr überraschte ihn Emmy Sonnemann mit der Mitteilung, sie müsse gleich nach Weimar zurück, da am Vormittag eine Probe zu »Faust« dort stattfinde, auf der sie als Gretchen nicht fehlen dürfe.
Er war enttäuscht und hielt ihr vor, sie könne diese Rolle doch so gut, jetzt müsse sie ihn nicht verlassen. Aber sie fuhr ab, wahrscheinlich auch aus dem Grunde, weil Göring sie nicht mitgenommen hatte, als Geburtstag und Sieg gefeiert wurden.
Erst drei Wochen später kam die Schauspielerin nach Berlin zurück.
Ehe es ernst für Göring wurde, fand Anfang Februar das jährliche Fliegerfest des deutschen Aeroclubs in der Krolloper gegenüber dem Reichstagsgebäude statt. Dieser Fliegerball gehörte zur Berliner Ballsaison.
Dort erschien nun Göring, wie alle anderen Herren im Frack, und er sah seine Kameraden aus der Weltkriegsfliegerei wieder, die »alten Steinadler« aus den Jagdgeschwadern Richthofen, Immelmann, Boelcke und anderen. In seiner Rede, die er in der glanzvollen Tafelrunde hielt, wiederholte er seinen Schwur von Aschaffenburg 1918, er werde die neue deutsche Luftwaffe als ihr Scharnhorst begründen, und versprach, bei seiner Ehre, das erste deutsche Jagdgeschwader werde wieder »Richthofen« heißen.
Aber hier mußte er abbrechen; er war so ergriffen, daß seine Stimme versagte.
Damals in Aschaffenburg war auch Ernst Udet dabei gewesen, mit dem Göring dann in das revolutionäre Berlin fuhr. Als Görings Stimme jetzt brach, flüsterte Udet einem Nachbarn zu, er verzeihe ihm heute alles, denn Udet war längst kein Freund und Bewunderer Görings mehr. Dann ergriff Udet sein Champagnerglas und zerschmetterte es auf dem Fußboden.
Dasselbe hatten sie in Aschaffenburg vor 12 Jahren auch getan, am Ende ihres gemeinsamen Weges die Gläser zerschmettert, als Göring seine Rede vor den Letzten seines Jagdgeschwaders beendet hatte.
Nun nochmals 12 Jahre – für Ernst Udet sollten es nur 8 Jahre werden – und sie selbst lagen zerschmettert am Boden wie damals und jetzt die Champagnergläser.

12. Kapitel

Preußischer Innenminister

Um ein totalitäres Regime zu errichten, braucht man vor allem die Herrschaft über die Polizei. Als kommissarischer preußischer Innenminister erhielt sie Göring am 30. Januar 1933.
»Zuerst mußte ich die Polizei fest in die Hand bekommen. Hier räumte ich gehörig auf. Von 32 Polizeipräsidenten entließ ich 22. Hunderte von Polizeioffizieren, Tausende von Polizisten folgten im nächsten Monat und wurden durch zuverlässige SA-Männer ersetzt.« So beschrieb Göring selbst diese Vorgänge in »Aufbau einer Nation« (1934).
Dies geschah im Februar 1933.
Martin Henry Sommerfeldt, der Anfang Februar Pressereferent im preußischen Innenministerium wurde, schreibt: »Seit dem 20. Juli 1932 war noch keine neue preußische Regierung gebildet worden, Preußen wurde vorläufig und nebenbei vom Reiche aus mitregiert. Kommissarischer Ministerpräsident war der Vizekanzler von Papen, kommissarischer Innenminister Hermann Göring, der diese größte Verwaltungszentrale innerhalb des Reichsgefüges sofort mit seiner wuchtigen Energie erfüllte. Meine Ernennung zum Oberregierungsrat trug die Unterschrift von Papens, vereidigt wurde ich auf die preußische Verfassung von 1919 durch den deutschnationalen Staatssekretär von Bismarck. Nahezu alle hohen und mittleren Ämter dieser größten Verwaltung Europas waren von den Ministerialbeamten bis zu den Landräten und Polizeipräsidenten von Katholiken, Demokraten und Sozialdemokraten besetzt. Zu meinem Erstaunen fand ich bei meinem Dienstantritt in diesem Ministerium weniger Nationalsozialisten vor, als ich Finger an der Hand hatte. Es waren der Minister Göring, sein Sekretär Körner, der aber dem Ministerium gar nicht angehörte, ein Polizeihauptmann Jakobi, dessen Aufgabe darin bestand, im Vorzimmer des Ministers auf einem alten schwarzen Ledersofa zu sitzen und seine eigene Pistole zu bewachen, die vor ihm auf dem Tisch lag, und Görings Sekretärin, Fräulein Grundtmann.«

Als Göring das preußische Innenministerium übernahm, hatte er die Belegschaft daran erinnert, daß sein Vater höherer Staatsbeamter gewesen sei. Er sagte, er fühle sich als dessen Erbe.
Legal war er an die Macht gekommen. Sein Vater hatte dem Reich gedient.
Wie er diese Macht ausüben würde, das war jetzt seine Sache, auch sein Faktum.
Vorläufig dachte er nicht daran, sich dabei von Papen, der noch sein Vorgesetzter war, Vorschriften machen zu lassen.
»Was mich betrifft«, schrieb Papen, »so war mein fundamentaler Irrtum die Unterschätzung der dynamischen Stoßkraft der ›Neuen Idee‹. Im Gegensatz zum Beharrungsbedürfnis des in der Welt des neunzehnten Jahrhunderts haftenden Bürgertums hatte sie sich an die sozialen und nationalen Instinkte der Masse gewandt. Unserem Denken und unserer Erziehung waren Mittel, wie sie die Partei im Laufe der nächsten anderthalb Jahre anwandte, fremd.«
Das preußische Innenministerium wurde jetzt die Schaltstelle für die »Nationale Revolution« in Preußen, und damit vorbildlich für die anderen Länder des Reiches. Göring verbot sofort Versammlungen der Kommunistischen Partei, löste den preußischen Landtag auf, entließ persönlich Beamte aus höheren Ämtern. Er ernannte Rudolf Diels, den er als Leiter der Staatsschutzabteilung im Ministerium vorgefunden hatte, zum Chef der politischen Polizei, die bald Geheime Staatspolizei genannt wurde und etwas Neues war. Diels hatte Göring nach der Amtsübernahme die im Ministerium vorhandenen Dossiers und Geheimakten vorgelegt, die sich mit den Führern der Nationalsozialisten befaßten.
Jetzt ließ Göring sogenannte »Schwarze Listen« anlegen, in denen die Gegner der Nationalsozialisten verzeichnet wurden. Jeder, der die Republik von Weimar in der »Systemzeit«, wie sie desavouiert wurde, in Preußen in hervorragender Stelle verkörpert hatte, kam auf diese Listen, mit denen Preußen im Reich voranging.
Für Göring war es die »Revanche für 1918«, aber es war auch, seinem damaligen Temperament entsprechend, die Verführung durch die Macht, die ihm über Nacht zugefallen war.
Emmy Göring schrieb später: »Irgend etwas hatte sich seit dem 30. Januar 1933, dem Tag der Machtübernahme, in ihm verändert. Bisher, in der politischen Opposition, schien er mir unbekümmerter gewesen zu sein. Öfter als sonst sah ich ihn ganz in Gedanken versunken nachgrübeln.«

Statt des Gummiknüppels hatten die preußischen Polizisten jetzt die Pistole am Koppel zu tragen, was Göring in seinem Erlaß damit begründete, daß es den Polizisten nicht mehr zuzumuten sei, das Volk niederzuknüppeln. Aber er erklärte auch auf einer Wahlversammlung in Dortmund: »Jede Kugel, die jetzt aus dem Laufe einer Polizeipistole geht, ist meine Kugel. Wenn man das Mord nennt, dann habe ich gemordet.«
In wenigen Tagen war aus dem Taktierer und Diplomaten Göring der autoritäre Göring geworden, der offen mitteilte, daß er selbst jede Verantwortung für das übernehme, was jetzt geschehen würde.
Als habe er noch das Jagdgeschwader Richthofen unter seiner Befehlsgewalt, rief er in Dortmund aus: »Wer im Dienst seine Pflicht tut, wer meine Anordnungen befolgt, wer aufs schärfste gegen Staatsfeinde vorgeht, wer rücksichtslos, wenn er angegriffen wird, von der Waffe Gebrauch macht, der kann meines Schutzes sicher sein.«
In Preußen werde in Zukunft nur einer die Verantwortung zu tragen haben, und das sei er.
Jetzt wurde er der »furchtbare Göring« genannt, und es schien ihm zu gefallen.
Am 22. Februar wurde die Hilfspolizei aufgestellt: SA- und SS-Männer in ihren Uniformen mit weißer Armbinde, mit Gewehren und Pistolen bewaffnet.
Es ist sicher, daß auch die Furcht vor einem Aufstand der Kommunisten hier eine Rolle spielte. Göring konnte sich einfach nicht vorstellen, daß der Feind von links sich mit einem Reichskanzler Hitler abfinden würde.
Er verließ kaum das Ministerium, in dem er nun über Preußen herrschte. Er hatte dort seinen »Gefechtsstand« wie einst auf dem Flugplatz seines Jagdgeschwaders.
»Göring reinigt den Augiasstall«, notierte Goebbels am 15. Februar in seinem Tagebuch.
Am 20. Februar erschienen Mitglieder des Reichsverbandes der deutschen Industrie mit ihrem Vorsitzenden Krupp von Bohlen und Halbach im Amtssitz des Reichspräsidenten, wohin sie Göring eingeladen hatte.
Schacht empfing sie, Hitler hielt eine kurze Rede, Göring forderte sie auf, Geld zu spenden. Drei Millionen Mark für die Wahlkampfkosten der NSDAP konnte er sammeln.
Am 24. Februar befahl Göring der Polizei, das Karl-Liebknecht-Haus zu durchsuchen, den Sitz der Berliner KPD.

Hier sollte, wie Göring am Abend mitteilte, belastendes Material gefunden worden sein, nach dem die Kommunisten einen Aufstand planten.
Es ist kaum anzunehmen, daß die Kommunisten derartiges Material vier Wochen nach dem 30. Januar noch in ihrer Parteizentrale verwahrten.
Göring hätte durch seine Polizei diese Pläne sofort verfolgen und zunichte machen lassen, was aber nicht geschah. Ein besonderer Schutz für Dienstgebäude in Berlin wurde nicht eingerichtet.
Die Durchsuchung diente der Einschüchterung der bisherigen kommunistischen Wähler.
Nach dem 24. Februar wurde die SA nicht in Alarmbereitschaft versetzt.
Er lege großen Wert darauf, der »rechte Flügelmann der Partei« zu sein, hatte Göring seinem Pressereferenten Sommerfeldt gesagt. Goebbels war in Berlin der »linke Flügelmann«, dessen Propagandamaschine den Wahlkampf bestimmte; Goebbels, der Reichspropagandaleiter, noch nicht Reichspropagandaminister.
Er wollte, daß am letzten Tag vor der Wahl die Führerrede über alle deutschen Sender auch dem letzten Deutschen in die Ohren dröhnen sollte, deshalb wünschte er von Göring, die Polizeiverordnung aufzuheben, nach der das Radio nur auf Zimmerstärke laufen sollte. Alle Parteigenossen hätten ihre Radioapparate an die offenen Fenster zu stellen und auf volle Lautstärke zu bringen.
Göring gab Goebbels keine Chance. »Es bleibt bei der Verordnung, Berlin ist laut genug ohne Radio«, sagte er zu Sommerfeldt.
»Göring war völlig auf eine weitere Zusammenarbeit mit der bürgerlichen Rechten eingestellt«, schreibt Sommerfeldt, »als ein ganz unerwartetes Ereignis ihn den Kurs um 90 Grad drehen ließ.«
Die Nacht des 27. zum 28. Februar wurde Görings Nacht. Erst in dieser Nacht wurde aus der Machtübernahme eine Machtergreifung und Revolution von oben.
Sie wurde von Notverordnungen des Reichspräsidenten gedeckt, die dessen Unterschrift noch nicht trugen, aber diejenigen der zuständigen Reichsminister, die sie schon vor Tagen gegeben hatten.
Alles war vorbereitet, ehe es den Anlaß gab, sie anzuwenden.
Anlässe, die man erfinden konnte, hätte es damals viele gegeben. Ein Attentat auf Hitler, wie Harry Graf Kessler in seinem Tagebuch vermutete, Attacken auf Regierungsgebäude, Aufstände im Ruhrgebiet und anderes.

Sie hätten auch tatsächlich stattfinden können.
Die Verhaftungslisten lagen bereit, die Notverordnungen waren vorbereitet.
Der brennende Reichstag, der am 28. Februar das auslösende Motiv für die Verhaftungen und Verfolgungen der politischen Gegner wurde, gehört zu anderen, zu Symbolen gewordenen Ereignissen der Historie wie der Brand des Tempels der Artemis in Ephesus oder der Großen Bibliothek von Alexandria.
Auch der Brand des Wiener Justizpalastes zählt hierzu.
Es ist, als werde durch die Brandstiftung Hand nicht nur an ein Gebäude gelegt, sondern an eine Epoche. Die NSDAP war darauf aus, die Parteien verschwinden zu lassen, wenn sie an die Macht käme. Was lag näher, als daß diese Partei Feuer legen ließ und den Brand benutzte, um politische Gegner auszuschalten?
Aber Göring, der Präsident dieses Reichstages? Weshalb sollte gerade der Hausherr den Brand legen lassen? Er hatte seit 1932 im Reichstag sein Amtszimmer, in dem die beiden Gobelins hingen, die er von seinem Vater geerbt hatte, dort stand sein alter Schreibtisch, ein wuchtiger großer Sessel, und es befanden sich im Zimmer die Familienbilder. Da Göring als Dienstsitz auch das gegenüberliegende Palais des Reichtstagspräsidenten zustand, das er aber nur für Konferenzen und Empfänge benutzte und nie bewohnte, hätte er nach dem 30. Januar doch sein Eigentum dorthin bringen können, das er 1932 aus seiner Wohnung in den Reichstag mitgenommen hatte.
Welchen Wert legte Göring doch auf Besitz, auf die Familie, auf Vergangenheit!
Aber alles blieb im Reichstag und wurde dort, wie der große Sitzungssaal, ein Opfer der Flammen.
Der unterirdische Gang, der das Palais des Reichstagspräsidenten mit dem Reichstag verband, konnte selbstverständlich von Handlangern des SA-Gruppenführers Ernst benutzt worden sein, der gerade sein SA-Schreckensregiment in Berlin errichtete. Aber dafür fehlten Beweise.
So blieb Marinus van der Lubbe, ein Holländer, der auf frischer Tat im Reichstag ertappt wurde.
Was setzte er mit Teerzündern in Brand?
Die Holztäfelungen, die schweren Gardinen.
Alles, was aus Holz und Stoff war, brannte, das Feuer, das dadurch im Sitzungssaal entstand, schlug bis in die gläserne Kuppel des Gebäudes und brachte sie in einer Explosion zum Einsturz.

Im hinteren Teil des Gebäudes, im Bismarcksaal, wurde Marinus van der Lubbe verhaftet.
Göring, der in seinem Büro im Innenministerium Unter den Linden arbeitete, erschien eine halbe Stunde nach der Entdeckung der Brandstiftung im Reichstag.
Dann kam Hitler mit Goebbels, bei dem er zu Abend gegessen hatte, später Papen.
Hitler soll ausgerufen haben: »Das ist ein Geschenk des Himmels.«
Goebbels sprach von einem kommunistischen Verbrechen. »Göring stand in der verräucherten Wandelhalle«, schreibt Martin Henry Sommerfeldt, »umgeben von Offizieren der Feuerwehr und der Polizei, ich meldete mich. Der Chef war ganz gelassen, und ich hatte keinen anderen Eindruck, als daß auch er einigermaßen von dieser Brandstiftung betroffen war, ohne ihr noch allzu großes Gewicht beizulegen. Er gab mir ruhig und mit wenigen Worten den Auftrag, mir von Feuerwehr und Polizei die Unterlagen über Ursache und Umfang des Brandes geben zu lassen und ihm im Ministerium einen amtlichen Bericht über das Großfeuer zur Veröffentlichung vorzulegen.
Ich sprach noch kurz mit dem anwesenden Leiter der politischen Polizei, Diels, der mir erzählte, daß Hitler, Goebbels und Papen sich den Schaden auch schon besehen hätten. Ich fragte Diels nach der vermutlichen Urheberschaft, und er antwortete, man müsse wohl ein kommunistisches Attentat vermuten, empfehle aber, die Vernehmung des Verhafteten abzuwarten.«
Göring fuhr dann vom Reichstag zu Hitler in die Reichskanzlei, wo sich auch Goebbels aufhielt.
Hier erhielt er alle Vollmachten »zur Niederschlagung des kommunistischen Aufstandes«.
Als der Pressereferent Sommerfeldt um 1 Uhr seinen Entwurf für den offiziellen Bericht im »Amtlichen Preußischen Pressedienst« Göring im Innenministerium vorlegte, fand er ihn, entgegen seiner gelassenen Haltung im brennenden Reichstag, äußerst erregt.
»Der Schreibtisch ist bedeckt mit Papieren und Polizeifunksprüchen. Göring überfliegt meinen Bericht, schiebt mit einem Ruck alle Papiere zur Seite, schlägt mit der Faust auf den Tisch und donnert mich an: ›Das ist Mist! Das ist ein Polizeibericht vom Alex, aber das ist kein politisches Kommuniqué!‹
›Das sind die Feststellungen, die die Feuerwehr und die Polizei getroffen und mir mitgeteilt haben. Es ist das von Ihnen angeforderte

amtliche Material!‹ Sein Ton verletzt mich, so hatte er noch nie mit mir zu sprechen gewagt. Aber er schreit: ›Das ist Quatsch‹, er ergreift einen überdimensionalen Farbstift: ›Ein Zentner Brandmaterial? Zehn, hundert Zentner!‹ Und er malt eine dicke 100 über meine brave 1.

Nun wurde ich böse: ›Das ist unmöglich, Herr Minister, kein Mensch glaubt Ihnen, daß ein Mann hundert Zentner . . . ‹

›Nichts ist unmöglich!‹ schreit er weiter: ›Ein Mann? Das war nicht ein Mann, das waren zehn, zwanzig Männer! Mensch, wollen Sie denn nicht begreifen – das war die Kommune! Das ist das Signal zum kommunistischen Aufstand! Das Fanal! Es geht los!‹«

Da Sommerfeldt bei seiner Fassung blieb, diktierte Göring selbst seiner Sekretärin Fräulein Grundtmann den Bericht.

Dabei warf er, wie Sommerfeldt schreibt, ab und zu einen Blick in ein Schriftstück. »Dieser Bericht unterstellte als erwiesen, daß mit dem ›Fanal‹ des angezündeten Reichstags ein kommunistischer Aufstand mit Mord und Brand ausbrechen sollte. Die Inschutzhaftnahme der kommunistischen Funktionäre und das Verbot der ›marxistischen Presse‹ wurde verkündet. Meine Zahlen multiplizierte Göring mit einem schiefen Blick zu mir hin mit 10.«

Als Sommerfeldt ihn darauf aufmerksam machte, daß er selbst diesen Bericht abzeichnen müsse, da es ein politisches Dokument sei, nicht mehr ein amtlicher Bericht über einen Großbrand, setzte Göring sein großes »G« unter die letzte Seite.

Danach brachte Sommerfeldt den Bericht zum amtlichen Depeschenbüro, wo ihm der Redakteur Dr. Fritz Heissmann das Papier aus der Hand riß.

Sommerfeldt schreibt: »›Endlich kommen Sie, wir können uns kaum unserer Haut wehren.‹

›Aber warum denn, das Feuer ist doch beinahe gelöscht.‹

›Es handelt sich nicht um den Reichstag, sondern um die Verhaftungen, Presseverbote und so weiter, das Ausland ist wild.‹

›Aber was weiß denn das Ausland davon?‹

›Vor zwei Stunden haben wir das alles schon gemeldet, uns fehlt nur noch die amtliche Begründung.‹

›Vor zwei Stunden? Und woher haben Sie das Material?‹

›Von mir‹, sagte ein junger Mann, den ich nicht kannte.

Dr. Heissmann stellte vor: ›Herr Alfred Ingemar Berndt, kommissarischer Beauftragter von Dr. Goebbels für unser Büro. Herr Berndt brachte vor einiger Zeit alles Material von Dr. Goebbels.‹ Das war interessant, und nun wußte ich auch, weshalb mir der Jargon der Göringschen Verlautbarung so bekannt vorkam. Jetzt konnte ich mir denken, in was für ein Schriftstück der Minister während seines Diktates gesehen hatte.«

Rückblickend vom Trümmerfeld Deutschland 1948 auf den brennenden Reichstag meint Sommerfeldt: »Dr. Joseph Goebbels, dieser teuflisch kluge Kopf und äußerst konsequente Radikale, sah erschreckt den nachhaltigen Einfluß, den die würdevolle Persönlichkeit des alten Marschalls auf die labile Natur Hitlers auszuüben begann. Er fühlte auch überall den Widerstand Görings, der sich innerhalb des bürgerlichen Kapitalismus häuslich niederzulassen anschickte und sich nur zu gern bereit zeigte, alle Parteidoktrin einer fetten Pfründe zu opfern. Goebbels wollte weit mehr mit dem Feuer erreichen als eine ›Spritze‹ für die schwankenden Wähler.

Wie Napoleon am 18. Brumaire von seinem Bruder förmlich in den Saal der Abgeordneten geschoben wurde, wodurch die Weltgeschichte einen neuen Weg einschlug, so stürzte Goebbels mit dem angeblichen ›Fanal eines bewaffneten Aufstandes‹ Hitler und Göring in die wirbelnden Strudel tiefgreifender und endgültiger Entscheidungen. Und die Rechnung dieses Meisterpsychologen ging glatt auf.«

Es hat nicht an Verdächtigungen und Anschuldigungen gefehlt, nach denen Göring den Reichstag angezündet habe oder habe anzünden lassen. Görings Reaktionen darauf waren voller Empörung, aber auch zynisch.

»Sie müssen die Überzeugung gewonnen haben«, sagte er seinen Richtern im Nürnberger Prozeß 1946, »daß ich im Angesicht meines Todes nicht zu Lügen meine Zuflucht nehme.

So versichere ich Ihnen, daß ich mit dem Reichstagsbrand nicht das geringste zu schaffen habe.«

Am Tage nach dem Reichstagsbrand unterzeichnete Hindenburg die Notverordnungen, die schon in der Nacht zum 28. Februar exekutiert worden waren.

»Zum Schutze von Volk und Staat« wurden alle bürgerlichen Freiheiten aufgehoben.

Dabei sollte es bleiben.

Es gelang in wenigen Tagen, die meisten führenden Funktionäre der KPD aufzuspüren und zu verhaften. Ernst Thälmanns Versteck wurde am 3. März gefunden. An diesem Tag rief Göring auf einer Wahlversammlung in Frankfurt am Main aus: »Meine Maßnahmen hat-

ten nicht unter irgendwelchen Rücksichten auf Legalität zu leiden. Ich habe mich nicht um Gerechtigkeit zu kümmern. Meine Aufgabe ist allein das Zerstören und Vernichten - nichts sonst.«
Er zeigte eine Härte, die ihm jedoch auch manchmal weh zu tun schien. Als er hörte, Ernst Thälmann sei von der SA geschlagen worden, ließ er den Vorsitzenden der KPD, die am Wahlkampf noch teilnahm, in sein Büro bringen, gab ihm die Hand und sagte: »Mein lieber Thälmann, wenn Sie zur Macht gekommen wären, würde ich wahrscheinlich nicht geschlagen worden sein, denn Sie hätten mir augenblicklich den Kopf abschlagen lassen.«
Für ihn ging es jetzt Auge um Auge, Zahn um Zahn, und darüber verlor er viele Worte, er bekannte sich offen dazu. Er war nun der »Eiserne«, auf den sich Hitler verlassen konnte, nicht mehr der »Soldat mit dem Kinderherzen«, wie Goebbels ihn, ironisch, genannt hatte.
Die Reichstagswahl vom 5. März brachte nur eine knappe Mehrheit für die Regierungsparteien: 288 Mandate für die NSDAP, 52 für Hugenbergs Deutschnationale Volkspartei.
Die Sozialdemokraten verloren nur 2 Mandate, die Kommunisten aber 19. Zentrum, Deutsche Staatspartei und der Christlich-Soziale Volksdienst hatten geringe Zunahmen zu verzeichnen.
Aber bei der gleichzeitig stattfindenden Landtagswahl in Preußen, dessen kommissarischer Innenminister Göring war, gewannen die Kommunisten 6, verloren die Sozialdemokraten 12 Mandate.
In Groß-Berlin war die KPD bei den Reichtstagswahlen im November 1932 stärkste Partei mit 31 Prozent der Stimmen geworden, die NSDAP erhielt nur 25,9 Prozent.
Jetzt aber war dort die NSDAP mit 34,6 Prozent stärkste Partei, die KPD fiel auf 24,4 Prozent zurück.
»Am Abend des 5. März war in Görings Privatwohnung am Kaiserdamm der ganze engere Göring-Kreis geladen«, schreibt Sommerfeldt, »man drängte sich in den prächtigen Räumen in sicherer Siegesstimmung. Allgemein setzte man die absolute Mehrheit der NSDAP als sicher voraus, hoffte sogar auf eine Zweidrittelmajorität, erwartete aber mit Bestimmtheit, daß diese mit Hilfe Hugenbergs erreicht werde.
Ich sah an diesem Abend das ganze Göring-Lager beisammen. Es war nicht zu leugnen, daß er damals noch seine persönlichen Beziehungen nach allen Richtungen hin großzügig und liebenswürdig pflegte. Man traf bei ›Hermann‹ arme Schlucker im braunen Hemd,

die sich sattessen durften an allem, was gut und teuer war. Man traf den Großindustriellen Fritz Thyssen im Abendanzug, den Prinzen August Wilhelm in der Uniform eines SA-Brigadeführers. Hinter einer Flasche Whisky saßen einige Flieger mit dem blau-goldenen Stern des Pour le mérite.

Als die ersten Sammelergebnisse über den Rundfunk kamen, zog ich mich mit Erhard Milch in das Arbeitszimmer des Ministers zurück; wir machten uns an die Arbeit. Das Wahlergebnis zeichnete sich schon übersichtlich ab, als plötzlich Göring mit Hitler das Zimmer betrat. Beide waren ausgezeichneter Laune. Göring rieb sich dauernd die Hände, was bei ihm ein Zeichen bester Stimmung war, und Hitler lachte über irgendeinen Scherz laut, was sehr selten vorkam.

›Bitte, lassen Sie sich nicht stören‹, sagte Hitler freundlich.

›Wir sind fertig‹, antwortete Milch, ›es kann sich kaum noch Wesentliches am Resultat ändern.‹

›Nun?‹ fragte Hitler und alle drei sahen mich an, da ich die Aufrechnung in der Hand hielt. Ich sagte: Der NSDAP fehlen an der Mehrheit etwa 50 Mandate.‹

›An welcher Mehrheit?‹ fragte Göring.

›An der einfachen Mehrheit‹, antwortete ich.

Hitler preßte einen Augenblick die Lippen hart aufeinander und schlug dann leicht mit den Fingerspitzen auf die Schreibtischplatte: ›Hugenberg?‹

›Ungefähr 50 Mandate, Herr Reichskanzler.‹

›Bitte, das gesamte Ergebnis‹, sagte Hitler dann, äußerlich sehr ruhig, aber seine Finger trommelten vor mir auf den Schreibtisch, leise und hastig. Ich las langsam vor:

›NSDAP 288, Hugenberg 52, Bürgerliche 33, Zentrum 73, SPD 121, Kommune 81.‹

›Danke!‹ Hitler wandte sich mit einem Ruck um und ging zur Tür. Wir hörten noch: ›Solange der alte Herr lebt, werden wir die Bande nicht los.‹«

Als Stellvertreter des Reichskommissars für Luftfahrt richtete sich Erhard Milch nach der Wahl im Gebäude der Darmstädter und Nationalbank in der Behrenstraße ein, das nach dem Zusammenbruch dieser Bank 1931 freigeworden war. Im früheren Zimmer Hjalmar Schachts, der Reichsbankpräsident geworden war, begann er mit dem Aufbau eines Luftfahrtministeriums. Der Sitzungssaal war für Göring bestimmt. Aber er ließ sich dort kaum sehen.

13. Kapitel

»Weimar ist endgültig überwunden«

Die Idee zu den Konzentrationslagern, die zuerst Schutzhaftlager genannt wurden, stammt zweifellos von Göring, der sich an seine Kindheit als »Buren-General« in den Wäldern des Veldensteiner Forstes erinnerte, an Kinderspiele, die während des Burenkrieges stattfanden. Sein Vater war Reichskommissar von Deutsch-Südwestafrika gewesen. Die Kolonie grenzte damals an das Kriegsgebiet, aus dem in die ganze Welt die Nachrichten von den Konzentrationslagern gelangten, in denen die Buren, Männer, Frauen und Kinder, gefangengehalten wurden. Göring ließ solche Lager in Preußen einrichten, in den übrigen Ländern des Reiches geschah es ebenfalls. Für Tausende von Verhafteten sollten diese Lager nun für unbestimmte Zeit zu einem Schauplatz ihrer Demütigung und Verlassenheit werden, während im Lande die Volksgemeinschaft beschworen wurde.

Aus der Schutzhaft wurde das KZ.

Es gab aber auch Lager, die nicht von Göring befohlen waren, der Diels die Aufsicht über seine Lager übertrug. Vor den KZs hatte es die SA-Keller in Berlin und im Reich gegeben, in denen die Verhafteten gesammelt und brutal behandelt wurden, wobei es auch zu Ermordungen kam. Dann hatte die SA eigene Lager eingerichtet, in denen sie ihre Feinde quälte.

Einige dieser Lager ließ Göring schließen, aber es blieb dabei, daß es »amtliche« preußische Konzentrationslager und Lager der SA und SS gab. Sie unterschieden sich durch den Grad der Menschenverachtung, wenn es so etwas überhaupt geben kann. Görings Lager und Gefängnisse in Preußen sollen »menschlicher« geführt worden sein als diejenigen der SA und SS.

Die Macht, die Göring gewonnen hatte, war groß, aber er hatte Konkurrenten, und Hitler sah darauf, daß keiner seiner Miteroberer der Macht zu mächtig wurde, deshalb handelte er nach dem Prinzip, mehreren Männern die gleiche Chance einzuräumen, Macht auszuüben.

Diese Angewohnheit seines Führers sollte Göring noch viel zu schaffen machen, und es zeigte sich dabei, daß er aus Ehrgeiz immer wieder neue Ämter mit unumschränkter Macht anstrebte, die er dann, wenn er sie besaß, gegen seine Konkurrenten verteidigen mußte, wobei ihm der Atem ausging. Sein starkes Durchsetzungsvermögen hatte Grenzen, einmal war er der »Eiserne«, dann wieder nur der »Dicke«.

Und immer wollte er der Preuße sein, der preußische Offizier, der Verantwortung auf sich nahm. Im Gegensatz dazu war Hitler unpreußisch, ein Bohemien, der aber über ein Charisma für die Deutschen jener Zeit verfügen konnte. Den charismatischen Hitler brauchte Göring, um in dessen Schatten Macht an sich zu reißen und auszuüben, bis er von ihr korrumpiert wurde.

Am 21. März, dem »Tag von Potsdam«, saß Göring als Reichstagspräsident hinter dem Reichspräsidenten von Hindenburg, aber er durfte nicht reden, Hindenburg und Hitler sprachen vor der Gruft der beiden preußischen Könige.

Nach seiner Wiederwahl am 23. März in der Kroll-Oper, in der er noch Anfang Februar auf dem Fliegerball geweint hatte, holte Göring die Rede nach, die er am 21. März nicht halten durfte: »Weimar ist endgültig überwunden. Es hat eine tiefe Bedeutung, daß der neue Reichstag zurückgefunden hat in die Stadt, in der Preußen und mit Preußen Deutschland gegründet worden ist.«

Er konnte in dieser kurzen Rede auch an Bismarck erinnern, der auch an einem 21. März vor dem damaligen Reichstag erschienen war.

An diesem 23. März 1933 jedoch wurde das Ermächtigungsgesetz vom Reichstag gegen die Stimmen der SPD-Fraktion angenommen. Den gewählten kommunistischen Abgeordneten hatte Göring die Freifahrkarten für die Deutsche Reichsbahn verweigert, aber diese hätten sie kaum benutzen können, denn sie waren auf der Flucht, im Untergrund oder verhaftet. Die SPD-Fraktion überlegte, ob sie an der Reichstagssitzung teilnehmen solle, doch dann tat sie es. Sie wollte sich weiterhin von den Kommunisten abgrenzen, wie diese sich von ihr abgegrenzt hatten; für die Kommunisten waren die Sozialdemokraten Sozialfaschisten. Die Annahme des Ermächtigungsgesetzes durch die Reichstagsmehrheit gegen die Stimmen der Sozialdemokraten machte Hitler noch nicht zum Diktator solange Hindenburg lebte, aber das Parlament beging Selbstmord und damit die Republik von Weimar.

»Ruhe! Der Kanzler wird mit Ihnen abrechnen«, hatte Göring vom Stuhl des Reichstagspräsidenten den Linken im Sitzungssaal zugerufen, nachdem Otto Wels für die SPD eine bewegende Grabrede auf diese demokratische Republik gehalten hatte.
Abgerechnet und gleichgeschaltet wurde jetzt im ganzen Reich; wie ein Kartenhaus fiel zusammen, was bisher diesen Staat ausgemacht hatte. Die NSDAP hatte im März eine sehr starke Zunahme der Mitglieder, die sofort »Märzgefallene« genannt wurden, womit ihr Opportunismus gemeint war und auch ihre Vorsorge, denn Beamte durften bis Anfang 1933 nicht dieser Partei beitreten. Deshalb holten viele jetzt nach, was sie früher getan hätten, wenn es erlaubt gewesen wäre. Auch fürchteten viele, jetzt entlassen zu werden, es gab immer noch 6 Millionen Arbeitslose.
Goebbels war am rheinischen Rosenmontag, dem 13. März, Reichsminister für Volksaufklärung und Propaganda geworden; er bezog ein Palais am Wilhelmplatz gegenüber der Reichskanzlei. Die Macht, die er in diesem Amt sammeln würde, war noch nicht abzusehen, aber Göring hatte das Gefühl, das seine Berater bestätigten, daß es für ihn an der Zeit wäre, endlich preußischer Ministerpräsident zu werden, was er seit 1930 angestrebt hatte.
Er hatte sich bisher sehr angestrengt, seine Gesundheit war schlecht geworden, er war überarbeitet. Er aß viel, sein Körpergewicht wurde immer größer, er schlief schlecht, er machte sich auch Gedanken über die Partei, die so gegliedert war, daß sie alle Staatsgeschäfte übernehmen könnte.
Seine Parteigenossen drängten in die Ämter, wobei sie Vorwürfe gegen diejenigen erhoben, die noch in ihnen saßen. Das Spitzel- und Denunziantenwesen erreichte in Preußen ein derartiges Ausmaß, daß sich Göring dagegen wenden mußte. Er ermahnte die Mitglieder der NSDAP, sich nicht mehr über ihre Vorgesetzten zu beschweren, da ein solches Verhalten für Beamte unmöglich sei. Er sei nicht bereit, so etwas zu dulden. In einem zweiten Schreiben teilte er mit, daß er alle Behörden, auch die Polizei, angewiesen habe, anonyme Anzeigen ungelesen in den Papierkorb zu werfen.
Trotzdem wurden Entlassungen erzwungen und Denunziationen fanden statt.
Über eine Ministerbesprechung am 29. März in der Reichskanzlei berichtete am 30. März 1933 die »Deutsche Allgemeine Zeitung«: »Der Reichskanzler hat dann einige Ausführungen über die Abwehrmaßregeln gegen jüdische Greuelpropaganda im Ausland

gemacht. Er hat festgestellt, daß diese Abwehr habe organisiert werden müssen, weil die Abwehr aus dem Volk heraus von selbst gekommen wäre und sonst leicht unerwünschte Formen angenommen hätte. Durch die Organisierung der Abwehr behalte man die ganze Aktion in der Hand.«

Die »Aktion« war dann der Boykott jüdischer Geschäfte vom 1. April. Es hatte vorher Übergriffe auf jüdisches Eigentum durch SA und SS gegeben, das sollte jetzt »kanalisiert« werden. Im Reich wurde die Aktion durch den Gauleiter von Franken, Julius Streicher, organisiert, der Leiter eines Zentralkomitees zur Abwehr der jüdischen Greuel- und Boykotthetze geworden war. In Berlin leitete sie Goebbels als Gauleiter von Groß-Berlin. Der Boykott begann um 10 Uhr und endete mit Geschäftsschluß.

Göring hielt sich aus der Sache heraus. Solche »Unarten« gefielen ihm nicht.

Kurz nach dem 1. April hatte Göring mehrere amerikanische Pressevertreter zum Frühstück eingeladen, an dem auch Camillo Castiglioni, der Besitzer von BMW, teilnahm, der Jude war. Die Journalisten sprachen Göring auf die gerade erfolgten antisemitischen Demonstrationen an, worauf Göring erwiderte: »Es ist ein Unglück, ein Zufall, es wird nicht mehr geschehen. Meine besten Jugendfreunde sind Juden gewesen und haben mich gut behandelt. Ich denke gar nicht daran, gegen sie vorzugehen.«

Göring dachte dabei auch an Castiglioni, für den er BMW-Flugmotoren in Schweden verkauft hatte.

Castiglioni warf jetzt ein, wie er Ernst Heinkel erzählte: »Aber Hitler ist Antisemit!« Darauf habe Göring gesagt: »Ich werde ihn noch davon abbringen, verlassen Sie sich darauf.«

Goebbels, der Hitler die Boykottaktion kurz nach seiner Amtsübernahme vorgeschlagen hatte, mußte jetzt einen Rückzieher machen. Am 7. April berichtete die »Vossische Zeitung«, Goebbels habe mitgeteilt, daß die »Waffe des Abwehrboykotts durch allzu häufige Anwendung nur stumpf« werde. »Der Einfluß der deutschen Juden müsse durch ganz andere schrittweise Maßnahmen begrenzt werden.«

Am gleichen Tage wurde das »Gesetz zur Wiederherstellung des Berufsbeamtentums« erlassen, das auch zu diesen »schrittweisen Maßnahmen« gehörte.

Göring wollte sich jetzt den Turbulenzen in Berlin durch eine Urlaubsreise nach Italien entziehen. Er hatte das Gefühl, in den ersten Monaten des Jahres 1933 genug für Hitler getan zu haben, er sagte Hitler, er fühle sich krank. Hitler machte aus Görings Urlaubsreise eine offizielle Mission, auf der ihn Papen zu begleiten hatte, der im Vatikan wegen des Reichskonkordats vorsprechen sollte, das endlich abgeschlossen werden mußte. Es war von Hitler den Katholiken versprochen worden, wenn sie im Zentrum und der Bayerischen Volkspartei durch ihre Abgeordneten dem Ermächtigungsgesetz zustimmten.

Nach der Landung auf dem römischen Flugplatz überreichte der deutsche Botschafter in Rom, v. Hassel, Göring ein Telegramm Hitlers, in dem er ihm das Amt des preußischen Ministerpräsidenten übertrug, das er am 20. April, Hitlers Geburtstag, übernehmen sollte. Ein großer Wunsch Görings war erfüllt. Hitler konnte als Reichskanzler auch ganz legal seit dem »Preußenschlag« 1932 über dieses Amt verfügen. Die Zustimmung Hindenburgs hatte er erhalten.

Die Ernennung durch Hitler hatte etwas Imperiales. Ein Lehnsherr machte seinen Gefolgsmann, dem er die Macht im Reich verdankte, zu so etwas wie einem König – dem König von Preußen.

Während der Fahrt vom Flugplatz in die Stadt Rom ernannte Göring seinen Freund Paul Körner zu seinem Staatssekretär. Abends wurde Göring im Palazzo Venezia von Mussolini empfangen, der ihm gratulierte und später mahnte, doch den Antisemitismus zu lassen, dadurch würde man sich selbst nur schaden. Die Vorgänge des 1. April im Reich waren auch zu Mussolini gedrungen, der in seinem faschistischen Regime keinen Antisemitismus kannte. Erhard Milch, der mit Göring nach Rom kam, war Halbjude; er hatte einen jüdischen Vater.

Bei den Gesprächen mit Mussolini und dem italienischen Luftfahrtminister General Balbo ging es aber auch um Görings Luftwaffe, die vorbereitet werden sollte. Göring erreichte, daß künftige deutsche Jagdflieger eine geheime Ausbildung bei der italienischen Luftwaffe erhielten. Die Ausbildung in Lipezk würde 1933 in der Sowjetunion eingestellt werden, nun brauchte man einen neuen Partner für die geheimen Vorbereitungen.

Göring muß diese Frage jedoch recht oberflächlich angesprochen haben, denn Adolf Galland, der im Sommer 1933 nach Süditalien reiste, um dort als Jagdflieger ausgebildet zu werden, erinnert sich, daß Göring den Italienern die bisherige Ausbildung auf deutschen Flugschulen verschwiegen hatte. Die Deutschen mußten bei den Italienern noch einmal von vorn anfangen.

Erhard Milch fragte Mussolini und Balbo, ob sie es für richtig hielten, eine große Bomberflotte aufzubauen, um die Nachbarn Deutschlands abzuschrecken, sich in das Wiederaufrüstungsprogramm einzumischen. Mussolini soll dieser Absicht zugestimmt haben, doch Balbo warnte Milch.
Er hielt eine Luftwaffe für ausreichend, die aus Jägern und Aufklärern bestehen würde. In David Irvings Buch »Die Tragödie der deutschen Luftwaffe - Aus den Akten und Erinnerungen des Generalfeldmarschalls Milch« heißt es: »›Damit können wir nichts machen‹, erwiderte Milch. ›Stillhalten tut England nur, wenn wir eine Bomber-Luftwaffe haben.‹ Am Abend berichtete er Göring von seinem Gespräch mit den Italienern; Göring stimmte seiner Entscheidung vorbehaltlos zu. Er selbst hatte noch keinen Gedanken darauf verwendet. ›Ja, ja, machen Sie, was Sie wollen‹, war sein einziger Beitrag zu diesem Problem.«
Göring hatte auch anderes im Kopf als die zukünftige Luftwaffe. Er war wieder in Rom, wo er mit Carin Göring in armseligen Verhältnissen gelebt hatte. 1924 war er von Mussolini als Verlierer des Marsches zur Feldherrnhalle gleichgültig empfangen worden; jetzt kam er als Reichsminister und Ministerpräsident von Preußen. Er war kein mittelloser Flüchtling mehr, sondern dabei, reich zu werden. Was geht in einem Manne vor, mit dem das Schicksal so spielt?
Beim Rückflug nach München am 20. April wäre es beinahe zu einer Katastrophe gekommen. Über den Alpen wurden Besatzung und Passagiere höhenkrank, da der Sauerstoff aufgebraucht war, nachdem die Ju 52 zu lange gekreist hatte, um die Wolkendecke zu durchstoßen und über die Alpen zu gelangen. Göring lag stöhnend auf dem Boden. Der Funker kam mit der Peilung nicht zurecht, die Besatzung hatte die Orientierung verloren. Dreimal überquerte die Ju 52 die Alpen, bis sie endlich, vier Stunden nach dem Start in Mailand, München erreichte.
Nach der Gratulation zu Hitlers Geburtstag in dessen Münchner Privatwohnung soll Göring, wie Milch sich erinnert, schon wieder Witze über diesen Flug erzählt haben. In der amtlichen Biographie, die 1940 geschrieben wurde, war es dann Göring, der trotz des Versagens der Sauerstoffzufuhr die Ju 52 steuerte und verhinderte, daß eine Katastrophe entstand.
Nach diesem Alpenflug mit Görings Zusammenbruch kamen die alten Schmerzen wieder.
Um sie zu stillen, aber auch sie gar nicht erst spüren zu müssen,

nahm Göring wieder schmerzstillende Mittel ein, auf die er seit seiner Rückkehr aus Schweden nach Berlin verzichtet hatte.
So holte ihn seine Vergangenheit in dem Augenblick wieder ein, der ihm die Erfüllung seiner Wünsche brachte.
Er war nach Hitler der mächtigste Mann im Deutschen Reich, aber krank. Er wog weit über 200 Pfund, hinkte und wartete darauf, daß Emmy Sonnemann ein Engagement an den Preußischen Staatstheatern in Berlin erhielt, damit er eine Frau neben sich sah, die jederzeit erreichbar war und ihm half, sich nach diesem schwindelerregenden Aufstieg eine private Sphäre zu erhalten, in der er Mensch sein konnte.
Er hatte als preußischer Ministerpräsident nun auch die Chance, hofzuhalten, in Berlin und in der Schorfheide sich Residenzen zu errichten, um die Macht endlich genießen zu können, die ihm zugefallen war.

14. Kapitel

»Was ehmals Grund war, ist nun Gipfel«

Die neue deutsche Luftwaffe, die unter Göring zuerst geheim wie vor 1933, dann öffentlich als dritter Wehrmachtteil entstand, konnte sich auf die Vorarbeit stützen, die seit zehn Jahren vom Reichswehrministerium geleistet worden war.
Der deutsch-sowjetische Vertrag von Rapallo 1922 hatte die geheime Zusammenarbeit von Reichswehr und Roter Armee ermöglicht; die Besetzung des Ruhrgebietes durch französische und belgische Truppen 1923 führte auch dazu, daß sich General von Seeckt um den geheimen Wiederaufbau einer deutschen Militärfliegerei Gedanken machte, der unter Umgehung der Verbote durch den Vertrag von Versailles eingeleitet wurde.
In dem deutschen Flugzentrum von Lipezk nördlich Woronešch wurden seit 1924 deutsche Reichswehroffiziere und Offiziersanwärter, die pro forma aus der Reichswehr entlassen worden waren, auf deutschen Militärflugzeugen ausgebildet. Das Flugzentrum gehörte der Roten Armee, es wurde aber selbständig von deutschen Offizieren geleitet. Seit Mitte der zwanziger Jahre gab es auch eine Ausbildung von Reichswehroffizieren, die sich freiwillig meldeten, auf zivilen Fliegerschulen im Reich. Auch sie zogen Zivil an, wurden jedoch, wie die Offiziere in Lipezk, nach Abschluß ihres Lehrganges wieder in die Reichswehr aufgenommen. Dies geschah mit Wissen des jeweiligen Reichskanzlers und Finanzministers als »Geheime Reichssache«, unabhängig von der Partei, der sie angehörten. Der Leiter des Ministeramtes im Reichswehrministerium, Oberst v. Schleicher, hatte diese Lehrgänge politisch abzusichern.
Auch die deutsche Luftfahrtindustrie, die keine Militärflugzeuge herstellen durfte, konnte auf diesem Gebiet seit 1923 in Fili bei Moskau weiterarbeiten. Dort entstand ein Zweigwerk der Firma Junkers in Dessau, das Metallflugzeuge und Flugmotoren herstellte.
Es war Lenin, der diese Zusammenarbeit wünschte, aber auch politisch verantwortete. Sie erstreckte sich auch auf die deutsch-sowjetische Gemeinschaftsproduktion von Giftgas und schwerer Artillerie-

munition, außerdem auf die Ausbildung deutscher Offiziere für eine zukünftige Panzertruppe.

Die Anzahl der ausgebildeten deutschen Fliegeroffiziere in Lipezk hielt sich jedoch in Grenzen. Bis 1933 waren es 120 Jagdflieger und 100 Beobachter. Unter ihnen befanden sich viele zukünftige Generale der Luftwaffe.

Im Reich gab es den Deutschen Luftsportverband, der auf zahlreichen Flugplätzen junge Leute zu Piloten ausbildete. Nach amerikanischen Quellen konnte das Reichswehrministerium vor 1933 vier Jagdstaffeln, drei Bomber- und Aufklärungsstaffeln durch diese geheime Luftrüstung aufstellen.

Damit war eine Grundlage für die Luftwaffe gelegt, als Göring Reichskommissar für die Luftfahrt wurde.

Seinem Stellvertreter Erhard Milch nannte er zwei Ziele seiner Arbeit: »Wie andere Briefmarken sammeln, sammle ich Flugzeuge. Geld spielt keine Rolle.«

Görings Absicht war es, tausend militärisch einsetzbare Flugzeuge in kürzester Frist für die getarnte Luftwaffe zu erhalten.

Diese Zahl hatte auch eine politische Bedeutung: Mit 1000 Militärflugzeugen wollte Göring einen schützenden Schirm über die Heeresvermehrung legen, der eine Intervention von außen schwer machte.

Seine Luftwaffe war im Anfangsstadium als Abschreckungswaffe gedacht. Dazu brauchte man Abfangjäger. Der ehemalige Jagdflieger Göring dachte vor allem an die Jägerwaffe, bei der er im zurückliegenden Krieg eine bedeutende Rolle gespielt hatte. Im Gegensatz zu ihm hielten Erhard Milch und vor allem der erste Generalstabschef der Luftwaffe, General Wever, die Aufstellung von Bomber-Verbänden mit weitreichendem Radius für wichtiger als eine Aufblähung der Jägerwaffe.

Künftige Bomberpiloten wurden auf der Deutschen Luftverkehrsschule der Deutschen Lufthansa ausgebildet, die Ernst Brandenburg leitete. Er hatte im Weltkrieg das »England-Geschwader« der damaligen deutschen Luftstreitkräfte geführt, mit dem er London angriff. Die Engländer nannten seine Bombenflugzeuge »Giant«-Bomber – Riesenbomber.

Zum Reichskommissariat kam im März 1933 die zivile Luftfahrt, die bisher im Verkehrsministerium unter Geheimrat Fisch gewesen war. Unter Major Großkreuz wurde eine Abteilung für Luftschutz, unter dem Weltkrieg-Seeflieger von Flandern, Christiansen, eine

Abteilung für Ausbildung und Sport geschaffen. Bruno Loerzer, bei dem Göring einst Beobachter war, wurde Präsident des Deutschen Luftsportverbandes.
Am 29. März sah Göring auf der Erprobungsstelle Rechlin in Mecklenburg die Flugzeuge, mit denen jetzt zu rechnen war.
Nach seiner Rückkehr aus Rom erklärte sich das Reichswehrministerium für einverstanden, seine getarnte Fliegerabteilung einem Reichsluftfahrtministerium zuzuführen, das am 27. April vom Reichspräsidenten diesen Namen erhielt. Diese Fliegerabteilung war drei Monate vorher in einen Fliegerführungsstab erweitert worden. Der Verzicht des Reichswehrministeriums auf einen eigenen Fliegerstab bedeutete, daß die zukünftige Luftwaffe eigenständig werden würde. Dennoch wurde an eigene Heeresflieger gedacht, die es dann auch geben sollte.
Die Unterstellung des Fliegerführungsstabes unter Görings Reichsluftfahrtministerium fand am 15. Mai 1933 statt. Von diesem Tage an datiert, vorerst noch getarnt, der eigenständige Wehrmachtteil Luftwaffe, der nun zu Heer und Kriegsmarine trat.
Staatssekretär Milch hatte schon vorher, am 6. Mai, mit der Beschaffung von 1000 Flugzeugen begonnen, zu denen Bomber in größerer Menge gehören sollten. Als Bomber stand das Verkehrsflugzeug Ju 52 vorläufig zur Verfügung. Die Offiziere und Soldaten, die aus dem Reichswehrministerium überstellt wurden, hatten ihre Arbeit im neuen Ministerium als Zivilisten anzutreten.
Göring ließ Milch weitgehend freie Hand. Am 19. Mai übernahm er sein neues Amt als preußischer Ministerpräsident.
Er zog vom Kaiserdamm in die Dienstvilla Leipziger Straße 11a um, die er sich umbauen ließ. In der Schorfheide, dem größten staatlichen Jagdrevier in der Nähe Berlins, hatte den preußischen Ministerpräsidenten bisher das Jagdhaus Hubertusstock zur Verfügung gestanden, das früher dem Kaiser bei der Jagd diente.
Am 9. Mai 1933 bot der Reichsjagdverband, der ebenso gleichgeschaltet werden sollte wie alle anderen Bünde und Verbände, Göring den Vorsitz an, da Göring als Jäger bekannt war. Vorsitz war jedoch zu wenig, Göring wurde Schutzherr der deutschen Jäger. Da Preußen die größten Waldgebiete als Staatsforste im Reich besaß, war ein Jäger als Ministerpräsident in der Lage, etwas für die Jagd zu tun.
»Ich werde mich selbst an Ihre Spitze setzen«, erwiderte Göring, als ihm das Ehrenamt angetragen wurde. »Ich werde es mit der starken

Absicht tun, der deutschen Jagd die herausragende Bedeutung zu geben, die sie verdient. Ich werde ein neues Gesetz über die Jagd in Preußen ausarbeiten, das vorbildlich für das ganze Reich sein wird. Mein Wunsch ist es, daß dieses Gesetz wieder die deutsche Jagd in ihrer ehrenhaftesten Form herstellt, durch die die Deutschen an ihre Vergangenheit erinnert werden.«

Zu seinem Kommissar im Reichsjagdverband ernannte er den Forstinspektor Scherping. Die Jagd in Preußen wurde unter gesetzlichen Schutz gestellt, hinzu kamen dringend nötige Naturschutzverordnungen.

Im Mai 1933 wurde auch offiziell das Geheime Staatspolizeiamt (Gestapo), die Gestapo, geschaffen, das der preußische Beamte Diels leitete, bis es Himmler übergeben wurde.

In einem streng bewachten Gebäude am Lietzensee in Berlin-Charlottenburg wurde das geheime Forschungsamt zu einer wichtigen Nachrichtenquelle für Göring. Seine Aufgabe war es, Telefongespräche abzuhören und die Ergebnisse auf gelbem Papier an Görings Staatssekretär Körner weiterzuleiten, dem das Forschungsamt unterstand.

Körner versorgte damit Göring und die Reichskanzlei.

Göring benötigte nun einen Kammerdiener. Ihm wurde vorgeschlagen, einen SA-Mann dafür zu engagieren, aber das lehnte er ab. Sein Kammerdiener wurde ein Angehöriger der Reichsmarine, Alfred Kropp, der bis in die Kriegsgefangenschaft 1945 bei ihm blieb.

Zu seinem ersten Adjutanten machte er Oberst Bodenschatz, der aus der Reichswehr kam und einst sein Adjutant beim Jagdgeschwader Richthofen gewesen war. Einen anderen alten Freund, den Prinzen Philipp von Hessen, Schwiegersohn des Königs von Italien, ernannte er zum Oberpräsidenten von Kassel.

Göring dachte auch kurze Zeit daran, in Preußen eine neue aristokratische Hierarchie frei nach Napoleon Bonaparte zu errichten, in der er seine Staatssekretäre zu Herzögen hätte machen können, aber dieser Traum wurde ihm ausgeredet. Er richtete dann den Preußischen Staatsrat ein, dessen Mitglieder er sich aussuchte und die er mit Privilegien und Gehalt ausstattete. Das sollten nun seine »Herzöge« werden. Er hatte auch den Einfall, Oberhaupt der lutherischen Kirchen in Preußen zu werden, wie es einst der König von Preußen gewesen war, aber dazu kam es nicht. Er wollte dadurch den Streit zwischen deutschen Christen und bekennender Kirche, der ihm auf die Nerven ging, beseitigen.

Solche Allüren waren königlich, und Göring hielt sie für selbstverständlich. Aber solange Hindenburg lebte, konnte er sie sich nicht leisten.
Er war ein Gargantua geworden, der einen unermeßlichen Appetit auf Ämter hatte, aber zugleich hatte er eine kindliche Freude an der Machtfülle, die ihm überantwortet wurde. Er gedachte, diese Macht weitgehend zu delegieren, um die Machtfülle auch genießen zu können. Und es gab damals genug Männer, die darauf warteten, aus seiner Hand eine wichtige Aufgabe zu erhalten.
Man muß das Gargantuanische in Görings Leben auch an der Zeit messen, an jener Aufbruchsstimmung in Deutschland, in der alles möglich schien, sofern es der neuen Richtung nicht schadete, die von der bald einzigen Partei vertreten wurde.
Die Machtfülle hieß für Göring aber auch Geld. Er war plötzlich reich geworden, nicht nur durch Gehälter, die bescheiden aussahen, sondern durch die Verfügung über die Geldmittel, die ihm in seinen Ämtern zugefallen waren. Auch sein Blockhaus in der Schorfheide, das er sich bauen ließ, bezahlte der preußische Staat.
Da Hitler es ablehnte, Orden anzunehmen, erhielt sie der zweite Mann im Reich, Göring. Die wichtigste Quelle für seinen neuen Reichtum wurden jedoch Geschenke, auf denen er bestand.
»Es hat nur etwa ein Jahr der souveränen Machtausübung gebraucht«, schreibt Martin Henry Sommerfeldt, sein damaliger Pressereferent, »um aus Hermann Göring, dem aufrechten Soldaten mit dem Kinderherzen, eine der merkwürdigsten und augenfälligsten Charakterfiguren der Hitlerzeit zu machen. Mit einem förmlichen salto mortale stürzte er sich in dieser kurzen Zeitspanne in die andere Seite seiner doppelten Natur. Was bis dahin nur selten und im intimsten Kreise als eine verspätete und verspielte Knabenphantasie in Erscheinung getreten war, brach sich nun mit einer Intensität Bahn, die seine Freunde tief beunruhigte, die Öffentlichkeit vorläufig aber nur erheiterte. Es stimmte keineswegs, daß Göring für jeden guten Witz über sich fünf Mark bezahlte, diese fromme Lüge hatte ich seinerzeit erfunden, um den giftigen Goebbelsschen Sarkasmen einigermaßen zu begegnen. In Wirklichkeit bekam es jedem recht schlecht, der dem Ministerpräsidenten die neueste Göring-Anekdote zu erzählen wagte, aber es hätte in seiner engsten Umgebung niemanden mehr verwundert, wenn Göring sein Unterhemd zum Oberhemd ernannt hätte.«
Emmy Sonnemann war im Frühjahr 1933 aus Weimar nach Berlin

engagiert worden. Ihr Weimarer Intendant Franz Ulbrich hatte mit dem Dramatiker Hanns Johst, beide in SS-Uniform, am 1. März die Intendanz des Preußischen Staatstheaters übertragen erhalten. Johst wollte die Weimarer Schauspielerin, von der er wußte, daß sie Görings Geliebte war, in seinem Stück »Schlageter« unterbringen, das bald uraufgeführt werden sollte.
Emmy Göring schreibt über ihre Ankunft in Berlin: »Jetzt stand ich zunächst eisigen Mienen gegenüber. Mindestens sehr vielen. Man ließ mich fühlen, daß man mich am Berliner Staatstheater im Grunde nicht wollte. Die drückende, lastende Atmosphäre, die sich einzig aus meiner Freundschaft mit Hermann Göring erklärte, war allzu fühlbar. Man hielt mich für ein ›Protektionskind der Partei‹. Wohl konnte ich die Reaktion der Mitglieder des Staatstheaters verstehen. Es dauerte eine ganze Zeit, bis ich mir darüber klar wurde. Hermanns Stellung als preußischer Ministerpräsident zum ›Preußischen Staatstheater‹ erschwerte mir meine Situation erheblich. Sie hatten Angst, daß ich alles, was ich im Theater hörte, Hermann Göring übermitteln würde.«
Emmy Sonnemann bezog eine eigene Wohnung in der Bendlerstraße, in der Göring sie besuchte. Er war glücklich, sie in Berlin zu haben, dachte aber nicht daran, sie jetzt zu heiraten.
Er war von der Machtfülle, die er erhalten hatte, überwältigt, aber zugleich durch sie so sehr gefordert, daß er darauf sah, sich nach außen gut darzustellen.
Den Mephisto in Goethes »Faust I« spielte damals am Staatstheater Gustaf Gründgens, der im April von einer Auslandsreise zurückgekehrt war. Ihm wurde von Ulbrich und Johst mitgeteilt, daß er nicht erwünscht sei und die ihm vertraglich zugesicherte Rolle des Hamlet sich in den neu aufgestellten Spielplan nicht einordnen ließe. Sein Vertrag könne nicht bestehen bleiben. Der Mephisto war Gründgens' Paraderolle seit 1932. Als Gründgens im Mai während der »Berliner Kunstwochen« in dieser Rolle auftrat, saß der neue preußische Ministerpräsident Göring in der Kaiserloge des Staatstheaters.
Er hatte durch Emmy Sonnemann von der Kündigung für Gründgens erfahren, aber er war von seiner Darstellung des Mephisto stark beeindruckt. Am gleichen Abend noch ließ er Gründgens zu sich kommen und erklärte, wie Gründgens schreibt, »kategorisch, daß der zwischen dem Staatstheater und mir bestehende Vertrag bindende Gültigkeit sowohl für das Staatstheater als auch für mich haben müsse«.

Göring fand Gründgens genial; als Mephisto hinterließ er bei ihm, wie Emmy Göring schreibt, den größten Theatereindruck seines Lebens. Er setzte alles daran, diesen Schauspieler zu gewinnen und zu halten, der ihm, wie Mephisto dem Faust, zu Diensten sein sollte:
»Mephisto:
Wenn dir's beliebt, so bin ich auch bereit,
Dir zur Gesellschaft hier zu bleiben;
Doch mit Bedingnis, dir die Zeit
Durch meine Künste würdig zu vertreiben.
Was dir die zarten Geister singen,
Die schönen Bilder, die sie bringen,
Sind nicht ein leeres Zauberspiel.
Auch dein Geruch wird sich ergötzen,
Dann wirst du deinen Gaumen letzen,
Und dann entzückt sich dein Gefühl.
Bereitung braucht es nicht voran,
Beisammen sind wir, fanget an!«
Die Preußischen Staatstheater - Oper Unter den Linden, Schauspielhaus am Gendarmenmarkt - fielen in die Kompetenz des preußischen Ministerpräsidenten; Göring hatte den Versuch von Goebbels abgewehrt, sich auch dieser künstlerischen Domäne zu bemächtigen, als er nach seiner Ernennung zum Propagandaminister alle künstlerischen Institutionen des Reiches sich untertan zu machen begann. Zwischen Göring und Goebbels sollte dieser Streit zu einer immer tiefer werdenden Entfremdung führen, die bei den Machtkämpfen unter den nächsten Mitarbeitern Hitlers eine wichtige Rolle spielte. Es kam hinzu, daß Goebbels sich mit Emmy Sonnemann nicht verstand. Sie war eine liebenswerte, warmherzige, frauliche Erscheinung, dem Theater verpflichtet, auf dem sie sich zu behaupten wußte. Mit Carin Göring hatte Goebbels kluge Gespräche geführt, sie war eine gläubige Anhängerin Hitlers in der »Kampfzeit« gewesen. Emmy Sonnemann war als Geliebte und später Gattin Görings eine Gegnerin von Goebbels.
Gründgens spielte im Mai 1933 auch den Mephisto in »Faust II«, einer Inszenierung des Düsseldorfer Intendanten Gustav Lindemann, die am 21. Januar 1933 Premiere am Preußischen Staatstheater hatte. So lernte Göring den ganzen Mephisto durch Gründgens kennen.
»Mephisto (Faust II)
Was ehmals Grund war, ist nun Gipfel.

Sie gründen auch hierauf die rechten Lehren,
das Unterste ins Oberste zu kehren.
Denn wir entrannen knechtisch-heißer Gruft
Ins Übermaß der Herrschaft freier Luft.
Ein offenbar Geheimnis, wohl verwahrt,
und wird nur spät den Völkern offenbart.
Was geht mich's an! Natur sei, wie sie sei!
's Ehrenpunkt! - der Teufel war dabei.
Wir sind die Leute, Großes zu erreichen;
Tumult, Gewalt und Unsinn! sieh das Zeichen!
Doch, daß ich endlich ganz verständlich spreche,
Gefiel dir nichts an unsrer Oberfläche!
Du übersahst in ungemeßnen Weiten
Die Reiche der Welt und ihre Herrlichkeiten.
Doch, ungenügsam, wie du bist,
Empfandest du wohl kein Gelüst?«

Mephisto-Gründgens sagte es, Göring verstand. Er war es, der hier angesprochen wurde, mit dem Goetheschen Text, aber vorgetragen mit der schneidenden Schärfe eines Schauspielers, der Görings Wesen zuerst blind, später sehend, erfaßte.

Am 30. Mai 1933 erfuhren Flugzeugfabrikanten und Fachleute, die Göring nach Berlin gerufen hatte, daß die neue Regierung hohe Kredite zur Verfügung stellen werde, um neue Flugzeuge, Flugplätze, Fabriken und Flugmotoren zu bauen.

Göring flog wieder, und es gab nichts, was ihn hätte aufhalten können.

Er war nun Herr über vieles, aber es fehlte ihm noch ein militärischer Dienstrang.

Als dem Reichspräsidenten dieser Wunsch des preußischen Ministerpräsidenten vorgetragen wurde, meinte Hindenburg, der Hauptmann a.D. wolle wohl Major werden, ihm wurde jedoch gesagt, Göring müsse zum General ernannt werden. Darauf sagte Hindenburg zögernd, »Generalmajor«, aber er hatte sich wohl verhört, denn gemeint war der General einer Waffengattung, und so wurde Göring General der Infanterie, da er aus dem I.R.113 in Mülhausen stammte. Die Beförderung über sechs Rangstufen hinweg war neu, doch aus Hauptleuten, die 1918 aus dem Kriege zurückkehrten, waren inzwischen Generale geworden, und Göring sah nicht ein, sich diese Gleichstellung entgehen zu lassen, obwohl er nie in der Reichswehr gedient hatte.

Er besuchte in der neuen Uniform bald nach seiner Beförderung in Potsdam die 4. (MG) Kompanie des I.R.9, von der die Tradition der preußischen Fliegertruppe getragen wurde, der er einst angehörte. Auch aus dieser Kompanie kamen die Soldaten seiner künftigen Luftwaffe.

Hindenburg erhielt im August als »Dank für Tannenberg und für die Dienste in Krieg und Frieden« als Geschenk des preußischen Staates die Domäne Langenau, die doppelt so groß war wie sein Gut Neudeck. Hindenburgs Vorfahren hatten Langenau einst durch Heirat erworben, aber Ende des 19. Jahrhunderts an den preußischen Staat verkauft. Um Langenau mit Neudeck in Ostpreußen zu verbinden, wurde noch ein Waldstück übereignet. Nach dem Vorbild von Bismarcks »Sachsenwald« wurde der Forst »Preußenwald« genannt.

Diese Schenkungen sind mit der Beförderung Görings zum General in Zusammenhang gebracht worden.

Am 27. August fand eine große Feier im Reichsehrenmal Tannenberg statt, bei der Göring die Veteranen und die Reichswehr aufforderte, auf den Feldmarschall ein dreifaches »Hurra« auszubringen, was dieser sich gewünscht hatte, obwohl das »Hurra« nicht mehr üblich war, das »Heil« hatte es ersetzt.

Göring war in Generalsuniform erschienen; er trug auch den Stahlhelm. Er erinnerte sich an seine Kadettenzeit in Lichterfelde, und er sah sich in seiner Auffassung bestätigt, daß alles seinen rechten Weg für ihn gegangen sei, obwohl es doch viele Umwege gegeben hatte. Mit Hindenburg fuhr er durch den »Preußenwald«; beide unterhielten sich über Forstwirtschaft.

Wenn Hindenburg jemals einer der nationalsozialistischen Führer sympathisch war, dann ist es Göring gewesen. Und dieser Göring wollte sich jetzt auch noch um die deutsche Fortwirtschaft kümmern. Das gefiel dem Gutsherrn in Ostpreußen.

Es ist auch möglich, daß Hindenburg, der wußte, daß seine Tage gezählt waren, in Göring den Fürsprecher für eine Monarchie im Reich nach seinem Ableben sah und es ihm, dem tatkräftigen, wenn auch zu eitlen Mann, zutraute, dies durch seinen Einfluß bei Hitler zu erreichen.

Görings Besuch in Ostpreußen wurde von seinem persönlichen Referenten Dr. Gritzbach und Martin Henry Sommerfeldt vorbereitet. Gritzbach war Papens persönlicher Referent gewesen und von Göring übernommen worden, als er preußischer Ministerpräsident wurde.

Sommerfeldt schreibt von einem Vorfall in Allenstein, der zeigte, »wodurch Görings Wandlung so verhängnisvoll gefördert wurde«. Gritzbach äußerte gegenüber dem Bürgermeister von Allenstein, Göring erwarte, daß er zum Ehrenbürger der Stadt ernannt werde. Auf die Frage des Bürgermeisters, woher in so kurzer Zeit ein Ehrenbürgerbrief und eine Ehrengabe kommen solle, erwiderte Gritzbach, er mache das alles, in Berlin gebe es einen Juwelier, der so etwas immer vorrätig habe, er solle ihm nur sagen, was er anlegen wolle.

Auf den Einwand des Regierungspräsidenten, dann müsse auch der Reichskanzler Ehrenbürger werden, und seine Frage, ob er für ihn auch eine Ehrengabe »auf Lager« habe, erwiderte Gritzbach: »Was befohlen wird, wird gemacht.«

Sommerfeldt fragte sofort in Berlin an und erfuhr, dort sei nichts von einer Ehrenbürgerschaft bekannt.

Mächtige Leute haben Lakaien, von denen sie abhängen. Sie sagen einfach: Was befohlen wird, das wird gemacht.

Erster Ehrenbürger von Allenstein war Hindenburg, der 1914 Ostpreußen von den Russen befreit hatte.

15. Kapitel

Erste Niederlage

Göring sah seine Macht, die er in Preußen und über Preußen nun ausübte, als Vorbild für das ganze Reich. Er war sich dabei ganz nüchtern im klaren, daß dieses Reich ein nationalsozialistisch geführter Zentralstaat werden würde, in dem die Länder verschwänden. Preußen hatte das Deutsche Reich geschaffen; nun konnte Preußen im Deutschen Reich aufgehen.

Um Hitler zu zeigen, wie er sich nach der Liquidierung der Parlamente der Weimarer Parteien-Demokratie eine Beratung des Souveräns dachte, gründete er den Preußischen Staatsrat.

Er sollte die Aufgabe haben, ihn als Ministerpräsidenten zu beraten. Da er selbst die Mitglieder des Staatsrates auswählte, konnte er sich mit Männern umgeben, die ihm gefielen oder von denen er etwas erwartete. Seine Staatsräte hatten das Privileg, nur von ihm selbst oder mit seinem Einverständnis verhaftet zu werden, was jetzt viel bedeutete. Wer Staatsrat wurde, stand unter Görings Schutz. Außerdem erhielt er eine jährliche Aufwandsentschädigung von 12 000 Mark; wohnte er in Berlin, bekam er nur die Hälfte. Ihm stand ein Dienstwagen zur Verfügung, später kamen zwei Adjutanten aus der Luftwaffe im Range von Majoren hinzu.

Göring war Präsident des Preußischen Staatsrates, der seinen Sitz im »Preußenhaus«, dem früheren Landtagsgebäude, hatte.

Neben dem »Preußenhaus« befand sich seine Ministervilla, die er nach seinen Wünschen ausstatten ließ.

Staatsräte wurden Staatsminister und Staatssekretäre, Führer aus der Partei, der SA und SS, Personen aus Kirche, Wirtschaft, Wissenschaft und Kunst. Zur Eröffnung des Preußischen Staatsrates fand am 15. September 1933 eine Parade von SA und SS in der Leipziger Straße statt, die der preußische Ministerpräsident abnahm. Röhm und Himmler sah man auch auf der Tribüne, aber sie standen im Hintergrund. Es war das erste Mal, daß Göring eine derartige Parade erhielt. Sie galt nur ihm, Hitler zeigte sich nicht. Göring konnte beweisen, welche persönliche Macht er besaß.

An ihn begann man sich zu wenden, wenn es Schwierigkeiten mit der Partei gab. So hatte am 13. Juni Vizeadmiral v. Throtha als Führer des Großdeutschen Bundes von Göring erfahren, daß dieser in keiner Weise die Kampagne des HJ-Führers Baldur von Schirach gegen diese Vereinigung der Bündischen Jugend billige. So hatte Göring auch die Verlegung des Bundestages des Großdeutschen Bundes aus Sachsen nach Preußen, in die Lüneburger Heide von Munster, erlaubt, die nötig wurde, da der sächsische Gauleiter Mutschmann diesen Bundestag nicht gestattete. Doch die starke Stellung, die Göring jetzt hatte, wurde durch ein Ereignis in Frage gestellt, das eine Woche nach der Parade auf der Leipziger Straße stattfand.
Vor dem Reichsgericht in Leipzig begann der Prozeß, der die Reichstagsbrandstiftung aufklären sollte. Göring und Goebbels waren als Belastungszeugen geladen worden. Göring hatte seine Zusage gegeben, obwohl er wußte, daß nur Marinus van der Lubbe eine Brandstiftung nachgewiesen werden konnte. Seine Polizei hatte die anderen vier Angeklagten in Berlin verhaftet: Ernst Torgler von der Reichstagsfraktion der KPD und die drei Kommunisten aus Bulgarien Dimitroff, Taneff und Popoff. Georgi Dimitroff, der sich selbst verteidigte, gehörte der Kommunistischen Internationale (Komintern) in Moskau an. Der deutsche Rundfunk übertrug die Gerichtsverhandlung, die sich hinzog, direkt. Am 4. November 1933, dem 31. Verhandlungstag, erschien Göring in Ziviljackett, Reithose und schwarzen Stiefeln im Gerichtssaal.
Er ließ sich als Zeuge vereidigen.
Sein Duell mit Dimitroff wurde eine Sensation für die Weltpresse. Achtzig Journalisten saßen im Saal.
Dimitroff hatte sich gut vorbereitet, Göring glaubte, sich auf seine Person und seine Fähigkeit, mit Gegnern wie Dimitroff rasch fertig zu werden, verlassen zu können. Da aber Dimitroff in seiner Befragung des Zeugen Göring bald - er war ja sein eigener Verteidiger und durfte diese Fragen stellen - auf das Verhältnis Deutsches Reich–Sowjetunion kam, verlor Göring die Selbstbeherrschung.
Er hat es bereut, daß er sich durch Dimitroff in die Enge treiben ließ.
Aus dem Reichsgerichtsgebäude in Leipzig wurde nach 1945 das Georgi-Dimitroff-Museum, in dem der Gerichtssaal erhalten geblieben ist, in dem sich Göring und Dimitroff 1933 gegenüberstanden. Für Touristen erklingen noch einmal ihre Stimmen von den Schallplatten, die aus den Rundfunkaufnahmen entstanden.

Die entscheidende und den Wutausbruch Görings hervorrufende Passage lautet im Original wie folgt:

»Dimitroff: ... Ich habe gesagt, Herr Präsident, daß die Untersuchung bei der Polizei und nachher auch richterliche Untersuchung vorsätzlich gegen (durch) eine solche politische Einstellung beeinflußt und nur in dieser Richtung hauptsächlich.

Göring: Angeklagter Dimitroff!

Dimitroff: Deshalb frage ich.

Göring: Aber noch das zugegeben, wenn sie sich hat in dieser Richtung beeinflussen lassen, so hat sie nur die richtige Richtung gesucht.

Dimitroff: Das ist Ihre Meinung, meine Meinung ist eine andere!

Göring: Logisch, aber meine ist die entscheidende.

Präsident: Dimitroff!

Dimitroff: Ich bin Angeklagter, selbstverständlich.

Präsident: Sie haben lediglich Fragen zu stellen.

Dimitroff: Ich gehe weiter, Herr Präsident. Ist Herrn Präsident, Herrn Ministerpräsident Göring bekannt, daß die Partei mit dieser verbrecherischen Weltanschauung, wie er sagt, diese Partei regiert einen sechsten Teil der Erde? Das ist die Sowjetunion.

Göring: Leider!

Dimitroff: Diese Sowjetunion ist in diplomatischen und politischen und wirtschaftlichen Beziehungen mit Deutschland. Durch ihre wirtschaftlichen Bestellungen Hunderttausende deutschen Arbeiter Arbeit bekommen haben, bekommen hat und bekommen wird. Ist das bekannt? Ist Ihnen bekannt –

Göring: Es ist mir bekannt.

Dimitroff: Gut!

Göring: Was man in Rußland macht, ist mir gleichgültig.
Ich habe nur mit der Kommunistischen Partei in Deutschland zu tun und mit den ausländischen kommunistischen Gaunern, die hierherkommen, um den Reichstag anzustecken.

Im Zuhörerraum: Bravo!

Dimitroff: Das bravo, bravo! Natürlich, sagen bravo. Gegen die Kommunistische Partei Deutschland einen Kampf zu führen, ist Ihr Recht. Ein Recht ist der Kommunistischen Partei in Deutschland, illegal zu leben und Ihre Regierung zu bekämpfen und wird bekämpfen, das ist doch eine Sache des Kräfteverhältnisses, keine Sache des Rechts.

Präsident: Dimitroff, aber ich untersage Ihnen, hier eine kommunistische Propaganda zu treiben.

Dimitroff: Er macht eine nationalsozialistische!
Präsident: Das ist mir ganz gleichgültig. Ich untersage Ihnen das aufs nachdrücklichste. Kommunistische Propaganda wird hier in diesem Saal nicht getrieben, und das war eben ein Stück davon.
Dimitroff: Herr Präsident, im Zusammenhang mit meiner letzten Frage steht jetzt jedenfalls zur, zur Klärung die Frage: Partei und Weltanschauung. Herr Ministerpräsident Göring hat erklärt, daß eine ausländische Macht wie die Sowjetunion und in Verbindung mit dieser Macht, dieses Land kann alles, was will machen, aber in Deutschland gegen die Kommunistische Partei. Wahre Weltanschauung, diese bolschewistische Weltanschauung regiert Sowjetunion, das größte und beste Land in der Welt. Ist das bekannt?
Göring: Hören Sie mal, jetzt will ich Ihnen sagen, was im deutschen Volk bekannt ist. Bekannt ist im deutschen Volk (Görings Stimme steigert sich), daß Sie sich hier unverschämt benehmen und hierhergelaufen kommen, den Reichstag anstecken und dann hier mit dem deutschen Volke noch solche Frechheiten sich erlauben. Ich bin nicht hierhergekommen, um mich von Ihnen anklagen zu lassen. Sie sind in meinen Augen ein Gauner, der längst an den Galgen gehört.
Präsident: Herr Ministerpräsident!
Dimitroff: Sehr gut!
Präsident: Dimitroff, ich sagte, ich habe bereits gesagt, daß Sie keine kommunistische Propaganda (Dimitroff versucht weiterzusprechen). Wenn Sie jetzt noch ein Wort sprechen, werden Sie wieder hinausgetan –. Daß Sie keine kommunistische Propaganda zu treiben haben. Sie haben das zum zweiten Mal jetzt getan und können sich dann nicht wundern, wenn der Herr Zeuge derartig aufbraust wie eben. Ich untersage Ihnen das jetzt aufs strengste. Sie haben, wenn Sie überhaupt Fragen zu stellen haben, haben Sie rein sachliche Fragen, nichts weiter –
Dimitroff: Ich bin sehr zufrieden, ich bin sehr zufrieden mit dieser Erklärung von Herrn Göring.
Präsident: Ob Sie zufrieden sind oder nicht, das ist mir vollkommen gleichgültig.
Dimitroff: Sehr zufrieden! Herr Präsident, ich stelle Fragen!
Präsident: Ich entziehe Ihnen das Wort.
Dimitroff: Herr Präsident!
Präsident: Setzen Sie sich hin.
Dimitroff: Ich habe das Recht, sachliche Fragen zu stellen.
Präsident: Ich entziehe Ihnen das Wort nach diesen Fragestellungen.

Dimitroff (zu Göring): Haben Sie Angst vor diesen Fragen, Herr Ministerpräsident?
Göring (schreit unbeherrscht): Sie werden Angst haben, wenn ich Sie erwische, wenn Sie hier aus dem Gericht raus sind, Sie Gauner Sie!
Präsident: Dimitroff wird auf drei weitere Tage ausgeschlossen. Sofort hinaus mit ihm.«
Der Ausbruch Görings zeigte vor der Weltöffentlichkeit eine Mißachtung der ordentlichen Gerichtsbarkeit. Er wollte Dimitroff an den Galgen bringen, wenn er freikäme.
Die ungeheuerliche Drohung, zu der er sich hinreißen ließ, schadete ihm damals sogar bei Hitler, der nicht daran interessiert war, sich mit der Sowjetunion anzulegen.
Goebbels, der am 8. November im Gerichtssaal auftrat, wußte Dimitroff eleganter zu begegnen.
»Dimitroff: Ich bin hier unter anderem angeklagt von meinem Ankläger, daß ich durch die Reichstagsbrandstiftung eine gewaltsame Änderung der deutschen Verfassung durchführen wollte. Ich frage den Herrn Minister der Propaganda in Deutschland –
Präsident: Nun mal los, raus mit der Frage!
Dimitroff: Ich frage, welche, eigentlich welche Verfassung am 30. Januar und am 27. Februar in Deutschland herrschte, welche Verfassung?
Goebbels: Es herrschte die Verfassung, die vom Weimarer Parlament angenommen worden war. Ob diese Verfassung gut oder schlecht war, stand dabei außer jedem Belang. Ausschlaggebend war, daß sie legal war und daß sie auch von der nationalsozialistischen Regierung angenommen wurde. Sie ändern wollten wir nicht der Kommunistischen Partei überlassen, sondern diese Änderung haben wir uns selbst vorbehalten.«
Dimitroff, Taneff, Kaneff und Torgler wurden freigesprochen, van der Lubbe erhielt die Todesstrafe. Eine völlige Klarheit über die Reichstagsbrandstiftung wurde nicht erbracht.
Die Hinrichtung van der Lubbes fand am 10. Januar 1934 statt. Dimitroff verließ Deutschland am 28. Februar 1934 in einem russischen Flugzeug, das ihn aus Königsberg abholte. Göring soll, wie Martin Henry Sommerfeldt schreibt, beabsichtigt haben, Dimitroff bei seiner Auslieferung nach Rußland verunglücken oder auf der Flucht erschießen zu lassen, um sich persönlich an diesem Mann zu rächen. Der Auslandspressechef Hitlers, Hanfstaengl, und Sommerfeldt, der

nicht mehr für Göring tätig war - sein Ministerpräsident hatte ihn einige Tage nach seinem Auftritt in Leipzig vom Amte suspendiert -, sorgten dafür, daß der Berliner Korrespondent der amerikanischen Nachrichtenagentur AP, Lochner, und sein Berliner Kollege von der Londoner »Times« von diesem »Gerücht« Kenntnis erhielten, das sie gegenüber den ausländischen Journalisten offiziell sofort dementierten, denn Göring sei ein Gentleman und viel zu sehr Soldat, um einem feigen Mord aus dem Hinterhalt die Hand zu bieten. Sommerfeldt fügte noch hinzu, Göring unterscheide sich durch Herkommen und früheren Offiziersberuf wesentlich von anderen Parteihäuptern. AP verbreitete dies in alle Welt und Göring konnte in der »Times« lesen, daß er ein vollendeter Gentleman sei. Er ließ sofort das Gerücht von einem Verbrechen, das er an Dimitroff begehen wolle, scharf dementieren.

Für Görings Stellung innerhalb der nationalsozialistischen Führung war sein Auftritt vor dem Reichsgericht im November 1933 ein empfindlicher Rückschlag.

Er hatte die Selbstbeherrschung verloren - und das noch in einer Direktsendung des Rundfunks. Seine scharfe Intelligenz und sein rasches Reaktionsvermögen waren bisher bewundert worden.

Er mußte sich auch eingestehen, daß der Reichstagsbrand als Signal zu einem kommunistischen Aufstand, wie ihn Hitler und vor allem Goebbels damals deuteten, denen er sich so rasch anschloß, vom Reichsgericht nicht eindeutig in den Verhandlungen bestätigt worden war.

Sein Auftritt in Leipzig fiel in den Wahlkampf. Am 12. November 1933 sollte in einer Volksabstimmung das Einparteiensystem im Reichstag von den Wählern angenommen werden. Ursache dieser Neuwahlen, die keine echten Wahlen mehr waren, ist Deutschlands Austritt aus dem Völkerbund am 19. Oktober 1933 gewesen, der damit begründet wurde, daß dem Reich die Gleichberechtigung auf der Genfer Abrüstungskonferenz nicht in jeder Hinsicht zugestanden würde.

Bei der Wahl gab es nur die Möglichkeit, mit »Ja« oder »Nein« zu stimmen. Am Vorabend hielt der 86jährige Hindenburg seine letzte Rede über den Rundfunk: »Ich und die Reichsregierung, einig in dem Willen, Deutschland aus der Zerrissenheit und Ohnmacht der Nachkriegsjahre emporzuführen, haben das deutsche Volk aufgerufen, morgen selbst über sein Schicksal zu entscheiden und vor aller Welt zu bekunden, ob es die von uns eingeschlagene Politik billigen und zu seiner Sache machen will. Dank der mutigen, zielbewußten und kraftvollen Führung des am 30. Januar dieses Jahres von mir berufenen Reichskanzlers Hitler und seiner Mitarbeiter hat Deutschland sich selbst wiedergefunden und die Kraft gewonnen, den Weg zu beschreiten, den ihm seine nationale Ehre und seine Zukunft vorschreiben.«

Hindenburg soll Bedenken gegen den Austritt aus dem Völkerbund geäußert haben. Sie wurden aber durch ein Telegramm Krupps an ihn ausgeräumt. Krupp war der Ansicht, der Rückzug aus Genf sei »durch das Gebot der Selbstachtung vorgeschrieben«. Am Abend der Wahl hatten 95% der Wahlberechtigten mit »Ja« gestimmt.

Der Austritt aus dem Völkerbund fiel mit einem Ereignis zusammen, das Göring persönlich tief traf. Die Schleife eines Kranzes, den er zum Todestage seiner Frau, am 17. Oktober, an deren Grab auf dem Friedhof von Lovö niederlegen ließ, hatte ein Hakenkreuz getragen. Diese Schleife war von schwedischen Antifaschisten abgerissen und entfernt worden. Ein Zettel, der am Grab zurückgelassen wurde, nannte die Schleife »Nazipropaganda«, die Göring am Grab seiner Frau damit machen wolle.

Göring, der nicht vergessen hatte, daß er 1920 zum ersten Mal das Hakenkreuz im Schloß Rockelstad des Grafen von Rosen am Kamin als Ornament vorfand, entschloß sich sofort, die sterblichen Reste seiner Frau nach Deutschland überführen zu lassen.

Im früheren Jagdgebiet der preußischen Könige, in der Schorfheide, sollte sie ihre letzte Ruhestätte erhalten. Das Haus, das er sich dort im schwedischen Bauernhausstil errichten lassen wollte, sollte »Carinhall« heißen, und dazu sollte ein Mausoleum auf dem hohen Ufer eines märkischen Sees gehören.

Dort sollte Carin Göring in einem Zinnsarg ruhen, der auch ihn einmal aufnehmen würde.

Er ließ die Schorfheide unter Naturschutz stellen; am Ufer des Großen Dölln-Sees errichteten die Regierungsarchitekten Tuch und Hetzelt nach seinen Entwürfen das Hauptgebäude. Es war zuerst als Blockhaus gedacht, das dann weiter ausgebaut wurde.

Die Kosten trug der preußische Staat.

Daß ihm ausgerechnet in Schweden diese Beleidigung einer Grabschändung angetan worden war, erbitterte Göring.

Er liebte das Land, in dem er einst Zuflucht gefunden hatte. Nun wollte er sich sein Schweden selbst in der Nähe Berlins errichten.

Die NSDAP wurde am 1. Dezember 1933 durch das »Gesetz zur Sicherung der Einheit von Partei und Staat« die einzige Staatspartei. Ernst Röhm und Rudolf Heß wurden von Hitler Ende Dezember zu Reichsministern ernannt.

Die deutsche Öffentlichkeit erfuhr dadurch, daß Hitler den Stabschef der SA duzte; die Ernennung wurde mit einem persönlichen Schreiben Hitlers an Röhm in der Presse bekannt gemacht.

Görings Ruf als zweiter Mann neben Hitler wurde dadurch herabgesetzt. Plötzlich war er nur einer in der Nähe Hitlers, nicht sein Freund wie Röhm.

Und Goebbels hatte sich durch die Gründung der Reichskulturkammer sowie durch das Schriftleitergesetz für Zeitungsredakteure unumschränkte Macht über Künstler und Journalisten angeeignet.

Aber war Göring nicht Herr über die Wälder, die Lüfte, die Geheimnisse, die sein Forschungsamt erlauschte?

Und hatte er nicht die Herrschaft wenigstens über die Preußische Staatsoper und das Staatstheater am Gendarmenmarkt behalten? Zu Weihnachten erließ er eine Amnestie für Häftlinge preußischer Konzentrationslager; auch über sie konnte er noch verfügen.

Als Reichstagspräsident konnte er nach dem 12. November 1933 nur noch der Vor- und Nachredner Hitlers sein, falls überhaupt noch Sitzungen stattfinden sollten.

Und Göring als preußischer Ministerpräsident? Das Amt würde er behalten, aber die Tage für seine Machtausübung in Preußen waren gezählt: Am 30. Januar 1934 sollte das Gesetz über den Neubau des Reiches, die Aufhebung der Hoheitsrechte der Länder und Länderparlamente erlassen werden.

Sein Amt des preußischen Ministerpräsidenten würde unbedeutend werden, aber es blieb ihm als Pfründe. Er brauchte diese Pfründe, um das Leben genießen zu können; er war ein Genußmensch.

Er wohnte in einem Palais, das Dienstsitz des preußischen Handelsministers gewesen war. Dieses Gebäude hatte er nach eigenen Angaben umbauen lassen. Samtene Tapeten bedeckten die Wände der kleinen Räume, düstere Glasfenster ließen wenig Licht ins Innere. Schwere Renaissancemöbel standen in den Räumen; auch an die Edelweißkapelle in Stockholm hatte Göring gedacht, die ihn an seine Frau erinnerte. Sie war mit Hakenkreuzen geschmückt, aber Hakenkreuze waren auch, wie Albert Speer schreibt, in den übrigen Räumen an Decken, Wänden und Fußböden angebracht. »Es sah aus, als ob in dieser Wohnung ständig irgend etwas besonders Feierlich-Tragisches vorgehen würde.«

Hitler hatte die Wohnung besichtigt und für zu dunkel gehalten. Er empfahl Göring Speer, der in der Reichskanzlei Umbauten vorgenommen hatte.
Im Winter ließ Göring die Wohnung nochmals umbauen. Speer schreibt: »Es war eine schöne Aufgabe; Geld spielte, wie immer bei Göring, keine Rolle. So wurden Wände herausgerissen, um aus den vielen Zimmern des Erdgeschosses vier große Räume zu erhalten; der größte davon, sein Arbeitsraum, maß fast 140 Quadratmeter und kam damit demjenigen Hitlers nahe. Görings Möbel entsprachen seiner Körperfülle. Ein alter Renaissance-Schreibtisch hatte gewaltige Übermaße, desgleichen ein Schreibsessel, dessen Rückenlehne sich weit über sein Haupt erhob, wahrscheinlich der Thronsessel eines Fürsten. Auf dem Schreibtisch ließ er zwei silberne Leuchter mit überdimensionierten Pergamentschirmen aufstellen, dazu eine übergroße Fotografie Hitlers; das ihm vom Führer geschenkte Original war ihm nicht imposant genug. Er ließ es zu diesem Zweck vielfach vergrößern und jeder Besucher wunderte sich über diese besondere Ehrung durch Hitler, da es in Partei- und Regierungskreisen bekannt war, daß Hitler seinen Paladinen sein Bild in immer gleichbleibender Größe in einem eigens dafür von Frau Troost entworfenen Silberrahmen schenkte. In der Halle wurde ein übergroßes Bild an die Decke gezogen, um Öffnungen zu einer hinter der Wand liegenden Filmkammer freizulegen. Tatsächlich hatte Göring in seiner unbedenklichen Art ›seinem‹ preußischen Direktor des Kaiser-Friedrich-Museums befohlen, das berühmte Bild von Rubens ›Diana auf der Hirschjagd‹ in seine Wohnung zu liefern.«
Während des Umbaus wohnte Göring im Palais des Reichstagspräsidenten gegenüber dem ausgebrannten Reichstagsgebäude. Seine Dienstvilla auf dem Grundstück Ecke Prinz-Albrecht-Straße und Stresemannstraße sollte im Juni 1934 Schauplatz eines Ereignisses werden, das sein Leben wieder einmal veränderte. Es sollte ihn aus seinem Sybaritenleben reißen, in das er sich Anfang 1934 zurückzog, verfolgt von dem furchtbaren Wort: »An den Galgen!«, das er im November Dimitroff entgegengeschleudert hatte. Daraus sollte dann: »Der Führer will es, gebt Feuer!« werden.
Jetzt hatte er dafür gesorgt, daß aus der Stresemannstraße eine Hermann-Göring-Straße wurde.
Dort feierte er am 12. Januar 1934 seinen 41. Geburtstag; er wurde reich beschenkt. Diese Schenkungen wurden von nun an üblich, man überbot sich dabei. Hitler nahm wertvolle Geschenke – wie

auch Orden - nicht an. Dagegen freute sich Göring wie ein Kind über die Kostbarkeiten, die ihm aus dem Reich zuflossen. Sie gehörten zu seinem Lebensstil, er war der Renaissance-Mensch, wie ihn Hitler damals nannte, der sich bewußt von seinem Göring abhob. Aber das greift schon vor. Noch lebte Hindenburg, der Anfang Januar 1934 seinen letzten Neujahrsempfang gab.

»Er hatte sich auf seinen Stock gestützt«, schreibt Martin Henry Sommerfeldt, »er stand wie ein Denkmal, groß und schwer. Sein Haar war schneeweiß, seine Augen von sehr lichtem Blau, milde und alt.

Aufmerksam stand der Reichskanzler Hitler im Hintergrund. Gleichgültig, daß der eine Mann einmal Feldmarschall und der andere ein Gefreiter war - zwischen ihnen lag eine Welt, eine Epoche der Geschichte, und der Uralte war der letzte Brückenbogen, der aus schon legendärer Vergangenheit noch in die Gegenwart ragte. Er war das letzte Hindernis auf dem Wege zur Diktatur.«

Wolfgang Ruge schreibt in seiner »Hindenburg«-Biographie: »Den Winter 1933/34 verbrachte der Reichspräsident in seinem vereinsamten Palais in aller Stille. Da er jetzt nichts mehr zu entscheiden hatte, gab es auch keine Kamarilla mehr. Die Namen der früheren Ideenspender Ludendorff, Groener und Schleicher durften, da sie bei den Nazis in Ungnade gefallen waren, in der Wilhelmstraße nicht einmal mehr erwähnt werden. Papen und Oldenburg-Januschau waren nur seltene Gäste. Andere ehemalige Vertraute des Feldmarschalls waren selbst gebrechlich geworden und saßen, im Provinz- und Kreismaßstab eine ähnliche Rolle wie Hindenburg spielend, auf ihren Gütern. Sohn Oskar irrte beschäftigungslos umher, weil die Nazis auf der von ihm beanspruchten Ebene keine Helfershelfer mit derartig verkümmertem Intellekt brauchen konnten. Der einzige, der noch Geschäftigkeit an den Tag legte, war Staatssekretär Meißner, dem es vor allem darum ging, seinen Posten auch nach dem Tode Hindenburgs, der nach menschlichem Ermessen nicht mehr fern sein konnte, zu behalten.«

Göring hatte sich bisher als Bindeglied zwischen Hindenburg und Hitler verstanden, als preußischer Vermittler, der Kadett gewesen war wie der Feldmarschall. Das war eine seiner Stärken gewesen. Den Hohenzollern, die von ihm immer noch erhofften, nach dem Tode Hindenburgs eine Restauration der Monarchie durchzusetzen - Mussolini in Italien war unter einem König faschistischer Diktator! -, blieb Göring noch nahe, aber es war nicht mehr die alte Ver-

bundenheit; Görings Selbstbewußtsein war gewachsen. Nach Hindenburgs Tod würde Hitler entscheiden, wie es mit dem höchsten Statsamt weitergehen sollte.
Und Göring wollte Hitlers treuester Gefolgsmann bleiben, komme, was da wolle.

16. KAPITEL

Nach Carinhall

Während im Winter 1933/34 im Jagdgebiet der preußischen Könige Wildpark Werder bei Potsdam unter dem Ehrenpfortenberg über den Ortschaften Eiche und Golm ein unterirdisches System von Luftschutzbunkern entstand, das die künftige Führung der Luftwaffe im Ernstfall aufnehmen sollte, bemühte sich Göring, der es verstand, sich stets Zeit für seine Liebhabereien und Neigungen trotz seiner Ämterfülle zu nehmen, um seine Preußischen Staatstheater. Er rechnete sie zu seinem Hoheitsgebiet, verteidigte sie eifersüchtig gegen den so mächtig gewordenen Propagandaminister Goebbels, der im Bereich der Kultur das große Wort führte. Emmy Sonnemann, die 1933 mit Gustaf Gründgens in Goethes »Faust I« das Gretchen gespielt hatte und mit ihm auch in Hermann Bahrs »Das Konzert« aufgetreten war, ernannte er zur Staatsschauspielerin. Er hatte sich vorgenommen, das glanzvollste deutsche Staatstheater unter sich zu haben, aber vorläufig stand ihm der Schriftsteller Hanns Johst im Wege, der zu dem Kreis um Goebbels gehörte. Im Dezember 1933 erließ Göring ein vorläufiges Verbot, Johsts Luther-Drama »Propheten« weiter aufzuführen, bei dem Jürgen Fehling Regie führte.

Goebbels fühlte sich von Göring gekränkt. Er nahm Johst in seinen Herrschaftsbereich zurück und ernannte ihn zum Präsidenten der Reichsschrifttumskammer.

Generalintendant der Preußischen Staatstheater (Oper und Schauspiel) war Heinz Tietjen. Für die künstlerische Leitung des Preußischen Staatsschauspiels am Gendarmenmarkt sah Göring einen Schauspieler vor, der ihm nicht nur imponierte, sondern ihn auch faszinierte: den Mephisto Gründgens.

Emmy Sonnemann, die von dieser Wahl überrascht wurde, bezweifelte, daß Gründgens auch ein guter Intendant werden könne, doch Göring war der Meinung, eine geniale Begabung, ein ausgesprochen musisches Talent könne man auf jedem Gebiet der Kunst und des Theaters verwenden.

»Später mußte ich einsehen«, schreibt Emmy Göring, »wie recht er gehabt hatte. Gustaf Gründgens wurde ein vorbildlicher Intendant. Seine Berufung auf den Berliner Posten war zweifellos eine Tat Görings. Man munkelte damals, daß ich Gründgens vorgeschlagen hätte. Daß dies nicht stimmte, wußte niemand besser als Gründgens.«
Der Schauspieler war im Februar 1934 der Fouché in Ulbrichs Inszenierung des Napoleon-Schauspiels »Hundert Tage« von Mussolini und Forzano. Nach der Premiere, die eine Huldigung Görings an Mussolini sein sollte, bot Göring Gründgens die Intendanz des Staatsschauspiels an, was dieser zunächst ablehnte. Aber er erbat sich Bedenkzeit. Er wollte sich mit seinen Freunden in Hamburg, Erich Ziegel und Mirjam Horwitz, beraten. In seiner »Gustaf Gründgens«-Biographie zitiert Heinrich Goertz die eidesstattliche Erklärung, die Erich Ziegel 1945 abgab: »Als Gründgens von Göring den Auftrag bekam, die Leitung des Berliner Staatstheaters zu übernehmen, hat er sich über die Schwierigkeiten dieses Problems mit mir und meiner Frau ausführlich beraten. Wie ich aus diesem Gespräch weiß, war für ihn schließlich entscheidend die Zuversicht, in dieser Stellung, für die ihm Göring weitgehendste Freiheiten zugesichert hatte, auf künstlerischem und vor allem menschlichen Gebiet viel Gutes durchsetzen und viel Schlechtes verhindern zu können. Dieses innere Programm hat er auch bei jeder Gelegenheit in zahlreichen Fällen mit Leidenschaft, Energie und Klugheit erreicht.« Goertz fährt dann fort: »Erich Ziegel mußte es wissen. Als der einstige Förderer expressionistischer Dramatik und Ehemann einer jüdischen Frau aus seiner Hamburger Position verdrängt wurde, engagierte Gründgens ihn ans Staatstheater, ohne, das verstand sich von selbst, zu verlangen, sich von seiner Frau zu trennen. Auch die Schauspieler Wolf Trutz, Paul Bildt, Paul Henckels, Karl Ettlinger hatten jüdische Frauen, und ihnen allen geschah nichts.«
Vier Wochen dauerten die Verhandlungen zwischen Göring und Gründgens; ihm wurde von Göring freie Hand in allen Belangen zugesichert. Goertz schreibt: »Gründgens unterstand Göring unmittelbar, hatte in schwierigen Fragen seine Rückendeckung und ständig freien Zutritt zu ihm. Daß die Nationalsozialisten einen Typ, der ihren Vorstellungen von einem deutschen Künstler so gar nicht entsprach, zum Leiter der prominentesten Bühne machten, hatte in der unvorbereiteten Öffentlichkeit niemand erwartet. Aber für diese Berufung war Göring, der ein eigenes Gespür für theatralische Wirkungen hatte, allein verantwortlich. Von seinen Filmrollen haftete

Gründgens das Odium des Neurotischen, Belasteten, Morbiden und Anrüchigen an. Göring setzte sich darüber hinweg oder, wahrscheinlicher, gerade diese Aura faszinierte ihn. Die nationalsozialistische und die Gründgens-Welt waren einander konträr, und doch gab es Berührungspunkte, Überschneidungen.«

Durch seine Berufung dieses Gründgens, seines Mephisto, wollte Göring freilich auch sich ein eigenes theatralisches Image zulegen, das sich von Hitlers Wagnerianismus und dessen Bevorzugung von Bayreuth abhob.

Der Nationalsozialismus wollte eine Weltanschauung sein, aber er wurde vor allem eine theatralische Veranstaltung, die sich nicht nur in den Musentempeln, sondern in Feiern, Festen und Aufmärschen zeigte, die bis 1939 immer pomphafter wurden und das Brot ergänzen sollten, das die Menschen sich wieder verdienen konnten: circenses in Großgermanien.

Daß Göring dabei das Schauspiel bevorzugte, während Hitler das musikalische Drama wie auch die Operette für sich beanspruchte, sieht nach einer Arbeitsteilung aus, aber das hat andere Gründe. Göring war ein Mensch, der noch zu Tränen gerührt werden konnte, und das vermochte in jener Zeit die Sprache der Klassiker. Wagners Musik rief keine Tränen bei Hitler hervor. Sie versetzte ihn in eine Euphorie.

Für Goebbels wurde der deutsche Film zur Domäne, auf der er schaltete, wie er wollte. Dieses Massenmedium entsprach seinen agitatorischen Verführungskünsten. Gründgens besuchte am 9. April Goebbels in seinem Palais am Wilhelmplatz und kam mit ihm überein, »aktivistisches und repräsentatives« Theater zu machen. Wie Goebbels stellte Gründgens fest, daß es Kunst ohne Tendenz nicht gäbe. Diese verbale Verbeugung vor dem Minister, dem auch die Presse unterstand, hatte allerdings keine praktische Bedeutung. Gründgens gehörte nun in den Machtbereich, aber auch zum Hofstaat Görings. Der neue Intendant, zuerst für sechs Monate aus eigenem Willen auf Probe tätig, versammelte am Staatsschauspiel die besten Namen der damaligen deutschen Schauspielerelite.

Zu Beginn der neuen Spielzeit 1934/35 erhielt Emmy Sonnemann von ihm die Rolle der Minna von Barnhelm in Lessings preußisch-sächsischem Lustspiel, das er inszenierte und in dem er die Rolle des Riccaut de la Marinière spielte.

Das Wort Görings: »Wer Jude ist, bestimme ich«, das jetzt aufkam und sprichwörtlich werden sollte, hatte eine Vorgeschichte. Im

Oktober 1933 wurde durch Theo Chroneiß, einen SA-Führer, der Görings Ohr hatte, Erhard Milch verdächtigt, Halbjude zu sein. Es stellte sich heraus, daß Milchs Vater Jude war, der längst verstorben war. Seine Mutter wurde veranlaßt, die Geburt des Erhard Milch als Folge eines ehelichen Fehltritts mit einem Arier zu bezeichnen.
So blieb Göring sein Stellvertreter beim Aufbau der Luftwaffe erhalten, der damals der eigentliche Luftfahrtminister genannt wurde. Die Rivalität zwischen Göring und Milch, die später begann, hatte mit der Herkunft Milchs nichts zu tun. Sie lag im Sachlichen, in der Kompetenz. Milch wurde Ende März 1934 von Hindenburg vom Oberst zum Generalmajor befördert. Er führte das getarnte Luftwaffenbauprogramm durch, das – wie der Bau der Reichsautobahnen – eines der größten Arbeitsbeschaffungsunternehmen wurde. Die Infrastruktur eines neuen Wehrmachtteils mußte aus dem Boden gestampft werden. Die Deutsche Lufthansa tarnte den Bau von Flugplätzen und Fliegerhorsten, sie erhielt Flugzeuge, die für militärische Zwecke bestimmt waren. Für das Haushaltsjahr 1934/35 wurde mehr als eine Milliarde Mark bereitgestellt, um diese Bauvorhaben durchführen zu können. Engländer und Franzosen durchschauten dieses Täuschungsmanöver, aber ihre Regierungen unternahmen nichts dagegen.
Ende Januar 1934 wurde zwischen dem Reich und Polen ein Nichtangriffsvertrag vereinbart, der eine Dauer von zehn Jahren hatte. Dadurch wurde die Ostgrenze entlastet, aber auch für Göring fiel dabei etwas ab. Er konnte Jagdreisen nach Polen unternehmen, zu denen er von der autoritären Regierung Pilsudski eingeladen wurde. Als Reichsjägermeister, dem Anfang 1934 ein eigenes Ministerium unterstellt wurde, zog es ihn in die Jagdgründe Ostpolens, wo er auch erwartete Bären vorzufinden, die er jagen könnte.
Sein Reichsluftfahrtministerium wurde zum neuen Arbeitsplatz für aktive Offiziere und Reserveoffiziere, die in der Luftwaffe größere Aufstiegschancen sahen, aber auch von der Fliegerei fasziniert waren. Alle Offiziere, die übertraten oder neu eingestellt wurden, hatten das Fliegen zu erlernen, soweit sie für führende Positionen vorgesehen waren.
In dieser Zeit wurde auch der Grundstock für eine Luftnachrichtentruppe gelegt, die außerhalb der fliegenden Einheiten blieb, also taktische Eigenständigkeit erhielt. Darauf hatte der neue Generalstabschef der Luftwaffe, General Wever, bestanden.
Im März 1934 verlor Göring sein Amt als preußischer Innenminister.

Das Ministerium wurde dem Reichsministerium des Innern zugeschlagen, in dem Himmler die Leitung der bisherigen preußischen Gestapo, die Göring gegründet hatte, erhielt.

Damit ging die Gestapo in die Hände Heinrich Himmlers über, dem nun auch die preußischen Konzentrationslager zufielen. Zur Amtsübergabe erschien Göring in hellblauer Fliegergeneralsuniform, am Koppel trug er ein langes germanisches Schwert, das »Fliegerschwert«.

Die hellblaue Fliegeruniform war dem Deutschen Luftsportverband vorbehalten. Sein fliegendes Personal trug sie mit zwei Achselschnüren auf den Schultern, das Bodenpersonal mit einer Achselschnur. Aus der preußischen Landespolizei, die kaserniert war, zog Göring sich eine eigene »Landesgruppe« heraus, die seinem persönlichen Schutz diente. Die Masse der Landespolizei ging dann in den neuen Regimentern des Heeres und der Luftwaffe auf.

Zur gleichen Zeit wurden die anderen preußischen Ministerien mit den zuständigen Reichsministerien vereint – mit Ausnahme des preußischen Finanzministeriums, das dem Ministerpräsidenten unterstellt blieb.

Begründet wurde diese Ausnahme mit den weitreichenden Verwaltungsaufgaben der Finanzen in Preußen; aber damit verlor Göring auch nicht die Quelle für seine persönlichen Ausgaben, die der Staat zu bezahlen hatte. Preußen verblieb nur eine Rumpfregierung aus eigenem Recht, die aus dem Ministerpräsidenten und dem Finanzminister bestand.

Göring erklärte diese Maßnahmen, die seine Macht beschnitten und von Hitler angeordnet waren, mit diesen Worten: »Es macht nichts, wenn Preußen in naher Zukunft von der Erdkarte verschwindet, wenn nur das berühmte Preußentum und die preußische Moral mächtiger Ausdruck des Geistes des Reiches bleiben. Staaten mögen vergehen, aber das Volk bleibt.«

Die Schutz- und Ordnungspolizei blieb vorläufig noch preußisch. Himmler bekam sie erst 1936.

Auch das Forschungsamt, aus dem er täglich seine Morgenlektüre erhielt, gab Göring nicht an Himmler ab. In einer Briefmappe wurde ihm das Wichtigste vorgelegt, worunter vieles zu verstehen war. Die Telefone der Botschafter, SA-Führer, Minister und vor allem der Leute, die verdächtigt wurden, dem neuen Staat feindlich gegenüberzustehen, wurden vom Forschungsamt überwacht. Auch General von Schleichers Telefon fiel darunter; die Belauschten wußten

davon nichts. Görings Forschungsamt bediente sich dabei der modernsten Technik. Die geheimen Informationen, die Göring vom Forschungsamt erhielt, reichte er an Hitler weiter.
Göring konnte sich wie Harun al Raschid fühlen, der alles erfuhr, was in seinem Reich vorging.
Diese Omnipotenz machte ihn zum starken Mann auch ohne Gestapo.
Aber noch gab es Hindenburg. Im April 1934 mußte sich der Reichspräsident wegen eines altersbedingten Blasenleidens von Professor Sauerbruch behandeln lassen.
Sein baldiges Ableben wurde in das Kalkül derer einbezogen, die von seinem Gesundheitszustand wußten. Noch einmal erhielt die Reichswehr, jetzt das Reichsheer genannt, eine Schlüsselrolle. Sie war aber Ziel von Bemühungen des Reichsministers und Stabschefs der SA, Ernst Röhm, der eine milizähnliche Reichsverteidigung anstrebte, in der seine SA und das Heer vereinigt werden könnten. Der Milizgedanke war vor 1933 auch auf der Genfer Abrüstungskonferenz entwickelt worden.
Wenn Hitler Nachfolger des Reichspräsidenten Hindenburg als Staatsoberhaupt werden wollte, mußte er sich als Reichskanzler der Unterstützung durch das Reichsheer sicher sein. Görings Luftwaffe gab es offiziell als Wehrmachtteil noch nicht. Reichswehrminister Generaloberst v. Blomberg und sein Chef des Ministeramtes, General v. Reichenau, waren bereit, Hitler auch als Staatsoberhaupt anzuerkennen. Der Preis dafür, den sie fordern konnten, war die Zusicherung, daß die Wehrmacht der einzige Waffenträger sei. Damit war der Konflikt mit dem Stabschef der SA, Röhm, angelegt, dem Duzfreund Hitlers, der die SA mit von ihm abhängigen, in ihren Regionen mächtigen höheren SA-Führern zu einer milizähnlichen Wehrformation ausgebaut hatte. Diese SA wartete noch immer auf die »zweite Revolution«, die eine »sozialistische« werden sollte. Gleichzeitig versuchten die Monarchisten, auf Hindenburg einzuwirken, um nach seinem Tode die Monarchie in neuer Form wiedererrichten zu können.
Die Monarchisten waren nicht gegen Hitler als Reichskanzler. Sie wollten aber im letzten möglichen Augenblick verhindern, daß der Reichskanzler auch noch Staatsoberhaupt würde. Damit wäre die Diktatur Hitlers endgültig geworden. Die Ausgangslage für die entscheidenden Ereignisse im Juni 1934 ist aus diesen Machtansprüchen entstanden. Görings Forschungsamt versorgte den Mann, der

dabei eine wesentliche Rolle spielen sollte, mit Informationen, die aus einem Dickicht von Gerüchten, Halbwahrheiten und in die Welt gesetzten Desinformationen bestanden.
Auch der preußische Prinz August Wilhelm, Bruder des Kronprinzen, den die Monarchisten nicht für fähig hielten, Staatsoberhaupt zu werden, erhielt eine Nebenrolle. Er wurde als Reichsverweser nach dem Ableben Hindenburgs genannt, was diesem Freund Görings und SA-Brigadeführer phantastisch vorkam. Er hatte mit Ernst Röhm darüber ein Gespräch geführt und von diesem den Ehrendolch der SA mit der Eingravierung überreicht erhalten: »Alles für Deutschland«.
Anfang Juni 1934 wurde im Berliner Herrenclub von Werner v. Alvensleben über eine neue Kabinettsliste gesprochen, auf der unter einem Reichsverweser Prinz August-Wilhelm von Preußen ein Reichskanzler Hitler, ein Vizekanzler v. Schleicher, ein Reichswehrminister Röhm und ein Wirtschaftsminister Gregor Strasser gehandelt wurden.
Göring fehlte.
Papen hatte Hindenburg gedrängt, neben seinem persönlichen Testament auch ein politisches Testament aufzusetzen, um seine Nachfolge zu regeln. Papen erhielt von ihm den Auftrag, dieses politische Testament zu entwerfen.
Vor seiner letzten Reise aus Berlin nach Ostpreußen auf sein Gut Neudeck, das er jährlich im Sommer aufsuchte, schrieb Hindenburg eigenhändig sein politisches Testament nieder, das Papen entworfen hatte. Dies geschah am 11. Mai 1934; als Zeuge war sein Sohn Oskar anwesend. Das Testament bestand aus zwei Teilen, einem Aufruf an das deutsche Volk und einem Brief an Reichskanzler Hitler. Im Aufruf, der hauptsächlich wörtliche Übernahmen aus Hindenburgs Memoiren enthielt, die nach dem Weltkrieg Mertz von Quirnheim verfaßt hatte, hieß es am Schluß: »Mein Kanzler Adolf Hitler und seine Bewegung haben zu dem großen Ziele, das deutsche Volk über alle Standes- und Klassenunterschiede zu innerer Einheit zusammenzuführen, einen entscheidenden Schritt von historischer Tragweite getan ... Ich scheide von meinem deutschen Volk in der festen Hoffnung, daß das, was ich im Jahre 1919 ersehnte, und was in langsamer Reife zu dem 30. Januar 1933 führte, zu voller Erfüllung und Vollendung unseres Volkes reifen wird.«
Der Brief an Reichskanzler Hitler wurde nie veröffentlicht. Nach dem Zweiten Weltkrieg wurde eine Version bekannt, die gelautet ha-

ben soll: »Es ist... mein Wille, daß Deutschland nach meinem Tode wieder eine monarchische Regierungsform erhalte.« Aber dieser Text ist nicht beweisbar geblieben.
Anfang Juni 1934 war Hindenburg wieder in Neudeck; Papen hatte er zu seinem Testamentverwahrer bestimmt.
Zu dieser Zeit waren in der Schorfheide Görings Jagdhaus »Carinhall« in Blockhausbauweise und das Mausoleum für seine verstorbene Frau fertig geworden.
Das Naturschutzgebiet, in dem beide Bauten am Großen Döllnsee und am Rarangsee im Jagen 238 entstanden waren, umfaßte 210000 Morgen Wald. Zu Beginn des 18. Jahrhunderts war der riesige Alteichenbestand verringert worden, da Preußen Geld brauchte und deshalb die Bäume geschlagen wurden.
Der Name »Schorfheide« wird von »schürfen« abgeleitet. Als man die Kartoffel in Preußen noch nicht kannte, dienten die Eicheln zur Schweinemast. Im Frühjahr und Sommer trieben die Bauern die Schweine in den Eichenwald, im Herbst wurden die Eicheln gesammelt. Die Bauern »schürften« sie und verfütterten sie dann im Winter an Zuchtsauen, damit der Nachwuchs sichergestellt war. Der umfangreiche Bestand aus Traubeneichen war nützlich für die Aufzucht von Schweinen.
In diesen monumentalen Wald, der eingezäunt wurde, stellte Göring sein »Carinhall«, das an die schöne, kluge Schwedin erinnern sollte, die sein Leben in schwerer Zeit geteilt hatte. Hier wollte er zurückgezogen leben, aber auch Besucher empfangen, die aus dem Ausland in die Reichshauptstadt kamen. Hitler wollte keinen Landsitz bei Berlin, er hatte sein Landhaus auf dem Obersalzberg bei Berchtesgaden.
Görings Landsitz war zuerst sein »Waldhof«, wie er ihn nannte, errichtet im schwedischen Sommerhausstil, mit einer großen Halle, die ihn an die Halle im Schloß Rockelstad erinnerte, in dem er 1920 Carin von Kantzow kennengelernt hatte.
Statt des ausgestopften Bären, der ihm dort aufgefallen war, lagen hier Bärenfelle auf dem Boden, in eine Seitenwand war ein großer Kamin eingebaut. Ein riesiger Stuhl, der das Wappen Görings enthielt – die gepanzerte Faust mit einem Eichenkranz – stand an der Fensterfront, riesige Kerzen ragten auf dem bäuerlichen Holztisch zur Decke, von den Wänden hingen Jagdtrophäen. Ein großer Kachelofen mit Sitzbank vervollständigte die Einrichtung der Wohnhalle, der sich ein kleiner Arbeitsraum anschloß, in dem ein Bild von

Rubens hing, auch ein Porträt Carins, das sie vor den bayerischen Alpen zeigt, zur Hälfte umrahmt von Edelweiß. Aus diesem Blockhaus wurde das große Anwesen, an dem auch im Kriege weitergebaut werden mußte.

Es stand im Norden der Schorfheide am Südufer des langgestreckten Großen Döllnsees. Das unterirdische Mausoleum lag am nahegelegenen kleinen Rarangsee. (Am Nordufer des Großen Döllnsees hat heute der Staatsratsvorsitzende der Deutschen Demokratischen Republik ein ausgedehntes, stark gesichertes Areal mit Gästehäusern.) Der Landsitz wurde nach 70 Kilometern Fahrt von Berlin auf der Landstraße über Wandlitz nach Groß-Schönebeck in Richtung Prenzlau erreicht, von der eine Straße abzweigte, die neu gebaut worden war. Nördlich von Groß-Schönebeck war die Landstraße gesperrt. Nach einer Kontrolle durften Görings Gäste in das Wildgehege einfahren, um nach 12 Kilometern den Landsitz zu erreichen. Göring hatte ein riesiges Waldgebiet zwischen seinem Reduit und Berlin.

Aus dem Naturschutzgebiet wurde 1936 die »Stiftung Schorfheide«, zu der acht Forstämter gehörten und über 200 000 Morgen Land. Die landschaftlich schönsten Teile lagen östlich des Werbellinsees und des Werbellinkanals. Sie waren von der Forstverwaltung für Wanderer freigegeben, während in den Gebieten westlich von See und Kanal streng darauf geachtet wurde, daß nur öffentliche Wege benutzt wurden. In dem Wanderführer »1000 Wege um Berlin« aus dem Jahre 1940, der auch auf einer Karte Carinhall vermerkte, hieß es: »Seit den Askanierzeiten das bevorzugte Jagdrevier der brandenburgischen Fürsten, ist die Schorfheide auch heute sehr reich an Wild. Der Reichsforstmeister Göring hat am Südwestende des Werbellinsees ein großes Waldrevier einzäunen und es mit Wisenten besetzen lassen (›Wisentgehege‹). Im Schaugehege (Jagen 11 und 112) kann man die Tiere besichtigen (geöffnet im Sommer 10 bis 18 Uhr, im Winter 13 bis 16 Uhr, Eintritt 20 Pfennige).

In einem anschließenden Gehege werden Elche gehalten, und an anderen Stellen in der Schorfheide bemüht sich die Forstverwaltung um die Eingewöhnung der Muffelschafe.«

Görings »Carinhall« von 1934 war ein Blockhaus, das in der Mitte des Südufers des Großen Döllnsees stand. Hart südlich des Blockhauses war das Nordufer des Rarangsees, so daß der Landsitz von zwei Seen eingerahmt wurde. Das Mausoleum lag am jenseitigen (südlichen) Ufer des Rarangsees; Göring konnte es auch mit dem Boot errei-

chen. Es war durch den See dem Blockhaus pietätvoll entrückt.
»Dieses germanische Haus«, schreibt Martin Henry Sommerfeldt im Nachwort zum Buche von 1934 über Carin Göring, das Fanny Gräfin Wilamowitz-Moellendorff veröffentlichte, »über das ein hohes Rohrdach segnend sich breitet, dessen Wände aus starken Stämmen alle Unbill und Unrast des jagenden Lebens ausschließen und dessen lichte Räume erfüllt sind in jeder Linie und in jedem Stück vom reinen, nordischen Geist, dieses ›Carinhall‹ atmet die lebendige Gegenwart Carin Görings. Hier wird auch Carin Görings Heimstatt sein.« Zur Einweihung von Carinhall hatte Göring am 10. Juni 1934 vierzig Gäste geladen, die er am südlichen Rand der Schorfheide empfing, um ihnen über Tierwelt und Forstwirtschaft einen Vortrag zu halten. Er wollte ihnen auch die Bisons zeigen, die er hatte aussetzen lassen, aber der Versuch, einen Bullen sich mit den Kühen paaren zu lassen, mißlang, wie der britische Botschafter Sir Eric Phipps an seinen Außenminister nach London schrieb.
Göring fuhr in einem Rennwagen den Gästen durch die Schorfheide voraus, um sie vor seinem Waldhof in neuer Kleidung nochmals zu begrüßen. Er trug über einem weißen Flanellhemd eine grüne Lederjacke, dazu weiße Hosen und Tennisschuhe, im Gürtel steckte ein langes Jagdmesser. Diese ungewöhnliche Kleidung hatte einst Carin Göring für ihn nach altschwedischen Mustern entworfen. Als Stock trug Göring in der Hand ein »langes, harpunenartiges Gebilde«, wie der Botschafter amüsiert berichtete, er stützte sich darauf, denn seine Beinverwundung von der Feldherrnhalle bereitete ihm noch Schmerzen. Emmy Sonnemann wurde von ihm als seine Privatsekretärin vorgestellt. Den Gästen wurde auch das Mausoleum gezeigt, dessen Grabkammermauern 1 Meter 80 dick waren. Der Botschafter nannte es den »kunstvollsten Bau«, den er jemals gesehen habe.
Mitte Juni besuchte Hitler Mussolini in Venedig, nach seiner Rückkehr fand in der Schorfheide die Beisetzung Carin Görings statt. Der Zinnsarg mit ihren sterblichen Überresten kam in einem Eisenbahnwaggon mit der Fähre aus Trelleborg nach Sassnitz, um durch Mecklenburg und die Uckermark Eberswalde zu erreichen.
Die Städte an der Bahnlinie hatten Trauerbeflaggung angelegt, Frauen und Kinder waren in den Bahnhöfen aufgeboten.
Die Rückkehr der Toten erinnerte an die Feierlichkeiten, die es bei der Heimfahrt der toten Königin Luise nach Berlin 1810 gegeben hatte; sie war ihr nachempfunden mit den Spalier stehenden Men-

!4 *Hermann und Emmy Göring verlassen ım 10. April 1935 den Berliner Dom nach hrer kirchlichen Trauung. Luftwaffenoffiziee stehen mit gezogenem Fliegerschwert Spaier.*

!5 *Das Ehepaar Göring mit Tochter Edda n Carinhall.*

!6 *Hermann und Emmy Göring 1935 mit Hitler.*

27 *Göring beim Bogenschießen in der Schorfheide* (Bild oben links außen).
28 *Göring mit Hitler am 19. Juni 1934 beim Verlassen der Gruft in der Schorfheide, in der Carin Göring beigesetzt wurde* (Bild oben links).
29 *Empfangs- und Haupthalle von Carinhall nach dem Umbau* (Bild unten links).

30 *Eröffnung der Reichsautobahn Berlin-Stettin durch Ministerpräsident Göring 1936 in Schwanebeck bei Berlin* (Bild oben).

31 *Göring im Juli 1939 auf Urlaubsreise mit seiner Yacht »Carin II« über deutsche Wasserstraßen* (Bild unten).

32 *Luftmarschall Balbos Besuch bei Generalfeldmarschall Göring in Carinhall 1938.*
33 *Reichsjägermeister Göring beim Reichsjägertag in Braunschweig am 6. November 1937.*
34 *Saujagd zugunsten des Winterhilfswerks mit Göring, Reichsaußenminister von Neurath und dem polnischen Botschafter Lipski 1935. Göring mit seinem »Sauspieß«.*

schen, der Trauermusik und der letzten Feier, an der Hitler teilnahm sowie die von Focks und Rosens, Thomas von Kantzow, der Stiefsohn Görings. Auch Emmy Sonnemann war anwesend, die sich von nun an um Thomas von Kantzow kümmerte, der sie sofort respektierte. An der Feier nahm auch Himmler teil, der verspätet eintraf. Auf der Fahrt durch die Schorfheide, so behauptete er, habe ein Geschoß seine Windschutzscheibe durchschlagen, aber es konnte auch ein Stein gewesen sein. Einen Schuß hatte keiner gehört.
Hitler befahl sofort, die SA-Wache Görings aufzulösen, die durch Landespolizei ersetzt wurde.
Vorher war der Zinnsarg in die Gruft hinabgelassen worden, Jagdhörner und Trompeten bliesen, Göring und Hitler gingen die Stufen hinunter und verweilten am Sarg.
Dies geschah am 19. Juni 1934.
Zwei Tage vorher, am 17. Juni, hatte Vizekanzler von Papen in der Marburger Universität eine Rede gehalten, die sein Mitarbeiter, der Rechtsanwalt Dr. Edgar Jung, verfaßte.
In dieser Rede hatte er den unkontrollierbar um sich greifenden Byzantinismus beklagt, das Monopol der NSDAP auf den Nationalismus bestritten, den Kampf gegen die Kirchen als schweren Fehler bezeichnet und davor gewarnt, Deutschland in ein Ghetto einzuschließen, von Europa zu trennen. Er sprach von dem neuen Klassenkampf gegen den Geist, von der Knebelung der Presse, vom Terror. Er wandte sich gegen den »ewigen Aufstand von unten«, sprach von dem »feinen Gefühl des deutschen Volkes für Gewalt und Unrecht«.
»Gefährlich sind die Reaktionen auf den Zwang. Als alter Soldat weiß ich, daß straffste Disziplin durch gewisse Freiheiten ergänzt werden muß. Die Anwendung militärischer Disziplin auf das Gesamtleben eines Volkes muß sich deshalb in Grenzen halten, die der menschlichen Anlage nicht zuwiderlaufen.«
Der Redenschreiber Dr. Jung wurde sofort verhaftet, die Verbreitung der Marburger Rede des Vizekanzlers durch Goebbels verboten. Hitler schickte den Staatssekretär im Propagandaministerium, Funk, nach Ostpreußen zu Hindenburg, um den Reichspräsidenten über den Konflikt des Kanzlers mit seinem Vizekanzler zu unterrichten. Hindenburg ließ Papen sofort fallen.
Er sagte: »Wenn er keine Disziplin hält, dann muß er eben die Konsequenzen daraus ziehen.«
Die mutige Rede Papens, die er als Katholik vor Katholiken gehalten

hatte, wurde von Göring im Zusammenhang mit den Berichten gesehen, die er vom Forschungsamt erhielt. Am Tage nach der Beisetzung in der Schorfheide sprach er vor dem Preußischen Staatsrat von einer gewissen Unruhe, von Gerüchten über eine »zweite Revolution«: »Die erste Revolution war vom Führer begonnen und vom Führer beendet worden. Wenn der Führer eine zweite Revolution will, wird er uns jederzeit bereit finden dafür. Wenn er sie nicht wünscht, sind wir bereit, gegen jedermann vorzugehen, der sich gegen den Willen des Führers aufzulehnen versucht.« Nur wenige Tage blieben ihm noch, als ein Mann dazustehen, der sich rühmen konnte, kein Blut vergossen zu haben, es sei denn als Soldat im Weltkrieg.

17. Kapitel

Das Blutbad

In dem Machtkampf, der von Hitler durch das Blutbad vom 30.Juni 1934 in seinem Sinne entschieden wurde, hatte Göring sich schon früh an die Seite seines Führers gestellt. Er hatte auch persönliche Gründe dafür. In der Berliner SA-Führung wurde er, wie er durch sein Forschungsamt erfuhr, »das dicke Schwein« genannt, das »weg müsse«. Zur Angst um Leben und Ämter kam bei ihm die Staatsräson, in der er erzogen worden war. Da die Führung der Reichswehr sich ganz offen an die Seite Hitlers stellte, der ihr zugesagt hatte, sie sei und bleibe der einzige »Waffenträger der Nation«, wie es in den am 4. Juni 1934 erlassenen »Berufspflichten des deutschen Soldaten« dann hieß, waren die Aussichten gut, ein Aufbegehren der bewaffneten SA zunichte zu machen.
Ein Bündnis der »Reaktion« mit den sozialistisch gesinnten SA-Führern sollte noch vor dem Ableben Hindenburgs zerschlagen werden.
Als Göring aus der Schorfheide nach Berlin zurückgekehrt war, lag bei seinem Staatssekretär Körner schon die Liste derjenigen Männer im Tresor, die zur Liquidierung oder Verhaftung bestimmt waren.
Am 10. Juni hatte der »Völkische Beobachter« einen Befehl des Stabschefs der SA, Röhm, veröffentlicht, in dem es am Schluß hieß: »Wenn die Feinde der SA sich in der Hoffnung wiegen, die SA werde aus ihrem Urlaub nicht mehr oder nur zum Teil wieder einrücken, so wollen wir ihnen die kurze Hoffnungsfreude lassen. Sie werden in der Zeit und in der Form, in der es notwendig erscheint, darauf die gebührende Antwort erhalten. Die SA ist und bleibt das Schicksal Deutschlands.«
Der SA-Urlaub endete am 30. Juni.
Am 24. Juni ordnete Generaloberst v. Fritsch eine »möglichst unauffällige Abwehrbereitschaft« wegen eines bevorstehenden Angriffs der SA an. Das Stärkeverhältnis Reichswehr–SA war 1:6.
Die Reaktion Röhms auf diese der SA-Führung bekanntgewordene Abwehrbereitschaft des Reichsheeres war die Einberufung einer

Führertagung nach Bad Wiessee, seinem Urlaubsort. Ein Teil seiner höheren SA-Führer hatte nach dem Bekanntwerden der Defensivmaßnahme des Heeres die Abwehrbereitschaft für ihre SA-Einheiten befohlen.

Hitler, der in diesen letzten Juni-Tagen viel in Westdeutschland reiste, wurde aus Berlin von Göring durch Funksprüche über den Inhalt dessen informiert, was das Forschungsamt erlauschte.

Er traf auch kurz mit Göring bei der Hochzeit des Berliner SA-Gruppenführers Ernst zusammen, der in der Reichshauptstadt seit der Übernahme der Macht Görings rabiater Gegenspieler gewesen war. Dabei wurde vereinbart, daß Hitler in Bayern zuschlagen werde, Göring in Berlin und Preußen. Da die Reichswehr nur »Gewehr bei Fuß« stehen sollte, standen für die geplante Aktion nur die SS sowie die Polizei zur Verfügung. Himmler und Heydrich waren in Berlin; Görings Landespolizeigruppe, die mit der SS seinen persönlichen Schutz übernommen hatte, war dafür ausersehen, gegen die angeblichen SA-Verschwörer vorzugehen.

Eine Absicht Röhms, am 30. Juni 1934 mit der SA zu putschen, lag nicht vor.

Am Morgen des 29. Juni erschien im »Völkischen Beobachter« ein Treuebekenntnis Reichswehrministers v. Blomberg zu Hitler, das mit den Sätzen begann: »Die Rolle der Wehrmacht ist eindeutig und klar. Sie dient diesem Staat, den sie aus innerster Überzeugung bejaht, und sie steht zu dieser Führung, die ihr das vornehmste Recht wiedergab, nicht nur Träger der Waffe, sondern auch der vom Volk und Staat anerkannte Träger eines unbegrenzten Vertrauens zu sein.« Am nächsten Tag, dem 30. Juni, schlug Hitler in Bayern, Göring in Berlin zu, außerdem ließen Himmler und Heydrich »liquidieren«.

In Berlin sperrten Polizei und SS das Regierungsviertel ab. In seiner Ministervilla leitete Göring die Aktionen, nachdem er das Gebäude der Berliner SA-Führung in der Wilhelmstraße mit seiner Polizeieskorte aufgesucht und dort Verhaftungen befohlen hatte. Es wurden viele Waffen gefunden.

Die Ministervilla war an diesem 30. Juni Sitz eines unter Göring tagenden Exekutionsrates, zugleich aber »Fluchtburg« für gefährdete Personen der unterschiedlichsten Couleur.

Erhard Milch, der in die Ministervilla befohlen wurde, um mit Berliner Einheiten der noch getarnten Luftwaffe eingesetzt zu werden, berichtet über die Sitzung des Exekutionsrates, der aus Göring,

Himmler, v. Reichenau mit Körner als Beobachter und Protokollführer bestand und in einem kleinen Zimmer saß. Als er eintrat, las Himmler gerade langsam eine Namensliste vor.
Bei jedem Namen, so Milch, hätten Göring und v. Reichenau entweder zustimmend mit dem Kopf genickt oder ihn verneinend geschüttelt. Bei Übereinstimmung gab Himmler den Namen an Körner mit dem Wort: »Vollzugsmeldung« weiter.
Milch berichtet von einem »düsteren Konklave«, dessen Augenzeuge er wurde. Da so viele hochgestellte Persönlichkeiten des Reiches in der Ministervilla versammelt waren, wußte er, hier werde die Verteidigung des Reiches gegenüber Putschisten nicht als Manöver oder Planspiel, sondern tatsächlich durchgespielt.
Das Unwirkliche dieses Tages kommt in vielen Berichten zum Ausdruck; aber es war alles blutige Realität.
Die Exekutionen fanden in der Polizeikaserne Lichterfelde statt, in der einst Göring als Kadett zum preußischen Offizier erzogen worden war. Auch der SA-Gruppenführer Ernst, an dessen Hochzeit Göring kurz vorher teilgenommen hatte, wurde dort erschossen. Bei den Erschießungen in München lautete das Kommando zum Feuern: »Der Führer will es, gebt Feuer!«
Zusätzlich zu diesen Exekutionen kam es zu Ermordungen, die von Himmlers und Heydrichs SS durchgeführt wurden.
Auf der »Reichsliste unerwünschter Personen«, die nun wie Unkraut ausgerottet wurden, standen auch die Namen der beiden Reichswehr-Generale v. Schleicher und v. Bredow.
In der Schleicher-Biographie von 1983, die Friedrich-Karl von Plewe schrieb, heißt es hierzu: »Es liegt auf der Hand, daß Hitler gute Gründe für Rachegelüste gegenüber seinem alten Widersacher Schleicher hatte. Aber ganz gewiß hatte auch Göring ein persönliches Interesse daran, Schleicher gegenüber eine alte Rechnung zu begleichen. Es gibt auch die Version, daß Himmler den Befehl zur Erschießung Schleichers gegeben hat und daß es seine Leute waren, die die Tat vollbrachten. Dafür kann die Tatsache sprechen, daß am frühen Nachmittag des 30. Juni im Hause Schleicher ein anderer Stoßtrupp erschien, um den General zu verhaften, ihn aber schon tot vorfand. Da Göring nach seiner Gefangennahme öfter geäußert hat, er habe Schleicher ›nur‹ verhaften lassen wollen, könnte es zutreffen, daß die Mordgesellen von Himmler und der zweite Trupp von Göring entsandt waren.« Dagegen spricht allerdings der Augenzeugenbericht Erhard Milchs aus der Ministervilla.

Bei dem zweiten Stroßtrupp handelte es sich um Gestapo-Leute, wie eindeutig ermittelt wurde. Mit Schleicher wurde dessen Gattin erschossen.

Als Hitler am Abend dieses Blutbades aus München nach Berlin zurückkehrte, empfingen ihn auf dem Flugplatz Tempelhof nicht nur Göring und viele höhere Funktionäre, sondern neben einer SS-Einheit auch zwei Kompanien der zukünftigen Luftwaffe, die in der Uniform des Deutschen Luftsportverbandes mit den Achselschnüren auf beiden Schultern angetreten waren. Sie präsentierten das Gewehr.

Hitler fragte Göring, was das für Männer seien, worauf er zur Antwort bekam, dies sei die neue Luftwaffe.

Erhard Milch hatte die beiden Kompanien mit der Sicherung des Flugplatzes beauftragt.

Die Ermordungen wurden durch Reichsgesetz im Sinne des Staatsnotstandes nachträglich als »rechtens« befunden und erklärt.

Zu den Erschossenen gehörten auch Gregor Strasser, Edgar Jung, Ministerialrat Klausener und andere, die nie etwas mit Röhm und der SA zu tun hatten.

Die amtliche Totenliste, die veröffentlicht wurde, enthält 83 Namen; aber sie ist gewiß nicht vollständig.

Im Nürnberger Gefängnis diktierte Göring zu seiner Verteidigung vor dem Internationalen Gerichtshof der vier Siegermächte Werner Bross seine Version: »Um weitere Fehlgriffe, wie sie leider auch in Norddeutschland aus Anlaß der Niederschlagung der Revolte vorgekommen waren – wenn auch nicht in so starkem Umfange wie in Süddeutschland – zu vermeiden, erwirkte ich von Hitler am Sonntag, dem 1. Juli, der auf den Putsch folgte, den Einhaltsbefehl. Ich wollte damit verhindern, daß die Untereinheiten weiter sonstige Übergriffe machten und der Hand der Führung entglitten. Die Verantwortlichen für die Übergriffe sind auf Grund des Führer-Erlasses über den Staatsnotstand beim Röhm-Putsch straffrei geblieben.«

Göring, der Herr über Leben und Tod gewesen war, hatte die einen vernichten lassen, die anderen geschützt. Letzteres trifft auch auf Vizekanzler von Papen und den Prinzen August Wilhelm zu, den er in der Nacht zum 30. Juni telefonisch aus Köln nach Berlin gerufen hatte, um ihn in der Ministervilla unter seinen Schutz zu stellen.

»Einen Hohenzollern erschießt man nicht«, soll Göring gesagt haben.

Am Montag, dem 2. Juli, erhielt er von Hindenburg aus Ostpreußen

ein Danktelegramm anläßlich der »erfolgreich verlaufenen Aktion gegen die Hochverräter«, wie der Reichspräsident das Blutbad nannte.
War Göring *stolz* auf seine Aktion, durch die ein Putsch, der keiner war, in Norddeutschland niedergeschlagen wurde?
Zur Ablenkung von dem Massaker, an dem er führend beteiligt war, kümmerte sich Göring im Juli etwas mehr um die Luftwaffe. Ein Programm wurde von ihm genehmigt, das den Bau von 4021 Flugzeugen bis September 1935 vorsah. Es handelte sich um 822 Bombenflugzeuge vom Typ Ju 52, Dornier 11 und 13 sowie um Jagd- und Schulflugzeuge.
Doch Hitler war mit dieser Zahl nicht zufrieden. Nachdem am 25. Juli in Wien der Bundeskanzler Dollfuß von österreichischen SS-Männern bei einem Putschversuch ermordet worden war, rief Hitler, der sich in Bayreuth bei den Richard-Wagner-Festspielen aufhielt, Göring, Milch und General Wever, den Chef des Generalstabes der getarnten Luftwaffe, in die Festspielstadt. Mussolini hatte Truppen am Brenner aufmarschieren lassen. Hitler verlangte, den Flugzeugbau für die Luftwaffe noch zu erhöhen, da er besorgt sei, die Westmächte könnten intervenieren, um die Aufrüstung zu verhindern.
Milch sprach sich gegen diese Forderung aus, weshalb ihm Göring Vorwürfe machte, da er es gewagt hatte, Hitler zu widersprechen. Von einer »Propaganda-Luftwaffe«, wie sie Göring zur Abschreckung sich dachte, hielt er nichts. Um dem Ausland zu zeigen, daß er mit dem Putsch in Wien nichts zu tun hätte, ernannte Hitler am 26. Juli Franz v. Papen zum deutschen Sonderbotschafter in Wien. Damit erhielt Papen, der seinen Vizekanzler-Posten verloren hatte, eine neue Aufgabe. Hindenburg unterzeichnete die Ernennungsurkunde am 28. Juli in Ostpreußen.
Am 1. August erschien Hitler am Sterbelager des Reichspräsidenten im Gut Neudeck. Der dahindämmernde Hindenburg soll ihn mit »Eure Majestät« angesprochen haben. Hitler sagte nach Verlassen des Sterbezimmers, der Feldmarschall habe sich wie ein Soldat von seinem Posten abgemeldet.
An diesem 1. August wurde ein »Gesetz über das Erlöschen des Amtes des Reichspräsidenten« erlassen.
Am 2. August wurde es veröffentlicht. Am Morgen dieses Tages war Hindenburg gestorben.
Als »Führer und Reichskanzler« war Hitler nun Staats- und Regierungschef in Personalunion.

Am Nachmittag dieses 2. August 1934 wurden die Soldaten auf ihren Kasernenhöfen vereidigt. Der neue Eid war von General v. Reichenau verfaßt, von Generalfeldmarschall v. Blomberg gebilligt worden. Göring sprach ihn im Reichsluftfahrtministerium seinen Mitarbeitern am Aufbau der Luftwaffe vor. Er war ergriffen, dem Weinen nahe, als er sein Fliegerschwert aus der Scheide zog und auf dieses Schwert den Eid ablegen ließ: »Ich schwöre bei Gott diesen heiligen Eid, daß ich dem Führer des Deutschen Reiches und Volkes, Adolf Hitler, dem Obersten Befehlshaber der Wehrmacht, unbedingten Gehorsam leisten und als tapferer Soldat bereit sein will, jederzeit für diesen Eid mein Leben einzusetzen.«
Niemand hat diesen Eid verweigert, mit dessen Wortlaut Offiziere und Soldaten der Wehrmacht überrascht wurden. Hitler hatte erst jetzt sein Ziel erreicht. Die Wehrmacht stand unter seinem persönlichen Befehl, er war endlich der Diktator, die Machtergreifung, die am 30. Januar 1933 begonnen hatte, war am 2. August 1934 vollendet. Am 19. August ließ er sich in einer Volksabstimmung seine Herrschaft bestätigen. 90% der abgegebenen Stimmen sagten »Ja«.
Am 22. August genehmigte der Diktator auf seinem Berghof in Berchtesgaden im Beisein Görings einen Rüstungsvoranschlag über 10,5 Milliarden Mark für die nächsten vier Jahre. Während dieser Sommermonate gastierte Gustaf Gründgens in den Münchner Kammerspielen mit Emmy Sonnemann in Hermann Bahrs Komödie »Das Konzert«. Ende August holte Göring die Schauspielerin in München mit seinem Mercedes ab, um sie zum Obersalzberg zu fahren. Sie wollten von dort zu Görings Hütte in 2000 Meter Höhe aufsteigen. In der Nähe von Rosenheim, seinem Geburtsort, stieß Görings Mercedes mit hoher Geschwindigkeit während eines Überholmanövers mit einem Auto zusammen. Ein Rad löste sich vom Mercedes, das Steuerrad brach einige Rippen Görings. Emmy Sonnemann erlitt eine Schädelverletzung.
Ende des Monats August sagte Göring zu Milch, er habe Hitler gebeten, falls ihm etwas zustoßen sollte, ihn zum neuen Luftfahrtminister zu machen. Im Reich war Göring jetzt tatsächlich der zweite Mann neben Hitler, der am 8. August den toten Hindenburg mit den Worten: »Toter Feldherr, gehe nun ein in Walhall!« im Tannenbergdenkmal endgültig verabschiedet hatte. Aber Hindenburg war als Christ gestorben, diese Bestimmung nach Walhall lehnten Familie und Freunde ab.
Göring fürchtete wie Hitler ein Attentat. Im Dezember bestimmte

ihn Hitler zu seinem Nachfolger, falls er ermordet würde. Ende August hatte Göring in seinem Amt durch die Designierung von Erhard Milch Vorsorge getroffen.
Die neue Spielzeit begann am Preußischen Staatstheater in Berlin mit »Minna von Barnhelm«, Emmy Sonnemann erhielt die Hauptrolle. Bald darauf wurde die Neuinszenierung von Shakespeares »König Lear« gegeben, in der Gründgens sein neues Ensemble großer Namen vorstellte.
Göring saß in der Kaiserloge und klatschte enthusiastisch Beifall. Im »Völkischen Beobachter« wurde die Premiere als »Huldigung für den anwesenden Ministerpräsidenten« bezeichnet.
Den König Lear spielte Werner Krauß:
»Jetzt, große Götter,
die ihr so wild ob unseren Häuptern wettert,
sucht eure Feinde auf.
Zittre, du Frevler,
auf dem verborgne Untat ruht, vom Richter
noch ungestraft.
Versteck dich, blut'ge Hand;
Scheitere, Sünder,
der unterm Mantel frommer Ehrbarkeit
Mord stiftete! Ihr tief verschloßnen Greuel,
sprengt den verhüllnden Zwinger, fleht um Gnade
die grausen Mahner.
Ich bin ein Mann, an dem
man mehr gesündigt, als ich sündigte.«
Dies traf Göring, aber in welchem Sinne?
Jetzt starb auch Ritter von Epenstein auf Schloß Mauterndorf in Österreich, sein Pate, der wie ein Vater zu ihm gewesen war.

18. Kapitel

Die Hochzeitstafel

Der Aufbau der neuen deutschen Luftwaffe war dem Ausland nicht verborgen geblieben, aber die Tarnung war so perfekt, daß über die Zahl ihrer Flugzeuge die unterschiedlichsten Vermutungen angestellt wurden. Um Hitler und Göring zu veranlassen, die Zahl zu nennen, schlugen Großbritannien und Frankreich Anfang 1935 einen Luftpakt vor, den sie mit dem Deutschen Reich aushandeln wollten.

Im Januar wurde von Erhard Milch der Grundstein für das neue Reichsluftfahrtministerium in der Leipziger Straße gelegt, das ein Jahr später fertig war. Es erhob sich auf dem Gelände des alten Königlich-Preußischen Kriegsministeriums, das abgerissen wurde. Mitte Februar nahm Hitler den Vorschlag der beiden Westmächte an, gleichzeitig setzte er den 1. März als Tag der Enttarnung der Reichsluftwaffe als eines selbständigen Wehrmachtteils fest. Göring fuhr vom Obersalzberg nach Berlin, unterbrach aber seine Fahrt in Schleißheim bei München, wo aus der ehemaligen Zweigstelle der Deutschen Verkehrsfliegerschule die erste, noch getarnte Jagdfliegerschule entstanden war.

»Im Februar 1935 gab es einige Aufregung«, schreibt Adolf Galland in seinem Buch »Die Ersten und die Letzten«. »Göring hatte sich zu einer Besichtigung angesagt. Alles klappte vorzüglich. Anschließend hielt er uns im Schloß Mittenheim eine Ansprache. Er gab darin einen überzeugenden Überblick auf die Entwicklung der deutschen Fliegerei in den letzten zwei Jahren. Erstaunliches sei in dieser kurzen Zeit geleistet worden. Aus dem Nichts war das – zwar noch verschleierte – aber großzügig ausgelegte Fundament der deutschen Luftwaffe entstanden. Auf ihm sollte sich bald ein imposantes Gebäude erheben. Göring deutete an, daß die Zeit der Heimlichkeiten nun bald vorbei wäre. Er hatte auch ein Musterexemplar der Uniform mitgebracht, die wir nun bald tragen würden. Rittmeister Bolle aus dem alten Richthofen-Geschwader fungierte als eine Art militärischer Mannequin. Zum ersten Mal in der Geschichte der deut-

schen Wehrmacht sollten zur Uniform Schlips und Kragen getragen werden. Das wirkte sensationell. Und beim Heer hatten wir Flieger sofort unseren Spitznamen weg: Schlipssoldaten.«
In Berlin informierte Göring mit Milch anschließend die Reichs- und Gauleiter der Partei.
Dann überraschte er an einem Februarmorgen Emmy Sonnemann mit dem Vorschlag: »Magst Du mich Ostern heiraten? Der Führer ist unser Trauzeuge.« Diese Aufforderung fand Emmy Sonnemann auf einem Zettel, den er ihr gab.
Sie erwiderte: »Ja, ich mag.«
Göring hatte den Hochzeitstermin, 7. April, auf die Zeit nach der geplanten Enttarnung der Luftwaffe gelegt. Da aber der 7. April mit dem Todestag der letzten Kaiserin zusammenfiel, wurde der Hochzeitstermin verschoben, um die Teilnahme des Prinzen August Wilhelm möglich zu machen. Die Enttarnung sollte von Göring »nach und nach« durchgeführt werden. Die Zahl der Flugzeuge hatte weiterhin geheim zu bleiben.
»Am 10. März 1935«, schreibt Paul Deichmann, der damals Referent im Luftkommandoamt des Reichsluftfahrtministeriums war, dem getarnten Generalstab der Luftwaffe unter General Wever, »ließ Hermann Göring die Katze aus dem Sack und vertraute dem englischen Journalisten Ward Price an, daß Deutschland nunmehr eine Luftwaffe habe. Auf die Frage des Engländers, wie stark diese Luftwaffe denn sei, erwiderte Göring, er könne keine genauen Zahlen nennen, aber da Deutschland auf Grund seiner Lage in Mitteleuropa der Gefahr eines Luftangriffs mehr ausgesetzt sei als alle anderen Nationen, habe er die deutsche Luftwaffe so stark gemacht, daß sie es mit jeder europäischen Luftmacht aufnehmen könne. Das war maßlos übertrieben. Voll ausgerüstet und einsatzbereit waren damals 3 1/2 Jagdfliegergruppen, 2 Kampfflieger-Gruppen (Bomber) und 5 Aufklärungsstaffeln. Die Gruppen hatten je 30, die Staffeln 9 Flugzeuge. Insgesamt hatten wir 1935: 251 Jagdflugzeuge, 822 Bomber, 51 Sturzbomber und 590 Aufklärungsflugzeuge. Im Mobilmachungsfall hätte man die Zahl der Einheiten vielleicht etwas mehr als verdoppeln können. Die Flugzeugtypen waren größtenteils noch in der Reichswehrzeit entwickelt worden, entsprachen aber, was die Zellen anging, durchaus dem Standard der ausländischen Luftwaffen, mit Ausnahme der Ju 52, die über die Hälfte der Bomber ausmachten und nicht einmal als Behelfsbomber angesprochen werden konnten, da jedes Jagdflugzeug sie abschießen konnte. Unsere größte

Schwäche waren die Flugmotoren. Wir hatten keinen Motor, der mehr als 600 PS Dauerleistung und mehr als 750 PS Kurzhöchstleistung brachte. Und wir hatten keinen Motor mit Höhenlader (Kompressor), so daß die Leistung in größeren Höhen stark abfiel. Die Franzosen und Engländer dagegen besaßen zu dieser Zeit Motoren bis zu 1000 PS, zum Teil mit Höhenladern.
Auch zahlenmäßig waren die französische Luftwaffe und die Royal Air Force uns zu dieser Zeit noch überlegen. Bis 1936 war die deutsche Luftwaffe lediglich für einen einzelnen Angreifer ein Risikofaktor. Gegen eine Völkerbundkoalition oder gegenüber einem Angriff der ›Kleinen Entente‹ (Frankreich, Polen, Tschechoslowakei, Rumänien) hätte sie nicht standhalten können.
Görings prahlerisches Interview war ein mit Hitler abgesprochener Versuchsballon. Wie würden die Signatarmächte auf diesen offen eingestandenen Bruch des Versailler Vertrags reagieren? Sie reagierten nicht, und sechs Tage darauf, am Samstag, dem 16. März 1935, verkündete die Reichsregierung die Wiedereinführung der allgemeinen Wehrpflicht und die Vergrößerung des Heeres auf 36 Divisionen, also auf eine Friedensstärke von 500 000 Mann.«
Am 28. März konnte der neue General der Flieger, Göring, neben ihm Milch, der zum Generalleutnant befördert wurde, in Döberitz Hitler das neue Jagdgeschwader Richthofen, das nun die Nr. 2 erhielt, die Nr. 1 blieb bei dem Weltkriegsgeschwader, im Vorbeiflug zeigen. Er fand mit den Doppeldeckern des Typs He 51 statt.
Es war der erste Verband der neuen Luftwaffe im Raum Berlin. Göring hatte sein Wort wahr gemacht.
Er hatte »sein« Jagdgeschwader wieder vor sich, und es war auch der erste Verband der Luftwaffe, der sich in der Öffentlichkeit zeigte.
Als Oberbefehlshaber der Luftwaffe dachte Göring daran, sich von Hitler nach britischem Muster zum »Luftmarschall« ernennen zu lassen, aber Hitler lehnte ab. Dies sei keine deutsche Bezeichnung und außerdem könne Göring nicht als »Marschall« amtieren, wenn die Oberbefehlshaber von Heer und Kriegsmarine nur Generale und Admirale seien. Ihnen war er jetzt militärisch gleichgestellt, und die Beförderung zum Generalobersten sollte nicht mehr lange auf sich warten lassen, wie auch für Frhr. v. Fritsch, den Oberbefehlshaber des Heeres.
Jetzt mußte Emmy Sonnemann Abschied von der Bühne nehmen, die Hochzeit wurde auf den 10. April festgesetzt.
Verabschiedet wurde sie von Gustaf Gründgens inmitten ihrer Kol-

leginnen und Kollegen, nachdem der Vorhang über »Minna von Barnhelm« gefallen war.
»Am Tage vor dem Polterabend«, schreibt Emmy Göring, »konnten wir feststellen, welche Reaktionen die angekündigte Eheschließung bereits ausgelöst hatte. Die bisher eingegangenen Geschenke füllten zwei große Räume. Von allen Ländern, von offizieller wie privater Seite, waren herrliche Kostbarkeiten angekommen. Um nur einige wenige zu nennen: vom bulgarischen Zaren der höchste bulgarische Orden für Hermann, für mich ein wundervolles Saphirarmband; von der Stadt Hamburg ein silbernes Segelschiff, wie ich es als Kind im Rathaus bei Schulbesichtigungen oft bewundert hatte. Die IG-Farben sandten ein paar herrliche Exemplare aus ihrer ersten Produktion synthetischer Edelsteine. Und zahllose Leute schickten Stöße der verschiedensten Handarbeiten. Als Auftakt zum Polterabend spielte die Staatsoper Richard Strauss' ›Ägyptische Helena‹. Die Aufführung war nur für geladene Gäste. Danach fand auf dem Platz vor dem Opernhaus uns zu Ehren ein großer Zapfenstreich statt, den die Luftwaffe gestellt hatte. Nachts saß vor meinem Schlafzimmer zum ersten Mal ein Soldat in Waffen. Er schlief so sanft, daß ich besorgt war, ihn beim Betreten meines Zimmer zu wecken.
Am nächsten Morgen früh kam Hermann in die Bendlerstraße, um mich abzuholen. Gemeinsam fuhren wir zur Reichskanzlei, wo mich Adolf Hitler mit einem Orchideenstrauß begrüßte. Auf dem Weg zum Rathaus jubelte ihm und uns eine große Menschenmenge zu.«
Für die Schauspielerin Emmy Sonnemann war diese königliche Hochzeit ein Abschied, aber auch ein Märchen, in dem sie die Hauptrolle spielte. Seit der Herrschaft der Hohenzollern hatten die Berliner nicht wieder eine derartig pompöse Hochzeit gesehen. Staunend sahen sie zu. Es war »Kaiserwetter«, der preußischblaue Himmel überstrahlte die Zurschaustellung einer neuen Oberschicht, von der sie regiert wurden. Hitler, der in seiner braunen Parteiuniform schüchtern wirkte, trat als Staatsoberhaupt in diesem Bild zurück, der strahlende 42jährige General Göring und die gleichaltrige Schauspielerin aus Hamburg waren der Mittelpunkt der Huldigungen, die spontan aus der Menge kamen; die Berliner hatten wieder einen Fürsten, einen König.
Auf der Fahrt zum Dom am Lustgarten überflog eine Staffel des Jagdgeschwaders Richthofen die Wagenkolonne; einer der Flugzeugführer war der Jagdflieger Mölders.

Die Trauung nahm Reichsbischof Müller vor, ein ehemaliger Wehrkreispfarrer, der von den »Deutschen Christen« in dieses neue Amt, das es noch nie gegeben hatte, gebracht worden war. Er gab dem Brautpaar den Spruch aus der Bibel, den sie beide als Konfirmationsspruch erhalten hatten: »Sei getreu bis in den Tod, so will ich Dir die Krone des Lebens geben.« Viorica Ursuleac und Heinrich Schlusnus sangen; die Orgel dröhnte.
Beim Hinaustreten auf die Freitreppe vor dem Dom überflog ein Storchenpaar den Lustgarten, wodurch der Jubel der Menge noch gesteigert wurde.
Im »Kaiserhof« war die Hochzeitstafel für 320 Personen gedeckt. An ihr saßen Hitler, aber auch Görings Diener Kropp, die Verwandtschaft der Braut und des Bräutigams, Prinzen und Prinzessinnen, Feldmarschälle und junge Offiziere der Luftwaffe.
Hitlers Tischdame war die Gräfin Rosen aus Rockelstad, der Prinz zu Wied hatte Magda Goebbels zur Tischdame, der preußische Finanzminister Popitz die Frau des Kirchenministers Kerrl, Staatsrat Thyssen die Frau von Rudolf Heß, Goebbels die Frau des Erziehungsministers Rust, Himmler die Frau des Hamburger Bürgermeisters Krogman. Da saßen Oberforstmeister von Keudell und Winifred Wagner, Heydrich und die Frau Robert Leys, Generalmajor Wever mit Frau Kesselring, Streicher mit Frau Bouhler, Schacht mit Frau Frick, Prinz Philipp zu Hessen und Fanny Gräfin Wilamowitz-Moellendorff, General Frhr. v. Fritsch und Frau Sahm, die Gattin des Berliner Bürgermeisters, der die standesamtliche Trauung vorgenommen hatte.
Oberstleutnant Student saß neben der Schauspielerin Elsa Wagner, Admiral Raeder neben der Frau des Botschafters v. Dirksen. Gründgens hatte Frau Tengelmann zur Tischdame, Werner Krauß die Frau Bruno Loerzers.
»Unsere Verwandten, Freunde und nächsten Kollegen, sowie alle uns nahestanden, waren zu Gast geladen«, schreibt Emmy Göring. Beide Trauzeugen, Hitler und Kirchenminister Kerrl, hielten erste Tischreden. Hitler mußte anmerken, daß er ein schlechter Tischredner sei. Blomberg und Krogmann schlossen sich an, zuletzt sprach der schwedische Schwager Görings, Graf Erik von Rosen.
Hitler ließ Emmy Göring beim Essen wissen, daß sie jetzte die »Erste Frau des Deutschen Reiches« sei, und das bedeute, Pflichten zu übernehmen.
»Der erste Eindruck, den ich von meiner Würde bekam«, schreibt

Emmy Göring, »war der, daß ich für weiteste Volksschichten diejenige ›Stelle‹ geworden war, wo man seinen Kummer und seine Sorgen abladen konnte. Neben der zahlreichen ›Verehrerpost‹ gelangten Bitten an mich, die mich aber sehr oft in Schwierigkeiten mit manchen Ressorts der Reichsregierung brachten, ja zu ernsten Differenzen führten. So sehr wir unser Carinhall von allzugroßen Gäste-Invasionen zu verschonen suchten, waren wir dennoch verpflichtet, auch hier, nicht nur in der Dienstwohnung am Leipziger Platz, für das Reich und für Hitlers persönlichste Gäste zu repräsentieren.«
Auch Prinz August Wilhelm saß an der Hochzeitstafel neben Frau Thyssen, aber er war so plaziert, daß er von Hitler nicht gesehen werden konnte, der Hindenburgs Nachfolger geworden war – nicht der Hohenzollern-Prinz.
Weit entfernt von Hitler saß auch Oberleutnant v. Below, der bald Hitlers Luftwaffenadjutant werden sollte.
Die Hochzeitstafel zeigte keine gemeinsamen zukünftigen Schicksale der Personen, die hier scheinbar zusammenzugehören schienen. Es war wie in einer Tragödie Shakespeares, die mit einer Tafel am Hofe eines Königs beginnt und blutig endet. Jetzt war alles ein Amalgam, das sich aus den verschiedensten Elementen zusammengetan hatte, um bald wieder auseinander zu fallen.
Die Görings fuhren vom »Kaiserhof« mit wenigen Freunden nach Carinhall.
Der Bräutigam suchte Carins Grab im Mausoleum auf und blieb dort eine Stunde.
Das war nicht nur eine Geste gegenüber der angereisten schwedischen Verwandtschaft, bei der sich auch sein Stiefsohn Thomas von Kantzow befand.
Göring konnte Carin nicht vergessen, aber er liebte auch seine zweite Frau, mit der er über Wiesbaden nach Dubrovnik in Jugoslawien auf Hochzeitsreise fuhr.
Er wolle noch viele Auslandsreisen unternehmen, denn er war jetzt der beste Botschafter, den Hitler entsenden konnte. Er hatte eine Frau, die – wie er – zu repräsentieren verstand.
Hitler war für das Ausland ein Rätsel, aber Göring erweckte den Eindruck, daß man mit ihm zurechtkommen könnte.
Der Gesandte Schmidt, der Göring auf diesen Auslandsreisen als Chefdolmetscher des Auswärtigen Amtes begleitete, entdeckte an ihm, daß er es liebte, den Naturburschen zu spielen, und zu verbergen verstand, wie geschickt er in diplomatischen Dingen war.

Während die Görings in den Flitterwochen waren, reifte ein wichtiger außerpolitischer Erfolg heran: der Flottenvertrag mit Großbritannien, in dem ein Verhältnis der deutschen Kriegsflotte zur britischen von 35:100 (Tonnage) im Mai vereinbart wurde.
Den Vertrag unterzeichnete der Sonderbotschafter v. Ribbentropp im Juni in London.
Um den Balkan kümmerte sich Göring, aber auch um Italien und vor allem um Polen. Er ging dort oft auf Jagd, lud polnische Minister und den Botschafter in Berlin zu Jagden in Rominten (Ostpreußen) und in der Schorfheide ein.
Im Mai 1935 besuchten die Görings nach ihren Flitterwochen in Dubrovnik die Hauptstädte Belgrad, Sofia und Budapest. Der zweitmächtigste Mann des Deutschen Reiches wurde wie ein Staatsoberhaupt empfangen, das wichtige politische Gespräche führen konnte.
Während seiner Abwesenheit kam Goebbels, der Judenhasser unter den Paladinen Hitlers, zum Zuge. Er wollte die deutschen Juden endgültig von den »Ariern« trennen, und so kam es zu den Nürnberger Rassegesetzen auf dem »Parteitag des Glaubens«, wie das September-Treffen in Nürnberg in diesem Jahr genannt wurde, zur Verkündung der Rassengesetze vor dem in diese Stadt gerufenen Reichstag.
Verlesen mußte Göring als Reichstagspräsident den Text dieser Gesetze, die einmalig in der deutschen Geschichte waren; er unterzog sich dieser Aufgabe, wie Wochenschaubilder zeigen, mit der Routine eines Standesbeamten, der hier freilich nicht zusammenfügte, sondern »für alle künftigen Zeiten« trennte.
Die Sätze aus dem Gesetzestext, in denen Juden verboten wurde, mit Deutschblütigen Ehen einzugehen, sich geschlechtlich mit ihnen einzulassen, kamen aus dem Munde eines Mannes, der selbst bestimmen wollte, wer Jude sei, und dessen Mutter mit einem Juden fünfzehn Jahre in dem Zustand gelebt hatte, der nun »Rassenschande« genannt wurde.
»Reichsbürger« durften von nun an nur Deutsche sein, den deutschen Juden wurde die Staatsbürgerschaft abgesprochen. Görings Versprechungen gegenüber Freunden und jüdischen Bekannten, sich bei Hitler gegen den Antisemitismus zu verwenden, waren Schall und Rauch geblieben.
Im Oktober begann Mussolini den Krieg gegen Abessinien, die Briten ließen seine Truppentransporter durch den von ihnen beherrschten Suezkanal fahren. Die unwirksamen Sanktionen, die vom Völ-

kerbund beschlossen wurden, führten nur dazu, Italien näher an Deutschland heranrücken zu lassen.

Die neue Luftwaffe hatte jetzt eine Frontstärke von 1800 Flugzeugen. Göring verlangte wegen des Ernstes der außenpolitischen Lage eine Erhöhung dieser Kapazität.

Am 1. November 1935 eröffnete er die Luftkriegsakademie in Berlin-Gatow. Der Generalstabschef der Luftwaffe, General Wever, hielt eine richtungweisende Rede, in der er sich zwar vor den Jagdfliegern des Weltkriegs verbeugte - er nannte Manfred von Richthofen -, aber als entscheidenden Faktor in einem künftigen Luftkrieg die Bomberflotte ansah: »Nur die Nation mit starken Bomberflotten, die ihr zur Verfügung stehen, kann entscheidende Aktionen seiner Luftwaffe erwarten.«

Wever verlangte weitreichende viermotorige Bomber, deren Prototypen die Dornier 19 und die Junkers 89 waren, die ihre Probeflüge 1936 aufnehmen konnten.

Von Görings altem Jagdflieger-Romantizismus des offenen Cockpits hielt Wever, der ein Anhänger der Ideen des italienischen Militärtheoretikers General Douhet war, nichts, wie auch seine damaligen Kollegen in Frankreich, Italien, England und den USA.

Göring sah die Luftwaffe als Abschreckungswaffe, die im Verteidigungsfalle nach einem Erstschlag des Gegners eingesetzt werden dürfte.

»Ohne meinen ausdrücklichen Befehl«, so schrieb Göring im Luftwaffenbeitrag zu einer gesamtstrategischen Wehrmachtstudie am 18. November 1935, »darf daher die Reichsgrenze weder überschritten noch überflogen werden. Das Vorgehen in die entmilitarisierte Zone und ihr Überfliegen wird erst dann freigegeben, wenn eine feindliche Grenzverletzung in offenbar kriegerischer Absicht vorhergegangen ist.« So endete das Jahr 1935, das Göring auf dem Höhepunkt seiner Macht sah.

Im Herbst hatten Frankreich und die Tschechoslowakei ein Militärbündnis mit der Sowjetunion geschlossen, das den Bruch des Locarnovertrages bedeutete.

Hitler war der Ansicht, daß nun auch er sich an ihn nicht mehr zu halten brauche.

Dabei dachte er an eine militärische Besetzung der entmilitarisierten Zone im Rheinland.

19. Kapitel

Noch mehr Macht

Als am 1. Januar 1936 Görings Geschwaderkamerad Ernst Udet zum Inspekteur der Jagd- und Sturzkampfflieger ernannt wurde, erhielt die Luftwaffe ein Flugzeug für eine künftige Luftkriegsführung, die im Taktischen, nicht im Operativen lag. Die Ju 87, nach einem amerikanischen Flugzeugtyp »Hell Driver« von Junkers in seinem schwedischen Zweigwerk gebaut, war eine Unterstützungswaffe für das Heer, vor allem für die neue Panzertruppe, die gleichzeitig mit dem Stuka durch Heinz Guderian und seine Mitarbeiter entwickelt wurde. Udet, der seit 1934 Berater im Luftfahrtministerium war, hatte mit dem Stuka Göring stark beeindruckt. Die operative Bomberflotte, die General Wever anstrebte, mißfiel Göring dagegen. Als er 1935 ein Rumpfmodell der Ju 89, eines viermotorigen Langstreckenbombers, in den Junkers-Flugzeugwerken in Dessau besichtigte, fragte er den Chef des Technischen Amtes, Oberst Wimmer, was das denn solle. Das neue Flugzeug war zehnmal so groß und schwer wie der Doppeldecker, den Göring einst im Krieg geflogen hatte.

Auch General Wever sah im Stuka ein wichtiges militärisches Kampfmittel der Luftwaffe, aber für ihn sollte der Stuka die Bomberflotte von der Aufgabe entlasten, in den Erdkampf eingreifen zu müssen.

»Ein Mann trat in den Vordergrund«, schreibt Paul Deichmann, »der die Entwicklung der Luftwaffe entscheidend beeinflussen sollte. Ernst Udet war mit 62 Abschüssen nach Manfred von Richthofen (80 Abschüsse) erfolgreichster Jagdflieger des Weltkriegs 1914-18. Ihm war die Douhetsche Theorie zuwider, Luftkrieg, das war für ihn der ritterliche Kampf Mann gegen Mann, Jäger gegen Jäger, Bomber mußten wohl auch sein, aber der Gedanke, daß die künftige Luftwaffe in streng geschlossener Formation marschieren sollte wie einst die friderizianischen Grenadiere lag ihm gar nicht.«

Diese Rivalitäten wurden vorübergehend gegenstandslos. Hitler entschloß sich zu dem Coup der Besetzung der entmilitarisierten Zone des Rheinlandes, der am 7. März 1936 riskiert wurde. Die Luftwaf-

fenführung wurde damit überrascht - wie auch die übrige Wehrmacht, die sich noch im Aufbaustadium befand.
Hitler begründete die Besetzung mit der Ratifizierung des französisch-sowjetischen Vertrages. Der Coup gelang. Über den Einsatz der Luftwaffe schreibt David Irving: »Milch fand eine einfache Lösung. Da man nur eine Jagdgruppe entbehren konnte, wurde diese auf Flugplätze in Köln und Düsseldorf verteilt; auch eine Stuka-Gruppe wurde an jenem Tag ins Rheinland und auf Flugplätze in Frankfurt und Mannheim verlegt. Die Jäger hatten je 1000 Schuß Munition an Bord, aber ihre Maschinengewehre waren noch nicht justiert. Mit dieser kleinen Besetzung spielte die Luftwaffe ein ganz großes Theater.«
Görings Abschreckungswaffe hatte ihre Aufgabe erfüllt. Abschrekkung bedeutete auch bluffen, und das hatte Göring hier bewiesen. Um nach dem Coup das Ausland über die Stärke der Luftwaffe zu täuschen, ließ er Fliegerschulen und Verwaltungsstellen mit militärisch-taktischen Nummern bezeichnen, wodurch sie für Staffeln, Gruppen oder Geschwader gehalten werden konnten.
»Ausländische Militärattachés wurden bereitwilligst durch Fliegerhorste und Flugzeugfabriken geführt«, schreibt Paul Deichmann. »Was man ihnen zeigte, war schon imponierend. Aber überall gab es eine Halle, in die sie nicht hineingelassen werden durften, weil sich darin angeblich die neuesten, noch geheimen Entwicklungen befanden. Manchmal stimmte das, manchmal waren auch diese Hallen leer. Mit Prototypen, die mit eigens dafür hochgezüchteten, in der Serie nicht vorhandenen Motoren ausgestattet waren, wurden Weltrekorde geflogen. Mit gefälschten Fotos wurde vorgetäuscht, daß sich diese Flugzeuge bereits im Serienbau und im Einsatz bei der Truppe befänden.
Eine reale Grundlage hatten diese Täuschungsmanöver nur insofern, als während dieser Risikophase in der deutschen Flugzeugindustrie Flugzeugmuster heranreiften, die unsere Luftwaffe bald zur modernsten der Welt machen sollten. Als 1935 die ersten Prototypen der neuen Generationen am Himmel erschienen, hatten wir einen Entwicklungsvorsprung von etwa zwei Jahren.«
Irving scheibt (nach dem Tagebuch von Milch): »In der Forschungsanstalt Rechlin flogen Testpiloten schon im März 1936 Prototypen des Messerschmitt-Jägers Me 109, des zweimotorigen Messerschmitt-Zerstörers Me 110, der Sturzkampf-Bomber Ju 87 und He 123 sowie der mittleren Bomber Do 17, Ju 86 und He 111. Sogar eine

frühe Ausführung der Ju 88 befand sich schon in der Entwicklung.«
Ernst Heinkel, der in Marienehe bei Rostock sein Flugzeugwerk hatte, baute ab Mai 1936 bei Oranienburg auf Kosten des Luftfahrtministeriums ein neues Flugzeugwerk für die Produktion seiner He 111, des Standard-Bombers.
Monatlich sollten dort 100 dieses Typs fertiggestellt werden.
Im Mai 1936 kam die erste Vorschrift der Luftwaffe für die Luftkriegsführung (Ldv 16) heraus, in der es hieß: »Angriffe auf Städte zum Zweck des Terrors gegen die Bevölkerung sind grundsätzlich abzulehnen.« General Wever, der diese Vorschrift ausarbeiten ließ und unterschrieb, stürzte am 3. Juni 1936 bei Dresden mit einer He 70, die als Kurierflugzeug diente, tödlich ab. Sein Monteur hatte vergessen, einen kleinen Hebel vor dem Start zu lösen, der das Handrad feststellte, mit dem die Querruder bewegt werden. Als Wever kurz nach dem Start die Blockierung bemerkte, fand er den Hebel nicht.
»Nur wenige erfuhren«, schreibt Ernst Heinkel, »daß das Schicksal dieses Mannes und damit zu einem erheblichen Teil auch das Schicksal der deutschen Luftwaffe an der Einstellung eines winzigen Hebels gehangen hatte.«
Ähnlich heißt es in »Air War« von Edward Jablonski, einer amerikanischen Geschichte des Luftkrieges 1939–45: »Die Luftschlacht um England, und vielleicht das Ergebnis des europäischen Teils des Zweiten Weltkriegs, wurde vorweggenommen am 3. Juni 1936 durch den Absturz eines kleinen Flugzeuges in der Nähe von Dresden. In späteren Jahren würde Dresden Unsterblichkeit beanspruchen als der Ort einer größeren Tragödie als der Tod eines deutschen Generals und seines Mechanikers. Aber die kleinere Tragödie und die größere würden eines Tages eingehen in die Geschichte. Mit Generalleutnant Wevers Absturz fiel auch das Konzept der operativen Bomber-Waffe, das möglicherweise der Luftwaffe den Sieg über die Royal Air Force 1940 geschenkt haben würde.«
Das sind etwas bombastische Worte aus USA, aber sie enthalten den Kern der Wahrheit und auch Wirklichkeit.
Göring ernannte General Kesselring, der den viermotorigen Langstreckenbomber sofort aufgab, zum Nachfolger Wevers, und Udet übernahm von Oberst Wimmer das Technische Amt, das für die gesamte Luftrüstung zuständig war.
Für eine operative Luftwaffe, wie sie während des Zweiten Weltkrieges von den Briten und den USA aufgebaut wurde, war nun kein Platz mehr.

Die Intentionen von Kesselring und Udet entsprachen denen, die Göring hatte, der an seiner Abschreckungsluftwaffe festhalten wollte. Er wollte seine Luftwaffe nicht in einem Krieg gegen England sehen, den es auf jeden Fall für ihn zu vermeiden galt. Für andere kriegerische Verwicklungen in Mitteleuropa genügte die Luftwaffe, die jetzt von Kesselring und Udet in seinem Sinne ausgebaut wurde.
Er hatte inzwischen eine neue Aufgabe übernommen, die ihm Vollmachten gab, von denen er früher nie zu träumen gewagt hätte.
Am 27. März hatten 98,5% der Wahlberechtigten in einer Volksabstimmung Hitlers Rheinland-Coup bestätigt. Es war die höchste Prozentzahl, die Hitler bisher für sich buchen konnte. Da es aber nicht ersichtlich gewesen war, weshalb die Wähler damals *gegen* die Rückkehr des Rheinlandes in die Wehrhoheit des Reiches hätten stimmen sollen, war dieser Erfolg selbstverständlich. Doch Hitler war der Ansicht, daß nun die Übereinstimmung seines Willens und seiner Handlungen mit dem deutschen Volk total geworden sei, und daraus folgerte er, daß er ihm noch viel mehr zumuten könnte.
Die Rüstungswirtschaft, die dem Wirtschaftsminister Schacht unterstand, war in Schwierigkeiten geraten, da jeder Wehrmachtsteil Rohstoffe in hohem Maße beanspruchte, die nicht mehr auf die übliche Weise beizubringen waren. So machte Hitler denjenigen Mann aus seiner nächsten Umgebung, der Bilanzen lesen konnte, zum »Rohstoff-Diktator«, der die Wechselkurse, die Devisen und die Rohstoffeinfuhr zu kontrollieren hatte.
Göring übernahm diese Aufgabe am 27. April. Zu ihr gehörte auch der synthetische Ersatz für Rohstoffe, die aus Devisenmangel nicht mehr eingeführt werden konnten. Da sein Neffe Herbert Göring Beamter bei der Reichsbank war, konnte er sich ganz »en famille« beraten lassen.
Er war aber auch geeignet, den Deutschen unpopuläre Maßnahmen beizubringen. Schon 1935 hatte er in seiner »Kanonen statt Butter«-Rede starken Beifall erhalten, als er, auf seine Leibesfülle anspielend, ausrief: »Was kann Butter anderes als uns fett machen!«
Für die Deutschen hatte *Hermann wieder einen Witz gemacht,* aber bald merkten sie, daß es ernst gemeint war.
Schacht, der als Wirtschaftsminister nun eingeschränkt war, hatte sich wie v. Blomberg für die Beauftragung von Göring eingesetzt, der als starker Mann galt.
Es standen die Olympischen Sommerspiele in Berlin bevor, zu denen die Jugend der Welt geladen war.

Viele Einladungen an Gäste aus dem Ausland wurden verschickt, aber Charles Lindbergh, der Ende Juli nach Berlin kam, folgte dabei der Bitte des amerikanischen Luftwaffenattachés in Berlin, Major Truman Smith. Der Major hatte die Absicht, Lindbergh mit der deutschen Luftwaffenführung zusammenzubringen, woraus er sich bessere Informationen erhoffte, als sie bisher zu erlangen waren.
Lindberghs Besuch war Göring willkommen. Er lud ihn ein, an der Eröffnung der Spiele teilzunehmen. Der Ozean-Überquerer trug sich ins Goldene Buch der Stadt Berlin ein. Er fuhr zum ehemaligen Kronprinzen nach Potsdam, um im Schloß Cecilienhof Tee zu trinken. Das Jagdgeschwader Richthofen lud ihn nach Döberitz zum Lunch ein, wo er einen Trinkspruch auf die Bombenflugzeuge ausbrachte, die langsamer werden, und auf die Jagdflugzeuge, die sich schneller vermehren sollten.
Am 28. Juli war er als Görings Gast in der Ministervilla zum Lunch. Vorher und nachher ließ er sich Flugzeugfabriken und Einrichtungen der Luftwaffe zeigen. Die amerikanische Presse berichtete darüber ausführlich.
Göring war in diesen letzten Tagen des Juli jedoch nicht nur damit beschäftigt, Lindbergh als Freund des neuen Deutschlands und seiner Luftwaffe zu gewinnen, was gelang; Mitte Juli war der spanische Bürgerkrieg ausgebrochen. General Franco, der von Spanisch-Marokko aus den Krieg ausgelöst hatte, schickte einen Offizier nach Berlin, um von Hitler deutsche Ju 52 als Transporter für seine marokkanischen Truppen zu erhalten, denen der Seeweg durch die spanische Marine zum Festland abgeschnitten wurde.
Hitler, der sich bei den Richard-Wagner-Festspielen in Bayreuth aufhielt, gab hierzu seine Einwilligung. Göring sagte in Bayreuth den Generalen Milch und Stumpff, die deutsche Intervention im Spanischen Bürgerkrieg solle ohne tatsächliche Beteiligung an Kampfhandlungen stattfinden. Am 27. Juli starteten die ersten Ju 52 in Tempelhof nach Spanisch-Marokko.
Am 31. Juli fuhr ein Frachtschiff mit sechs He 51 und 86 Freiwilligen der Luftwaffe nach Cadiz.
Am 28. Juli hatte Göring Lindbergh, der stark von dem neuen Deutschland beeindruckt war – im Gegensatz dazu hatte er Apathie in den USA, Indifferenz in England und Dekadenz in Frankreich beobachtet –, zu einem zweiten Besuch in Deutschland eingeladen.
Lindbergh nahm als Görings Gast in der Luftwaffenloge im Olympiastadion an der Eröffnungszeremonie teil; dort saß auch die ameri-

kanische Schwimmerin Eleanor Holm, die Avery Brundage während der Überfahrt nach Europa aus der Mannschaft ausgeschlossen hatte, da sie gewagt hatte, Champagner mit Journalisten zu trinken. Emmy Göring lud sie in die Luftwaffenloge ein.

Als Lindbergh, der zu einem Kongreß nach Kopenhagen abreiste, nach London zurückkehrte, schrieb Harold Nicolson in sein Tagebuch: »Er bewundert Nazi-Deutschlands Energie, Männlichkeit, Geist, Organisation, Architektur, Planung und Stärke. Er behauptet, es besäße die größte Luftwaffe der Welt, mit der es jedes andere Land zerstören könnte. Er erklärt, die Zukunft werde eine Auseinandersetzung zwischen Faschismus und Kommunismus bringen, und er glaubt, daß, wenn Großbritannien das dekadente Frankreich und das rote Rußland gegen Deutschland dabei unterstützt, dies das Ende der europäischen Zivilisation herbeiführen werde.«

Die Sommerspiele sah sich Göring in Zivil an; bei dem großen Fest, das er zum Abschluß in seiner Minister-Villa an der Leipziger Straße und in dessen Park gab, erschien er in bayerischer Tracht, kurzer Lederhose, Hemd, Edelweiß am Hut. Eine bayerische Blaskapelle spielte zum Tanz, das Fest dauerte bis in den frühen Morgen. Sein Stiefsohn Thomas von Kantzow sah das Ehepaar zu dieser Stunde am Rand des geheizten Schwimmbeckens sitzen, das die kürzlich umgebaute Villa erhalten hatte.

Eine einsame schöne Schwimmerin, Eleanor Holm, zog nackt im Wasser ihre Kreise.

Während des Festes hatte Udet Kunstflugfiguren an den Himmel über dem Park gezeichnet, jetzt klang es für die Görings mit einem sinnlichen, ästhetisch schönen Anblick aus.

Das Leben konnte so schön sein, und Göring wußte, wie man es genießen konnte.

In seinen Erinnerungen schreibt der Schöpfer der deutschen Panzerwaffe, Heinz Guderian, über Göring: »Er war ein rücksichtsloser, reichlich formloser Mann, der anfänglich eine beachtliche Tatkraft entwickelte, aber nachdem er die junge deutsche Luftwaffe aus der Taufe gehoben hatte, erlag er den Verlockungen der neu gewonnenen Macht, wandte sich feudalen Allüren zu, sammelte Orden, Edelsteine und Antiquitäten und gab sich den Genüssen der Tafel hin.« Im Sommer 1936 könnte diese Zäsur gelegen haben, die Guderian nennt.

Aber angelegt war in Göring von vornherein auch das, dem er nun »erlag«; er konnte es jetzt nur ganz offen zeigen.

Kurz nach dem Ende der Olympischen Spiele, am 24. August, wurde die zweijährige Dienstzeit für die Wehrpflichtigen eingeführt.
Am 30. Oktober erfuhren v. Blomberg und Göring durch Erhard Milch, daß Hitler die uneingeschränkte Intervention der Luftwaffe im Spanischen Bürgerkrieg genehmigt habe. Als Milch Göring vorschlug, die erste Bombergruppe der »Legion Condor« auf dem Flugplatz Greifswald am 6. November zu verabschieden, ließ der Oberbefehlshaber der Luftwaffe sich von Milch vertreten.
Er hatte bisher seinem Stellvertreter alles überlassen, was mit der Verwicklung der Luftwaffe in den Bürgerkrieg zu tun hatte.
Ihm gefiel das nicht, doch er gehorchte Hitler, der es riskierte, sich mit Großbritannien anzulegen.
Er hatte damit gerechnet, daß die Deutschen bis 1941 Ruhe vor kriegerischen Verwicklungen haben würden, und seine Pläne darauf aufgebaut. Anfang Dezember sagte er, als er nochmals auf diese Zeitspanne bei einer Besprechung mit seinen Amtschefs hinwies: »Wir können aber noch nicht wissen, ob schon vorher Verwicklungen kommen, wir befinden uns bereits im Kriege – nur wird noch nicht geschossen. Die allgemeine Lage ist sehr ernst. Rußland will den Krieg. England rüstet sehr stark auf.«
Er befahl den noch stärkeren Ausbau der Luftwaffe.
Dazu wurden Mittel aus der Rüstungswirtschaft benötigt, die er zur Verfügung stellen konnte: Denn Hitler hatte ihn am 18. Oktober zum Beauftragten für einen Vierjahresplan ernannt, über den Hitler auf dem Reichsparteitag im September in Nürnberg in einer Rede gesagt hatte: »In vier Jahren muß Deutschland unabhängig von allen Einfuhren sein, die ersetzt werden können durch deutschen Fleiß und unsere Aktivitäten in der chemischen, Maschinen- und Energieindustrie.«
Der schriftliche Auftrag an Göring gab ihm volle Autorität, Verordnungen und Gesetze zu erlassen. Er wurde bevollmächtigt, über alle deutschen Autoritäten in Staat und Partei zu verfügen. Er wurde omnipotent. Als Beauftragter für den Vierjahresplan hatte er von 1937 bis 1941 absolute Vollmacht über Staat und Wirtschaft, um Deutschland autark zu machen.
Am 28. Oktober rief Göring im Berliner Sportpalast die Deutschen auf, ihm zu helfen. Am 29. Oktober ließ er sich mit seiner Frau im Kleinen Haus des Staatstheaters feiern, und wenige Zeit später stand er mit der Sammelbüchse für das »Winterhilfswerk«, in die Kupfer-, Silber- und Goldmünzen gespendet wurden, auf der Straße.

»Hermann braucht Wechselgeld«, sagten Passanten. Zuerst war der Arbeitsstab, den Göring bildete, klein. Paul Körner wurde sein Staatssekretär und Stellvertreter, der die wöchentlichen Sitzungen meistens leitete. Äußere Vorbilder für den Vierjahresplan, dessen Einzelheiten Hitler im Sommer ausgearbeitet hatte, waren die Fünfjahrespläne der Sowjetunion.
Mit der Übernahme des neuen Amtes, zu dem kein Ministerium gehörte, das aber über alle Ministerien verfügen konnte, erschloß sich für Göring auch eine persönliche Quelle, die ihn immer häufiger in Versuchung führen sollte: die Verfügungsgewalt über alle Devisen der Reichsbank. Jetzt wurde es für ihn möglich, sich Wünsche zu erfüllen, die seinem feudalen Lebensstil entsprachen.
Die Omnipotenz, die ihm Hitler übertragen hatte, war für einen Mann bestechend, der von niemandem mehr kontrolliert werden konnte, es sei denn von Hitler, aber der dachte nicht daran.
Göring, so meinte Hitler, sei ein Renaissance-Mensch. Ins Privatleben wollte der Führer seinen Paladinen nach der Röhm-Affäre nicht mehr hineinreden.
Vor dem Reichstag hielt Hitler am 30. Januar 1937 eine Rede, in der der Wunsch Deutschlands nach Frieden mit Europa und dem Rest der Welt erklärt wurde. Er fügte bei, der Vierjahresplan würde bestimmt nicht dazu beitragen, Deutschland vom Rest der Welt zu isolieren. Das waren Worte, die verschleierten, was wirklich geplant war.
Göring hoffte tatsächlich, vier Jahre Zeit zu haben, aber schon zwei Jahre vor 1941 begann der Krieg.
Görings Maxime lautete jetzt: »Für Leben und Sicherheit der deutschen Nation!«
Sie auszusprechen, wurde er nicht müde.

20. Kapitel

Der Erbe

Der Spanische Bürgerkrieg mußte dazu führen, daß sich das faschistische Italien und das nationalsozialistische Deutsche Reich näherkamen. Zwischen ihnen stand aber die Österreich-Frage, in der das letzte Wort noch nicht gesprochen sein konnte. Mitte Januar 1937 reiste das Ehepaar Göring nach Rom zu einem Staatsbesuch, der die Gelegenheit brachte, mit Mussolini über Österreich zu sprechen. Görings gutes Verhältnis zu dem Duce konnte jedoch nicht darüber hinwegtäuschen, daß Mussolini weiterhin auf der Unabhängigkeit Österreichs bestand. Mussolini hatte seinen Abessinienkrieg 1936 siegreich beenden können, der König von Italien war Kaiser von Abessinien geworden und das Selbstbewußtsein Mussolinis ins Unermeßliche gewachsen. Von Rom fuhren die Görings einige Tage nach Capri. Dort besuchten sie den schwedischen Arzt Dr. Axel Munthe in seiner musealen Villa »San Michele«, der sich mit dem Gedanken trug, seinen Besitz zu verkaufen. Göring zeigte an der Villa lebhaftes Interesse, aber er war noch nicht in der finanziellen Lage, eine halbe Million Schwedenkronen dafür zu bezahlen. Carinhall wurde weiter ausgebaut, auf dem Obersalzberg gehörte ihm ein Landhaus, in der Rominter Heide lag sein Reichsjägerhof, die Minister-Villa in Berlin war 1936 ausgebaut worden. Wenn diese Wohnungen auch auf Staatskosten liefen, so war Görings persönlicher Reichtum damals für andere Landsitze noch nicht groß genug, die er aus seiner Tasche erwerben und erhalten mußte.
Im November 1937 bot Axel Munthe sein »San Michele« Göring noch einmal schriftlich zum Kauf an. Als Gründe gab er seine fortschreitende Erblindung und den Wunsch an, lieber an Göring als an einen amerikanischen Millionär sein durch das »Buch von San Michele« berühmt gewordenes Heim zu veräußern.
Wegen der angespannten Devisenlage Deutschlands konnte Göring auch dann nicht auf das Angebot eingehen.
Seine Omnipotenz, die ihm die Beauftragung mit der Durchführung des Vierjahresplanes gebracht hatte, stieß an Grenzen.

Im Februar 1937 meldete ihm Udet als Chef des Technischen Amtes, daß sich das Flugzeugprogramm erheblich verzögern werde. Die Zuteilung an Eisen und Stahl war gekürzt worden. Anfang 1937 fällte Göring eine Entscheidung, die von großer Tragweite für die Luftwaffe werden sollte. Die beiden viermotorigen Langstreckenflugzeuge Do 19 und Ju 89 wurden vom Entwicklungsprogramm abgesetzt. Gegen sie waren Kesselring und Udet; Göring folgte ihrem Rat. Die Langstreckenbomber sollten ursprünglich 1939 fertig werden. Während in Deutschland auf diese Waffe verzichtet wurde, flogen in den USA die ersten viermotorigen Bomber Boeing Y 1 B-17, die dort in den Zeitungen »Flying Fortresses« genannt wurden.
Paul Deichmann schreibt: »Mitte April 1937 erfuhr ich durch Zufall davon. Ich meldete mich bei Göring in Carinhall und fand Milch schon vor.«
Es kam zu einer Auseinandersetzung zwischen Milch und Deichmann, bei der Göring nur zuhörte.
»Hin und wieder nickte er zustimmend zu Milchs Argumenten. Er nickte auch, als Milch sagte, daß damit der Fall wohl abgeschlossen sei. Der viermotorige Bomber sei überflüssig. Die Bomberproduktion werde zunächst auf die zweimotorige He 111 und dann auf den Schnellbomber Ju 88 konzentriert, der damals gerade erst in der Erprobung stand. Wieder nickte Göring Einverständnis. Ich stellte die Forderung, die viermotorigen Versuchsmuster wenigstens weiter zu erproben und mit stärkeren Motoren weiter zu entwickeln. Die Antwort war weder Ja noch Nein. Milch nannte mir (nach dem Kriege) im Gefängnis in Landsberg am Lech einen anderen Grund für die Absetzung der Viermotorigen.
Göring habe ihm damals gesagt: ›Der Führer wird mich stets nur fragen, wie viele Bomber hast du? Er wird mich nie fragen, wie groß sie sind. Für einen Viermotorigen kann ich zweieinhalb mittlere Bomber bauen.‹ Zu meinem größten Erstaunen erfuhr ich nach dem Krieg, daß die Initiative zur Absetzung des Langstreckenbombers von meinem Chef Generalleutnant Kesselring ausgegangen war. Davon hatten weder Göring noch Milch während meines Vortrages etwas durchblicken lassen. Daß der Chef des Generalstabes es versäumt hat, seine Führungsabteilung zu dieser Entscheidung zu hören oder wenigstens davon in Kenntnis zu setzen, war nicht nur ein Verstoß gegen die Dienstordnung, sondern zeigte auch, daß er sich damals über die Bedeutung einer langfristigen strategischen Planung nicht im klaren gewesen ist.«

Aber wer dachte damals an einen Weltkrieg? Die Luftwaffe wollte Göring für einen kontinentalen Krieg ausbauen, der auf Europa beschränkt bleiben sollte. England schied für ihn damals als künftiger Gegner in einem Luftkrieg aus. Mit ihm strebte Göring ein Bündnis an.
Im April war er nochmals in Italien; seine Frau ging in einen Badeort bei Neapel, den ihr Mussolini vorgeschlagen hatte, um ihren Ischias auszukurieren. Er wollte herausfinden, was Mussolini mit dem österreichischen Bundeskanzler Schuschnigg vereinbart hatte.
Am 12. Mai sollte Göring bei der Krönung König Georgs in London das Deutsche Reich vertreten. Da aber die Labour-Abgeordnete Ellen Wilkinson im Unterhaus ihn als »Mann mit den blutbefleckten Stiefeln« bezeichnet hatte, wobei sie auf die Bombardierung von Guernica durch die He 111 der Legion Condor am 26. April anspielte, fuhr Generalfeldmarschall Blomberg. Göring flog privat nach London, Ribbentrop hielt diesen Besuch geheim und sorgte dafür, daß Göring am nächsten Morgen wieder zurückflog.
Diese Demütigung vergaß Göring Ribbentrop nicht.
Der Informations- und Besucheraustausch, der 1936 zwischen der Luftwaffe und der Royal Air Force begonnen hatte, war seitdem auf einem hohen Niveau. Er ging auf einen Wunsch Hitlers und Görings zurück, die beide ihre Hoffnungen auf eine Verständigung mit England setzten. Im Mai schickte der neue britische Premierminister Chamberlain Sir Neville Henderson als Botschafter nach Berlin, der sich bald mit Göring anfreundete. Ihn ließ Göring nie im Zweifel, daß er der natürliche Nachfolger Hitlers sei, und Henderson gewann den Eindruck, daß dieser Mann, sah man von Hitler ab, der einzige Parteiführer sei, vor dem das deutsche Volk tatsächlich Achtung habe. Er lobte Görings rasche Auffassungsgabe und hielt ihn für jemanden, mit dem man freimütig sprechen könne, der etwas hinzunehmen wußte, nicht gleich beleidigt war, aber auch niemanden unbedacht verletzen konnte. Aber Göring hatte auch noch andere Kontakte nach England. Der ehemalige Luftfahrtminister Lord Londonderry war seit 1936 sein Jagdgast. Ihm sagte er, keine Macht der Welt könnte etwas gegen ein Bündnis zwischen England und Deutschland unternehmen.
Es wurde jetzt nötig, das Reichsluftfahrtministerium zu reorganisieren. Der Aufbau der Luftwaffe hatte ein Stadium erreicht, in dem die Ministerialbürokratie des Amtes und deren Repräsentanten vom militärischen Bereich getrennt werden konnten.

Das bedeutete eine Verkleinerung der Macht Milchs, der als Görings Stellvertreter das Ministerium praktisch geleitet hatte. Göring machte sich durch Befehl vom 1. Juni 1937 zum Oberbefehlshaber der Luftwaffe, dem Staatssekretär und Chef des Generalstabes gleichberechtigt unterstanden. Neuer Chef des Generalstabes wurde General Stumpff. Etwas später wurden das Personalamt unter Ritter von Greim und das Technische Amt unter Udet aus dem Bereich des Staatssekretärs genommen und direkt Göring unterstellt. Milch, Stumpff, von Greim und Udet waren nunmehr gleichberechtigt. Der darüber erboste Milch schrieb in sein Tagebuch: »Sehr bald stellte es sich heraus, daß meine Befürchtungen betreffend Abreißen des Zusammenhanges unserer Arbeit nur allzu gerechtfertigt waren. Göring mischte sich nur sporadisch und dann bei unwichtigen Fragen ein. Er sprach über die Probleme ganz allein mit dem Amtschef, fragte niemanden, vertrug keine Rückäußerung, geschweige denn Widerspruch, zog nie die hauptsächlichsten Interessenten zu, sprang vom Hundertsten in Tausendste, schimpfte auf die Abwesenden und beweihräucherte sich selbst. Fortwährend machte er sich Aufzeichnungen, meist in ein anderes Buch, ohne daß man jemals den Zweck dieser Arbeit feststellen konnte, da er das Vorhergegangene immer wieder vergaß oder entstellte.«
Die Reorganisation der Luftwaffe von 1937 wurde von Milch nach dem Krieg als erste und wichtigste Ursache für die Niederlage der Luftwaffe bezeichnet. Dies mag zu weit gegangen sein. Aber am Beispiel Udet würde sich zeigen, daß es falsch war, ihn und sein wichtiges Technisches Amt ohne dauernde Aufsicht zu lassen, die Milch gerade bei diesem Freunde Görings für bitter notwendig hielt.
Göring war nicht in der Lage, diese Aufsicht auszuüben; er hatte noch vieles andere zu tun. Am 21. Juni sagte er in einer Rede vor der Internationalen Handelskammer in Berlin, eine autarke deutsche Wirtschaft würde der Weltwirtschaft nicht schaden, die deutschen Forschungen und Erfindungen, die jetzt gemacht würden, kämen einmal der ganzen Welt zugute.
Im Juli gründete Göring die Reichswerke Hermann Göring in Salzgitter, wobei er sich mit Vergnügen an einen seiner Vorfahren erinnerte, der einst als Geheimer Kriegsrat Friedrichs des Großen preußische Manufakturen geschaffen hatte.
Zugleich wurde ihm die Eisen- und Stahlindustrie unterstellt. In Salzgitter gab es Eisenerzlager, die an Ort und Stelle verhüttet werden sollten.

Jetzt war Schacht nicht mehr bereit, Görings Eingriffe in seine Wirtschaftspolitik zu dulden. Er mahnte zur Mäßigung.
Am 1. November 1937 trat er als Wirtschaftsminister zurück, blieb aber Reichsbankpräsident und Minister ohne Geschäftsbereich.
Nun setzte sich Göring auf seinen Stuhl im Reichswirtschaftsministerium.
»Wie kann überhaupt ein Mensch Einblick in große Dinge gewinnen, wenn er in einem so kleinen Raum sitzt«, soll er ausgerufen haben, als er Schachts Zimmer betrat.
Damit war die Freundschaft mit Schacht beendet, die vor 1933 begonnen hatte. Göring hatte die hohen Fähigkeiten Schachts, dem die Finanzierung der Aufrüstung gelungen war, stets geachtet.
In diesem Jahr 1937 unterzog sich Göring Abmagerungskuren, die ihn schwächten. Er ließ sich in der Frankfurter Klinik Professor Kahles regelmäßig gegen seinen Tablettenmißbrauch behandeln.
Nach einer Abmagerungskur wurde seine Figur bald wieder unförmig, er wurde auch nervöser, verlor seine Elastizität, die er sich trotz aller körperlichen Leiden bisher bewahrt hatte.
Immer eigenwilliger kleidete er sich, parfümierte sich gegen seine Schweißausbrüche, was seinen Untergebenen auffiel.
Er begann sich auch zu schminken, um frischer auszusehen, als er eigentlich war.
Die Görings hatten viele, die sie bewunderten oder ihnen schmeichelten, aber kaum echte Freunde.
Die Parteiführer mied Göring, er konnte sie nicht ausstehen.
Er war anders als sie, und er war Hitlers Erbe.
Zu dieser Zeit glaubte Göring, niemand könne ihm das Erbe Hitlers streitig machen. Ohne vorherige Beratung mit ihm fällte Hitler keine wichtige politische und militärische Entscheidung, wie Nicolaus v. Below in dem Buch »Als Hitlers Adjutant 1937–45« schreibt. Der 29jährige v. Below kam aus dem Jagdgeschwader Richthofen Nr. 2; im Juni 1937 wurde er Luftwaffenadjutant bei Hitler. Persönlicher Verbindungsoffizier Görings zu Hitler blieb aber sein Chefadjutant Oberst Bodenschatz. Below beobachtete den Abstand, den Göring hielt, wenn er in die Reichskanzlei kam: »Görings Erscheinen kündigte sich von weitem an. Von der Straße waren einige ›Heil‹-Rufe zu hören, dann das Heraustreten der Wache, Kommandos und Präsentiergriffe, die Geräusche der am Eingang haltenden Autos und das Hacken-Zusammenschlagen der SS-Wachen. Göring betrat die Halle. Alle Anwesenden grüßten ihn mit dem deutschen Gruß. Er

selbst grüßte, wie ich später noch oft beobachten konnte, nach allen Seiten jovial zurück, gab aber kaum jemandem die Hand, es sei denn, es befand sich ein Reichsminister oder Reichsleiter der Partei unter den Anwesenden.«

Emmy Göring schreibt: »Abgesehen von den großen offiziellen Empfängen in der Reichskanzlei und anläßlich der Bewirtung ausländischer Besucher in Carinhall, bei denen wir auch mit den Ministern und Parteichefs zusammenkamen, hatten wir mit diesen Letztgenannten wenig engeren Kontakt. Ausnahmen bildeten Kirchenminister Kerrl und seine Familie, Reichsleiter Bouhler und Frau und Baldur von Schirach mit seiner Frau Henriette. Mit anderen verband uns jedenfalls keine private Freundschaft.«

Nach Besuchen Mussolinis im September und des Herzogs von Windsor mit seiner Frau im Oktober war Emmy Göring überzeugt, mithelfen zu können, dieses Reich zu repräsentieren. Göring sagte ihr, daß man sich den Herzog als König von England gewünscht hätte. Der Herzog hatte jedoch auf diese Stellung verzichten müssen.

Ursprünglich waren zehn Jahre für den Aufbau der Wehrmacht vorgesehen worden. Er sollte 1944 beendet werden.

Am 5. November 1937 überraschte Hitler den Reichskriegsminister, die Oberfehlshaber der drei Wehrmachtteile und den Außenminister von Neurath in einer Geheimbesprechung, die hinter verschlossenen Türen nachmittags in der Reichskanzlei stattfand, mit einem *mündlichen Testament* für den Fall seines Ablebens. Er korrigierte die Planung für den Wehrmachtaufbau, sprach von Gewalt zur Lösung der *Raumfrage,* da der Gegner 1943 bis 1945 den deutschen Streitkräften wirtschaftlich und zahlenmäßig überlegen sein werde. Deshalb müßte vorher durch geringsten Einsatz der größte Gewinn erzielt werden, wobei Hitler an ein Vorgehen gegen die Tschechoslowakei und Österreich dachte. Hierfür nannte er den Sommer 1938.

Göring unterstützte in der Aussprache, die der Wehrmachtadjutant Hitlers, Oberst Hoßbach, in einer Niederschrift ebenso festhielt wie die Ausführungen Hitlers, seinen Führer. Die Generale von Blomberg und von Fritsch hatten Bedenken, Außenminister Neurath warnte vor diplomatisch-politischen Verwicklungen; Admiral Raeder hielt sich zurück. Hitlers Gesundheit war schlecht; er fürchtete zu sterben, ehe er die *Raumfrage* gelöst haben würde. Daß er Göring, der sein Erbe war, bei diesen Ausführungen auf seiner Seite hatte, hielt er für selbstverständlich.

Den Widerstand der anderen hoffte er zu brechen, was ihm bald mit Görings Hilfe auch gelang.
Zwei äußere Anlässe könnten Hitler zu dieser »Flucht nach vorn« getrieben haben. Der amerikanische Präsident Roosevelt hatte am 5. Oktober seine »Quarantäne«-Rede gehalten, in der er ausführte, 90 Prozent der Weltbevölkerung würden von 10 Prozent bedroht, darunter rechnete er Italien, Japan und Deutschland.
Ende Oktober waren Milch und Udet Gäste der Royal Air Force in England gewesen; am 1. November empfing sie Hitler. Er hörte von ihnen, das Rüstungspotential der Royal Air Force wachse ständig, außerdem gebe es in England »Schattenfabriken« und Churchill, der ohne Posten war, solle nicht unterschätzt werden.
Hitler versicherte Milch und Udet, er würde niemals gegen England vorgehen.
Göring war bei dem Gespräch abwesend. Doch Ende Oktober hatte Hitler mit Göring und Heß Gespräche geführt, in denen er seine Gedanken nicht vorenthalten haben dürfte, die also am 5. November Göring nicht überraschten. Schacht war am 1. November entmachtet worden.
Wie kam es, daß der anglophile Göring Hitler jetzt unterstützte? Er hatte dessen Zusage, gegen England nicht vorgehen zu wollen. Sie genügte, um ihn die abenteuerliche Politik mittragen zu lassen, die sich Hitler vorgenommen hatte.
Er wußte aber als Beauftragter für den Vierjahresplan auch, daß die finanzielle und wirtschaftliche Lage des Reiches sich verschlechterte. Die Raumfrage mußte also gelöst werden, um die angespannte Rohstofflage zu meistern.
Österreich und die Tschechoslowakei hießen die neuen Ziele. Von Polen und Rußland wurde noch nicht gesprochen, wie v. Below sich erinnert, der die Urschrift des Hoßbach-Protokolls in der Reichskanzlei damals einsehen konnte.
Die Macht, die Göring unter Hitler gewonnen hatte, sollte also, wie das ganze Reich, aufs Spiel gesetzt werden.
Am 12. Januar 1938 wurde Göring 45 Jahre alt. Nicolaus v. Below schreibt: »Hitler kannte Görings Schwäche für Gemälde, vor allem für die alten Meister, unter denen er Lukas Cranach bevorzugte. Zu diesem Geburtstag überreichte ihm Hitler aber ein Gemälde aus dem 19. Jahrhundert, soweit ich mich erinnere, die ›Falknerin‹ von Hans Makart. Damit ging Hitler auf die Jagdpassion Görings ein. Göring war in seinen eigenen Räumen, auch in Gegenwart Hitlers,

völlig frei und unverkrampft, im Gegensatz zu seinen Auftritten in der Reichskanzlei. Im Rahmen seines Geburtstages trat sein Hang zur Prachtentfaltung im Vergleich zu Hitlers Einfachheit wieder sehr in Erscheinung. Görings pompöses Gehabe fand ich nicht schön und manchmal sogar unpassend. Hitler ließ es sich nicht anmerken, daß er ebenso dachte. Er nahm Rücksicht auf Görings Mentalität und freute sich, daß dem Volk Görings Art gefiel und er beliebt war.«

Am Nachmittag seines Geburtstages verschwand Göring plötzlich, was ungewöhnlich war. Er fuhr ins Reichskriegsministerium, um mit Hitler Trauzeuge bei der Hochzeit v. Blombergs mit Eva Gruhn zu sein, die nur standesamtlich begangen wurde.

Göring hatte im Dezember 1937 auf Wunsch v. Blombergs dafür gesorgt, daß eine Person, die der Heirat mit Eva Gruhn im Wege stand, ins Ausland versetzt wurde.

Blomberg hatte eine Pressenotiz über seine Hochzeit nicht gewünscht, aber sie erschien doch am nächsten Tag und hatte schwerwiegende Folgen.

21. KAPITEL

Der Weg nach Mauterndorf

Als Reichsjägermeister hatte Göring fortschrittliche Jagdgesetze erlassen, die Tiere schützten und waidgerechtes Jagen forderten. Sie wurden Vorbild für andere Länder. Tierschutzgebiete hatte er im Reinhardtswald, auf der pommerschen Halbinsel Darss und in der Rominter Heide errichtet; die Schorfheide erhielt Wisente und Elche, Mufflons, Wildpferde, Biber und Fischotter, Fischadler, den Milan, den Auerhahn, den Kolkraben und Schwarzspecht.
Göring zog auch sieben Löwen auf, die in der Minister-Villa und in Carinhall aufwuchsen, und wenn sie groß geworden waren, in den Berliner Zoo kamen. Er war Heger und Jäger.
Im Herbst 1937 erfuhr er von seiner Frau, daß sie ein Kind erwartete. Da ihm in seiner Ehe mit Carin Göring ein Kind versagt geblieben war, konnte er sein Glück kaum fassen.
Erstaunlich bleibt, daß ein Mann, dem endlich dieser Wunsch erfüllt werden sollte, sich zur gleichen Zeit bereit fand, Hitlers abenteuerliche Aggressionspläne zu unterstützen.
Sie wurden mit einer Intrige eingeleitet, der eine zweite folgte. Daraus wurde zuerst eine Blomberg-Krise, dann eine Fritsch-Krise, zuletzt eine Wehrmacht-Krise, aus der Hitler als Oberbefehlshaber der Wehrmacht hervorging, wodurch sein nomineller Oberbefehl als Oberster Befehlshaber der Wehrmacht in eine direkte Befehlsgewalt über die Wehrmacht mit allen Folgen umgewandelt wurde.
Die Blomberg-Krise war eher ein Skandal, die Fritsch-Krise entstand aus einer gezielten Verleumdung, die sich als Komplott von Himmler und Heydrich gegen den Oberbefehlshaber des Heeres herausstellte. Görings Rolle in beiden Fällen war einfach:
Er war der getreueste Paladin seines Führers, der glaubte, ihm selbst würde das Reichskriegsministerium, das v. Blomberg innehatte, zufallen; der Oberbefehl über das Heer interessierte ihn nicht, er war Oberbefehlshaber der Luftwaffe.
Kurz nach der Trauung Blombergs mit Eva Gruhn wurde eine Polizeiakte ausgegraben, nach der die Gattin des Generalfeldmarschalls

in früherer Zeit Aktbilder von sich hatte machen lassen. Dadurch sei sie bei der Sittenpolizei in Berlin aktenkundig geworden.
Damit war Blombergs Schicksal besiegelt. Seine Gattin hätte im Normalfall eine große Rolle spielen müssen; Hitler war entsetzt, Trauzeuge gewesen zu sein.
Der Nachfolger v. Blombergs in der militärischen Hierarchie wäre General der Artillerie v. Fritsch gewesen. Um das zu verhindern, wurde v. Fritsch zu Unrecht als Homosexueller verdächtigt.
Es kam in der Wohnung Hitlers im Beisein Görings zu einer Gegenüberstellung des Generals mit einem Mann, der ihn beschuldigte.
Ein Kriegsgerichtsverfahren wurde gegen v. Fritsch angestrengt, in dem Göring den Vorsitz führte und durch seine Fragen an den Beschuldiger diesen so in die Enge trieb, daß er gestand, v. Fritsch fälschlich als Partner an homosexuellen Handlungen bezeichnet zu haben; ein Reichswehrmajor namens v. Fritsch sei es gewesen.
Inzwischen hatte Hitler v. Blomberg und v. Fritsch entlassen. Dabei schlug ihm v. Blomberg Göring als Nachfolger vor. Göring drängte darauf, dies tatsächlich zu werden, aber Hitler hielt ihn in seinen bisherigen Ämtern für so stark ausgelastet, daß er ihn dafür nicht haben wollte.
Göring soll eingewendet haben, er könne sich als Oberbefehlshaber der Luftwaffe nicht einem General als Oberbefehlshaber der Wehrmacht unterstellen, worauf Hitler selbst den Oberbefehl übernahm, da ihn Göring als einzig möglichen Vorgesetzten respektierte.
Mit einem Schlag konnte sich Hitler bei dem großen Revirement Ende Februar 1938 der Generale entledigen, die seine Pläne mißbilligt hatten.
Göring erhielt nun den höchsten Dienstrang, den bisher v. Blomberg innehatte: Er wurde Generalfeldmarschall.
Luftmarschall wollte er schon längst werden. Endlich konnte ihm Hitler diesen Marschall-Wunsch erfüllen, der ihn auf gleiche Stufe mit Luftmarschall Balbo in Italien stellte. Als Generalfeldmarschall war er jedoch einen Rang höher als der Nachfolger v. Fritschs Generaloberst von Brauchitsch. Ursprünglich war der Marschall Aufseher über das fürstliche Gesinde auf Reisen und Heerzügen; daraus wurde der Feldmarschall als militärischer Rang, der nicht nur in Kriegen verliehen wurde. Als Generalfeldmarschall war man auch »Aufseher« über alle Generale, man stand dem Herzog am nächsten, der das Heer befehligte. Hitler war jetzt dieser Herzog, ein Großherzog, König und Kaiser, und Göring blieb sein getreuer Mar-

schall. Immer deutlicher schält sich bei der Betrachtung Görings die Nachfolgerrolle heraus, in die er sich eingelebt hatte. Er war aber auch glücklich, auf einer Seereise 1939, die er nach Tripolis machte, sich mit Balbo fotografieren zu lassen, den Marschallstab in der rechten Hand, auf dem breiten, vollen Gesicht ein jungenhaftes Lachen. Wieder spielte er eine neue Rolle, wie es seinem Schaupieler-Wesen entsprach. Die Zeit des Nationalsozialismus war für ihn eine Theater-Spielzeit, in der er von Premiere zu Premiere hetzte, um sich als Träger einer Hauptrolle dem Publikum vorzustellen, das ihm vorläufig noch applaudierte.

Als Herr über das Preußische Staatstheater konnte er sich selbst zur Darstellung bringen lassen, mit Hilfe des Intendanten und Schauspielers Gründgens – er hatte ihn inzwischen zum preußischen Staatsrat ernannt –, in Stücken, in denen die Weltgeschichte zu Theater geworden war. So inszenierte Gründgens im Frühjahr 1938 Hans Rehbergs »Siebenjährigen Krieg«; er trat als Friedrich II. auf. Über die Premiere schrieb Paul Fechter im »Berliner Tageblatt«: »Der Rhythmus des Sprachlichen war hart, laut – der Krieg bestimmte die Melodie. Nur einer ging gebändigt, fast schweigsam durch die blutige Welt – der König, den Herr Gründgens spielte. Er gab nicht den alten Fritz, wie ihn die Fridericus-Filme brachten, sondern stellte einen Ekstatiker des Gefühls, einen Mann hin, der im Krieg den Rest seiner Jugend entschweben fühlt und mit harter Hand sich und sein Werk zusammenhält.«

Ein Generalfeldmarschall Göring konnte sich in dieser Figur wiedererkennen. Als wenige Wochen später Gründgens Mozarts »Zauberflöte« in der Staatsoper Unter den Linden inszenierte, ließ er ein Märchen voller naiver Phantasie spielen; Dirigent war der dreißigjährige Herbert von Karajan.

Naive Phantasie: auch das war Göring.

Ihr entsprang Görings Traum seit seinem Exil 1923 in Innsbruck, Österreich endlich auch unter seine Herrschaft zu bringen, Schloß Mauterndorf wiederzusehen, und in diesen Träumereien war er sich mit Hitler einig.

Während der Blomberg-Fritsch-Krisen war es Nicolaus v. Below klargeworden, daß »Göring mit seiner raschen Auffassungsgabe und dem blitzschnellen Reagieren Hitlers Handeln beeinflußte. Wir hatten manchmal den Eindruck, als ob Göring regierte und nicht Hitler«.

Am Zusammentreffen Schuschniggs mit Hitler am 12. Februar 1938 auf dem Obersalzberg hatte er nicht teilgenommen, aber als Schuschnigg am 9. März kurzfristig die Österreicher zu einer Volksabstimmung am nächsten Sonntag, dem 13. März, aufrief, die beweisen sollte, daß die Mehrheit hinter ihm stünde, half Göring Hitler bei der schnellen Entschlußfassung.

Am 11. März flog Prinz Philipp von Hessen, ein Freund Görings, mit einem Brief nach Rom, der Mussolini beschwichtigen sollte. Zu dem Brief und der Entsendung des Prinzen, der mit der italienischen Prinzessin Mafalda verheiratet war, hatte Göring Hitler gedrängt.

Am Morgen dieses Tages hielt Göring Besprechungen im Reichsluftfahrtministerium ab; am Nachmittag begann er mit Wien Ferngespräche zu führen. Da die deutschen Truppen, die für den Einmarsch in Österreich vorgesehen waren, bis 19 Uhr 30 die Befehle dazu erhalten mußten, sollte bis dahin die Entscheidung auf Regierungsebene in Wien gefallen sein.

In Wien zögerte Bundespräsident Miklas, den von Hitler vorgeschlagenen Minister Dr. Seyß-Inquart zum neuen Bundeskanzler zu ernennen. Göring telefonierte angestrengt, die Telefon-Protokolle, die auf seine Weisung für die Geschichtsschreibung erhalten bleiben sollten, weisen ihn als einen energischen Mann aus, der weniger energische Männer antreiben muß, um das gesteckte Ziel zu erreichen.

Da aber Görings Ultimatum um 19 Uhr 30 abläuft, ohne daß Seyß-Inquart Bundeskanzler wird, erhält die Wehrmacht den Einmarschbefehl für den Morgen des 12. März. Darauf erklärt Schuschnigg: »Wir weichen der Gewalt, da wir auch in dieser Schicksalsstunde nicht gewillt sind, Blut zu vergießen . . . Gott schütze Österreich.«

Daraufhin diktierte Göring telefonisch dem deutschen Sonderbotschafter Keppler, der Papen abgelöst hatte, ein Telegramm, das Seyß-Inquart nach Berlin absenden sollte: »Die provisorische österreichische Regierung, die nach der Demission der Regierung Schuschnigg ihre Aufgabe darin sieht, die Ruhe und Ordnung in Österreich wiederherzustellen, richtet an die deutsche Regierung die dringende Bitte, sie in ihrer Aufgabe zu unterstützen und ihr zu helfen, Blutvergießen zu verhindern. Zu diesem Zweck bittet sie die deutsche Regierung um baldmöglichste Entsendung deutscher Truppen.«

Als Keppler noch fragte, ob Seyß-Inquart das Telegramm aus dem Bundeskanzlerpalais schicken solle, sagte Göring: »Also bitte, legen

Sie ihm das Telegramm vor und sagen Sie ihm, wir bitten – er braucht das Telegramm ja gar nicht zu schicken, er braucht nur zu sagen: einverstanden.«
Darauf Keppler: »Jawohl.«
Göring: »Rufen Sie mich zu diesem Zweck an, entweder beim Führer oder bei mir. Also macht es gut. Heil Hitler.«
Im »Haus der Flieger«, dem früheren preußischen Landtagsgebäude, fand an diesem Abend ein großes gesellschaftliches Ereignis der Berliner Ballsaison, der »Fliegerball«, statt. An ihm nahm auch das Diplomatische Corps teil. Dorthin ging jetzt Göring, erklärte dem Gesandten der Tschechoslowakei, Mastny, auf sein Ehrenwort, daß dessen Land jetzt keinen Grund zur Besorgnis habe, sprach von einer Familienangelegenheit, die mit Österreich stattfinde. Dann begrüßte Göring die wichtigsten Gäste, auch den britischen Botschafter Henderson, dem er einen Zettel während des Auftritts des Staatsopernballetts zugehen ließ, auf dem er ihm mitteilte, er würde ihn gern sprechen, wenn die Musik vorüber sei.
In diesem Gespräch sicherte Göring Henderson zu, die deutschen Truppen aus Österreich wieder zurückzuziehen, wenn die Lage sich stabilisiert habe und freie Wahlen ohne jede Einschüchterung stattgefunden hätten.
Darüber informierte Henderson seine Regierung in London, die eine Protestnote nach Berlin schickte. Mussolini hatte sich mit dem deutschen Vorgehen einverstanden erklärt.
Am Morgen des 12. März flog Hitler nach München; gegen 15 Uhr hielt er in seiner Geburtsstadt Braunau am Inn unter Glockengeläut seinen Einzug, abends war er in Linz, wo er unter dem Eindruck des Jubels der Österreicher durch Gesetz Österreich zu einem Land des Deutschen Reiches machen ließ.
Am 15. März sprach er in Wien vom Balkon der neuen Hofburg zur Menge auf dem Heldenplatz und meldete vor der Geschichte den Eintritt seiner Heimat in das Deutsche Reich.
Göring blieb mit allen Vollmachten eines Stellvertreters Hitlers in Carinhall, wohin er sich zum Wochenende nach dem Fliegerball zurückgezogen hatte.
Am 16. März kehrte Hitler nach Berlin zurück. Auf dem Flugplatz Tempelhof empfing ihn überschwenglich Göring, der Ende März nach Österreich mußte, um auf Wahlversammlungen zu reden, die wegen der Volksabstimmung am 10. April stattfanden. Es waren Volksversammlungen, auf denen er den Österreichern als Beauftrag-

ter für den Vierjahresplan neue Industrien, Autobahnen und Kraftwerke versprach, vor allem aber die Beseitigung der Arbeitslosigkeit. Der Stadt Linz versprach er ein großes Stahlwerk, das den Reichswerken Hermann Göring angegliedert werden sollte. Um die Ostmark, wie Österreich nun genannt wurde, auf dem Wasserweg mit den nördlichen und nordwestlichen deutschen Industriegebieten zu verbinden, wozu auch Salzgitter mit den Reichswerken gehörte, versprach er den Bau des Main-Donau-Kanals.
Er hörte von den Gewaltmaßnahmen Himmlers, verfügte die Freilassung einiger tausend verhafteter Gegner der österreichischen Nationalsozialisten, verurteilte die Selbstmorde von Juden, vornehmlich in Wien, wobei er bedauerte, daß er nicht hinter jeden Juden einen Polizisten stellen könne, um ihn am Selbstmord zu hindern. Das war seine Art zu reden, er merkte vielleicht gar nicht, wie zynisch er sich ausdrückte.
Aber dann fuhr er weiter, und andere aus dem Reich taten, zusammen mit Österreichs Nationalsozialisten, was sie nicht lassen konnten. Himmler und der neue Gauleiter von Wien, Bürckel, den Hitler von der Saar geholt hatte, herrschten mit harter Hand. Auch nach Mauterndorf im Lungau kam Göring auf dieser Reise. Dort lebte die Witwe Ritter von Epensteins, die Baronin Lilly, und Görings einstmalige Verlobte Marianne, mit der er aber nicht offiziell verlobt gewesen war.
Zu ihnen kehrte er jetzt mit seinen Soldaten als Feldmarschall zurück.
Was geht in einem Mann vor, der das erleben darf?
Am 10. April erklärten sich 99,73 Prozent der Österreicher, soweit sie nicht verhaftet oder geflüchtet waren, und 99,08 Prozent der Reichsdeutschen mit der Eingliederung Österreichs und der Politik Hitlers einverstanden. In den Reichstag des Großdeutschen Reiches, der bei dem herrschenden Einparteiensystem in der Volksabstimmung gleichzeitig neu gewählt worden war, zogen 814 Abgeordnete ein, die als Abgeordnete nichts zu sagen oder zu bestimmen hatten. Ihr Reichstagspräsident wurde wiederum Göring.
Bevor Hitler am 3. Mai 1938 zu einem Staatsbesuch nach Italien reiste, schrieb er sein Testament, in dem er Göring im Falle seines Todes zu seinem Nachfolger bestimmte.
Als sein Stellvertreter blieb Göring in Berlin zurück. Seit dem 21. April wußte er, daß Hitler generalstabsmäßige Vorbereitungen für einen Aufmarsch gegen die Tschechoslowakei befohlen hatte.

22. Kapitel

Luftwaffe zur Abschreckung

Der Machtrausch, in dem sich Hitler nach der Angliederung Österreichs befand, ließ ihn an ein militärisches Vorgehen gegen die Tschechoslowakei denken, um die neue Wehrmacht, deren direkten Oberbefehl er übernommen hatte, auszuprobieren. Er war wie Göring, der neue Feldmarschall, überzeugt, daß die Aufrüstung in England 1938 für ein Eingreifen in Europa nicht ausreichte, wobei sie vor allem an die Royal Air Force dachten. Die Stärke der deutschen Luftwaffe sollte genügen, die Briten abzuschrecken.

Hinzu kam die Situation in der Sowjetunion. Dort »säuberte« Stalin brutal die Rote Armee von angeblichen Feinden seiner Alleinherrschaft, wodurch die Rote Armee in diesem Jahre als militärischer Faktor weitgehend ausfiel.

Die deutsche Heeresführung, wie auch die Führung der Kriegsmarine, fürchtete dagegen, daß ein Krieg entstehen könnte, der die alte Bündniskonstellation gegen das Reich von 1914 wieder herstellen würde: Großbritannien, Frankreich und Rußland als Gegner.

Als Mitte Mai in britischen und tschechoslowakischen Zeitungen Meldungen über deutsche Truppenaufmärsche an der tschechischen Grenze erschienen, ordnete der Staatspräsident der Tschechoslowakei am 20. Mai eine Teilmobilmachung an.

Die Meldungen wurden als frei erfunden bezeichnet. Es besteht die Möglichkeit, daß lokale Alarmübungen beim Heer in Sachsen, die zur Ausbildung gehörten, zu diesen Spekulationen Anlaß gaben. So wurde am 10. Mai das motorisierte MG-Bataillon 7 in Dresden alarmiert; nach der Ausgabe scharfer Munition meldeten die Kompaniechefs »Marschbereitschaft zum Einsatz im Krieg«. Das der Heeresführung unmittelbar unterstellte MG-Bataillon blieb in der Kaserne; ein Aufmarsch an der nahegelegenen Grenze fand nicht statt.

Am 21. Mai fuhr Hitler zu Göring nach Carinhall, um eine Besprechung über die deutschen Befestigungen im Osten und Westen abzuhalten. Er beauftragte Göring, die Westbefestigungen zu inspizieren, was Sache des Heeres gewesen wäre. Hitler hatte sich vorher im Warthebogen die alten Anlagen zeigen lassen, die noch aus der Reichswehrzeit stammten. Er hielt sie für ungenügend. Nach seiner Inspektion berichtete Göring Hitler, daß es zwischen Aachen und Basel keine Befestigungen gäbe. Daraufhin wurde dem Erbauer der Autobahnen, Dr. Todt, der Bau des Westwalles übertragen. Das Heer sollte durch Pionierstäbe nur sagen dürfen, welche Bunker zu bauen seien.

Die Heeresführung nahm diesen Eingriff hin, der durch Göring veranlaßt wurde. Die Luftwaffe sollte noch zusätzlich eine zweite Verteidigungszone im Westen aufbauen, die »Luftverteidigungszone« genannt wurde und hinter den Bunkerstellungen lag. Jetzt gab es Widerstände beim Heer, das sich von der Luftwaffe und Göring überfahren fühlte. Nicolaus v. Below schreibt, daß damals dem Generalstab der Luftwaffe Görings Befehl Sorge bereitete, die Luftverteidigungszone mit Flakartillerie und Scheinwerferstellungen auszubauen, wofür ausgebildete Soldaten und Rohstoffe fehlten. »Göring versprach immer wieder, die Luftwaffe aus dem Vierjahresplan bevorzugt zu beliefern. Doch die Praxis sah anders aus.«

Am 28. Mai 1938 hielt Hitler eine Besprechung mit den Oberbefehlshabern in der Reichskanzlei ab, auf der er ihnen mitteilte, daß die militärischen Vorbereitungen für den Einsatz gegen die Tschechoslowakei bis zum 1. Oktober 1938 abgeschlossen zu sein hätten. Die Prager Regierung werde nie den Sudetendeutschen die verlangte Autonomie geben.

Göring wies am folgenden Tag, dem 29. Mai, seine Luftwaffen-Offiziere in diese neue Lage ein. Die Geheimhaltung wurde strikt gewahrt. Die Deutschen lebten sorglos in diesem schönen Sommer, unwissend und zufrieden, daß es wegen Österreich zu keinem Konflikt gekommen war.

Am 1. Juni wurde Göring gemeldet, daß der Sturzbomber Ju 88 zum ersten Mal geflogen worden sei. Die Ju 88 war ursprünglich als Schnellbomber entwickelt worden, der im Frühjahr 1938 auf einer 1000-Kilometer-Strecke eine Geschwindigkeit von 506 Stundenkilometern erreicht hatte. Aber die Luftwaffenführung hielt den Schnellbomber nur als Sturzbomber – in Ergänzung der Ju 87 – für eine geeignete Waffe. Als Sturzbomber war die Ju 88 um 30 Prozent schwerer und langsamer. Die Neukonstruktion hatte nur eine Eindringtiefe von 800 Kilometern, der Schnellbomber konnte 1500 Kilometer weit fliegen. Göring bestimmte den Sturzbomber Ju 88 für die

Serienproduktion, die oft unterbrochen wurde, da sich schwere Mängel herausstellten.
Am 2. Juni 1938 wurde Göring Vater. Die Geburt von Edda Göring machte aus seiner Ehe mit Emmy Göring eine Familie, an der Göring hing und die damals von den Deutschen fast als Garant gegen einen Krieg angesehen wurde. Wer so glücklich über diese Edda sein konnte, der würde nie zulassen, daß ein Krieg riskiert würde, meinte man. Das Kind wurde mit Geschenken überschüttet.
Im Juni 1938 ordnete Göring Zehnstunden-Schichten in den Flugzeugfabriken an, die ihre Produktion zu steigern hatten.
Eine Besprechung mit den Flugzeugfabrikanten am 8. Juli 1938 in Carinhall nahm er zum Anlaß, um sie zu höchsten Anstrengungen zu verpflichten, da ein Krieg mit der Tschechoslowakei drohe, während ein Krieg mit England und Frankreich zu vermeiden wäre. »Wenn wir den Kampf gewinnen, dann ist Deutschland die erste Macht der Welt«, rief er den Fabrikanten zu, »dann gehört Deutschland der Markt der Welt, dann kommt die Stunde, wo Deutschland reich ist. Aber man muß etwas riskieren, man muß etwas einsetzen.«
Zu Pfingsten 1938 flog Udet mit der He 100 auf der 100-km-Strecke an der Ostseeküste bei Rostock neuen Geschwindigkeitsweltrekord. Hierzu heißt es in Ernst Heinkels Erinnerungen: »Jede neue Rekordleistung wurde von jetzt an ungewollt auf dem politischen Feld als ein neuer deutscher Trumpf propagiert, in England und Frankreich aber als eine Drohung empfunden, der die eigene, vielfach in alten eingefahrenen Bahnen laufende Flugzeugentwicklung noch nicht entsprach.«
Am 22. Juni besuchte Botschafter Henderson die Görings in Carinhall. Die kleine Edda gefiel ihm, aber Göring wirkte auf ihn »deprimierter, ängstlicher und auch weniger selbstsicher«, als er ihn je zuvor erlebt hatte.
»Endlich einmal unterließ der Feldmarschall jede Art von Großsprecherei«, schreibt Henderson.
Göring war wieder einmal in schlechter körperlicher Verfassung, eine Drüsenstörung machte ihm zu schaffen, er sah aufgeschwemmt aus. Aber es konnte auch sein, daß den neuen Familienvater der Gedanke an einen Krieg bedrückte, der von ihm vorbereitet wurde.
Alles kam jetzt darauf an, England und Frankreich herauszuhalten.
Mitte Juli legte eine geheime Studie der Luftwaffenführung fest, daß für einen Einsatz gegen die Tschechoslowakei 400 Jäger, 600 Bom-

ber, 200 Stukas und Schlachtflugzeuge zur Verfügung zu stehen hätten. 250 Ju 52 sollten die 7. Fallschirmjäger-Division, die von General Student in Stendal aufgestellt worden war, in der Tschechoslowakei absetzen. Der Juli war Urlaubsmonat für die Deutschen, auch für jene, die zur Führungshierarchie gehörten. Emmy Göring reiste jedoch allein nach Wenningstedt auf der Insel Sylt, ihr Mann blieb in Berlin und Carinhall. Hitler war in Bayreuth, wohnte im Hause »Wahnfried« und besuchte die Wagner-Opern. Nicolaus v. Below hatte den Eindruck, »daß Hitler sich viel mehr unter der Leistungsfähigkeit der Luftwaffe vorstellte, als es zur Zeit der Fall war. Er würde sich für den Bereich der Flugzeuge ganz auf Göring verlassen und dessen Angaben vertrauen«.
Görings wichtigste Aufgabe war in diesem Sommer, enge Kontakte zu den Botschaftern der beiden Westmächte zu halten, für die Einladungen nach Carinhall, die als Auszeichnungen empfunden wurden, eine private Atmosphäre schaffen sollten.
Mitte August kam der Chef der französischen Luftstreitkräfte, General Vuillemin, nach Deutschland. Es wurden ihm die Werke von Messerschmitt, Junkers und Heinkel gezeigt. Bei seinem Besuch in dem neuen Heinkel-Werk Oranienburg sah er auch die Luftschutzanlagen, die einsatzbereit waren. Göring ließ, wie Milch sich erinnerte, ein »grandioses Schauspiel« aufführen, nachdem er Vuillemin gefragt hatte, was denn geschehen würde, wenn Deutschland Zwangsmaßnahmen gegen die Tschechoslowakei ergriffe.
Stark beeindruckt verließ Vuillemin Deutschland.
Auch Lindbergh kam wieder, er nahm am Lilienthal-Luftfahrtkongreß in München teil und erhielt anschließend von Udet Einblicke in die angeblich geheime deutsche Flugzeugproduktion. Dabei gewann er den Eindruck, daß die Deutschen 500 bis 800 Flugzeuge monatlich bauten; es waren aber nur etwa 300. Seine Berichte in London und Washington wurden für glaubwürdig gehalten.
So gelang es Göring vor Beginn der Sudeten-Krise, mit der Stärke seiner Luftwaffe zu bluffen, sie als Abschreckungswaffe zur Verhinderung eines Krieges mit den Westmächten zu benutzen.
Als die Krise dann eintrat und im September 1938 die Verhandlungen zwischen Chamberlain und Hitler auf dem Obersalzberg und in Bad Godesberg stattfanden, die zum Münchner Abkommen führten, lebte Göring in ständiger Angst, daß es doch noch zu einem Kriege kommen würde, den er mit seiner Luftwaffe gegen die Westmächte führen müßte.

Er ahnte nicht, daß der neue Generalstabschef des Heeres, General Halder, der im August auf General Beck gefolgt war - Beck hatte eine militärische Aktion gegen die Tschechoslowakei abgelehnt -, mit Offizieren die Verhaftung Hitlers geplant hatte, falls dieser am 28. September 1938 den Einmarschbefehl geben würde.
An diesem Tag fand aber die Münchner Konferenz der damaligen »Großen Vier« (Chamberlain, Daladier, Mussolini und Hitler) statt, auf der man die Abtretung der Sudetengebiete beschloß, ohne die tschechoslowakische Regierung zu fragen.
Emmy Göring, die mit ihrem Mann nach München gefahren war, schreibt: »Den ganzen Tag und die halbe Nacht wartete ich auf die Nachricht meines Mannes über den Ausgang. Endlich, nachts gegen 2 Uhr, erschien er bei mir überglücklich: ›Wir werden Frieden haben!‹ Frieden - also waren die furchtbaren Ängste der letzten Zeit überflüssig geworden. Wir wurden geradezu übermütig vor Freude. In ein paar Minuten stand ich unten in der Hotelhalle des ›Vier Jahreszeiten‹. Ein Heer von Journalisten belagerte die Telefonzellen. An jedem Tisch wurde gefeiert, prosteten sich die Menschen zu. Der Inhaber des Hotels, Alfred Walterspiel, ging in der glücklichsten Stimmung, in der ich in je gesehen habe, von Tisch zu Tisch.«
Am Tisch der Görings saß der französische Botschafter François-Poncet.
Der deutsche Einmarsch in die Sudetengebiete, der am 1. Oktober begann, war nun der zweite »Blumenkrieg«, wie die Soldaten meinten.
Der erste war der Einmarsch in Österreich gewesen.
Auch Göring hatte dafür gesorgt, daß es so kam. Hitler war weniger glücklich; ihm wäre ein Krieg gegen die Tschechoslowakei, in dem er seine Wehrmacht auf die Feuerprobe stellen konnte, lieber gewesen.
Eine entscheidende Rolle hatte die Luftwaffe gespielt, ohne eingesetzt werden zu müssen. Als Chamberlain am 22.September nach Bad Godesberg flog, hatte er bei sich einen Brief, den Lindbergh, aufgefordert vom amerikanischen Botschafter in London, Kennedy, geschrieben hatte. In diesem Brief hieß es: »Ich glaube, daß die deutschen Fabriken 20 000 Flugzeuge jährlich bauen können. Die augenblickliche Produktion ist schwer zu bestimmen. Die überzeugendsten Berichte, die ich erhalten habe, gehen von 500 bis 800 Flugzeugen im Monat aus. Deutschland hat nun die Möglichkeit, London, Paris und Prag zu zerstören, wenn es das wünscht. England und

Frankreich haben nicht genug Flugzeuge für einen Gegenangriff oder die Verteidigung. Ein großer europäischer Krieg würde, wie ich glaube, dem Kommunismus es erlauben, Europa zu überrennen. Ich bin überzeugt, daß es weiser ist, Deutschland die Expansion nach Osten zu erlauben, als England und Frankreich unvorbereitet jetzt in einen Krieg geraten zu lassen. Erstmalig in der Geschichte hat eine Nation die Macht, die berühmten Städte Europas in Asche zu legen oder sie davor zu bewahren.«

Sieben Tage später wurde das Münchner Abkommen unterzeichnet. Im Nürnberger Gefängnis sagte Göring 1946 zu dem Assistenten seines Verteidigers, Werner Bross, als dieser das Unglück erwähnte, das Hitler durch seine Maßlosigkeit und Bedenkenlosigkeit hervorgerufen habe: »Ich bin heute der Ansicht, daß es vielleicht das Beste gewesen wäre, wenn der Führer nach der Münchner Konferenz einen tödlichen Autounfall erlitten hätte. Dann wäre er wirklich als einer der Größten in die deutsche Geschichte eingegangen.«

Göring wäre sein Nachfolger geworden.

Welcher Göring?

23. Kapitel

»Das ist doch Aufruhr!«

Als der Jagdflieger Adolf Galland im August 1938 aus Spanien nach Deutschland zurückkehrte, nachdem er dort von Werner Mölders abgelöst worden war, fand er nach fünfzehnmonatiger Abwesenheit »dieses friedliche Deutschland schön mit seiner Ordnung und Sauberkeit, seinen aufblühenden Städten, seinen Bergen und Hügeln, Wäldern und Seen und seinen Menschen voller Zuversicht und Schaffensfreude«.

Es stellte sich bei ihm aber bald ein »Gefühl der Beklemmung über soviel Ordnung, Disziplin und Zielstrebigkeit« ein. Er meldete sich im Reichsluftfahrtministerium zurück, »in dem neuen Kolossalbau Leipziger Straße, Ecke Wilhelmstraße in Berlin«, wo es »wimmelte von zahllosen Offizieren mit himbeerfarbenen oder weißen Streifen an den tadellos sitzenden Hosen«.

Die Zahl der Arbeitslosen war im Juli 1938 auf 218 328 gefallen, 1933 hatte sie im gleichen Monat Juli 4 463 841 betragen.

In den USA gab es 1938 10 Millionen Arbeitslose, in Großbritannien 1,7 Mio.

Da von den 218 328 Arbeitslosen in Deutschland mehr als die Hälfte nicht einsatzfähig war, kam es zu Engpässen. Göring mußte im Oktober dazu aufrufen, die Zahl der Arbeitsstunden zu erhöhen, Frauen einzustellen, um den Vierjahresplan durchführen zu können.

Hitler verlangte nach dem Münchner Abkommen eine fünffache Vergrößerung der Luftwaffe, die Göring zusagte, obwohl er wußte, daß es nicht möglich sei, diese Steigerung zu erreichen. Seine Generalstabsoffiziere waren entsetzt, weil er Hitler nach dem Munde redete, aber Göring glaubte zu dieser Zeit, daß es niemals Luftflotten geben könnte, die seiner Luftwaffe überlegen wären, wie Nicolaus v. Below sich erinnert. »Auch ein Krieg lag für ihn außerhalb jeder Wahrscheinlichkeit.«

Dies geht auch aus Görings Bevorzugung der Jagdwaffe gegenüber der Flakartillerie und dem Bau von Luftschutzbunkern hervor. Wie v. Below schreibt, hatte Hitler für alles die höchste Dringlichkeitsstufe gefordert, »obwohl Göring immer wieder versuchte, Hitler davon zu überzeugen, daß die Jagdfliegerwaffe die beste Abwehr gegen feindliche Luftangriffe sei«. Hitler rechnete mit dem Krieg, er wollte ihn; Göring sah ihn nicht, und er wollte ihn auch nicht. Nach 1943 hat Hitler, wie v. Below sich erinnert, Göring wegen der unzureichenden deutschen Luftabwehr schwere Vorwürfe gemacht und auf seine Weisungen von 1938 hingewiesen.

Die »Verfünffachung« wurde im Reichsluftfahrtministerium zu einem Alptraum: 19 000 Flugzeuge, davon etwas mehr als die Hälfte Frontflugzeuge, bedeuteten 100 Geschwader, deren Versorgung mit Treibstoff hieß, mehr als 85% der Weltproduktion an Flugbenzin einzuführen. Nach Milchs Erinnerungen sollten nach dem endgültigen Programm bis April 1942 31300 Flugzeuge hergestellt werden, davon 7700 Ju 88 und He 177, die überhaupt noch nicht vorhanden waren.

Udets Technisches Amt sah vor, die monatliche Flugzeugproduktion von 500 Flugzeugen, die endlich im November erreicht worden war, bis 1941 zu verdoppeln.

Dies alles zeigt, daß Göring tatsächlich mit »Peace in our time«, von dem Chamberlain bei seiner Rückkehr nach London gesprochen hatte, rechnete.

Das war ein großes Wort, es sollte von einem anderen Wort »Appeasement« begleitet werden, das Chamberlain vorgeworfen wurde, als ein Jahr später Krieg war.

Görings Betriebsamkeit in diesem Herbst wurde am 4. November 1938 durch die Taufe Eddas in Carinhall unterbrochen.

Hitler, die Luftwaffe, nächste Verwandte und Freunde, auch Görings Haushälterin Cilly Wachowiak, waren die Taufpaten; Reichsbischof Müller nahm den Taufakt vor.

Hitler blieb nicht lange, seine Anwesenheit löste, wie v. Below schreibt, in Carinhall Nervosität aus. Er fuhr nachts nach Weimar, um dort eine Rede zu halten, in der er Churchill attackierte, aber auch die Bolschewisten.

Göring, der Hitlers Aggressivität gegen England, die ihm zu plötzlich nach dem Münchner Abkommen entstanden zu sein schien, nicht verstand, muß gespürt haben, daß sein Einfluß auf den Führer sich verringerte. Er setzte alles daran, seinen Wünschen nachzukommen, wie es die »Verfünffachung« der Luftwaffe beweist. Am 9. November 1938 war er in München beim schon traditionell gewordenen Marsch zur Feldherrnhalle, der ihn an seine schwere Verwundung erinnerte, die er 1923 erlitten hatte.

Am Nachmittag, als er sich in Hitlers Wohnung aufhielt, kam die Nachricht, daß der Legationsrat vom Rath, auf den Herschel Grünspan in Paris geschossen hatte, gestorben war.
Abends nahm Göring mit Hitler an dem Kameradschaftsabend des Parteiführerkorps im großen Saal des alten Münchner Rathauses teil, danach fuhr er sofort nach Berlin zurück.
Über das, was dann geschah, sagte er 1946 im Nürnberger Gefängnis dem Assistenten seines Verteidigers, Werner Bross: »Der Zeuge Körner, ehemaliger Staatssekretär, weiß, daß ich am 10. November 1938, morgens, von dem Judenpogrom erfahren habe. In der Nacht weckte mich mein Adjutant in der Gegend von Halle und zeigte mir einen großen Brand, der die Wolken erleuchtete. Ich wußte aber noch nicht, was das zu bedeuten hatte. Erst als ich am anderen Morgen sehr früh durch Berlin zu meinen Diensträumen fuhr, sah ich den Salat. Ich habe eine Stinkwut bekommen und bin mit verschiedenen Herren, vor allem Dr. Goebbels, scharf aneinandergeraten. Am 11. November, mittags, hat sich Dr. Goebbels wegen des schweren Zusammenstoßes mit mir beim Führer beklagt, besser, er hat regelrecht gepetzt, und zwar beim Mittagessen mit dem Führer.
Ich hatte dem Herrn aber auch die Meinung gesagt: Die Nachricht von dem Pogrom war ein Faustschlag ins Gesicht für mich, ich hatte eine maßlose Wut! Ich hatte doch selbst bis zuletzt bei Juden gekauft, vor allem Kunstgegenstände!
Am Nachmittag habe ich dann einen Brief vom Führer erhalten, in dem mich dieser zu sich gebeten hat. Der Führer hat versucht, die Differenzen zwischen mir und dem ebenfalls anwesenden Dr. Goebbels auszugleichen - wie es immer sein Bestreben gewesen ist, Differenzen seiner Mitarbeiter auszugleichen. Trotzdem ist, entgegen jeder ministeriellen Zuständigkeit, Goebbels von ihm in das Komitee gewählt worden, das in der auf den nächsten Tag angesetzten Konferenz endlich die wirtschaftlichen Verhältnisse der Juden in Deutschland gesetzlich regeln sollte.
Dort hat er mich mächtig geärgert. Der Führer sagte mir später, als ich mit ihm allein war: ›Sie müssen etwas vorsichtiger sein, die Leute dürfen nichts von Ihrer judenfreundlichen Einstellung wissen!‹ Die Verantwortung für die Sitzung vom 12. November 1938 hat allein bei mir gelegen, auch für die darauf folgenden Maßnahmen der Fachministerien; denn ich als Beauftragter für den Vierjahresplan veranlaßte ihre Vorschläge und ihre Arbeiten!«
Der Pogrom, von den Deutschen sofort »Reichskristallnacht« ge-

nannt, in dem die jüdischen Synagogen niedergebrannt, Juden mißhandelt, erschlagen, jüdische Geschäfte geplündert wurden, war von Goebbels mit Hilfe von Heydrich und der SA, von der die Ausführung übernommen wurde, angestiftet worden. Hitler sei, schreibt v. Below, wütend gewesen. »Es war für mich kein Zweifel, daß Hitlers Überraschung nicht gespielt wurde. Er hatte nichts gewußt. Im weiteren Verlauf der Nacht ließ sich Hitler mit Goebbels verbinden. Es war ein längeres Telefongespräch, das er allein von seinem Wohnzimmer aus führte. Danach ließ sich Hitler nicht mehr sehen. Die Folge war, daß Hitler selbst der Vorwurf traf, der Anstifter gewesen zu sein. Er wußte das. Trotzdem deckte er die Schuldigen, zumal, wie sich bald herausstellte, Goebbels der Initiator gewesen war.«

Damit hatte Goebbels, der schärfste Judengegner in Hitlers Umgebung, einen Erfolg über den »judenfreundlichen« Göring errungen. Es kam zu bissigen Auseinandersetzungen zwischen Göring und Goebbels auf der von Hitler befohlenen Sitzung am 12. November im Reichsluftfahrtministerium, die vier Stunden dauerte und in der die künftige Diskriminierung der Juden besprochen wurde.

Göring war über die materiellen Verluste empört. Er wandte sich gegen Repressalien, die Goebbels vorschlug. Er machte sie lächerlich.

Aus dem Protokoll:

»Goebbels: Weiterhin halte ich es für notwendig, daß die Juden überall aus der Öffentlichkeit herausgezogen werden, wo sie provokativ wirken. Es ist zum Beispiel heute noch möglich, daß ein Jude mit einem Deutschen ein gemeinsames Schlafwagenabteil benutzt. Es muß also ein Erlaß des Reichsverkehrsministers herauskommen, daß für Juden besondere Abteile eingerichtet werden, und daß, wenn dieses Abteil besetzt ist, die Juden keinen Anspruch auf einen Platz haben, daß die Juden aber nur dann, wenn alle Deutschen sitzen, ein besonderes Abteil bekommen, daß sie dagegen nicht unter die Deutschen gemischt werden und daß, wenn kein Platz ist, die Juden draußen im Flur zu stehen haben.

Göring: Ich finde es viel vernünftiger, daß man ihnen eigene Abteile gibt.

Goebbels: Aber nicht, wenn der Zug überfüllt ist.

Göring: Einen Moment! Es gibt nur einen jüdischen Wagen. Ist der besetzt, müssen die übrigen zu Hause bleiben.

Goebbels: . . . Es wäre zu überlegen, ob es nicht notwendig ist, den

Juden das Betreten des deutschen Waldes zu verbieten. Heute laufen Juden rudelweise im Grunewald herum. Das ist ein dauerndes Provozieren, wir haben dauernd Zwischenfälle. Was die Juden machen, ist so aufreizend und provokativ, daß es dauernd zu Schlägereien kommt.

Göring: Also wir werden den Juden einen gewissen Waldteil zur Verfügung stellen und Alpers (Forstbeauftragter in Preußen) wird dafür sorgen, daß die verschiedenen Tiere, die den Juden verdammt ähnlich sehen – der Elch hat ja so eine gebogene Nase –, dahin kommen und sich da einbürgern! Ich bitte dann, Herrn Hilgard von der Versicherung hereinzurufen. Er wartet draußen ...

Vollkommen anders liegen die Verhältnisse bei der Glasversicherung, die eine sehr große Rolle spielt. Hier ist der weitaus größere Teil der Geschädigten arisch. Das ist nämlich der Hausbesitz, der überwiegend in arischen Händen liegt, während der Jude in der Regel nur der Mieter des Ladens ist.

Goebbels: Da muß der Jude den Schaden bezahlen.

Göring: Es hat ja keinen Sinn. Wir haben keine Rohstoffe. Es ist alles ausländisches Glas; das kostet Devisen.

Man könnte die Wände hochgehen!

Das ist doch Aufruhr. Das ist der juristische Begriff. Es ist nicht gestohlen, nicht eingebrochen worden, sondern ganz öffentlich wälzt sich die Masse herein und zertrümmert die Sachen. Oder Tumult ...

Hilgard: Es ist für mich eine Selbstverständlichkeit, daß der ehrbare deutsche Kaufmann nicht der Leidtragende sein darf ...

Göring: Dann sorgen Sie gefälligst dafür, daß nicht so viele Fensterscheiben eingeschmissen werden! Sie sind auch ein Teil des Volkes. Schicken Sie Ihre Vertreter hinaus.

Die sollen aufklären!«

Am Ende der Sitzung heißt es dann im Protokoll:

»Göring: Ich werde als Wortlaut wählen, daß die deutschen Juden in ihrer Gesamtheit als Strafe für die ruchlosen Verbrechen usw. eine Kontribution von einer Milliarde auferlegt bekommen. Das wird hinhauen. Die Schweine werden einen zweiten Mord so schnell nicht machen.

Im übrigen muß ich noch einmal feststellen: Ich möchte kein Jude in Deutschland sein.

Wenn das Deutsche Reich in irgendeiner absehbaren Zeit in außenpolitischen Konflikt kommt, so ist selbstverständlich, daß auch wir in Deutschland in allererster Linie daran denken werden, eine große

Abrechnung an den Juden zu vollziehen. Darüber hinaus wird der Führer jetzt endlich einen außenpolitischen Vorstoß machen, zunächst bei den Mächten, die die Judenfrage aufgeworfen haben, um dann tatsächlich zur Lösung der Madagaskar-Frage zu kommen. Das hat er mir am 9. November auseinandergesetzt. Es geht nicht mehr anders.« Gemeint ist wahrscheinlich die nachmittägliche Besprechung am 9. November in Hitlers Münchner Wohnung, bei der die Nachricht vom Tode vom Raths eintraf.

»Er will auch den anderen Staaten sagen: ›Was redet ihr immer von den Juden? - nehmt sie!‹ Dann kann man noch einen Vorschlag machen: ›Die reichen Juden können in Nordamerika, Kanada oder sonstwo ein großes Territorium für ihre Glaubensgenossen ankaufen!‹«

So sehr auch Göring und seine Frau öffentlich und privat die »Reichskristallnacht« verurteilten: Göring war durch die Anstiftung, die von Goebbels ausging, und durch Hitler, der Goebbels deckte, als Beauftragter für den Vierjahresplan in diese »schmutzige Angelegenheit«, wie er es gegenüber dem Botschafter Ullrich v. Hassel ausdrückte, hineingezogen worden. Es sei das letzte Mal gewesen, sagte er v. Hassel. Als der preußische Finanzminister Popitz von Göring verlangte, daß die Verantwortlichen bestraft werden sollten, erwiderte Göring: »Mein lieber Popitz, wollen Sie den Führer bestrafen?«

Popitz war der Meinung, Göring sei über die Ausschreitungen sehr beunruhigt gewesen.

Roosevelt hatte seinen Botschafter zurückberufen. Die feinen Fäden, die Göring zu den Botschaftern der Westmächte gezogen hatte, schienen abzureißen. In einem Brief vom 24. Januar 1939 an den Reichsinnenminister Frick ordnete er als Beauftragter des Vierjahresplanes an, daß Frick in seinem Ministerium ein Zentralauswanderungsamt für die Juden einrichten solle. Chef des Amtes solle Heydrich werden, der ermächtigt sei, die Judenfrage durch Auswanderung und Evakuierung »auf die unter den herrschenden Umständen günstigste Weise zu lösen«.

In seinem 1940 in London erschienenen Buch »Fehlschlag einer Mission« schrieb Henderson über die Görings: »Von allen nationalsozialistischen Parteiführern war mir Hermann Göring bei weitem der sympathischste. In einer Krise oder im Krieg würde er völlig rücksichtslos sein. Er sagte mir einmal, daß er Engländer nur dann wirklich bewunderte, wenn sie Piraten wären wie Francis Drake, und

er machte uns den Vorwurf, wir seien schon viel zu viel verfeinert. Er selbst war ein typischer Freibeuter, hatte aber einige gewinnende Eigenschaften, und ich muß zugeben, daß ich persönlich Sympathie für ihn hegte. Ich mochte Frau Göring ebenso gern wie ihn und vielleicht mit besseren moralischen Gründen.
Göring hat mir immer zu verstehen gegeben, daß er Hitlers natürlicher Nachfolger als Führer sei.«
Nach der »Reichskristallnacht« hatte der deutsche Botschafter in Rom, von Hassel, Göring nahegelegt, mit dem Oberbefehlshaber des Heeres, v. Brauchitsch, gegen Hitler wegen des Pogroms vorzugehen und ihn abzusetzen.
Im Nürnberger Gefängnis sagte Göring zu Werner Bross am 16. Mai 1946: »Ja, es ist traurig, daß ich nicht 1938 an die Regierung gekommen bin.«
Göring sei der einzige Parteiführer gewesen, sehe man von Hitler ab, vor dem das Volk wirklich Achtung gehabt habe, schreibt Henderson.
Sicher wollte er damit seine freundliche Haltung gegenüber Göring verteidigen.
Aber Göring kam nie auf den Gedanken, sich an die Stelle des Mannes zu setzen, von dem er die Macht erhalten hatte.
Er konnte ihm auch dann dienen, wenn Hitlers Handlungen oder diejenigen, die er deckte, wider sein Gewissen gingen.
Die Macht hatte er von ihm, nicht vom Volk, das im letzten Friedensjahr nichts mehr zu entscheiden hatte.

24. KAPITEL

Krieg oder Frieden

Zu Beginn des Jahres 1939 ist ein retardierendes Moment in Görings Verhalten auffällig. Er zieht sich aus der Außenpolitik zurück, kümmert sich kurze Zeit um die Luftwaffe, die er umorganisiert, dann meidet er möglichst Berlin; er geht in der Rominter Heide auf Jagd und hält sich viel in Carinhall auf, wo er eine Abmagerungskur macht, um 60 Pfund abzunehmen. Ende Februar verläßt er mit seiner Frau Carinhall, um eine längere Erholungsreise ins Ausland anzutreten. Er weiß, daß es jetzt um Polen gehen wird, deshalb überläßt er Ribbentrop, der nun erster außenpolitischer Berater Hitlers geworden ist, die Gespräche mit dem polnischen Botschafter Lipski und der Regierung in Warschau.

Er organisiert mit Wirkung vom 1. Februar die Luftwaffe so um, daß sie mit drei Luftflottenkommandos in der Kommandostruktur feldeinsatzfähig wird.

General Kesselring erhält als Befehlshaber Ost die Luftflotte 1, General Felmy die Luftflotte 2 (Nord) und General Sperrle die Luftflotte 3 (West).

Oberst Jeschonnek, der mit Milch verfeindet ist, wird Chef des Generalstabes. Milch wird nun wieder Görings Stellvertreter im Reichsluftfahrtministerium, aber die wichtigste Neubesetzung ist Udet auf dem Posten eines Generalluftzeugmeisters, dem 24 Abteilungen unterstellt sind. Udet ist damit der meistbeschäftigte Luftwaffen-General geworden, der Görings Intentionen bei der Ausrüstung der Luftwaffe zu vertreten hat. Udet ist dafür nicht geeignet, aber Göring will es so.

Geeignet wäre Milch gewesen, doch Göring konnte ihn nicht mehr leiden, er sah ihn als seinen Konkurrenten in der Luftwaffenführung, der ihm überlegen war.

Am 30. Januar 1939 hatte Hitler vor dem Reichstag eine Rede gehalten, in der er Göring, Ribbentrop und Mussolini lobte und die Juden warnte, die Völker nicht wieder in einen Weltkrieg zu stürzen. Göring amtierte als Reichstagspräsident, als Hitler die Drohung aus-

stieß: »Dann wird das Ergebnis nicht die Bolschewisierung der Erde und damit der Sieg des Judentums sein, sondern die Vernichtung der jüdischen Rasse in Europa!«
Damit hatte Hitler gesagt, was er dachte, aber auch ausgesprochen, was er zu tun gedachte. Das Wort vom Krieg war gefallen, und alles, was Hitler von jetzt an tat, war auf diesen Krieg ausgerichtet, der freilich kein Weltkrieg zu werden brauchte. Göring soll bald darauf, am 18. Februar, in einem Gespräch mit Henderson, das von dem britischen Botschafter Lord Halifax übermittelt wurde, gesagt haben: »Mögen die Leute so viele Irrtümer begehen, wie sie wollen. Mir soll es egal sein.«
Henderson fügte seinem Bericht hinzu: »Ich glaube, er würde im Grunde seines Herzens am liebsten für anständige Verhältnisse sorgen. Wie der Feldmarschall heute früh zu mir sagte, nehmen Tyrannen, die gegen den Willen des Volkes handeln, immer ein böses Ende.«
Der Wille des deutschen Volkes war zweifellos, in Frieden zu leben, aber Göring, der dies ebenso wollte, hatte auch von den Irrtümern gesprochen, die ihm jetzt »egal« seien.
Auf einem deutschen Schiff reisten die Görings, begleitet von einer Schwester Carin Görings, der Nichte von Emmy Göring und Paul Körner, von Genua nach Tripolis. Die Überfahrt war stürmisch.
Marschall Balbo holte sie vom Schiff ab, dabei kam es zu dem Foto von den beiden Marschällen, die Freunde geworden waren.
Sie wohnten in Balbos Sommerhaus am Meer, es gab Feste und ein Manöver, bei dem scharf geschossen wurde. Sie ritten auf Kamelen, froren im Sommerhaus, und fuhren dann wieder ab, da Göring in Spanien General Franco besuchen wollte, der kurz vor dem Endsieg im Bürgerkrieg stand.
Aber diesen Besuch mußte Göring absagen, worüber er sich ärgerte. Sie landeten in Genua und bezogen eine Villa in San Remo, in der sich Göring wieder mit einer privaten Leidenschaft befassen konnte, dem Kunsthandel. Er kaufte und verkaufte alte Gemälde und Antiquitäten, wodurch er sich ein Vermögen erwerben sollte. Krieg fürchtete er, er wollte sein Leben genießen und vor allem wieder gesund werden im Frühling an der italienischen Riviera.
Von den Vorbereitungen für die Erledigung der »Rest-Tschechei« durch Hitler erfuhr er nichts.
Als am 10. März die Prager Regierung die deutschfreundliche slowakische Regierung unter Tiso absetzte, nachdem Unruhen im östlich-

sten Landesteil ausgebrochen waren, sah Hitler die Chance, Böhmen und Mähren dem Reich einzuverleiben. An diesem Tag fragte sein Luftwaffenadjutant v. Below, ob er Göring über die Lage informieren solle. Hitler lehnte ab mit der Bemerkung, er wolle Göring nicht während seines Urlaubs in San Remo beunruhigen. Er verzichtete zum ersten Mal darauf, Görings Rat in wichtigen Angelegenheiten zu suchen. Er wollte aber auch, wie er v. Below sagte, »Görings Aufenthalt in San Remo zur Beruhigung der aufgeregten Gemüter in Italien und anderen Ländern« nutzen.

Am 12. März gab er der Wehrmacht den Befehl, am 15. März in die Tschechoslowakei einzumarschieren. Erst einen Tag später, am 13. März, durfte v. Below Göring nach Berlin zurückrufen, wo er am Nachmittag des 14. März mit der Eisenbahn eintraf.

Er wurde vor vollendete Tatsachen gestellt, denen er sich beugte. Bei der Unterredung mit dem tschechischen Ministerpräsidenten Hacha in der Nacht zum 15. März drohte Göring, Prag zu bombardieren, um ihn zu veranlassen, sich mit dem Einmarsch einverstanden zu erklären.

Ehe Hacha der Erpressung nachgab, fiel er in Ohnmacht. Erregt rief Göring nach dem Leibarzt Hitlers, Dr. Morell, der Hacha eine Injektion verabreichte. Danach verließ Göring Hitlers Arbeitszimmer mit den Worten: »Ich hoffe, es geschieht ihm nichts. Es war ein sehr anstrengender Tag für einen so alten Herrn.«

Im Morgengrauen des 15. März marschierte die Wehrmacht in die »Rest-Tschechei« ein. Die Slowakei wurde formal selbständig. Am Abend dieses eisigen Tages traf Hitler mit Ribbentrop auf der Prager Burg ein. Nach Prag ist Göring nie gereist. Während Hitlers Abwesenheit von Berlin sprach er mit dem polnischen Botschafter Lipski, der sich beklagte, daß es mit ihm keine Gespräche mehr gebe. Polen annektierte das Olsa-Gebiet, das zur Tschechoslowakei gehörte, was vorläufig von Hitler, der davon überrascht wurde, hingenommen wurde. Aber diese Annexion wurde bald von ihm zum Anlaß genommen, an Polen Forderungen zu stellen.

Am 17. März schlug Milch Göring vor, mit dem Gerät, das von der aufgelösten tschechoslowakischen Luftwaffe übernommen wurde, eine neue Luftflotte mit der Nummer 4 aufzustellen, die den Südostraum decken sollte. Der aus Österreich übernommene Fliegergeneral Löhr übernahm diese neue Aufgabe.

Schon am 21. März reisten die Görings wieder nach San Remo, um den unterbrochenen Urlaub fortsetzen.

In Nürnberg sagte Göring, Hitlers Prager Coup sei zum großen Teil über seinen Kopf hinweg unternommen worden. Hitler hatte gehandelt, ohne ihn um seinen Rat zu fragen.
Göring wußte nun, daß es auch ohne ihn ginge, und er bedauerte, daß sein Einfluß auf Hitler dahinschwand.
Aber für die englische Regierung unter Chamberlain wurde Göring jetzt noch interessanter, nachdem Hitler sein Wort gebrochen hatte, das er ihr in München gegeben hatte. Hitlers Worten traute Chamberlain nicht mehr. Allein mit Göring ließe sich, so dachte man in London, noch ernsthaft verhandeln.
Am 23. März fuhr Hitler auf einem Schiff der Kriegsmarine nach Memel. Litauen hatte das Memelland abgetreten. Die Luftwaffenführung vertrat auf dieser Reise Milch, Görings Stellvertreter.
Die polnische Regierung war entsetzt. Sie fürchtete, Hitler werde die Danzig- und Korridorfrage aufwerfen.
Anfang April schloß England einen Bündnisvertrag mit Polen. Ehe Göring aus Italien nach Berlin zurückreiste, um am 20. April Hitler zum 50. Geburtstag zu gratulieren, besuchte er Mitte April Ciano und Mussolini in Rom. Am 7. April hatte Mussolini Albanien von seinen Truppen besetzen lassen. Das kleine Land an der Adria wurde Italien einverleibt.
Göring war jetzt der Ansicht, daß ein Krieg nahezu unvermeidlich sei, aber er hoffte, daß der Krieg durch ein Bündnis zwischen Italien und Deutschland bis 1942 aufgeschoben werden könne. Bis 1942 sollte die Aufrüstung der Wehrmacht abgeschlossen sein; alle Planungen bei der Luftwaffe gingen davon aus. Das Bündnis wurde am 22. Mai 1939 in der neuen Berliner Reichskanzlei unterzeichnet, die Albert Speer erbaut hatte.
Ribbentrop, nicht Göring, erhielt dort vom König von Italien den Annuziaten-Orden, den Ciano dem Reichsaußenminister an einer langen Goldkette um den Hals hängte. Für Göring war dieser Anblick so traurig, daß sich seine Augen mit Tränen füllten. Er war es gewesen, der viele Jahre mit Mussolini verhandelt hatte. Den Orden bekam er erst im Mai 1940. Das Bündnis wurde »Stahlpakt« genannt; es hatte eine Beistandsklausel für den Fall, daß eines der beiden Länder angegriffen würde. Die »Achse Berlin-Rom«, eine wörtliche Erfindung Mussolinis aus dem Jahre 1938, hatte ihre stählerne Fassung erhalten.
Ohne Göring einzuweihen, hatte Hitler am 3. April 1939 die Wehrmacht angewiesen, den »Fall Weiß« - die militärischen Operationen

35 *Göring führt Hitler am 28. März 1935 die in Döberitz bei Berlin liegende erste Gruppe des neu aufgestellten Jagdgeschwaders Richthofen vor. Hinter Hitler mit Adjutantenschnur Oberstleutnant Bodenschatz, links neben ihm General der Flieger, Erhard Milch* (Bild oben).

36 *August 1938: Luftmarschall Balbo schreitet mit Generalfeldmarschall Göring die Front hoher Offiziere der Luftwaffe ab* (Bild oben links).

37 *Göring in den Dessauer Junkerswerken. Dort wurden der Stuka JU 87 und mehrere andere Kampfflugzeuge hergestellt* (Bild links).

38 *Görings 45. Geburtstag 12. Januar 1938: Gratulation durch die Generalintendanten Gründgens und Tietjen.*

40 *General der Flieger Erhard Milch, engster Mitarbeiter Görings.*

◁ 39 *Das Reichsluftfahrtministerium in der Leipziger Straße in Berlin.*

41 *Generalfeldmarschall Göring zu Beginn des Frankreichfeldzuges Mai 1940 in der Eifel.*

42 *Reichsmarschall Göring mit den Obersten Mölders* (links) *und Galland* (rechts).

43 *Stabsfeldwebel Rudolf Nacke, der die JU 88 flog, erhält am 23. Juli 1941 in Ostpreußen von Göring das Ritterkreuz. Im Hintergrund: der persönliche Referent, Dr. Gritzbach.*

44 *Reichsmarschall Göring 1940 beim Jagdgeschwader 2 Richthofen* (Bild oben).

45 *Göring mit Bodenschatz und Loerzer in Polen 1939* (Bild unten links).

46 *An der französischen Kanalküste leite Göring im August 1940 den Einsatz der Luft waffe in der Schlacht um England.*
Neben Göring: Generalfeldmarschall Kes selring und der Chef des Generalstabes de Luftwaffe, Generaloberst Jeschonnek. (Bil unten rechts).

in Polen - so vorzubereiten, daß der Einmarsch am 1. September 1939 stattfinden könne. Die drei Wehrmachtteile hatten bis Ende April den Zeitplan für ihre Operationen zu entwerfen.
Göring kehrte am 18. April aus San Remo zurück. Er fuhr, sonnengebräunt und »entschlackt«, sofort in die Reichskanzlei zum Abendessen bei Hitler. Dabei erfuhr er von Hitler, daß dieser sich entschlossen habe, die Frage des Polnischen Korridors mit Polen zu klären. Als Göring fragte, was darunter zu verstehen sei, erhielt er zur Antwort, Danzig müsse deutsch werden, und die Korridorfrage sei zu lösen. Wenn diese Ziele nicht friedlich erreicht würden, sollte die Wehrmacht eingesetzt werden. Göring war bestürzt. Er entgegnete Hitler, die Weltmeinung würde sich nun endgültig gegen das Reich wenden, er mußte jedoch wieder - wie im Falle Prag - sehen, daß Hitler seinen Rat nicht mehr brauchte. Dieser entgegnete, er habe bisher alle diese Unternehmungen geschafft, Polen werde keine Ausnahme machen. Göring riet ihm, damit zu warten, aber bald merkte er, daß er nichts gegen den Willen Hitlers ausrichten konnte. Er nahm sich vor, alles zu unternehmen, um den neuen Konflikt nicht ausbrechen zu lassen.
»Wenn der Führer es nur mir überlassen wollte«, sagte er zu seinem Stiefsohn Thomas von Kantzow, der ihn im Sommer besuchte, »ich würde dafür sorgen, daß Deutschland seinen Platz an der Sonne bekommt und die nächste Generation in Frieden leben kann - ohne Krieg.«
Aber Hitler wollte den Krieg gegen Polen, und er sah schon einen neuen Verbündeten in der Sowjetunion.
Als Hitler am Vormittag des 20. April die Oberbefehlshaber der drei Wehrmachtteile zur Gratulationscour empfing, hörten sie von ihm, die nächsten Jahre würden gefährlich werden, bis 1942 oder 1943 hätte Deutschland noch einen Vorsprung in der Bewaffnung, der dann schwinden würde. Deshalb müßte bis 1942 gefochten werden, um so viel wie nur möglich zu gewinnen. Er sei jetzt auf der Höhe seiner Macht, es sei von ihm noch viel zu tun, was er seinem Nachfolger nicht überlassen wolle.
Der designierte Nachfolger, Göring, mußte sich das anhören. Am 25. April befahl Göring, die Luftwaffe habe sich auf neue Operationen vorzubereiten. Ehe er wieder nach Italien abreiste, um seinen Urlaub fortzusetzen, sorgte er dafür, daß die französische Regierung durch den französischen Luftwaffenattaché in Berlin, Paul Stehlin, vor Hitlers Absichten gewarnt wurde. Er ließ seinen Adjutanten

Bodenschatz am 2. Mai Paul Stehlin die letzte Hitler-Rede vom 28. April erklären, in der Polen attackiert, die Sowjetunion *nicht* erwähnt wurde. Einen Zweifrontenkrieg würde es diesmal nicht geben. Ob dies nun ein Abschreckungsmanöver Görings war oder die feste Absicht, die beiden Westmächte über Hitlers Entschluß zu informieren, den er für »verrückt« hielt, sei dahingestellt. Auf jeden Fall wollte er keinen Krieg im Westen, wenn Hitler schon seinen Krieg im Osten haben wollte.
Der Luftwaffen-Führungsstab stellte am 20. Mai in einer Studie fest: »Ausrüstung, Ausbildungsstand und Stärke der Luftflotte 2 (unter General Felmy war sie für den Nordraum zuständig) können im Jahre 1939 eine Kriegsentscheidung innerhalb kurzer Zeit gegenüber England nicht durchführen.«
Am 22. Mai war Göring bei der Unterzeichnung des »Stahlpaktes« in Berlin anwesend, aber bei der geheimen Besprechung, die Hitler mit den Oberbefehlshabern der Wehrmachtteile am 23. Mai in der Reichskanzlei abhielt, ließ er sich von Milch vertreten.
Als Milch nach der Ansprache Hitlers, in der dieser gesagt hatte, die Gesamtlage in Europa sei angespannt, die Oberbefehlshaber müßten jederzeit bereit sein, falls ein Krieg gegen Deutschlands Willen ausbreche, fragte, ob er Göring über den Inhalt der Ansprache informieren solle, erhielt er zur Antwort: »Nein, das tue ich selbst.«
In dem handschriftlichen Bericht, den Hitlers Wehrmachtadjutant Schmundt anfertigte, ist Göring als Teilnehmer genannt, aber das ist nicht richtig, er schickte Milch.
Göring war nicht in Berlin.
Am 27. Mai sprach er in Carinhall mit Henderson, der am folgenden Tag London informierte: »Ich hatte den Eindruck, daß Göring froh darüber war, mich zu sehen. Göring ist zwar kaum besser als die anderen Parteigrößen. Aber ich bin sicher, er will keinen Krieg und er haßt Ribbentrop.«
Göring hatte nach der Besetzung Prags auch private Dinge zu erledigen, die mit der Furcht vor einem Kriegsausbruch zusammenhingen. Er sorgte dafür, daß Ilse Ballin und ihre Schwester, die in ihrem Haus seine Wunden verbanden und ihn vor Verfolgung schützten, als der Münchner Putsch von 1923 scheiterte, nach Argentinien auswanderten und ihr Vermögen mitnahmen. Er vermittelte auch der Baronin Lilly von Epenstein eine Ausreiseerlaubnis zu Verwandten nach Chicago. Die Baronin suchte ihn in Berlin auf, wo sie Burg Veldenstein Göring und seiner Tochter Edda übereignete. Mauterndorf

sollten beide erst nach ihrem Tode erhalten. Aber sie kehrte im Sommer wieder nach Deutschland zurück und starb am 1. September 1939 an einem Herzanfall.
Göring gehörte nun die Burg Veldenstein, ein Biedermeierhaus in einer Burgruine, in dem er als Kind aufgewachsen war. Mauterndorf fiel ihm 1939 auch zu, das Erbe des jüdischen Ritters von Epenstein, dessen Geliebte seine Mutter so lange gewesen war.
Er hatte viel zu verlieren, wenn es einen Weltkrieg geben würde. Aber hatte ihm Hitler Ende Mai nicht versichert, er wäre verrückt, wenn er wegen des lausigen Polnischen Korridors in einen Weltkrieg hineinschlittern wollte?
War für Göring Hitler noch glaubwürdig? Konnte er annehmen, daß er ihm die Wahrheit sagte, nachdem er ihm den Prager Coup und die Kriegsvorbereitung gegen Polen verheimlicht hatte?
Der Reichsverteidigungsrat tagte unter Görings Vorsitz am 23. Juni. Es ging dabei um die Arbeitskräfte, von denen die 7 Millionen Mann ersetzt werden sollten, die bei der Mobilmachung eingezogen werden müßten. Göring erklärte den Anwesenden klar und hart, welche drastischen Maßnahmen im Kriegsfalle zu treffen seien.
Sie vorzubereiten, war Aufgabe des Reichsverteidigungsrates. Die Rohstofflage war noch schwieriger geworden. Mitte Juni hatte Udet gemeldet, »daß eine ordnungsmäßige Befriedigung der vorliegenden Anforderungen nicht mehr möglich sei«.
Das Oberkommando der Wehrmacht hatte neue Kontingente festgesetzt, die zeigten, daß die Aufrüstung aus Mangel an Rohstoffen nicht mehr wie bisher fortgesetzt werden konnte.
Am 3. Juli wurden Hitler auf dem Luftwaffen-Erprobungsflugplatz Rechlin am Müritzsee in Mecklenburg Flugzeuge, Waffen und Geräte vorgeführt. Die Luftwaffenführung verfolgte damit den Zweck, Hitler auf die Neuentwicklungen hinzuweisen, für die der Bedarf an Rohstoffen nicht gedeckt war. Die Vorführung war schon Ende Juni vor italienischen Offizieren geprobt worden.
Da Göring, Milch und Udet die Neuentwicklungen in einem Programm vorsahen, das bis 1943 gelten sollte, lag es nahe, Hitler zu erklären, daß er erst dann mit ihnen rechnen könnte. Dies ist nicht deutlich genug geschehen. »Dadurch blieben von der Rechliner Vorführung völlig falsche Vorstellungen bei Hitler haften und führten später zu unberechtigten Vorwürfen gegen die Luftwaffe«, schreibt Hitlers Luftwaffen-Adjutant v. Below. Er hatte Hitler nach der Vorführung gesagt, dies sei alles »Zukunftsmusik« gewesen.

Dennoch war Hitler überzeugt, mit dieser Luftwaffe ein Kriegs-Risiko eingehen zu können. Göring glaubte, als Jahr des Kriegsbeginns sei 1943 gemeint, aber Hitler dachte an 1939: Er wußte, wie Göring, daß er nach der Planung im Fall »Weiß« am 12. August 1939 sich entscheiden mußte, ob der Aufmarsch gegen Polen beginnen sollte.

Vieles von dem, was gezeigt wurde, war auch 1943 noch nicht reif für den Einsatz. Die Gründe hierfür sind bei Udet und seinem Technischen Amt zu suchen. Die modernsten Projekte wurden blockiert. Dies gilt besonders für den Strahljäger He 176, den Heinkels Werkeinflieger Warsitz vorführte.

Ernst Heinkel schreibt: »Für die Vorführung in Rechlin wurde ein drei Kilometer vom eigentlichen Flugplatz Rechlin gelegenes Flugfeld, Roggenthien, vorgesehen. Ich wartete bei meinen Leuten, während Hitler zunächst den Flugplatz Rechlin besuchte und die Hauptvorführungen beobachtete. Am meisten beeindruckten ihn dabei, wie ich nachher erfuhr, die Flüge der He 111 mit den Starthilfen (zwei Raketen), welche die Maschine so rasant in die Höhe rissen, daß eine gleichzeitig auf normale Weise startende zweite Maschine 150 Meter zurückblieb. Bald darauf kam Hitlers Wagen. Ich hielt den Atem an, als Warsitz sich in seinen Sitz zwängte, als der Qualmstreif aus dem Heck der Maschine herausschoß und gleich darauf der kleine Vogel über das Feld rollte. Würde alles glatt verlaufen? Der Start? Der Flug?

Da hob auch schon die Maschine ab. Das Fahrwerk klappte ein. In vielleicht 7- bis 800 Meter Höhe flog Warsitz an uns vorbei, kurvte, nahm ›das Gas weg‹, glitt auf den Flugplatzrand zu, schaltete plötzlich wieder ein, so daß die Maschine in einem neuen eleganten Anlauf in die Höhe schoß. Dann schaltete Warsitz endgültig ab und setzte mit über 300 km/h Geschwindigkeit auf. Ich wandte mich froh und erleichtert der Gruppe um Hitler zu. Ich versuchte in ihren Gesichtern den Eindruck zu lesen, den das eben Erlebte auf sie gemacht hatte. Ich kam dabei jedoch zu keinem klaren Ergebnis.«

Der erste Strahljäger der Welt flog 800 bis 850 km/h.

Der Kriegsausbruch beendete die Weiterentwicklung, das Technische Amt Udets war nicht mehr interessiert. Die He 176 wurde an das Luftfahrtmuseum in Berlin übergeben, wo sie Opfer eines Luftangriffes werden sollte.

Eine neue Epoche der Fliegerei hatte begonnen, aber sie wurde vorerst von den Deutschen nicht wahrgenommen. Görings Reak-

tion schildert Heinkel: »Göring zog Warsitz zur Seite: ›Na, Warsitz?‹ sagte er, ›was halten Sie denn vor dem ganzen Kram?‹ ›Herr Generalfeldmarschall‹, antwortete Warsitz, ›ich bin überzeugt davon, daß wir in einer Reihe von Jahren überhaupt nur noch wenige Militärflugzeuge mit Propellern und normalen Motoren haben werden.‹
Göring legte ihm seine dicke Hand auf die Schulter und lächelte gutmütig: ›Sie Optimist!‹ sagte er, und aus seiner Stimme sprach eine ungläubige Herablassung. Göring stellte noch einige Fragen, ließ sich jedoch auf das wirkliche Thema, das Warsitz und mir im Herzen brannte, nicht weiter ein. ›Also, Herr Warsitz‹, sagte er lediglich, ›weil es heute so gut geklappt hat, gebe ich Ihnen 20 000 Mark.‹ Er sah Udet an: ›Du weißt ja Bescheid‹, sagte er, ›aus dem Sonderfonds.‹ Dann fuhr er ab.«
Aus Berlin, nach einem Empfang bei Hitler und Göring, kam Warsitz mit dem Eindruck zurück, daß man »die Sache für eine eindrucksvolle Spielerei« halte. »Aber niemand glaubt, daß sich damit in absehbarer Zeit praktisch etwas anfangen läßt.« Die Entwicklung des zweistrahligen Düsenjägers Me 262 sollte, wie es Udet wünschte, Messerschmitt durchführen. Es gab aber zur Zeit der Rechliner Vorführung für diese Maschine noch kein Triebwerk.
Im Frühjahr 1939 war die englische Übersetzung der von Göring autorisierten Biographie Gritzbachs: »Hermann Göring - Der Mann und sein Werk« bei Hurst & Blackett in London erschienen. Im Vorwort von R.H. Bruce Lockhart hieß es: »Er ist, in der Tat, etwas mehr als ein Soldat. Er ist heute eine sehr beträchtliche Kraft für Gut oder Böse in den europäischen Affären. In einer Welt, in der man den Realitäten ins Auge sieht - und das schließt einen ehrenhaften Versuch ein, den Graben zwischen britischer und Nazi-Mentalität zu überbrücken - ist es denkbar, daß Göring ein loyaler Freund sein möchte. Unter anderen Umständen muß er als ein rücksichtsloser und fähiger Feind angesehen werden.«
Am 2. Juli hatte der schwedische Industrielle Birger Dahlerus an einem Dinner im Londoner Constitutional Club teilgenommen, das von Charles Spencer, einem der leitenden Mitglieder der konservativen Partei, arrangiert worden war. Nach dem Essen verlas Spencer ein Manuskript, das sich mit der Lage befaßte. In der Diskussion wurde die Idee eines Treffens mit Göring erörtert, die Dahlerus vorschlug.
Dahlerus hatte seit 1934 Zugang zu Göring, was den Anwesenden

bekannt war. Alle waren sich einig, daß es vielleicht glücken könnte, die Deutschen über den wirklichen Standpunkt Englands aufzuklären und der deutschen Regierung die irrige Vorstellung zu nehmen, sie könne die Art der Aktionen des Jahres 1938 unbeanstandet fortsetzen.
Dahlerus versprach, sofort nach Berlin zu reisen, um zu versuchen, Göring zu sprechen.
Er schreibt: »Nachdem ich am Mittwoch, dem 5. Juli, in Berlin angekommen war, wurde mir versprochen, daß ich von Göring am folgenden Tag, 16 Uhr, in Carinhall empfangen würde.«
An diesem 6. Juli verließ Hitler Berlin, um mit seinem neuen Flugzeug, der viermotorigen Focke-Wulf 200 ›Condor‹, nach München zu fliegen. Von da fuhr er zum Obersalzberg, um dort Urlaub zu machen. Aber auch in Carinhall war für Dahlerus nichts davon zu erkennen, daß ein Krieg drohte. Für 17 Uhr war der Beginn einer Gartenparty für Hunderte von Gästen aus der Theater- und Filmwelt angesetzt. »Ich wurde empfangen von einigen Offizieren aus Görings Luftwaffenregiment«, schreibt Dahlerus, »die in völlig weiße Uniformen mit weißen Lackschuhen gekleidet waren. Mit ihren reichen Goldstickereien erinnerten mich diese Uniformen etwas an die Rokokozeit mit ihrer Tendenz zu Übertreibung und Luxus. Es war ein Milieu, das in keiner Weise eine ernste Stimmung erkennen ließ.«
Dahlerus war zuletzt 1935 in Carinhall gewesen, das damals nur aus dem kleinen nordischen Blockhaus mit groben Balkenwänden bestand. Jetzt kam er in ein sehr großes, zweistöckiges Gebäude im altdeutschen Stil mit einem Hauptteil und zwei langen Flügeln. Im Keller waren ein Kinoraum für 100 Personen, mehrere Küchen, eine deutsche Bierstube.
Görings Arbeitszimmer hatte gewaltige Dimensionen. Die Wände waren übersät mit Gemälden alter bekannter Meister.
Für Dahlerus hatte sich das alte Blockhaus in ein luxuriöses Schloß verwandelt, das noch weiter ausgebaut wurde, denn bei seiner Ankunft sah er viele Arbeiter. Er erfuhr von ihnen, daß das Schloß ungefähr doppelt so groß werden sollte. Das Gespräch mit Göring dauerte bis 18 Uhr; die Gäste mußten warten. Göring ließ ihnen sagen, er habe wichtigere Sachen zu tun, sie müßten sich gedulden.
Göring stellte Dahlerus Fragen. Er wollte wissen, ob England nicht bluffe und seine feindliche und eifersüchtige Einstellung gegenüber Deutschland nicht die Ursache für das Ganze wäre. Dahlerus schlug

vor, er würde diese Fragen von drei Herren, die an dem Dinner am 2. Juli teilgenommen hatten, beantworten lassen. Sie könnten dazu nach Berlin kommen, zur Zeit befänden sie sich in Kopenhagen. Göring war einverstanden. Nach 18 Uhr fuhr Dahlerus nach Berlin zurück. Spencer und seine beiden Begleiter trafen am 7. Juli in der Reichshauptstadt ein. Am Nachmittag rief Göring bei Dahlerus im Hotel Esplanade an, um zu hören, ob die Engländer gekommen seien und die von ihm gestellten Fragen beantwortet hätten.
»Ich bejahte dies und berichtete ihm in großen Zügen den Inhalt der Antwort, die die Engländer gegeben hatten.« Daraufhin lud Göring die drei Engländer mit Dahlerus zu einem Besuch des Luftfahrtministeriums ein. Ein General der Luftwaffe führte sie.
»Die Engländer verließen Berlin am 8. Juli, und ich fuhr nach Carinhall, um Göring das Resultat unseres Gesprächs mitzuteilen. Er berichtete, daß er mit Hitler über meinen Vorschlag eines Treffens in Schweden konferiert habe. Hitler war grundsätzlich darauf eingegangen, hatte aber als besondere Voraussetzung hervorgehoben, eine derartige Konferenz müsse unter solchen Bedingungen stattfinden, daß das Zusammentreffen leitender Persönlichkeiten beider Lager zum Zweck der Diskussion der europäischen Lage unter keinen Umständen bekannt würde.
Mit diesem Bescheid kehrte ich nach Berlin zurück und flog am gleichen Tag nach Stockholm.«
Am 9. Juli hatten in Deutschland die Sommerferien begonnen. Die Görings fuhren auf der Yacht »Carin II« über Binnengewässer nach Westen. In Essen besuchten sie Fritz Thyssen, der fragte, ob es stimme, daß Hitler mit der Sowjetunion schon verhandele. Er hielt es für kaum glaublich, daß man mit den »Roten« einen Pakt abschließen wollte. Dem Bolschewismus würden damit Tür und Tor geöffnet, es wäre für Deutschland eine Tragödie. Göring versuchte, seinen Freund zu beruhigen. Der Führer wolle doch durch die Verhandlungen mit Rußland nur einen neuen Weltkrieg vermeiden.
Görings Kreuzfahrt auf Kanälen und Flüssen wurde von seiner Sorge überschattet, Hitler könnte dieses Land aufs Spiel setzen. Er liebte Deutschland, und er wollte sich nicht vorstellen, daß es mit seiner Heimat ein Ende nähme. Er wußte auch, daß seine Luftwaffe nicht in der Lage war, über einen auf Polen begrenzten Krieg hinaus einen europäischen Krieg erfolgreich zu führen, und er hatte mißtrauisch zugesehen, wie Hitler sich der Sowjetunion anzunähern versuchte.

In Dessau hatte er die Junkerswerke besucht. Dort war die Produktion des He-11-Bombers gedrosselt worden; Verzögerungen bei der Fertigung der Ju 88 als Sturzbomber traten wieder auf. Für 1940 war eine »Bomberlücke« voraussehbar.
Am 21. Juli traf er auf seiner Yacht in Hamburg ein. Im Hotel Atlantic empfing er Birger Dahlerus, der aus London gekommen war. Der schwedische Industrielle brachte die Zusicherung seiner englischen Freunde mit, sich mit Göring auf dem südschwedischen Schloß Trolle-Ljungby bei Kristianstad treffen zu wollen. Göring sagte Dahlerus, Hitler sei damit einverstanden.
Am 22. Juli war Dahlerus Görings Gast, der von einer Tribüne aus einen Festzug abnahm, den Dr. Leys Organisation »Kraft durch Freude« in Hamburg veranstaltete. Anschließend wurde das neue »Kraft durch Freude«-Passagierschiff »Dr. Ley« im Hafen in Dienst gestellt; es sollte für Urlaubsreisen verwendet werden, doch war es so gebaut worden, daß es auch als Lazarettschiff dienen konnte.
Göring nahm an diesem Ereignis nicht teil, und Dahlerus mußte ohne ihn mit Dr. Ley auf dem Schiff zusammentreffen, der Göring unsympathisch war. An diesem Tag suchte Udet Göring auf, um sich zu entschuldigen, daß der Sturzbomber Ju 88 technische Schwierigkeiten mache, wie Göring in Dessau festgestellt hatte. Aber Udet meinte, bis April 1941 könnten 2357 Ju 88 zur Verfügung stehen und bis April 1943 sogar die geforderten 5000.
Dann setzte Göring seinen Urlaub auf der Yacht fort. Hitler traf am 24. Juli in Bayreuth zu den Richard-Wagner-Festspielen ein, es wurden seine letzten. Zum Abschluß wurde am 2. August »Die Götterdämmerung« gegeben.
Am 25. Juli hatte Hitler erfahren, daß aus London und Paris Militärmissionen nach Moskau unterwegs waren. Die Anreise erfolgte mit dem Schiff und dauerte daher länger als auf dem Luftweg, so daß Hitler sich diesem Problem noch nicht zu widmen brauchte und noch bis zur »Götterdämmerung« in Bayreuth bleiben konnte. Göring hatte Ende Juli den Wirtschaftsfachmann Dr. Wohlfart aus der Vierjahresplan-Administration nach London geschickt, der dort geheime Sondierungen aufnahm. Er sprach mit Horace Wilson vom Foreign Office über die Lage. Chamberlain schickte das britische Parlament am 4. August für zwei Wochen in Urlaub und empfing in diesen Tagen den deutschen Botschafter von Dirksen. Am 6. August notierte der Staatssekretär des Äußeren, Frhr. v. Weizsäcker, in sein Tagebuch, es gebe geheime Fühlungnahmen Chamberlains wegen

eines Kompromisses, vorausgesetzt, daß ein Dialog stattfinde, der von deutscher Seite erwünscht sei.
Dieser Dialog war schon festgelegt: Görings Sekretärin Fräulein Grundtmann hatte am 2. August telegrafisch bei Dahlerus in Stockholm angefragt, wo im Sönke-Nissen-Koog das Treffen stattfinden werde. Am 5. August schickte Fräulein Grundtmann im Auftrage von Göring dieses Telegramm an Dahlerus: »Kann folgende Zeit für Aufenthalt im Koog zur Verfügung stellen: 10 bis 16 Uhr. G.«
Göring verwendete seine langjährige Sekretärin, deren Name wie der seine mit »G« anfing, für diese Korrespondenz. Für den nächsten Tag rief er Milch, Udet und Jeschonnek zu einer sehr wichtigen Rüstungsbesprechung auf seine Yacht »Carin II«.
An diesem 6. August, einem Sonntag, verlangte Göring von ihnen den Aufbau einer »Angriffs-Luftwaffe« mit 32 neuen Kampfgeschwadern (4330 Flugzeuge, darunter 2460 Sturzbomber Ju 88) bis April 1943. Daraus ergab sich die Konsequenz, bei anderen Flugzeugmustern Abstriche zu machen. Die drei Offiziere auf der Yacht hatten den Eindruck, Göring wolle damit die gesamte Luftwaffenplanung seit 1933 auf den Kopf stellen. Sie erhielten von Göring die Versicherung, daß es jetzt keinen Krieg gegen England geben werde. Aber für 1943 müsse die Luftwaffe vorbereitet sein.
Dann bestieg er seinen Sonderzug, mit dem er nach Bredstedt bei Husum reiste, um am Vormittag des 7. August im Sönke-Nissen-Koog mit Dahlerus und den sieben englischen Industriellen zusammenzutreffen.

25. Kapitel

Letzte Versuche

»Ich habe keinen Krieg gewollt oder herbeigeführt, ich habe alles getan, ihn durch Verhandlungen zu vermeiden. Als er ausgebrochen war, tat ich alles, um den Sieg zu sichern. Da die drei größten Weltmächte mit vielen anderen Nationen gegen uns kämpften, erlagen wir schließlich der gewaltigen Übermacht. Ich stehe zu dem, was ich getan habe.« Diese Worte Görings aus seinem Schlußplädoyer im Nürnberger Kriegsverbrecherprozeß 1946 ziehen auch die Bilanz seiner Bemühungen, im August 1939 den Frieden zu erhalten. Er glaubte damals, daß Polen niemals einen Krieg mit Hitlers Großdeutschem Reich riskieren werde, wenn England und Frankreich ihn nicht wollten.

Aber falls dann doch der Ernstfall einträte, war er nicht bereit, Hitler zu verdrängen, der den Pakt mit Stalin geschlossen hatte.

Wider seinen Willen begann dieser Krieg.

Es war Hitlers Krieg, der nur enden konnte, wenn es Hitler nicht mehr gab.

Görings Bemühungen, den Krieg zu verhindern, sind in den ersten beiden Kapiteln beschrieben worden. Hoffnungen und Niederlagen dieses zweiten Mannes in Hitlers Reich sind dabei erkennbar geworden.

Am Ende konnte er auf den Gedanken kommen, daß auch er – wie viele andere – von Hitler nur mißbraucht wurde, als dieser ihn über Birger Dahlerus mit Emissären aus England verhandeln ließ.

Als der Gesandte Paul Otto Schmidt am 3. September 1939 kurz nach 9 Uhr Hitler und Ribbentrop die schriftliche Kriegserklärung der britischen Regierung für den Fall vorlegte, daß Deutschland nicht bis 11 Uhr die Feindseligkeiten gegen Polen einstelle und sich bereit erkläre, seine Truppen sofort zurückzuziehen, hörte er Hitlers betroffene Reaktion: »Also haben sie uns doch den Krieg erklärt.« Göring kam später in die Reichskanzlei, um zu dem Gesandten zu sagen: »Wenn wir diesen Krieg verlieren, dann gnade uns Gott.« Aber welcher Gott würde Gnade gewähren? Göring würde erfahren,

daß ihm nicht einmal die Gnade des evangelischen Abendmahls vor seinem Tode im Nürnberger Gefängnis gewährt wurde.
Über den Krieg, in den er jetzt ziehen mußte, hatte er am 31. August 1939 die Prophezeiung des »Finis Germaniae« von seinem Freund Fritz Thyssen gehört, der nach Paris gegangen war. Als Göring ihn telegrafisch bat, zurückzukommen, es werde ihm nichts geschehen, telegrafierte ihm Thyssen: »Ich ziehe vor, das Ende des Nationalsozialismus hier abzuwarten.«
Emmy Göring schreibt, daß ihr Mann wütend, verärgert und zugleich verzweifelt gewesen sei. Der Krieg würde fürchterlich werden, so grauenhaft, wie es noch niemand ahnte, habe er ausgerufen. Jetzt hatte Göring keine »Abschreckungs-Luftwaffe« mehr. Diese politische Bedeutung der Luftwaffe war dahin.
Doch sie war die stärkste Luftmacht der Welt mit 4093 Frontflugzeugen, davon 3646 einsatzbereit. Das waren 1176 Bombenflugzeuge, 408 zweimotorige und 771 einmotorige Jagdflugzeuge sowie 552 Transporter Ju 52.
Paul Deichmann schreibt: »Bei Kriegsausbruch fehlten nach einer Statistik des Generalquartiermeisteramts 139 Flugzeugführer für Jagdeinsitzer (10,8% der Sollstärke), 54 Besatzungen für Jagdzweisitzer (13,2%), 36 Stukabesatzungen (12%), 61 Nah- (17,8%) und 11 Fernaufklärerbesatzungen (3,2%). Dieser Fehlbestand beruhte zum größten Teil auf den Verlusten der Schulen und im Flugbetrieb der Verbände.«
Zu diesen Verlusten gehörte ein Vorfall, der sich am 15. August auf dem Truppenübungsplatz Neuhammer in Schlesien ereignete. Die erste Gruppe des Stukageschwaders 76 sollte mit der neuen Ju 87 B, ausgerüstet mit dem neuen Jumo 211 D von 1150 PS, vor Generalen der Luftwaffe einen geschlossenen Stukaangriff mit ihren 27 Flugzeugen vorführen. Die Gruppe startete vom Flugplatz Cottbus, obwohl die Wolkenverhältnisse über Neuhammer schlecht waren. 13 Stukas rasten mit heulenden Sirenen in die Erde; 26 Flieger fanden den Tod.
Die Tragödie von Neuhammer war das Menetekel an der Wand.
Der Feldzug gegen Polen, der im Morgengrauen des 1. September mit ersten Schlägen der Luftwaffe auf Flugplätze und Erdziele begann, soweit der Nebel es zuließ, der tief über der Grenze hing, war der erste »Blitzkrieg« der Kriegsgeschichte. Die von Guderian geschaffene junge Panzertruppe und die Bomber und Jäger Görings schlugen die Breschen, zertrümmerten die polnischen Armeen. Das

Zusammenwirken von Luftwaffe und Heer war vorher kaum geübt worden; jetzt ergab es sich wie von selbst.
Die Luftwaffe verlor 189 Angehörige des fliegenden Personals, die fielen, und 285 Flugzeuge, zumeist bei Tiefflugangriffen auf die polnische Flak. Göring setzte für die Witwen der Gefallenen ein Prämie von 1000 Reichsmark aus, die in Sparbüchern übergeben wurde. So hielt er es bis Kriegsende.
Er benutzte seinen Sonderzug, der luxuriös eingerichtet eher einem Hofzug aus kaiserlichen Zeiten glich und den Decknamen »Asien« trug. (Er ist sogar 1983, wie Hitlers Sonderzug »Amerika«, noch zuweilen im Dienst: Görings Zug fährt der Staatsratsvorsitzende der DDR. Hitlers Zug steht dem Bundeskanzler der Bundesrepublik Deutschland zur Verfügung).
Am Ende des Feldzuges war die Hälfte der Bombenvorräte verbraucht. In England hatte man angenommen, der Krieg werde mit einem deutschen Luftangriff auf London beginnen. Aber kein deutsches Flugzeug zeigte sich am Himmel. Britische Flugzeuge warfen Flugblätter ab, aber keine Bomben.
Ein britisches Flugzeug wurde abgeschossen. Am 10. September schickte Göring seinen Stiefsohn Thomas von Kantzow, der sich in Carinhall aufhielt, mit zwei Briefen englischer Kriegsgefangener nach Stockholm zu Dahlerus, die Dahlerus dann dem britischen Botschafter in Schweden übergab.
Am 6. September hatte es Hitler abgelehnt, die britische Flotte, die in Scapa Flow vor Anker lag, bombardieren zu lassen. Am 9. September verlangte er gegenüber Göring, v. Brauchitsch und Keitel, es dürfe auf keinen Fall zu einer Provokation der Franzosen kommen.
Am 26. September kehrte Hitler nach Berlin zurück. Am selben Tag flog Dahlerus aus Stockholm nach Berlin. Göring erschien mit ihm bei Hitler, der Dahlerus sagte, die Briten könnten Frieden haben. Aber er stellte Bedingungen. Polen sei geschlagen (Warschau kapitulierte am 27. September), es dürfe aber ein »Rest-Polen« geben. Selbstverständlich müsse Polen die früheren deutschen Ostgebiete abtreten. Dazu kam noch eine Garantie für die deutschen Grenzen im Westen. Göring sagte Dahlerus, er sei sofort bereit, Friedensgespräche mit England im neutralen Ausland aufzunehmen, dies solle unter Soldaten geschehen, er denke an den Chef des Empire Generalstabs Marschall Ironside. Hitler meinte, England müsse sich beeilen. Die Russen, die am 17. September nach Ostpolen einmarschiert waren, hätten jetzt ein Wort mitzureden.

Noch am Abend des 28. September traf Dahlerus, dem alle Wege geebnet wurden, in London mit Sir Alexander Cadogan zusammen, dem ranghöchsten Beamten des britischen Foreign Office. Am 29. September war er bei Frank K. Roberts, dem Deutschlandexperten des Foreign Office, anschließend mit Chamberlain, Halifax und Sir Cadogan zusammen.

In diesen Gesprächen, die bis Ende September in London andauerten, ging es den Engländern um Göring, von dem sie erwarteten, er könne Voraussetzungen für eine glaubwürdigere deutsche Außenpolitik schaffen. Dahlerus schlug dagegen vor, durch Volksabstimmungen die ausgehandelte Friedensregelung bestätigen zu lassen. Ende September war Dahlerus wieder in Berlin.

Anfang Oktober muß es dann die Erörterung von Friedensplänen in London gegeben haben. Denn am 2. Oktober telegrafierte der amerikanische Botschafter Kennedy an Außenminister Cordell Hull, er habe Churchill gesprochen, der als Exponent des harten Kurses einen Waffenstillstand erwäge. In dem britischen Aktenband FO 371 – 22 985 (Germany, German aims, future policy etc.) für den Zeitraum 3./4. Oktober 1939 sind 45 Seiten bis zum Jahr 2015 gesperrt.

Am 6. Oktober richtete Hitler vor dem Reichstag einen Friedensappell an England. Am 9. Oktober war Dahlerus wieder in Berlin, am 10. Oktober mit Göring bei Hitler. Er teilte mit, England sei zu Friedensverhandlungen bereit, wenn nicht nur über Polen, sondern auch über die Vernichtung aller Angriffswaffen und eine Volksabstimmung in Deutschland gesprochen würde.

Hitler stimmte zu. Dahlerus reiste mit deutschen Vorschlägen nach Den Haag, außerdem hatte er einen Brief bei sich, den Göring an ihn geschrieben hatte.

Dieser Brief galt als Legitimation für Dahlerus als Unterhändler. In ihm heißt es: »Ich weiß, daß auch die Gegenseite Ihnen volles Vertrauen schenkt in der Erkenntnis, daß Sie stets aus uneigennützigen Motiven gehandelt haben. Sie wissen, daß Sie im gleichen Maße mein Vertrauen besitzen.«

Göring stellt sich in dem Brief voll hinter Hitler: »Wenn England Frieden wünscht, so kann England hier durchaus die Plattform dazu in der Rede des Führers finden. Ich habe den Führer in seiner Rede wirklich bewundert, besonders wenn man bedenkt, wie stark heute die deutsche Position ist und daß der Führer heute an der Spitze eines großen siegreichen Heeres steht. Wenn trotzdem auch bei uns und in Sonderheit beim Führer der Wunsch nach dem Frieden so stark ausgedrückt wurde, dann war es vor allem die Überzeugung, daß es zur Zeit unter den drei Großmächten Deutschland, England und Frankreich weder Sieger noch Besiegte gibt und ferner, daß nach Jahren Krieg und Kampf die Probleme keine anderen sein werden, wie sie es heute sind und daß deshalb dann genau die gleichen Fragen erörtert werden müssen, nur mit dem furchtbaren Unterschied, daß es dann Millionen Tote auf beiden Seiten geben wird.«

Am Schluß des Briefes versichert Göring Dahlerus, daß dieser ihm in Zukunft immer willkommen sei.

Görings Formulierungen in diesem Brief über einen verlustreichen Krieg im Westen mit Millionen Toten stimmen mit der damaligen Ansicht der deutschen militärischen Führung überein, die an die Blutopfer des Ersten Weltkriegs dachte. In den Memoranden des Generalobersten Ritter von Leeb an Brauchitsch und Halder im Oktober 1939 ist sie ähnlich ausgedrückt.

Dahlerus übergab in Den Haag den Brief und die Vorschläge dem britischen Gesandten, der sie nach London übermittelte. Ein Unterhändler aus London kam nicht zu Dahlerus.

Am 12. Oktober erteilte Chamberlain vor dem Unterhaus Hitlers Friedensappell vom 6. Oktober eine Absage.

Göring gab noch nicht auf. Er schlug Dahlerus am 14. Oktober vor, ein Treffen hoher Offiziere durch König Gustaf V. von Schweden zu organisieren. Am 18. Oktober trafen sich die skandinavischen Staatsoberhäupter in Stockholm. Dabei stand eine Vermittlungsaktion im Mittelpunkt, die König Gustaf V. wünschte, aber gegen den Willen des damaligen schwedischen Regierungschefs.

Am 14. Oktober hatte der Chef des Generalstabes des Heeres, General Halder, eine Besprechung mit seinem Oberbefehlshaber v. Brauchitsch. Dieser sah drei Möglichkeiten der Entwicklung der Lage: Angriff, Abwarten, grundlegende Veränderungen.

Unter letzterem konnte manches verstanden werden; nach damaligem Sprachgebrauch in deutschen militärischen Kreisen war eine Änderung an der Spitze des Reiches gemeint.

Auf Göring wurden Hoffnungen gesetzt, Hitler zumindest von einer Offensive im Westen abzuhalten. Am 16. Oktober erfuhr Göring von Hitler, daß dieser bereit war, zu kämpfen. Am gleichen Tag flog die Luftwaffe einen Angriff auf britische Kriegsschiffe im Firth of Forth bei Edinburgh. Angriffe auf Schiffe in britischen Häfen waren noch verboten. Am 19. und 30. Oktober unterzeichnete Göring als Vorsitzender des Reichsverteidigungsrates und Beauftragter für den

Vierjahresplan Erlasse, in denen die wirtschaftliche Neuordnung in den neuen östlichen Gebietsteilen des Reiches festgelegt wurde. »Restpolen« hieß seit dem 12. Oktober Generalgouvernement, dessen Generalgouverneur Dr. Hans Frank, bisher Reichsminister, in Krakau seinen Sitz nahm. Er war vor Kriegsbeginn zum Potsdamer IR 9 als Feldwebel der Reserve einberufen worden. Von dort holte ihn Hitler nach Polen.

Am 26. Oktober reiste Dahlerus nochmals auf Wunsch Görings nach Den Haag, um zu versuchen, die Verhandlungen mit London in Gang zu bringen.

Da dies nicht gelang, flog Dahlerus nach Stockholm zurück. Dort entstand sein Memorandum vom 31. Oktober, das sehr ausführlich Möglichkeiten für Friedensverhandlungen aufzählte. Er stimmte es mit seiner Regierung ab und übergab es einem britischen Diplomaten. Das Foreign Office bestand jedoch darauf, daß in Deutschland eine verhandlungsfähige Regierung unter Göring gebildet würde.

Am 30. November brach der sowjetisch-finnische Krieg aus. Dahlerus suchte Göring auf; er war jetzt Anwalt der Finnen, die überfallen worden waren.

Am 9. Dezember gaben Chamberlain und Halifax die Hoffnungen auf, Göring für eine innere Wandlung in Deutschland zu gewinnen.

Am 28. Dezember war Dahlerus in London. Dort sagte ihm Sir Cadogan, Hitler müsse verschwinden und das deutsche Volk zur Einsicht gelangen, daß die Politik des Regimes das Land unaufhaltsam dem Untergang entgegenführe.

Eine Presseindiskretion, die gezielt war, traf Dahlerus. Seine Vermittlertätigkeit war damit beendet. Göring, tief enttäuscht über den Fehlschlag seiner Unternehmungen mit Dahlerus, hatte nun keine Wahl mehr.

Als er Anfang November die militärischen Vorbereitungen für die Westoffensive traf, die am 9. November beginnen sollte, wirkte er nervös und zerfahren. Die Westoffensive wurde verschoben. Früh begann ein kalter Winter, in dem nur noch Luftwaffe und Kriegsmarine Krieg führten.

Mit Dahlerus blieb Göring bis Kriegsende verbunden. Walter Siemers urteilt im Nachwort des Dahlerus-Buches »Der letzte Versuch« (Neuauflage 1973): »Dahlerus erntete für seine einmalige, idealistische Tat wenig Dank, wohl aber viel Undank und Nachteile. In Schweden wurde er als Nationalsozialist angegriffen und in Deutschland hauptsächlich auf Veranlassung von Ribbentrop, Himmler und

Goebbels als ›britischer Agent‹ bezeichnet. Nur in Großbritannien und in den USA erhielt er die objektive Anerkennung, die sein Versuch, den Ausbruch des Zweiten Weltkriegs zu verhindern, verdient.«

Görings Schweden, das er liebte, entschwand jetzt aus seiner Reichweite. In Nürnberg sagte er, es sei sein Verdienst gewesen, daß Schweden 1940 nicht, wie Dänemark und Norwegen, von deutschen Truppen besetzt wurde. Er äußerte auch 1945 nach seiner Gefangennahme, er hätte sich ja nach Schweden absetzen können, aber er habe es seiner Familie wegen nicht getan.

Am 8. November entging Hitler einem Attentat, weil er seine Rede vor den »Alten Kämpfern« im Münchner Bürgerbräukeller vorzeitig beendete. Göring wäre der Nachfolger Hitlers geworden, wie es Chamberlain und Halifax sich gewünscht hatten. Er war nicht nach München gereist, weil er den Bierdunst und die Erinnerung an 1923 im Bürgerbräukeller nicht mehr ertragen konnte.

Emmy Göring schreibt, ihr Mann habe Hitler das Leben gerettet, weil er ihm durch den Adjutanten Schaub einen Zettel auf das Rednerpult legen ließ. Göring habe Schaub im Bürgerbräukeller angerufen.

Auf dem Zettel habe gestanden: »Hermann Göring bittet den Führer, die Rede augenblicklich abzubrechen und auf schnellstem Wege nach Berlin zu kommen. Es liegt ein wirklich wichtiger Grund vor.« Daraufhin habe Hitler ein knappes Schlußwort gesprochen und vorzeitig das Lokal verlassen. Von seinem Sonderzug aus habe er Göring mitgeteilt, daß er nach Berlin unterwegs sei.

Als »wichtigen Grund« nennt Emmy Göring den Besuch eines Mannes beim Feldmarschall, der im Ausland unter falschem Namen lebte und zu seinem kurzen Besuch nach Berlin gekommen war, um Hitler eine »sensationelle Erfindung« vorzutragen. Da er am nächsten Morgen wieder abreisen müßte, sei es sehr eilig gewesen.

Feststeht, daß Hitlers Adjutant Schaub mehrere Male Zettel auf das Rednerpult legte, um Hitler aufzufordern, seine Rede abzubrechen, da der Sonderzug in Kürze abfahren würde.

Wie dem auch sei: Hitler überlebte. Göring wurde nicht sein Nachfolger. Er konnte nicht an Hitlers Stelle eine andere Politik betreiben, an die er damals gedacht hatte.

So endete das Jahr 1939. Hoffnungen, die auf Göring gesetzt worden waren, wurden nicht erfüllt. Es war jetzt Krieg, und Hitler beauftragte Göring, dafür zu sorgen, daß er fünf Jahre dauern könne.

26. KAPITEL

Nicht nur Triumphe

Zu Beginn des Jahres 1940 erfuhr Göring von Hitler, daß die Luftwaffe einen Sonderstab zusammenstellen sollte, der sich mit einem Einsatz in Norwegen zu befassen habe. Im Dezember 1939 hatte Hitler sich wegen des sowjetisch-finnischen Krieges über Norwegen informieren lassen.

Es ging ihm um das schwedische Erz, das über Narvik auf Schiffen ins Reich geholt wurde. Eine Gefährdung des Seeweges um Norwegen durfte nicht eintreten, aber auch ein Sieg der Sowjetunion über Finnland hätte die Sowjets in Lappland in die Nähe der schwedischen Erzgruben von Kiruna gebracht.

Hitler wußte nicht, daß sich auch die britische Regierung in London ähnliche Gedanken machte und ein Unternehmen zur Besetzung Norwegens für den Ausgang des Winters, Anfang April 1940, plante.

Hitler beabsichtigte immer noch, im Westen zur Offenisve anzutreten, er hatte das Datum schon dreimal verschoben. Am 10. Januar 1940 setzte er in der Berliner Reichskanzlei den 17. Januar als Angriffstag im Westen fest. Belgien, Holland und Frankreich sollten niedergeworfen werden.

Von Belgien und Holland würde dann die Luftwaffe England angreifen und das Reich verteidigen.

Ein Ereignis, das am 11. Januar eintrat, machte diese Pläne zunichte. Es betraf die Luftwaffe und damit Göring.

Ein Kurierflugzeug, das von Münster nach Köln flog, landete wegen Benzinmangels in Belgien bei Mecheln. An Bord befand sich ein Kurieroffizier, der die Einsatzbefehle für eine Fallschirmjägerdivision bei sich hatte, die am 17. Januar in Belgien eingesetzt werden sollte. Der Kurieroffizier versuchte, die Papiere zu verbrennen, was nur zum Teil gelang. Belgien übergab Frankreich sofort die alarmierenden Fundstücke.

Damit wurden dem Gegner die deutschen Angriffsabsichten bekannt.

Hitler ließ sich Göring und Jeschonnek kommen. Er machte Göring als dem höchsten Vorgesetzen des Kurieroffiziers schwere Vorwürfe. Es war nun nicht nur der Westaufmarsch, sondern auch die Tatsache einer geplanten Verletzung belgischen Gebietes dem Gegner bekannt.

Da der Kurieroffizier den Befehl gehabt hatte, auf dem Landwege Köln zu erreichen, aber aus Bequemlichkeit sich in der Kuriermaschine mitnehmen ließ, war die Autorität Görings als Luftwaffenbefehlshaber in Frage gestellt.

Emmy Göring holte sich Rat bei einem Hellseher, den sie schon einige Male konsultiert hatte, um herauszubekommen, ob die Papiere bis zur Unleserlichkeit von den Flammen zerstört worden waren. Der Hellseher, ein Dr. Heermanns in Kassel, schilderte am Telefon den Vorfall so, wie er ihn sah: Die Papiere seien zum größten Teil unleserlich, und der Pilot schilderte nach der Rückkehr auch, es sei so gewesen, wie der Hellseher es beschrieben habe.

Der Kurieroffizier verübte in Belgien Selbstmord. Noch am 11. Januar erließ Hitler den »Grundsätzlichen Befehl Nr. 1« an die Wehrmacht, nach dem niemand, keine Dienststelle, kein Offizier mehr von einer Geheimsache zu erfahren habe, als er aus dienstlichen Gründen unbedingt erfahren müsse. Der Befehl hing bis Kriegsende in allen militärischen Schreibstuben.

Der Angriffstag mußte weiter verschoben werden. Die Folge war, daß ein neuer Plan für die Westoffensive gemacht werden mußte, der als Manstein-Plan in die Kriegsgeschichte einging und zu dem raschen Erfolg im Westen führte. Aber Hitler zog noch eine andere Konsequenz. Görings Luftwaffe entzog er die Planung für das Unternehmen Norwegen, das unter dem Code-Wort »Auster« schon bearbeitet wurde, und behielt alle weiteren Planungsarbeiten dem OKW vor. Das wurde am 23. Januar von ihm befohlen.

Görings Selbstbewußtsein war erschüttert. Er nahm sich vor, nun »kommandierender General seiner Luftwaffe« zu werden.

Der zuständige Befehlshaber der Luftflotte 2, General Felmy, wurde durch General Kesselring ersetzt.

Im Februar und März besprach Göring mit den Chefs der Luftflotten die Einsätze in Carinhall, das nun sein Hauptquartier geworden war. Als »Wirtschaftsdiktator« hatte er sich um die Pläne zur Einbeziehung der noch zu erobernden Gebiete im Westen zu kümmern. Der Beauftragte für den Vierjahresplan hatte hierfür alle Vollmachten.

In diesen Wochen litt Göring unter einer Hüftgelenkschwellung, die auf seine Verwundung am 9.11.23 zurückzuführen war.

Carinhall wurde weiter ausgebaut, es sollte nach Görings 60. Geburtstag als »Hermann-Göring-Museum« an den Staat zurückgegeben werden, der es bezahlte.
Hier wollte Göring seine Sammlungen, Antiquitäten und Gemälde aufbewahren, die das Volk dann bestaunen dürfte.
Am 9. Februar hatte er in Carinhall eine Besprechung mit den Rüstungsindustriellen, auf der er anordnete, daß alle Wehrmachtprojekte einzustellen seien, die nicht kriegsentscheidend wären. Merkwürdigerweise sah er die Kriegsdauer jetzt nur noch bis 1941, obwohl ihm Hitler befohlen hatte, für fünf Jahre Krieg zu planen. Eine Ausnahme bildete die Herstellung von synthetischem Kraftstoff. So kam es, daß Milch die Arbeit am Düsentriebwerk Jumo 004 und an der Zelle des zweistrahligen Düsenjägers Me 262 abbrechen ließ, dazu an den Flugabwehr-Raketen.
Am 17. März ernannte Hitler den Ingenieur Dr. Todt, der die Autobahnen und den Westwall gebaut hatte, zum Reichsminister für Bewaffnung und Munition. Dadurch erhielt Todt auch die Verantwortung für die Durchführung der Heeresrüstung. Göring hatte am 5. März ein neuer Beweis des Mißtrauens Hitlers getroffen. Er erfuhr auf einer Besprechung über die »Weserübung«, der Weisung zur Besetzung Norwegens, daß nicht er die Operation leiten dürfte. Das OKW unter General Jodl war zuständig.
Er reagierte zornig, beschwerte sich, daß er nicht gefragt worden sei, und versuchte, den Plan zu ändern. Hierbei soll es sich vor allem um die Einbeziehung Schwedens gehandelt haben, die Göring schroff ablehnte. Er hatte im Februar über seinen Stiefsohn Thomas von Kantzow den schwedischen König wissen lassen, daß Deutschland die Neutralität seines Landes stets achten werde.
Schweden blieb im Plan unberücksichtigt.
In den ersten Märztagen kam der Sonderbotschafter Präsident Roosevelts, Sumner Welles, aus Rom, wo er Mussolini gesprochen hatte, nach Berlin. Er war auf einer Rundreise durch die kriegführenden Länder in Europa.
Carinhall besuchte er am 3. März. Ihm wurden die Gemälde gezeigt, das Wild in der Schorfheide, ein junger Löwe, der im Haus herumlief. Göring war, wie seine Frau, liebenswürdig, schreibt der Dolmetscher Paul Schmidt, aber kein guter Gastgeber, denn er ließ den Unterstaatssekretär wieder abfahren, ohne ihn zum Abendessen einzuladen.
Sumner Welles, der ein sehr zurückhaltender Gesprächspartner

Görings war, gewann den Einruck, daß Göring eher als andere nationalsozialistische Führer, die er in Berlin gesprochen hatte, geeignet war, die Beziehungen zwischen den USA und Deutschland klar zu beurteilen. Er fragte ihn auch nach den Judenverfolgungen in Polen, worauf Göring auf die Indianer in Amerika verwies, die von den Weißen verfolgt worden waren. Dann ging Göring nicht mehr auf dieses Thema ein.

Sumner Welles hatte zuerst angenommen, als er Göring sah, dieser habe sich geschminkt, aber dann wurde er zusehends bleicher, und der Amerikaner berichtete zu Hause, Göring sei ein kranker Mann.

Hitler traf sich nach der Abreise von Sumner Welles auf dem Brenner mit Mussolini, der ihm versicherte, gegen Frankreich mitzuhalten. Am 19. März erfuhr es Göring in der Reichskanzlei, aber er blieb skeptisch.

Sein Verhältnis zur italienischen Führung war nicht allein durch den Annunziaten-Orden gestört, den er noch immer nicht bekommen hatte. Er mißtraute der italienischen Bündnistreue, wenn es endlich ernst mit dem Kriege würde.

Während dieser Wochen versuchte er, mäßigend auf die Grausamkeiten bei den Deportationen der Juden in die polnischen Gettos einzuwirken. Am 12. Februar riet er in Carinhall Himmler, der alle Vollmachten für die »Germanisierung« der zurückgewonnenen deutschen Ostgebiete hatte, wegen der Berichte, die in der ausländischen Presse erschienen, die »Aussiedlungsaktionen« zu unterbrechen, wobei er an die Stärkung des deutschen Kriegspotentials erinnerte.

Am 23. März verbot er weitere Transporte der Juden aus dem Warthegau nach dem Generalgouvernement, aber dieses Verbot wurde erst im Mai wirksam.

Bis dahin hatte Himmlers »Volksdeutsche Mittelstelle« die Ansiedlung der aus Rußland und den baltischen Staaten zurückgewanderten Auslandsdeutschen und Balten einigermaßen beendet.

Diese Rückwanderung war vertraglich mit der Sowjetregierung vereinbart worden.

Auf Schiffen und im Landmarsch, in Trecks, kamen Tausende in die neuen Gaue Danzig-Westpreußen und Warthegau, aus denen Polen und Juden ins Generalgouvernement vertrieben wurden. Das harte Winterwetter und die grausame Behandlung erforderten hohe Opfer unter diesen Menschen.

Aber nicht nur die ausländische Presse erfuhr davon, auch das deutsche Westheer. Der deutsche Oberbefehlshaber im Osten, General

Blaskowitz, beschwerte sich, aber er wurde von Hitler im Februar abgesetzt.
Die »Weserübung«, die am 9. April begann, sollte für die Luftwaffe vor allem eine Transportaufgabe sein.
Es wurden von Göring 1008 Flugzeuge eingesetzt, die Hälfte waren Transportmaschinen.
So kam es, daß die Kriegsmarine beim Norwegen-Feldzug hohe Verluste hatte, da Bombardierungen von militärischen Zielen nicht geplant waren. Norwegen sollten Luftangriffe wie in Polen erspart bleiben.
Hitler wollte eine unblutige Besetzung Dänemarks und Norwegens. In Dänemark gelang dies, aber nicht in Norwegen.
Kopenhagen wurde durch einen Überflug von Kampfflugzeugen eingeschüchtert.
In Norwegen kam es zu einem kurzen Krieg, in dem die Luftwaffe mit ihren Transportflugzeugen und etwa vierhundert Kampfflugzeugen eine entscheidende Rolle spielte.
Da die Engländer nur wenige Stunden nach den Deutschen eine Landungsoperation an Norwegens Küsten unternahmen, kam es zu heftigen Bombardierungen der Landungsstreitkräfte, denen nichts übrigblieb, als sich bald wieder einschiffen zu lassen. Britische Militärhistoriker nennen die Organisation ihres Unternehmens katastrophal.
Nur Narvik machte eine Ausnahme. Dort wurde General Dietls Landungstruppe schwer bedrängt. Hitler verlor die Nerven, wollte Dietls Gebirgsjäger nach Schweden in die Internierung schicken, auch Göring war nervös, er fürchtete um das Prestige seiner Luftwaffe.
Milch wurde nach Norwegen geschickt, um dort eine neue Luftflotte aus etwa 600 Jägern, Bombern und Aufklärern zu organisieren und die Luftoperationen zu leiten. Er hatte gute Nerven und ließ sich durch Rückschläge in Narvik nicht beeindrucken.
Göring soll ihm »idiotische« Telegramme aus Berlin geschickt haben. Außer Narvik war am 27. April Norwegen wieder in deutscher Hand, und am 4. Mai erhielt Milch von Göring das Ritterkreuz in Berlin. Jetzt stand der Westfeldzug bevor, und Göring brauchte seinen Staatssekretär, der sich bewährt hatte, für die neue Aufgabe.
Mitte April wies er Generalintendant Gründgens an, in drei Wochen Mussolinis und Forzanos Theaterstück »Cavour«, einen historischen Bilderbogen, im Staatlichen Schauspielhaus herauszubringen.

Der Graf von Cavour hatte den italienischen Nationalstaat geschaffen, er galt als Bismarcks Vorbild. Im Leben und im Theaterstück war er ein Staatsmann, dessen in sich gefestigte Natur für jede Gefahr unempfindlich blieb; ein Mann, hart wie Eisen.
Zuerst wollte Gründgens den Cavour spielen, aber ihm wurde abgeraten; Werner Krauß spielte ihn unter seiner Regie. Der ungewöhnliche Eingriff Görings in den Spielplan hatte zwei Gründe: Einmal wollte er sich selbst, gespiegelt in Cavour, vor dem Beginn der entscheidenden Offensive im Westen auf seiner Bühne wiedererkennen, zum anderen war es eine Mahnung an Mussolini, jetzt die Deutschen nicht im Stich zu lassen, wie es in Polen geschehen war.
Die festliche Premiere fand am 9. Mai statt. Sie war die theatralische Pose, mit der Göring am Vorabend des Angriffs im Westen sich selbst imponieren wollte.
Denn das, was er jetzt vorhatte, erschien ihm schwer genug. Er hatte die größte Luftstreitmacht der Geschichte für den Angriff am nächsten Morgen, dem 10. Mai, bereitgestellt: 1016 Jagdflugzeuge, 1482 Kampfflugzeuge und Stukas, 42 Schlachtflugzeuge, 248 Zerstörer. Dazu kamen noch eine Fallschirmjägerdivision, Sondereinheiten und ein riesiger Lufttransportpark.
Mit dieser Luftarmada, die in wenigen Jahren entstanden war, hatte er 1151 feindliche Jagdflugzeuge, aber weniger Bombenflugzeuge, als die Luftwaffe besaß, zu besiegen.
Für die Operationen des Heeres waren die Gewinnung der Luftherrschaft über den Schlachtfeldern und die Unterstützung der Kampfhandlungen durch Flugzeuge unentbehrlich.
In England trat an diesem 10. Mai Chamberlain zurück. Sein Nachfolger wurde Winston Churchill, der den Anstoß zu dem als Fiasko endenden norwegischen Unternehmen gegeben hatte. Mit Churchill als Gegner konnte es für Göring nur um das Ganze gehen; er hatte Churchills Härte kennengelernt, als er über Dahlerus mit Chamberlain und seiner Umgebung bis Ende 1939 eine Verbindung hatte.
Göring blieb mit Milch bis zum 15. Mai in seinem Hauptquartier in Wildpark bei Potsdam. Sein Sonderzug »Asien« stand in der Nähe des großen Bunkersystems unter dem Ehrenpfortenberg. Milch flog täglich an die Westfront, um Göring die Lage zu melden. Am Morgen des 10. Mai hatte Hitler seinen Gefechtsstand in der Eifel bezogen. Dorthin folgte ihm Göring im Sonderzug, vor dem ein Zug für die Kraftwagen und Flak fuhr, in der Nacht zum 16. Mai. Bei dem

Dorf Trimbs in der Eifel westlich von Koblenz, vor einem Tunnel, der den Zug nachts aufnehmen sollte, war er in der Nähe von Hitlers »Felsennest« angekommen.

Ein Foto, das dort von ihm aufgenommen wurde, zeigt ihn in einer Haltung, die an den Bühnen-Cavour denken läßt: Er steht neben seinem Wagen wie ein eisernes Denkmal, in sich gefestigt, die Augen zusammengekniffen, auf dem Fliegerrock Pour le mérite, Ritterkreuz und das Ärmelband »Jagdgeschwader Richthofen«. Auf dem Kopf das neue Fliegerschiffchen, das ihn jünger erscheinen läßt, im Mund die lange altväterische bayerische Pfeife, deren Porzellankopf er in der linken Hand hält. Er würde sie bis ans Ende seines Lebens bei sich haben.

An diesem Tage hatte die Luftwaffe die Luftherrschaft längst erzwungen, um die sie seit dem 10. Mai kämpfte. Sie hatte am ersten Tag 70 Flugplätze angegriffen, mit neun Lastenseglern im Schlepp von Ju 52 das Fort Eben Emael von Lüttich ausgeschaltet. 4000 Fallschirmjäger General Students waren in Rotterdam gelandet, dabei kam es im Zentrum der Stadt beiderseits der Maas zu schweren Kämpfen, in die Kampflugzeuge eingriffen, als bereits über die Kapitulation der Holländer in der Stadt verhandelt wurde. Die Funkverbindungen waren ungenügend, so daß die erste Welle der He 111 mit 57 Flugzeugen nicht mehr davon abgehalten werden konnte, Sprengbomben im Gewicht von 97 Tonnen auf ein Dreieck im Stadtgebiet abzuwerfen, dessen Seiten etwa je zwei Kilometer lang waren. Die zweite Welle konnte vor dem Bombenwurf noch abdrehen.

Dieses Zielbombardement brachte 814 Bewohnern der Stadt den Tod. Rotterdam wurde ein Menetekel des Luftkriegs. Drei He 111 hatten schon am 10. Mai eine deutsche Stadt aus Versehen bombardiert. Sie sollten einen Flugplatz bei Dijon angreifen, aber sie trafen Freiburg im Breisgau. Die Bomben fielen auf eine Kaserne und einen Kindergarten. Es gab Tote und Verwundete. Goebbels schob den Angriff den Franzosen in die Schuhe; Göring war verzweifelt. In den ersten Tagen hatte der Luftkrieg auch im Westen bereits sein doppeltes Gesicht gezeigt: militärische und zivile Ziele gehörten zu ihm.

Am 14. Mai kapitulierte Holland unter dem Eindruck von Rotterdam.

Am 23. Mai standen deutsche Panzerdivisionen nach ihrem Durchbruch an der Maas, bei dem sie starke Luftwaffenunterstützung erhielten, an der Kanalküste. Die 6. Panzerdivision war nur noch 15

Kilometer von Dünkirchen entfernt, auf das sich das britische Expeditionskorps in Flandern zurückzog.
An diesem Tage telefonierte Göring mit Hitler. Er schlug vor, der Luftwaffe die Erledigung des eingekreisten Expeditionskorps zu überlassen.
Er kam dabei Hitlers Absicht entgegen, die Panzerdivisionen zu schonen und für den Endkampf gegen die Franzosen in neue Bereitstellungen zu bringen.
Er wollte den Kampf so schnell wie möglich beenden, um zu verhindern, daß die Franzosen in Südfrankreich neue Kräfte sammelten. Er fürchtete auch hohe Verluste, wenn das Heer gegen 300 000 eingeschlossene Briten und Franzosen anzutreten hätte. Er hatte im Ersten Weltkrieg auf der blutgetränkten Erde Flanderns gekämpft. Göring aber glaubte, hier eine Operation mit der Luftwaffe allein gegen den Erdgegner durchführen zu können. Die Führung des Heeres war entsetzt, als Hitler am 24. Mai im Einvernehmen mit Generaloberst v. Rundstedt auf dessen Gefechtsstand den »Halt-Befehl« gab.
So hatten die Eingeschlossenen die Möglichkeit erhalten, Dünkirchen und seinen Hafen als Evakuierungsort zu erreichen, den ihnen die deutschen Panzer vorher hätten wegnehmen können. Kesselrings Luftflotte 2 hatte von Göring den Auftrag erhalten, die Hafenanlagen von Dünkirchen zu zerstören und das Expeditionskorps zu vernichten. Er bezweifelte die Möglichkeit der Realisierung, aber Göring hatte Hitler sein Wort gegeben. Dieser beschäftigte sich schon mit der neuen Offensive, die am 5. Juni gegen die französischen Armeen beginnen sollte.
So konnten die Briten ihr »Unternehmen Dynamo« am 27. Mai von Dünkirchen aus beginnen, das erfolgreich am 4. Juni beendet wurde. Unter dem Schutz ihrer neuen Jagdflugzeuge, der Spitfires, die den Me 109 gleichwertig waren, und mit Hilfe vieler zumeist kleiner Schiffe und Boote wurden 224 000 britische und 114 000 andere alliierte Soldaten auf die englische Insel gebracht. Das Kriegsmaterial blieb zurück, aber England hatte eine Armee gerettet.
Es hatte sich herausgestellt, daß es der Luftwaffe nicht nur wegen schlechten Wetters und zu weit entfernt liegender Flugplätze nicht gelungen war, Görings Vernichtungsauftrag zu erfüllen. Die Aufgabe war einfach zu schwierig, eine solche, vor allem in den Nachtstunden erfolgende Einschiffung nur mit Luftstreitkräften unterbinden zu können. Hitler wird unterstellt, er habe England nicht de-

mütigen wollen, auf das er immer noch Erwartungen setzte, die ihm helfen sollten, seine Expansionspläne im Osten auszuführen. Göring dagegen hatte keine Illusionen über England mehr, seit Churchill Premierminister geworden war.

Während der Schlacht um Dünkirchen hielt sich Göring mit Udet in Amsterdam auf, dann reiste er mit dem Sonderzug nach Berlin zurück.

Am 5. Juni war er wieder im Westen, als ihm Milch, der nach Dünkirchen geflogen war, berichtete, was er gesehen hatte: Die Masse der britischen Armee sei entkommen, das sei eine kaum zu übertreffende Leistung. Auf Görings Frage, was zu tun sei, schlug Milch vor, unverzüglich die Invasion der Insel mit Luftwaffe und Marine zu beginnen. »Wenn wir die Briten vier Wochen in Frieden lassen, wird es zu spät sein«, sagte Milch. Göring erwiderte, dies sei nicht zu machen.

In Nürnberg sagte er zu Werner Bross: »Ich habe nur eine einzige Fallschirmjägerdivision gehabt, die ich unter der Hand entwickeln mußte, weil ich mit meiner Forderung von vier Fallschirmdivisionen gegenüber den Forderungen des Heeres vor dem Kriege nicht durchgedrungen bin. Hätte ich diese vier Fallschirmdivisionen zur Zeit von Dünkirchen gehabt, so wäre ich sofort nach England hinübergegangen.«

Kurz vor dem Ende der Schlachten in Frankreich trat Italien in den Krieg auf deutscher Seite ein. Ein italienischer Luftattaché kam in Görings Stab und sah ihn von seinem Sonderzug aus auf die Jagd gehen. Aus Carinhall hatte Göring sich einen Förster mit Rehbock kommen lassen, den er aber verfehlte, da er auf seinem Jagdsitz eingeschlafen war. Das geschah nach dem 21. Juni, dem Tag des Waffenstillstands im Wald von Compiègne.

Nach Hitler konnte Göring den Waggon betreten, der 1918 von Marschall Foch gewählt worden war, um die deutsche Waffenstillstandsdelegation zu empfangen.

Nun erschienen Franzosen, die um Waffenstillstand ersuchten. Es war Görings höchster Triumph in diesem Kriege, und er dachte an den Frieden, der ihm doch folgen mußte. Er war überzeugt, daß auch England zu diesem Frieden gezwungen werden müsse.

Vom Nordkap bis zur Biskaya hielt Görings Luftwaffe die Insel umklammert.

Aber sie hatte schwere Verluste hinnehmen müssen. Von etwa 3600 Flugzeugen verlor sie im Einsatz 1200, durch Unfälle über 300.

Ungefähr 1000 Flugzeuge wurden schwer beschädigt und waren zu reparieren.
Paul Deichmann schreibt: »Weit schwerer noch wirkten die Verluste an fliegendem Personal sich aus. Die 2 415 Toten und Vermißten waren zum größten Teil Bomber- und Transporterbesatzungen, unter letzteren zahlreiche Lehrbesatzungen der Fliegerschulen. Unverhältnismäßig hoch war der Ausfall an älteren, voll ausgebildeten und erfahrenen Flugzeugführern und Besatzungen. Den zahlenmäßigen Verlust konnten die Fliegerschulen noch einigermaßen ausgleichen, allerdings auf Kosten der Dauer und Solidität der Ausbildung.«
Göring besuchte Paris, dachte dort Bilder zu erwerben und im Kunsthandel tätig zu werden, fuhr nach Berlin, um Hitler am 6. Juli auf dem Anhalter Bahnhof zu begrüßen. Er war gerührt, als er hinter Hitlers Wagen zur Reichskanzlei fuhr. Die Straßen waren mit Blumen bestreut, die Menschen jubelten; sie glaubten, der Krieg sei gewonnen und zu Ende. Am 19. Juli eröffnete Göring die Sitzung des Reichtags. Hitler hielt eine Rede, in der er ihn zum Reichsmarschall beförderte und ihm das Großkreuz des Eisernen Kreuzes verlieh. Von der Luftwaffe wurden Kesselring, Sperrle und Milch Generalfeldmarschälle, Generalmajor Jeschonnek, Görings Stabschef, General der Flieger.
Reichsmarschall Göring: Hatte er davon je geträumt?
Fünf Tage später, am 24. Juli, suchte ihn Dr. Albert Plesman auf, der Direktor der niederländischen Luftverkehrsgesellschaft KLM, in der Görings Neffe Peter Göring Zivilpilot gewesen war.
Da kam nun wieder ein *Dahlerus,* der zwischen Deutschland und England vermitteln wollte. Göring war damit einverstanden, aber er wollte erst die Meinung Hitlers einholen, der im Urlaub auf dem Obersalzberg war.
Im August scheiterten dann Dr. Plesmans Vermittlungsversuche.
Seit Ende Juni erschien die Royal Air Force über Deutschland und begann, Bomben auf Städte zu werfen.
Bald sollte Göring von Berlinern, die ihn auf der Straße ansprachen, wenn er durch die Stadt fuhr und anhielt, um zu hören, wie die Stimmung sei, gefragt werden, weshalb er nicht London bombardieren lasse.

27. Kapitel

Niederlage und Resignation

Als der siebenundvierzigjährige Hermann Göring am 21. Juli 1940 die Befehlshaber der Luftflotten und Kommandierenden Generale der Fliegerkorps in Carinhall empfing, um sie aufzufordern, ihm innerhalb weniger Tage Vorschläge zur Erringung der Luftherrschaft über England zu machen, trug er die neue Uniform des Reichsmarschalls. Ihre Farbe war graublau, der Kragen, von einer goldenen Litze eingefaßt, hatte auf dem linken Kragenspiegel zwei gekreuzte, goldgestickte Marschallstäbe, auf dem rechten einen goldgestickten Reichsadler auf silbernem Brokat. Auf der Schirmmütze war der Luftwaffenadler geblieben, aber auf dem Kragenspiegel hatte ihn der Reichsadler abgelöst. Über Pour le mérite und Ritterkreuz trug Göring das Großkreuz des Eisernen Kreuzes. Zuletzt hatte diesen höchsten Orden Hindenburg getragen. Den Titel eines Reichsmarschalls hatte der Türkenbesieger Prinz Eugen von Savoyen getragen (vor ihm hatte es die Reichsmarschälle von Pappenheim gegeben). Göring war als Titelträger sein unmittelbarer Nachfolger. Eine Befehlsgewalt war nicht mit dem Titel verbunden, aber 20000 Reichsmark monatlich, die Göring zum Erwerb von Kunstwerken gebrauchen konnte.
Am 16. Juli hatte Hitler die Weisung Nr. 16 für die Fortführung des Krieges unterschrieben, in der von der »Vorbereitung einer Landungsoperation gegen England, wenn nötig« gesprochen wurde. Der Nebensatz war eingefügt worden, da Hitler noch mit einem Einlenken der Regierung auf der isolierten Insel Großbritannien zu rechnen schien, während Göring die Briten realistischer einschätzte. Er wollte nicht auf ihre Insel, sondern mit der Luftwaffe über Gibraltar und die Kanarischen Inseln zu den Azoren vordringen, um die Engländer von ihrem Nachschub über See abzuschneiden.
In der Weisung Nr. 16 waren drei Wochen für die Niederkämpfung der Royal Air Force angesetzt worden; Mitte August sollte dieses Ziel erreicht werden. Danach sollte die Kriegsmarine mit dem Heer drei Brückenköpfe jenseits des Kanals erobern.

Mit einer deutschen Invasion rechneten die Briten. Zu ihrer Abwehr hatten sie im Juli 6 einsatzbereite Divisionen, die deutsche Abwehr des Admirals Canaris rechnete mit 14. Zuletzt hatte 1805/1806 Napoleon mit seinem Aufmarsch bei Boulogne, den er dann abbrach, die Insel bedroht. Aber 1940 gab es die Luftwaffen, deshalb sollte Görings Luftwaffe von Frankreich, Belgien, Holland und Norwegen aus die Invasion über den Kanal vorbereiten.

»Der Kraftstoffvorrat der Me 109 E reichte für 95 Minuten Betriebsdauer«, schreibt Paul Deichmann, der als Chef des VII. Fliegerkoprs am Kanal die Luftschlacht vorbereitete. »Zog man davon 15 Minuten für Warmlaufen, Rollen, Start, Reserve und Landung ab, so blieben für die taktische Aufgabe noch 80 Minuten. In dieser Zeit konnten sie bei freier Jagd von den Plätzen am Pas de Calais aus gerade noch zehn Minuten oder 60 Kilometer über die nördliche Grenze von London hinausfliegen oder im Raum von London 20 bis 25 Minuten kämpfen, um dann mit dem letzten Tropfen Sprit ihren Heimatplatz zu erreichen. Das galt für die freie Jagd. Wurden die Jäger zum Begleitschutz für die viel langsameren Bomber eingesetzt, dann verringerte sich die taktische Flugzeit durch Treffen und Versammlung nochmals um 10 bis 15 Minuten. Damit schrumpfte der Aktionsradius der deutschen Bomberwaffe bei Angriffen am Tage praktisch auf den der Jäger zusammen, und das Gebiet, das sie bei Tage mit Bomben erreichen konnte, betrug nur noch ein Zehntel der britischen Insel. Was das für den Kampf gegen die britische Luftwaffe und ihr Industriepotential bedeutete, geht am besten aus der Feststellung hervor, daß alle Flugplätze nördlich von London ungefährdet waren und von 25 Flugzeug- und Motorenwerken nur 7 in diesem gefährdeten Bereich lagen, einige davon in dem durch Jäger, Flak und Sperrballons enorm geschützten Raum von London. 18 dieser Fabriken konnten bei Tag und Nacht ungestört produzieren; denn bei Tag war an sie nicht heranzukommen, und bei Nacht waren sie kaum auffindbar. Was bestenfalls erreicht werden konnte, war die zeitliche und örtliche Luftüberlegenheit in dem durch den Aktionsradius unserer Jäger abgegrenzten Gebiet. Und das hieß, daß wir zunächst die britische Jägerwaffe, die sich bei Dünkirchen so überraschend wirksam gezeigt hatte, entscheidend schwächen mußten.«

Das Heer hatte die Invasionsvorbereitungen schon begonnen. Am 11. Juli, zehn Tage vor der Besprechung Görings mit seinen Befehlshabern, notierte General Halder in sein Kriegstagebuch: »Innere Lage Englands: Churchill–Halifax Dissonanzen. Churchill hat sich

durchgesetzt: ›Krieg bis zum Ende‹. Englischer Krieg: Luftlandetruppen bis 15. 8. fertig: 400 Transporter à 20 Mann mit MG = 8000. 110 Lastensegler à 1 Gruppe zu 12.
England hat jetzt etwa 600 Kampfflugzeuge, wir 600. Dauer für das Niederschlagen der (britischen) Luftwaffe 14 bis 28 Tage.«
Die Kriegsmarine hielt sich zurück. Admiral Raeder versuchte, Hitler von der Invasion abzubringen.
Am 13. Juli war Halder auf Hitlers Berghof, um über die Führung des Angriffs auf England Vortrag zu halten.
»Den Führer beschäftigt am stärksten die Frage«, notierte er, »warum England den Weg zum Frieden noch nicht gehen will. Er sieht ebenso wie wir die Lösung der Frage darin, daß England noch eine Hoffnung auf Rußland hat. Er rechnet also damit, England mit Gewalt zum Frieden zwingen zu müssen. Er tut so etwas aber nicht gern. Begründung: Wenn wir England militärisch zerschlagen, zerfällt das britische Weltreich. Davon hat aber Deutschland keinen Nutzen. Wir würden mit deutschem Blut etwas erreichen, dessen Nutznießer nur Japan, Amerika und andere sind.«
Göring konnte nicht entgangen sein, daß Hitler jetzt nach Rußland sah. Deshalb verhielt er sich zögernd. Wenn Hitler tatsächlich in Rußland den nächsten Gegner sah, dann wäre es unsinnig, die Luftwaffe im Kampf mit der Royal Air Force zu verschleißen.
Rußland aber, das wußte Göring aus vielen Gesprächen mit Hitler, d.h. neuer Lebensraum im Osten, das war das eigentliche Kriegsziel des Mannes, der jetzt so mächtig in Europa war.
Ehe Hitler am 1. August die »Weisung Nr. 17« unterschrieb, in der es hieß, die Luftwaffe habe »mit allen zur Verfügung stehenden Kräften die englische Luftwaffe möglichst bald niederzukämpfen«, und als Beginn für den verschärften Luftkrieg den 5. August festsetzte, hatten die Luftwaffenverbände, die in Nordfrankreich zusammengezogen worden waren, noch keine Einsatzbefehle erhalten. Der Luftwaffenadjutant Hitlers, v. Below, schreibt: »Ich erfuhr von Jeschonnek, daß er seine Einsatz-Befehle mit allen Einzelheiten dem Reichsmarschall zugeleitet hatte, der sie aber seit Tagen schon in seinem Panzerschrank verwahrte und sich nicht beeilte, sie weiterzuleiten. Ich erkannte, daß sich die vielen Gespräche Hitlers mit dem Reichsmarschall in den vergangenen vier Wochen wohl in erster Linie um die Fortsetzung des Krieges nach Osten gedreht haben mußten. Dadurch war Göring zu dem Schluß gekommen, gegen England werde nichts mehr unternommen. Er richtete sich auf das Jahr 1941

und den Angriff gegen Rußland ein. Es war für ihn auf jeden Fall eine Überraschung, als er jetzt die Weisung Nr. 17 erhielt und die Unterrichtung der Truppe veranlassen mußte.«
Am Tage vor dem Erlaß dieser Weisung Nr. 17 hatte Hitler auf seinem Berghof Raeder, v. Brauchitsch und Halder kategorisch erklärt: »Englands Hoffnung ist Rußland und Amerika. Wenn Hoffnung auf Rußland wegfällt, fällt auch Amerika weg. Rußland Faktor, auf den England am meisten setzt. Irgend etwas ist in London geschehen! Die Engländer waren schon ganz down, nun sind sie wieder aufgerichtet. Abgehörte Gespräche.
Ist aber Rußland geschlagen, dann ist Englands letzte Hoffnung getilgt. Der Herr Europas und des Balkans ist dann Deutschland.
Entschluß: Im Zuge dieser Auseinandersetzung muß Rußland erledigt werden. Frühjahr 1941. Je schneller wir Rußland zerschlagen, um so besser. Operation hat nur Sinn, wenn wir den Staat in einem Zug zerschlagen. Gewisser Raumgewinn genügt nicht. Stillstehen im Winter bedenklich.« Diese Notizen machte sich Halder in seinem Kriegstagebuch.
Raeder hatte auf dem Berghof als frühestes Datum für die Einsatzbereitschaft im Falle »Seelöwe« den 13. September angegeben. Hitler ging es nicht mehr um England, sondern um Rußland. Vorher sollte versucht werden, mit der Luftwaffe England zu schlagen. Das war Görings Aufgabe, der nun als Luftmarschall seine Luftschlacht, die große Bewährungsprobe, von Hitler erhielt.
Am 3. August bekamen die Verbände ihre Einsatzbefehle aus Carinhall. Die Luftoffenisve sollte beginnen, wenn die Metereologen an drei aufeinander folgenden Tagen gutes Flugwetter voraussagen könnten. Göring wählte das Stichwort »Adlertag« für den ersten Schlag gegen Flugplätze. Dabei sollte auch die Radarkette ausgeschaltet werden, die mit der neuesten Technik angelegt war, während die deutschen Radarstationen eine minderwertige Technik besaßen, die auf Versäumnisse im Jahre 1939 zurückzuführen war.
Als Göring zögerte, das Stichwort auszugeben, mahnte ihn Hitler, aber der Reichsmarschall entschuldigte sich mit dem schlechten Fliegerwetter.
In seinem Sonderzug »Asien« fuhr er in den Raum Paris und bezog dann im Raum um Calais eine Position in der Nähe eines Tunnels. Er hatte schmerzstillende Paracodein-Tabletten bei sich, von denen er täglich etwa dreißig zu sich nahm. Wenn er mit Hitler telefonierte, nahm er zwei Tabletten auf einmal, um seine Nerven zu beruhigen.

Die Luftflotten 2, 3 und 5 (Norwegen), die er endlich am 12. und 13. August mit dem Stichwort »Adlertag« einsetzte, hatten 702 einsitzige Jagdflugzeuge, 227 Zerstörer, 316 Stukas und etwa 1000 Kampfflugzeuge.
Die Royal Air Force verfügte nur über etwa 250 Kampfflugzeuge, dagegen hatte sie 576 Jagdeinsitzer (Hurricane und Spitfire) sowie 160 zwei- und dreisitzige Jagdflugzeuge.
Paul Deichmann schreibt: »Bei den für die Erringung der Luftüberlegenheit oder Luftherrschaft entscheidenden Jagdeinsitzern war das Verhältnis demnach 1:1, wobei die Briten noch den erheblichen ›Heimvorteil‹ hatten. Diese Feststellung kann in keiner Weise die kämpferische Leistung der britischen Jagdflieger schmälern. Aber sie muß getroffen werden, um das falsche Bild zu korrigieren, das über die Voraussetzungen und den Verlauf der Luftschlacht um England auch in den meisten deutschen Veröffentlichungen vorherrscht. Damals im Sommer 1940 spielte die David-Goliath-Legende eine wichtige Rolle in der psychologischen Kriegsführung. Sie rüttelte den Kampfgeist der Briten auf der Insel und im Empire auf, sie appellierte in den USA an die Bereitschaft - Isolationismus und Neutralität hin und her - sich für den underdog, den kleinen David zu engagieren. Und sie wirkte in eigenartiger Weise auch auf die Lagebeurteilung der deutschen Führung zurück.«
Den Engländern war es gelungen, den Code der deutschen Funksprüche zu brechen; seit Mitte Juli 1940 entschlüsselte ihr »Ultra«-Gerät, wie Frederick Winterbothom schreibt, alle Funksprüche Görings an seine Befehlshaber an der Kanalküste und in Norwegen.
»Am 8. August kündigte Göring in seinem Tagesbefehl das ›Unternehmen Adler‹ an. Innerhalb einer Stunde war dieser Funkspruch in der Hand unseres Stabschefs und Premierministers, Dowding (Befehlshaber der Jagdwaffe) war auf direktem Weg informiert worden. Der Text lautete: ›Reichsmarschall Göring an alle Einheiten der Luftflotten 2, 3 und 5. Unternehmen Adler: Innerhalb weniger Tage werdet ihr die britische Luftwaffe vom Himmel fegen. Heil Hitler!‹
Von Ultra über die deutsche Strategie rechtzeitig ins Bild gesetzt, ließ sich Dowding jedoch nicht aus der Reserve locken und fuhr damit fort, nur kleine Jagdfliegereinheiten einzusetzen und die deutschen Bomberstaffeln durch ständige Angriffe an präzisen Bombenwürfen zu hindern, als am 13. August, dem ›Adler-Tag‹, die Luftoffensive gegen England begann. Da es die deutschen Jagdflieger nicht wagten, ihre Schützlinge zu verlassen, um selbständig Jagd auf die briti-

schen Gegner zu machen, gelang es unseren kleinen Verbänden und sogar einzelnen Jagdfliegern immer wieder, in die deutschen Bomberformationen einzudringen. Zweifellos war es allein das Verdienst von Dowdings Taktik, daß wir die Offensive gegen unsere Luftstützpunkte überstanden. Als das Fighter Command aufgebaut wurde, hatte niemand mit der Hilfe von Ultra rechnen können. Ultras Enthüllungen vermittelten ihm ein wertvolles Bild der Angriffsstrategie Görings.

Göring schien höchst unzufrieden zu sein. In einem von Ultra aufgefangenen Funkspruch forderte er von seinen Befehlshabern eine Erklärung, warum die Royal Air Force noch nicht ausgeschaltet worden sei, und befahl sie zu einer Konferenz in sein Hauptquartier. Göring kämpfte zu dieser Zeit bereits um seinen Ruf. Er wußte, daß er in den Augen der deutschen Offiziere ein politischer Emporkömmling war, der keinerlei Generalstabsausbildung beaß und lediglich auf seine Erfahrungen als Jagdflieger im Ersten Weltkrieg zurückgreifen konnte.«

Diese Konferenz fand in Carinhall statt. Göring hatte sich wieder dorthin zurückgezogen. Die Entschlüsselung der deutschen Funksprüche versetzte die Briten in eine vorteilhafte Lage, von der die Deutschen nichts ahnten.

Ungeachtet dessen war die Abwehr der Royal Air Force durch das längs der Küste aufgebaute Radarsystem außerordentlich begünstigt. In der Funkmeßortung hatten die Engländer einen Vorsprung, der auch im weiteren Verlauf des Krieges nicht aufgeholt werden konnte. Die über dem Kanal anfliegenden Formationen der Luftwaffe waren durch Radar schon erfaßt worden, noch bevor sie die britische Insel erreicht hatten. Auf der »inneren Linie« kämpfend konnten die englischen Jäger die Bomberverbände der Luftwaffe nach ihrem zeitlichen Einsatz und den jeweiligen Zielen konzentriert bekämpfen, auch bei einer zahlenmäßigen Gesamtunterlegenheit. Schon in den allerersten Tagen hatte es sich gezeigt, daß die anfangs gegen südenglische Hafenanlagen eingesetzten Stukas so schwere Verluste erlitten, daß von ihrem weiteren Einsatz abgesehen werden mußte.

Am Himmel über Südengland ging die Luftschlacht weiter, die Göring nach 14 Tagen entschieden haben wollte.

Winterbothom schreibt: »Am 30. oder 31. August muß Göring der Kragen geplatzt sein: Wieder einmal übernahm er persönlich die Führung seiner Luftflotten und verschaffte uns durch seine Funk-

sprüche (aus Carinhall. Der Verfasser) eine rechtzeitige Warnung vor neuen deutschen Massenangriffen. Die Situation der RAF war zu dieser Zeit verzweifelt. Wir wußten, daß uns eine Katastrophe bevorstand, wenn die Luftwaffe ihre Angriffswucht der letzten 14 Tage noch ein oder zwei Wochen durchhalten konnte. Die deutsche Luftwaffe litt jedoch ebenfalls schwer. Laut Ultra konnte sie die verlorenen Flugzeuge nicht mehr ersetzen. Ihre Versorgungs- und Reparaturdienste waren einer Abnutzungsschlacht wie dieser einfach nicht mehr gewachsen. Jetzt verfügten die Geschwader nur noch über knapp 50% ihrer ursprünglichen Angriffsstärke. Die deutsche Luftwaffe war schwer angeschlagen und ihre Moral gesunken. In dieser Situation beging Göring seinen schwersten Fehler! Hätte er seine Angriffe auf unsere Flugplätze in Südengland noch 14 Tage durchgehalten, dann hätte er unsere restlichen Jagdflugzeuge wahrscheinlich ausgeschaltet. Am 5. September, 11 Uhr, befahl er jedoch seinem Luftflottenbefehlshaber Kesselring, mit 300 Bombern die Londoner Docks anzugreifen. Görings Angriffsbefehl war, dank Ultra, innerhalb von Minuten in den Händen des Premierministers und des Befehlshaber des Jagdfliegerkommandos. Die Verlegung des Angriffsziels von unseren angeschlagenen Fliegerhorsten auf die Hauptstadt des Landes wurde leidenschaftlich diskutiert: Sollte dies der Todesstoß für England werden? Glaubte Göring wirklich, daß die RAF am Ende war? Oder wollte er nur für einen Angriff britischer Bomber auf Berlin Rache nehmen, der die Versprechungen des Reichsmarschalls, kein britisches Flugzeug werde jemals die deutsche Hauptstadt erreicht, Lügen gestraft hatte? Der 5. September war ein klarer, sonniger Tag. Churchill stand auf dem Dach des Luftfahrtministeriums in Whitehall. Die Nachmittagssonne beleuchtete die feindlichen Bomberwellen, als sie hoch über der Themse die Docks ansteuerten. Trotz der RAF-Jäger, die hoch am Himmel ihre Kondensstreifen zogen, brachen die Deutschen durch und trafen uns schwer. Schwarze und weiße Qualmwolken erhoben sich über den Dockanlagen. London litt zum erstenmal unter dem deutschen ›Blitz‹. Dies sollte der Todesstoß für uns sein, und Görings Hand führte ihn. Immerhin war es für uns günstiger, wenn er selbst das Kommando führte; denn Göring hatte offensichtlich unbegrenztes Vertrauen in die Sicherheit der Enigma-Schlüsselmaschine, die er in verschwenderischem Maße benutzen ließ.
Die deutschen Angriffe auf die Londoner Docks hatten die letzten Jagdflugzeuge der RAF vor der Vernichtung bewahrt.«

Am 4. September hatte Hitler im Berliner Sportpalast eine Rede gehalten, in der er drohte, die britischen Städte »auszuradieren«. Vorangegangen waren wenig wirksame Bombardierungen Groß-Berlins durch die RAF. Am 5. September gab er den Sperraum London für Tag- und Nachtangriffe auf militärische und kriegswirtschaftliche Ziele frei.
Göring traf am Nachmittag des 7. September am Cap Blanc Nez bei Calais auf dem Beobachtungsstand der Luftflotte 2 ein. Als über den Köpfen der Offiziere die deutschen Bomber nach London flogen, erklärte er ins Mikrofon eines Rundfunk-Kriegsberichterstatters: »Ich habe persönlich die Führung der Luftwaffe im Krieg gegen England übernommen.« Er versprach im Motorengedröhn von 1000 Bombern dem deutschen Volk »einen gewaltigen Vergeltungsschlag gegen die Hauptstadt des britischen Empire«.
Winterbothoms dramatische Beschreibung der Lage vor dem Zielwechsel auf London, den Hitler und Göring veranlaßten, wird jedoch durch die Tatsachen etwas abgekühlt. Seit 1. September hatte Luftmarschall Dowding damit begonnen, seine Reserven heranzuführen, die sich in den Räumen befanden, die außerhalb der Reichweite der Luftwaffe lagen. Vom 5. bis 15. September konnte er seine Jagdstaffeln so verstärken, daß er 360 Flugzeuge zur Verfügung hatte. Am 17. September verschob Hitler das Invasionsunternehmen »Seelöwe« auf unbestimme Zeit.
Ende September verschlechterte sich die Wetterlage. Die deutschen Verluste steigerten sich.
Schwere viermotorige strategische Bomber besaß die Luftwaffe nicht.
Ihre Ausrüstung war unzureichend für einen kraftvollen, operativen Luftkrieg. Göring wechselte die Taktik: Nur noch Tagangriffe von kleinen Ju 88- und Jabo (Me 109)-Formationen wurden geflogen, der Schwerpunkt der Angriffe verlagerte sich in die Nacht. Die »Luftschlacht um England« mit dem Ziel, die Luftherrschaft über England zu erringen, ging in diesen Tagen des August und September für die Deutschen endgültig verloren, eine Niederlage, wie es die Marne-Schlacht 1914 für das Feldheer des Kaisers gewesen war.
Nach seinem 40. Abschuß am 24. September über der Themse-Mündung wurde der Jagdflieger Galland zu Hitler in die Reichskanzlei befohlen, der ihm als drittem Soldaten der Wehrmacht – nach Dietl und Mölders – das Eichenlaub zum Ritterkreuz verlieh. »Ich hielt mit meiner Bewunderung für den Gegner, mit dem wir es über

England zu tun hatten, nicht zurück«, schreibt Galland. »Wiederholt nickte er und sagte, meine Darstellung bestätige seine Ansicht. Er habe vor der angelsächsischen Rasse gleichfalls die größte Hochachtung. Er bedauerte es, daß es ihm trotz hoffnungsvoller Ansätze nicht gelungen sei, das englische und deutsche Volk zusammenzubringen.« Von Berlin flog Galland am 26. September zu Göring nach Ostpreußen, der sich jetzt in der Rominter Heide ein Quartier genommen hatte. »In dem aus mächtigen Holzstämmen gefügten, von einem überhängenden riesigen Strohdach gedeckten Reichsjägerhof trat mir Göring in seinem grünen, ärmellosen Jägerwams aus Wildleder entgegen, unter dem er eine seidene Bluse mit langen, bauschigen Ärmeln trug, dazu hohe Jagdstiefel und, um seine gewaltigen Lenden gegürtet, ein Jagdmesser in Gestalt eines germanischen Langschwertes. Er war in glänzender Laune. Der Ärger, den wir bei unserer letzten Begegnung (am Kanal) gehabt hatten, die Sorgen, die ihm seine Luftwaffe in der Schlacht um England machte, schienen wie weggeblasen. Es war Brunftzeit, die Hirsche schrien draußen in der Heide. Abend für Abend wurde die Strecke des Tages nach einem von ihm festgesetzten Zeremoniell bei brennenden Fakkeln und flammenden Pylonen feierlich verblasen. Für mich hatte er außer seinen Glückwünschen eine ganz besondere Auszeichnung bereit. Er gab mir einen der sonst ihm allein vorbehaltenen kapitalen Hirsche zum Abschuß frei. Es war ein sogenannter ›Reichsjägermeister-Hirsch‹, deren jeden einzelnen er genau kannte, die ihren Namen hatten, über die er wachte, und von denen er sich nur schwer trennte. ›Ich habe‹, sagte Göring, ›Mölders versprochen, Sie hier mindestens drei Tage festzuhalten. Sie haben also reichlich Zeit.‹
Am nächsten Morgen um 10 Uhr hatte ich den Hirsch gestreckt. Doch Göring hielt sich an sein Mölders gegebenes Versprechen und ließ mich nicht weg. Nachmittags wurden ihm die neuesten Lageberichte von den Luftflotten 2 und 3 vorgelegt.
Sie waren niederschmetternd. Bei einem eben stattgefundenen Angriff auf London waren ungewöhnlich hohe Verluste eingetreten. Göring war erschüttert. Er konnte sich einfach nicht erklären, wie die immer empfindlicher werdenden Verluste der Bomber zustandekamen. Ich versicherte ihm erneut, daß trotz der schweren Verluste, die wir den englischen Jägern zufügten, ein entscheidendes Absinken ihrer Zahl und Kampfkraft nicht festzustellen sei.«
Anfang Oktober ließ Göring die Tagesangriffe einstellen. Es durfte nur noch nachts »gegen Engeland«, wie es in dem Lied hieß, das der

Großdeutsche Rundfunk ausstrahlte, geflogen werden. Göring war ein geschlagener Mann. Er verlor das Interesse am Kriegführen, wahrscheinlich auch an diesem ganzen Krieg, von dem er wußte, daß Hitler ihn nach Osten ausweiten wollte. Er hielt noch einige Besprechungen ab, um die Flugzeugfabrikation voranzubringen. Die Fertigung der Ju 88 machte noch immer Schwierigkeiten, die Monatsproduktion von Maschinen für die Jagdwaffe blieb gering. Um im Frühjahr wieder Großangriffe bei Tage auf England fliegen zu können, wurden 1000 Langstreckenjäger gebraucht, das sollten verbesserte zweimotorige Me 110 sein, aber Messerschmitt hatte ein neues Flugzeug Me 210 konstruiert, das von Udet ohne Flugerprobung in den Serienbau gegeben wurde. Diese Neukonstruktion war lebensgefährlich, die Serie wurde angehalten. Göring überließ es Udet, mit der Flugtechnik fertigzuwerden, was diesem nicht gelang; Milch hatte sich um Luftschutzbunker zu kümmern, aber er sollte damit keine Nervosität verbreiten. Göring hielt es für besser, Flugzeuge zu bauen, statt die Kapazitäten für den Bunkerbau einzusetzen, den Hitler forderte. Aber die Luftrüstung sollte erst nach dem Sieg über die Sowjetunion im Jahre 1941 wieder bevorzugt werden, wie ihm Hitler erklärte.

Vergeblich hatte Göring versucht, wie er in Nürnberg 1946 Werner Bross sagte, Hitler davon abzuhalten, die Sowjetunion anzugreifen. Ganze drei Stunden habe er (im August 1940) auf Hitler eingeredet, und er schlug bei diesem Bericht, wie Bross schreibt, mit den Fäusten auf den Tisch. Doch wider besseres Wissen fügte er sich, wie auch in Fragen der Luftrüstung für den bevorstehenden Zweifrontenkrieg. Im Oktober hielt er sich in Paris im Hotel Ritz auf, das Hauptquartier des Luftwaffengeneralstabs befand sich in La Boissière le Déluge. Er fuhr zwischen dem Pariser Hotel und Le Déluge hin und her; im Generalstabs-Sonderzug »Robinson I« führte er noch Krieg, sorgt sich um die Verteidigung Berlins durch Flak gegen die britischen Luftangriffe, die zunahmen. Vom Hotel Ritz fuhr er ins Louvre, stand ergriffen vor den alten Gemälden, aber er betätigte sich auch als Käufer von Bildern und Skulpturen.

Im Museum Jeu de Paume wurden Kunstgegenstände aus jüdischem Besitz ausgestellt, die der Sonderstab des Reichsleiters Rosenberg zusammengeholt hatte. Die Kunstwerke wurden dort versteigert, das Geld kam auf einen »jüdischen Kunstfonds«, über den die NSDAP verfügte, da sie doch, wie Hitler Rosenberg anwies, so viel Geld in der Kampfzeit gegen das Judentum verbraucht habe.

Göring fand in den nächsten Kriegsjahren genügend Zeit, sich auf diese Weise, mit Hilfe von Museumsleitern und Kunsthändlern, eine der wertvollsten Kunstsammlungen der Welt zuzulegen. Er behauptete, er habe immer mit französischen Francs ersteigert und gekauft, aber das war französisches Geld, das für die deutsche Besatzung gedruckt wurde. Außerdem stand ihm der durch die Eroberungen wieder anschwellende Devisenschatz der Reichsbank zur Verfügung.
Hitler, der für sein Linzer Museum ankaufen ließ, war dabei Görings größter Konkurrent. Er hatte Vorrang bei der Auswahl, die er durch den Museumsdirektor aus Dresden Posse vornehmen ließ, aber Göring behauptete, er habe den besseren Geschmack.
Ende Oktober sagte er Milch, er werde in Kürze einen sechswöchigen Urlaub antreten, Milch müsse ihn im Oberbefehl über die Luftwaffe vertreten.
Am 4. November mußte er sich zum ersten Male in einer Lagebesprechung in der Reichskanzlei eine scharfe Kritik anhören, die Hitler an die Luftwaffe richtete. Spaniens Beitritt zur Achse Berlin–Rom war durch die Mißerfolge über England zweifelhaft geworden, außerdem rügte Hitler Göring, die Zahl der Luftsiege sei übertrieben worden, er habe genauere Nachrichten.
In seinem Sonderzug »Asien« fuhr Göring am nächsten Tag in die Rominter Heide, es sah aus, als wolle er sich jetzt dorthin absetzen, um nach seinen Niederlagen die innere Ruhe wiederzufinden. Aber verbergen konnte er sich nicht. Er erfuhr von dem vernichtenden Luftangriff auf Coventry, von neuen schweren Verlusten seiner Kampfgeschwader, die ihn zu Tränen rührten.
Im Reichsjägerhof hatte er auch Ruhe vor Luftalarmen, dorthin kamen die Briten noch nicht, es war für sie zu weit.
Als der sowjetische Außenminister Molotow nach Berlin kam, fand er sich zu einem Essen mit ihm im Kaiserhof ein, das lustlos verlief. Hitler und Ribbentrop führten die Gespräche mit Molotow, Göring wurde nicht hinzugezogen. Nach Molotows Besuch war Hitler fest entschlossen, im Frühjahr Krieg gegen die Sowjetunion zu führen.
In Rominten erhielt Göring Besuch von Milch und Jeschonnek, es ging um Luftwaffenhilfe für die Italiener, die in Albanien angetreten waren, um Griechenland anzugreifen, und Niederlagen erlitten. Jetzt weitete sich der Krieg auch auf den Balkan aus.
Die Briten besetzten Kreta.
Anfang Januar mußte auf Hitlers Weisung die Luftwaffe auch noch

Italien in ihren Operationsbereich einbeziehen, um die Engländer im Mittelmeer zu bekämpfen, und bald darauf wurde in Nordafrika ein Nebenkriegsschauplatz eröffnet, auf dem ebenfalls die Luftwaffe gefordert wurde.
Seinen Jagdfliegern, die über England geflogen waren, gab Göring im neuen Jahr Skiurlaub, auch daran dachte er in der Einsamkeit der Rominter Heide.
Am 13. Januar 1941 hielt er im Luftfahrtministerium eine Besprechung mit Milch, Jeschonnek und seinem Verbindungsoffizier zu Hitler, Bodenschatz, ab, in der er andeutete, daß es zu einem Krieg gegen die Sowjetunion kommen könnte. Jeschonnek flog sofort ins Hauptquartier nach Le Déluge, um dort seinen Generalstabsoffizieren den Plan zum Unternehmen »Barbarossa« bekanntzumachen.
Am 1. Februar kehrte Göring von seinem Urlaub nach Le Déluge zurück und übernahm wieder den Oberbefehl über die Luftwaffe.
Er wollte jetzt wissen, wie es um die Luftrüstung der Sowjetunion stünde, deshalb schickte er am 1. März einen Oberst-Ingenieur vom Luftfahrtministerium zu einem Besuch in dieses Land, das Hitler erobern wollte.
Als der Beauftragte Mitte März zurückkam, berichtete er Göring von neuen Flugzeugwerken und Flugplätzen, die er gesehen habe. Als Göring Hitler davon erzählte, sagte dieser, das bestätige ihn nur in der Absicht, Rußland schnellstens anzugreifen, um diese Bedrohung abzuwenden.
Doch Görings Sorgen blieben. Er konnte sich nicht mehr vorstellen, wie dieser Krieg enden sollte. Aber gegenüber seinen Untergebenen verbarg er seine Zweifel.
Im März hatte Milch in Carinhall eine Unterredung mit Göring, in der er auf die geheimen Zahlen über die amerikanische Rüstungsproduktion hinwies. Göring sagte ihm, man hätte ein Jahr Zeit, um sich den Rücken im Osten freizukämpfen, ehe die Amerikaner in den Krieg einträten. Milch erwiderte, ein Sommerfeldzug gegen Rußland werde kaum ausreichen. »Wenn wir hart genug zuschlagen, wird Rußland wie ein Kartenhaus zusammenfallen, weil das kommunistische System in Rußland von den Massen mehr als verachtet wird«, sagte darauf Göring.
Dann hörte Milch, wie Göring Hitler rühmte. »Wir andern alle, wir kleineren Menschen, können nur hinter ihm marschieren, erfüllt von grenzenlosem Vertrauen zu ihm. Dann kann uns nichts passieren.« Diese Parole gab er jetzt aus, aber er glaubte selbst nicht an sie.

Er hatte zu gehorchen wie Milch und die anderen, es blieb ihm keine Wahl mehr, er hatte sich auch tief in die Vorbereitung der Ausbeutung des Ostens verstrickt.
Der Reichsmarschall hatte seinen Einfluß auf Hitler durch den Verlust der Luftschlacht gegen England verloren. Er sollte ihn nicht mehr, auch nicht durch seinen Gehorsam gegenüber Hitler, wiedergewinnen.
Als Reichsmarschall ließ er sich von Hitler gebrauchen, wie dieser es wollte.
Und Hitler wußte, was er an diesem Reichsmarschall hatte. Die Persönlichkeit Görings war an England zerbrochen, was jetzt noch kam, war ein langer, schwerer Weg in den Abgrund, auf den Scherbenhaufen der Geschichte.

28. Kapitel

Abstürze

Nach dem Sieg über Frankreich hatte Hitler Albert Speer zum Generalbauinspektor für die Reichshauptstadt ernannt. Zu den geplanten Neubauten gehörte auch eine von Wilhelm Kreis entworfene »Soldatenhalle«, die sich von der Potsdamer Straße bis zur Bendlerstraße erheben sollte, wo ein Neubau für das Oberkommando des Heeres geplant war.

Göring hatte sich diese Pläne angesehen. Jetzt gefiel ihm sein Luftfahrtministerium nicht mehr, er engagierte Speer als seinen Architekten, um Pläne für einen Neubau zu erhalten. Dieser schlug ihm vor, gegenüber der »Soldatenhalle« an der Grenze zum Tiergarten ein »Reichsmarschallamt« errichten zu lassen, in dem Göring seine vielen Ämter zusammenfassen könnte.

Nach dem deutschen Feldzug auf dem Balkan war das Modell fertig, am 5. Mai 1941 wurde es Göring gezeigt.

Albert Speer schreibt: »Der Entwurf für den Bau Görings enthielt ausgedehnte Folgen von Treppenhäusern, Hallen und Sälen, die mehr Raum einnahmen als die Arbeitsräume selber. Mittelpunkt des zur Repräsentation bestimmten Teiles sollte eine pompöse Treppenhalle werden. Das Ganze war ein reines Schaustück; in meiner persönlichen Enwicklung war dies ein entscheidender Schritt von dem beabsichtigten Neo-Klassizismus, wie er im Neubau der Reichskanzlei vielleicht noch spürbar war, zu einer lärmenden und neureichen Repräsentationsarchitektur. Dieser Teil mit seiner 240 Meter langen Front zur ›Großen Straße‹ war mit einem ebenso großen Flügel verbunden, der, nach dem Tiergarten gelegen, die von Göring geforderten Festsäle enthielt, die gleichzeitig seine Wohnräume sein sollten. Das Schlafappartement legte ich in das oberste Geschoß. Gründe des Luftschutzes vorschiebend, wollte ich über der obersten Decke vier Meter hoch Gartenerde aufschütten, so daß selbst große Bäume hätten Wurzeln fassen können. Vierzig Meter über dem Tiergarten wäre eine 11 800 Quadratmeter große Parkanlage mit Schwimmbecken und Tennisplatz entstanden; dazu Spring-

brunnen, Wasserbecken, Säulenumgänge, Pergolen und Erfrischungsräume sowie schließlich ein Sommertheater über den Dächern von Berlin für 240 Zuschauer. Göring war überwältigt und schwärmte bereits von den Dachgartenfesten, die er dort abhalten würde: ›Die große Kuppel werde ich bengalisch beleuchten lassen und von dort aus ein großes Feuerwerk für meine Gäste veranstalten.‹ Ohne Kellerräume hätte Görings Bau 580 000 Kubikmeter Inhalt gemessen; Hitlers Neue Reichskanzlei dagegen nur 400 000 Kubikmeter.«
Göring wollte für dieses »größte Treppenhaus der Welt« ein Denkmal Speers bei dem Bildhauer Breker bestellen. Wenige Wochen vorher hatten die Briten die Berliner Innenstadt bombardiert; die Staatsoper, die Universität, die Staatsbibliothek und das Kronprinzenpalais wurden getroffen.
v. Below schreibt: »Die Oper brannte völlig aus. Hitler war über diesen Angriff sehr erbost. Es gab eine ernste Auseinandersetzung zwischen ihm und Göring. Ich hörte Hitlers Vorwürfe wegen der untauglichen Ju 88, mit der die Kampfverbände keineswegs zufrieden seien. Sie wollten lieber die He 111 wiederhaben. Göring bestritt die Fehler der derzeitigen Ju 88 nicht, gab aber zu verstehen, daß der zuständige Mann in der Firma Junkers, Koppenberg, ihm berichtet habe, daß die neu aus der Fertigung kommenden Maschinen diese Fehler nicht mehr hätten und daß die Flugzeuge des Jahres 1942 mit einem stärkeren Motor geliefert würden. Göring verstand es immer wieder, Hitler zu beruhigen. Hitler erteilte sogleich Speer den Auftrag, die Oper wieder aufzubauen.«
Speers Modell war auf Göring zugeschnitten; der Architekt hatte den Reichsmarschall durchschaut, aber alles war nichtig vor der Zukunft, es blieb eine Arabeske, denn der Pomp, der sich in dem Modell ausdrückte, verbunden mit Dachgartenträumereien über den Dächern Berlins, konnte mit der sinkenden Macht Görings nicht verwirklicht werden.
Noch einmal führte Göring verantwortlich und selbständig als Oberbefehlshaber der Luftwaffe einen Feldzug, nachdem am 10. Mai Hitlers Stellvertreter in Parteiangelegenheiten, Rudolf Heß, nach England entflogen war.
Göring erfuhr davon auf der Burg Veldenstein, die er zu seinem Hauptquartier im Reich ausbauen ließ. Er fuhr zum Obersalzberg und wurde Zeuge der Wut Hitlers über diese eigenwillige Tat seines früheren Privatsekretärs. Göring brachte Udet mit. Von Veldenstein

hatte Galland telefonisch in Frankreich von Göring den Befehl erhalten, sofort mit seinem Jagdgeschwader zu starten, um Heß in der Me 110 zu erreichen. »Einen Ausflug sollen Sie verhindern!« sagte ihm Göring. »In einer Me 110 fliegt der verrückt gewordene Stellvertreter des Führers nach England. Er muß unbedingt runtergeholt werden.« Galland konnte nur noch einen symbolischen Start befehlen.
Galland hatte Respekt vor dem fliegerischen Können des Führer-Stellvertreters, später schrieb er: »Hier hatte jemand versucht, im letzten Augenblick die Notbremse eines über eine falsche Weiche rasenden Zuges zu ziehen.«
Als Hitler Göring fragte, wer die Aufgaben von Heß übernehmen solle, meinte er: »Jeder, nur nicht Bormann.« Doch Hitler machte Bormann zum Nachfolger von Heß, allerdings nicht mit dessen tönendem Titel eines Stellvertreters des Führers. Am 20. Mai begann die blutige Luftlandung von Fallschirm- und Gebirgsjägern auf Kreta, die von Göring geleitet wurde. Die Insel wurde den Briten weggenommen, aber die Verluste der Fallschirmjäger unter General Student waren so hoch, daß die Fallschirmtruppe vorerst für Kampfhandlungen ausfiel. Sie fehlte dann 1941 in Rußland, wo es für sie lohnende Einsätze gegeben hätte, an die das Heer dachte.
Jetzt hatte Göring auf Burg Veldenstein ein Gespräch mit General Kammhuber, der die Nachtjagdverbände führte. Leonard Mosley schrieb auf, was ihm Kammhuber darüber erzählte: »Er bemerkte, daß der Reichsmarschall jetzt viel schlechter aussah, sein Gesicht war hochrot, er hatte tiefe Ringe unter den Augen und schien erschöpft. Nach dem Essen gingen sie auf den Burghof hinaus, Göring atmete tief die frische Luft ein und breitete die Arme aus, als könne er nicht genug davon bekommen. Dabei sah er aus, als sei ihm irgend etwas unangenehm, und Kammhuber nahm an, der aufsteigende Rauch von der unterhalb der Burg liegenden Brauerei an der Pegnitz erschwere ihm das Atmen.« Sie gingen dann in Görings Arbeitszimmer, wo ihm Göring vor einer großen Europakarte sagte, der Feldzug gegen England habe keine Bedeutung mehr, der Führer sei der Auffassung, jetzt sei die Zeit gekommen, Rußland anzugreifen.
Auf Görings Frage, wie viele Geschwader Kammhuber für den Schutz Ostdeutschlands gegen russische Luftangriffe stellen könne, erwiderte dieser, er habe für Operationen im Osten kein einziges Flugzeug übrig.
Leonard Mosley schreibt: »Göring sah ihn böse an und sagte, er habe

diesen Krieg gegen Rußland nicht gewollt. Er sei dagegen. Was ihn betreffe, so hielte er ihn für das Schlimmste, was man hätte tun können. Der Krieg sei wirtschaftlich falsch, politisch falsch, militärisch falsch. Er wolle mit der ganzen Sache nichts zu tun haben – mit dem ganzen Krieg! Damit, was jetzt zu geschehen hatte, solle man ihn nicht mehr belästigen. Und damit wandte Göring sich ab und verschwand in der Burg.«
In Nürnberg sollte Göring dann sagen: »Ich wiederhole, daß ich aus strategischen und politischen Erwägungen gegen einen deutschen Angriff zu diesem Zeitpunkt gewesen war, moralische Bedenken dagegen habe ich nie gehabt.«
In seiner Vernehmung durch sowjetische Offiziere am 17. Juni 1945 sagte er: »Ich war immer Gegner eines Krieges gegen Rußland ... Ich hielt einen Krieg gegen die UdSSR für unzweckmäßig.«
Göring nahm am 14. Juni 1941 mit vierzig hohen Offizieren an dem Befehlsempfang in der Reichskanzlei teil, anschließend aßen sie mit Hitler. Am 15. Juni rief er seine Luftwaffenbefehlshaber mit deren Chefs nach Carinhall. Es herrschte eine bedrückte Stimmung, Göring sah nicht sehr zuversichtlich aus, hielt Milch im Tagebuch fest. Die Luftwaffe hatte nach Hitlers Weisung »für den Ostfeldzug so starke Kräfte freizumachen, daß mit einem raschen Ablauf der Erdoperationen gerechnet werden« könne, »die Angriffshandlungen gegen England, insbesondere seine Zufuhr« (Nachschub) dürften dabei »nicht zum Erliegen kommen«.
Die Luftwaffe hatte nun den Zweifrontenkrieg gegen England und Rußland zu führen, das Heer blieb vorläufig davon verschont, sieht man von Nordafrika ab.
Es war Hitlers Krieg, der jetzt im Osten begann. Auch diesen Krieg hatte Göring nicht verhindern können wie 1939 den gegen Polen. Seiner Frau sagte er zwei Tage vor dem 22. Juni 1941, er habe Hitler kurz erklärt: »Dann übernehmen Sie aber auch die Verantwortung allein.« Darauf habe Hitler geantwortet: »Ja, das werde ich auch, Göring, das ist mein Krieg allein.« Am 22. Juni vernichtete die Luftwaffe einen erheblichen Teil der sowjetischen Flugzeuge auf ihren Flugplätzen. Die mit russischen Jagdflugzeugen belegten Flugplätze wurden von jeweils drei im Nachtflug erfahrenen Bomberbesatzungen vor Angriffsbeginn angeflogen und – gleichzeitig mit dem Antreten des Heeres – am frühen Morgen bombardiert. Paul Deichmann schreibt: »Der Zweck dieser Angriffe war es, auf den russischen Jagdflugplätzen eine derartige Verwirrung anzurichten, daß sich der

Start der Einheiten zumindest verzögerte. Der Erfolg war vollkommen. Als die Masse der Bomberverbände, die bei Anbruch der Dämmerung starteten, über den feindlichen Flugplätzen eintrafen, war noch kein russischer Verband gestartet. Bereits am Abend des 22. Juni war die Luftherrschaft errungen. Innerhalb von 24 Stunden waren 1817 russische Flugzeuge vernichtet, davon 1498 am Boden zerstört, 322 durch Jäger und Flak abgeschossen. Göring wollte diese Zahl nicht glauben und ließ durch Sonderbeauftragte die inzwischen vom Heer eroberten Flugplätze überprüfen. Sie registrierten die Trümmer von 2000 russischen Flugzeugen.«

Mit 2770 Flugzeugen »erster Linie« begann die Luftwaffe den Krieg gegen die Sowjetunion; 2600 hatte sie im Juli 1940 für die Luftschlacht um England zur Verfügung.

Generalluftzeugmeister Ernst Udet geriet seit Sommer 1941 immer drastischer in das kritische »Feuer« von Görings Stellvertreter Erhard Milch, der ihm vorwarf, er habe seit Beginn des Krieges 1939 sechzehn Flugzeugproduktionsprogramme vorgelegt, die nie ausgeführt, von niemandem ernst genommen wurden und nur die Grundlage für Rechnungen an die Luftwaffe waren. Udet verteidigte sich mit dem Hinweis auf eine Anweisung nach dem Sieg über Frankreich, durch die seine Luftrüstung in die fünfte Dringlichkeitsstufe des Rüstungsprogrammes der Wehrmacht herabgestuft worden sei.

Göring war noch einige Tage in Carinhall geblieben, als der Überfall auf die Sowjetunion begann, erst Ende Juni fuhr er in das neue Hauptquartier der Luftwaffe, das sich in Sonderzügen in Goldap und weit südlich davon in der Johannisburger Heide befand. Bei Goldap lag der Reichsjägerhof Rominten, in dem Göring sich gern aufhielt. Das Führerhauptquartier Wolfsschanze bei Rastenburg war, ebenso wie das Hauptquartier der Heeresführung am Mauersee, mit der Bahn leicht erreichbar. Aber Göring hielt doch Distanz von der Wolfsschanze, wo ihm Arbeitsräume zur Verfügung standen.

Dort unterschrieb Hitler am 29. Juni 1941 eine Vollmacht, die Göring nun auch rechtsmäßig nach damaligen Verhältnissen zum Nachfolger Hitlers machte: »Auf Grund des Gesetzes über den Nachfolger des Führers und Reichskanzlers vom 13. Dezember 1934 bestimme ich unter Aufhebung aller bisherigen Verfügungen zu meinem Nachfolger den Reichsmarschall des Großdeutschen Reiches, Hermann Göring.«

Die hohen Abschußzahlen und der schnelle Vormarsch des Heeres erinnerten Göring jetzt an den Frankreichfeldzug, und er wurde wieder optimistisch. Aber etwas hielt ihn zurück, sich das Land anzusehen, in dem diese militärischen Siege errungen wurden. Bei seiner Vernehmung durch Sowjetoffiziere vier Jahre später nannte er nur Winniza, als diese ihn fragten, welche sowjetischen Städte er gesehen habe.

Im Juli 1941 glaubte man in Hitlers Hauptquartier, den Feldzug gewonnen zu haben; Smolensk, vierhundert Kilometer von Moskau entfernt, war genommen.

Hitler triumphierte, wieder einmal schien er recht gehabt zu haben. Endlich konnte er ausführen, was er in seinem Buch »Mein Kampf« beschrieben hatte: die Landnahme im Osten. Schon im Juli teilte er Rußland auf. Göring wünschte nur die Wälder von Bialystok, in denen er früher gejagt hatte, Ostpreußen einzuverleiben, was dann auch geschah. Die Vollmachten des Beauftragten für den Vierjahresplan wurden jetzt auf die eroberten Ostgebiete ausgedehnt, Göring unterschrieb die Dekrete, die sich mit der Ausbeutung zu befassen hatten.

Hinter den vorrückenden Armeen hatten inzwischen die Einsatzgruppen des SD ihr Vernichtungswerk gegen die Juden begonnen. Als Ende Juli Hitler in Gedanken das russische Reich diesseits des Urals schon erledigt hatte, fühlte er sich mächtig genug, endgültig mit den Juden abzurechnen, die sich im deutschen Machtbereich befanden. Göring wurde von ihm mündlich beauftragt, eine Vollmacht an Heydrich, den Chef der Sicherheitspolizei und des SD, auszufertigen.

Sie wurde von Göring am 31. Juli 1941 unterzeichnet. Auf einem weißen unbedruckten Blatt Papier stand in Schreibmaschinenschrift:

»Reichsmarschall des Großdeutschen Reiches
Beauftragter für den Vierjahresplan
Vorsitzender des Ministerrats
für die Reichsverteidigung
an den
Chef der Sicherheitspolizei und des SD
SS-Gruppenführer Heydrich«

nachfolgender Auftrag: »In Ergänzung der Ihnen bereits mit Erlaß vom 24.1.1939 übertragenen Aufgabe, die Judenfrage in Form der Auswanderung oder Evakuierung einer den Zeitverhältnissen entsprechend möglichst günstigen Lösung zuzuführen, beauftrage ich Sie hiermit, alle erforderlichen Vorbereitungen in organisatorischer,

sachlicher und materieller Hinsicht zu treffen für eine Gesamtlösung der Judenfrage im deutschen Einflußgebiet in Europa.
Sofern hierbei die Zuständigkeiten anderer Zentralinstanzen berührt werden, sind diese zu beteiligen. Ich beauftrage Sie weiter, mir in Bälde einen Gesamtentwurf über die organisatorischen, sachlichen und materiellen Vorausmaßnahmen zur Durchführung der angestrebten Endlösung der Judenfrage vorzulegen.
gez. Göring«.
Der sorgsam verklausulierte Erlaß mit den Worten »Gesamtlösung« und »Endlösung« – letzteres tauchte zum ersten Mal hier auf – machte Göring zu Hitlers Komplizen bei der Vernichtung der Juden, die Hitler in seiner Reichstagsrede vom 30. Januar 1933 im Falle eines kommenden Krieges prophezeit hatte.
Hitler hatte seinen soeben erst in einer Urkunde designierten Nachfolger durch die Unterschrift unter dieses Schreiben an Heydrich bestätigt. Falls er selbst ausfiele, hatte Göring das fortzusetzen, was jetzt schriftlich befohlen wurde. Heydrich hatte ihm »in Bälde« vorzulegen, wie alles gemacht werden würde. Darüber verging ein halbes Jahr bis zur Wannsee-Konferenz am 20. Januar 1942.
Dann sah es aber mit dem Siegeszug im Osten schon anders aus.
Im August 1941 kam Goebbels ins Führerhauptquartier, er wollte die 70 000 in Berlin lebenden Juden nach dem Osten evakuieren.
Hitlers Luftwaffenadjutant v. Below schreibt: »Hitler war dazu noch nicht bereit, sondern willigte nur ein, daß die Juden besonders gekennzeichnet würden, wie wir hörten. Eine im Reichsgesetzblatt veröffentlichte Polizeiverordnung vom 1. September 1941 bestimmte, daß alle Juden künftig sichtbar an ihrer Kleidung einen gelben Judenstern zu tragen hätten. Grundsätzlich sollte dieses Problem erst nach Abschluß des Rußlandfeldzuges gelöst werden, ›in großzügiger Weise‹, hieß es. Den unglaublichen Zynismus dieser Bemerkung habe ich erst nach dem Kriege begriffen.«
Im Sommer 1941 wurde Höß aus Auschwitz zu Himmler gerufen, der ihm den Auftrag gab, in seinem Lager die Tötung von Juden vorzubereiten.
Damit war die geheime Mordmaschine in Gang gesetzt. Ein preußischer Offizier, jetzt Reichsmarschall, hatte am 1. Juli 1941 den Erlaß unterschrieben, der Heydrichs grausamer Phantasie ein weites Feld eröffnete.
Göring würde bald dafür sorgen, daß jüdischen Arbeitskräften Aufschübe gewährt wurden, denn er brauchte sie für die Kriegswirt-

schaft. Aber den Rubicon hatte er überschritten. Einmal widersetzte er sich Hitler in diesem gnadenlosen Rußlandsommer. Im September forderte Hitler von ihm die Bombardierung Moskaus und Leningrads durch von allen Kriegsschauplätzen abgezogene Kampfgeschwader der Luftwaffe. Diese Städte sollten mit ihren Einwohnern vernichtet werden.

Sein Verbindungsoffizier General Bodenschatz schildert Görings Reaktion: »Er begann in sehr höflichem Ton und sagte, das Vorhaben des Führers sei es sicher wert, geprüft zu werden. Er müsse aber sofort sagen, daß es ungeheuer schwierig sein werde, das Unternehmen durchzuführen. Als Hitler ihn unwirsch fragte, weshalb, wurde er kühner und sagte, daß es Wahnsinn sei, die Luftwaffe für eine einzige Operation von allen anderen Kriegsschauplätzen abzuziehen. Wie stünde es dann mit den Angriffen gegen London? Hatte der Führer nicht verlangt, daß sie mit nicht nachlassender Stärke fortgesetzt werden sollten? Es wäre gefährlich, sie zu unterbrechen, weil man den Briten damit eine Atempause gewähren würde. Sie würden ihre Fabriken wieder eröffnen, die Produktion neuer Flugzeuge aufnehmen, und die britische RAF würde in kürzester Zeit ebenso stark sein wie die deutsche Luftwaffe.« Leonard Mosley schreibt: »Hitler hatte Göring mit steinerner Miene zugehört, alle Freundlichkeit, die er dem Reichsmarschall gezeigt hatte, war verschwunden. Plötzlich unterbrach er ihn und schrie, er wisse, weshalb Göring sich gegen den Plan stelle: die Luftwaffe habe Angst. Das habe er schon bei den Angriffen gegen England vermutet, und jetzt wisse er, daß er recht gehabt habe. Die Luftwaffe bestünde aus Feiglingen.

Sie wolle Leningrad nicht angreifen, weil sie sich vor den dort eingesetzten Fliegerabwehrbatterien fürchte.«

Bodenschatz schreibt weiter: »Göring hätte ihm sagen können, was jeder Anwesende wußte, daß die Fliegerabwehr in Leningrad bei weitem nicht so stark war wie die in London, wo unsere Flieger seit Monaten im Einsatz standen. Statt dessen sagte er nur: ›Es ist unmöglich, mein Führer, es läßt sich nicht machen.‹ Einen Augenblick sah Hitler ihn kalt an, wandte ihm dann den Rücken zu und beachtete ihn während der ganzen Besprechung nicht mehr.« Jetzt begann sich Göring vor Hitler zu fürchten.

In diesem Sommer begann sich auch eine Katastrophe in der Luftwaffenführung auszuwirken, die durch Ernst Udets Unzulänglichkeiten und seine persönliche Unfähigkeit, das Amt des Generalluftzeugmeisters zu beherrschen, entstanden war.

Ernst Heinkel schreibt: »Hitler wirkte auf Göring ein, Milch Vollmachten für Lenkungsmaßnahmen im Technischen Amt zu geben. Göring – um sein eigenes Prestige Hitler gegenüber kämpfend – handelte danach. Milch, seiner Leistungsfähigkeit bewußt und überzeugt, die Entwicklung meistern zu können, versäumte seine Stunde nicht.«

Er deckte Fehlleistungen Udets auf, stellte fest, daß Zahlen über Produktionserfolge gefälscht waren.

Heinkel: »Er eroberte sich endgültig Hitlers Vertrauen durch eine Leistung, die, obwohl sie von seinen zahlreichen Gegnern stark angezweifelt wurde, außerordentlich war. Der Flugzeugnachschub für die Ostfront stand im Sommer 1941 vor dem Zusammenbruch. Die abgekämpften Verbände waren am Ende. Zu Hunderten hatten sie Flugzeuge durch Bruch auf schlechten Flugplätzen, durch Mangel an Ersatzteilen verloren. Milch erkannte die darin liegende Reserve, flog selbst mit fliegenden Reparaturkolonnen an die Ostfront, reparierte alles, was am Wege liegen geblieben war, und schaffte so in einer Gewaltmaßnahme noch einmal Flugzeuge herbei. Es war das nur einer jener ›heroischen Befehle‹, die später Norm wurden und doch nur den Blick für die aussichtslose Wirklichkeit trübten. Die Tat mußte Milch in Hitlers Augen zum kommenden Mann machen.

Eine Auseinandersetzung folgte auf die andere. Im August 1941 war Udet bereits ein völlig gebrochener Mensch. Für Augenblicke hoffte er noch, Göring werde ihn stützen, weil Göring Milchs Ehrgeiz fürchtete. Aber Göring suchte nur Deckung für sich selbst. Er suchte Kompromisse. Er stützte Udet nicht. Er scheute sich aber auch, Udet offen aus seinem Amt zu entfernen und Milch an seine Stelle zu setzen, was die natürlichste Lösung gewesen wäre. ›Du mußt bleiben. Du mußt mit Milch zusammenarbeiten . . .‹ sagte er mehrfach. ›Wenn ich dich ablöse, merkt die ganze Welt, daß etwas nicht stimmt.‹

Ende August 1941 stand Udet vor einem neuerlichen Zusammenbruch. Göring überredete ihn, zur Erholung in sein Jagdrevier in der Rominter Heide zu fahren und ein paar Wochen nichts von Flugzeugen und von Milch zu hören. ›Ich kann nicht mehr jagen‹, hatte Udet, von der ungeahnten, jetzt erst in ihrer Furchtbarkeit erstehenden Gewalt des Krieges gehetzt, schon vorher mir geklagt. ›Ich kann kein Tier mehr schießen. Ich kann kein kein Blut mehr sehen . . .‹ Göring sagte er das gleiche. Göring mahnte ihn: ›Dann erhole dich so. Dann geh' spazieren. Nur denk' an etwas anderes. Ich tue es ja auch . . .‹ Udet meldete sich am 25. August krank. Während seiner Abwesenheit übernahm Milch praktisch das Technische Amt. Als Udet, immer noch krank und von Gewissensnöten gepeinigt, nach Berlin zurückkehrte war sein Amt verändert, seine vertrautesten Mitarbeiter waren entfernt.«

Als Ernst Udet sich am Morgen des 17. November 1941 in seinem Haus in der Stallupöner Allee in Berlin-Westend erschoß, hinterließ er eine Abschiedsbotschaft an Göring: »Eiserner, Du hast mich verlassen«, hatte er mit roter Kreide an die graue Wand über seinem Bett geschrieben. Darunter stand die Frage an Göring, weshalb er ihn »den Juden Milch und von Gablentz« ausgeliefert habe.

»Es war mir unmöglich, mit dem Juden Milch zusammenzuarbeiten«, hieß es in einem Brief, der in seinem Panzerschrank gefunden wurde.

Udets Selbstmord traf Milch tief, aber für Göring war er eine Katastrophe. Er hatte seinen besten Freund verloren. Udet erhielt ein Staatsbegräbnis. Göring diktierte seinem Leibarzt Dr. von Ondarza das Kommuniqué für die Presse: »Der Generalluftzeugmeister Generaloberst Udet erlitt am Montag, dem 17. November 1941, bei der Erprobung einer neuen Waffe einen so schweren Unfall, daß er an den Verletzungen auf dem Transport verschied. Der Führer hat für den auf so tragische Weise in Erfüllung seiner Pflicht dahingegangenen Offizier ein Staatsbegräbnis angeordnet.« Nach dieser Pressemeldung, die auch in den amerikanischen Zeitungen zu lesen war, schrieb Carl Zuckmayer dort sein Schauspiel »Des Teufels General«.

Andere Tragödien wurden nicht, wie in diesem Theaterstück, erdacht, sondern folgten.

Am Tage der Beisetzung Udets stürzte Oberst Mölders tödlich in einer He 111 ab, die mit Motorenschaden in einen Fabrikschornstein bei Breslau gerast war. Er selbst steuerte die Maschine nicht; Mölders war, wie alle anderen damals berühmten Ritterkreuzträger der Luftwaffe, von Göring zur Trauerfeier für Udet befohlen worden.

Galland wurde der Nachfolger von Mölders als General der Jagdflieger, und Milch übenahm Udets Amt.

Göring befahl eine kriegsgerichtliche Untersuchung gegen Udets wichtigste Mitarbeiter. Da sie aber auf seine eigene Indifferenz gegenüber der Luftrüstung in den vergangenen Jahren aufmerksam zu machen begann, wurde sie bald eingestellt.

Der deutsche Vormarsch scheiterte im Dezember 1941 vor Moskau; Hitler erklärte den USA den Krieg, die von Japan in Pearl Harbour überfallen worden waren.
Ernst Heinkel schreibt: »Von dem Augenblick an, in dem klar wurde, daß der Krieg in der Sowjetunion sich im Endlosen verlor und gleichzeitig der Eintritt des amerikanischen Kontinents in den Krieg sichtbar war, stand die deutsche Luftwaffe unwiderruflich auf einem verlorenen Schlachtfeld, und sie hatte nur noch eine Galgenfrist, bis die natürliche Übermacht des sowjetischen, vor allem aber des amerikanischen Kontinents sich in eine Luftmacht von erdrückender Überlegenheit umsetzte. Es ist sinnlos, für die Zeit nachher tausenderlei Gründe für den Untergang der Luftwaffe zu suchen. Auch die Vermeidung jeden Führungsfehlers, auch die beste technisch-industrielle Organisation anstelle des Chaos, das sich auch nach Udets Tod weiterentwickelte, auch die viel besprochene rechtzeitige Umstellung auf eine Verteidigungswaffe mit einem Himmel voller Jäger hätte im Endergebnis nichts am naturgegebenen Mißverhältnis der Kräfte geändert. Und dieses Mißverhältnis wäre auch nur vorübergehend geändert worden, wenn die Luftwaffenführung rechtzeitig die Bedeutung des neuen Düsenprinzips, an dem ich seit 1936 arbeitete, erkannt hätte, statt sich in Illusionen, Kurzsichtigkeit und Rivalitäten zu verrennen. Ein derartiger technischer Vorsprung auf dem Gebiet der Luftmacht war angesichts der allgemeinen technischen Entwicklung der Welt nur noch vorübergehender Natur. Er hätte in der Situation, in der Deutschland war, bestenfalls eine Galgenfrist gesichert – mehr nicht.«
Herbert Molloy Mason schreibt: »Keine noch so große Anstrengung konnte die verfehlte Planung und Entwicklung der vorangegangenen Jahre wiedergutmachen. Deutschland nahm den Kampf mit der Sowjetunion ohne den strategischen Bomber auf, dessen Vorhandensein General Wever als eine Voraussetzung für den Sieg über die Russen betrachtet hatte. Die Produktion der He 177 wurde wieder aufgenommen, aber die Maschine litt noch immer unter der Motorenanordnung (je zwei Motoren paarweise zueinander gefügt), die immer wieder zu Bränden führte; immer neue Besatzungen ließen bei der Erprobung dieser Fehlkonstruktion ihr Leben.«
Udet und Mölders wurden auf dem Berliner Invalidenfriedhof nicht weit von Richthofens Grab beigesetzt. Göring rief ihnen sein »Fahre auf nach Walhall« an den Gräbern nach. Dann begab er sich nach Frankreich, um einen Kranz am Grab seines Neffen Peter Göring

niederzulegen, der am 13. November im Schlageter-Jagdgeschwader gefallen war, das Galland führte.
Galland schreibt: »Auf dem Soldatenfriedhof von Abbéville, wo schon viele Kameraden des Schlageter-Geschwaders lagen, die in der Schlacht um England und in der Luftverteidigung am Kanal gefallen waren, sah ich den Reichsmarschall wieder, der einen Kranz am Grabe seines Neffen niederlegte. Wie er mich an Mölders' offenem Grab zu dessen Nachfolger ernannt hatte, so sprach er hier, an Peters Grab stehend, im Namen des Führers und Obersten Befehlshabers der Wehrmacht meine Beförderung zum Oberst aus. Zwei kleine goldene Sterne holte er dazu aus der Tasche.
Er schien es eilig zu haben und wollte sich verabschieden. Weihnachten nahte. Und alljährlich pflegte er um diese Zeit in Paris sehr großzügig seine Einkäufe zu erledigen. Ich schaffte es aber, daß er mit Oberst Oesau und mir nach Audembert fuhr. Dort war das Geschwader angetreten. Dieser 5. Dezember 1941 war ein denkwürdiger Tag in der Geschichte des Geschwaders. Durch die unvermeidlichen Phrasen hindurch, die ihm, wenn er wollte, so leicht von den Lippen gingen, hatte in Görings Rede ein herzlicher und kameradschaftlicher Ton geklungen, der einen starken Eindruck hinterließ.«

29. Kapitel

Drama

Auf der Bühne des Schauspielhauses Am Gendarmenmarkt in Berlin stand jetzt Mephisto, den Gründgens als »tragische Verkörperung luziferischen Geistes im blaugrauen Mantel mit langen blonden Locken« spielte, wie eine Zeitung schrieb. Er inszenierte beide Teile des »Faust« mit Paul Hartmann, den er für den männlichsten Schauspieler des deutschen Theaters hielt, als Faust.

Einen blaugrauen Mantel trug auch Göring, es war die Farbe der Luftwaffe.

»Aus meiner angeborenen und durch die äußeren Umstände höchst gesteigerten Animosität gegen alles Verquollene, ›Titanische‹, gegen jenes exhibitionistische Wühlen in der eigenen Seele«, schreibt Gründgens, habe er etwas erreicht: »Aktion von Zeile zu Zeile, Handlung von Schritt zu Schritt - Drama.«

Dieses Drama hieß Hitlers Krieg, Aktion folgte auf Aktion, es gab kein Entrinnen, Mephisto war in diesem Prozeß im dritten Kriegsjahr der gefallene Engel, der mit Gott eine Wette eingeht, von der er weiß, daß er sie verlieren wird.

Es war der letzte Höhenflug des Generalintendanten und Schauspielers, dem die Görings in der Kaiserloge zusahen, geblendet von ihrer eigenen, künstlichen Welt, in der sie das Theatralische selbst lebten. Mag das auch mehr für den Reichsmarschall zutreffen als für Emmy Göring, die wenig von dem wußte, was ihr Mann wirklich tat, so litt sie doch mit ihm, nahm hin, daß er sein gestörtes inneres Gleichgewicht durch die Einnahme von Paracodein ausbalancierte, wieder süchtig wurde, die winzigen morphiumhaltigen Tabletten in sich hineinstopfte.

Später sollte sie schreiben: »Göring, der seine Position von Jahr zu Jahr klarer erkannte, sie aber, sowohl aus Treue wie aus dem Beweggrund, zu helfen und zu retten, nicht aufgeben konnte, ist als eine ausgesprochen tragische Gestalt in die Geschichte dieses furchtbaren Krieges eingegangen.« Und sie schreibt von dem »seelischen Leid einer Frau, die täglich den Mann erlebte, in dessen Innern sich unvorstellbare Kämpfe abspielten und ungeheure Gewissensnöte Platz griffen, ohne daß die Frau durch ganz private Aussprachen hätte helfen können«.

Albert Speer sah es härter: »Göring war im Grunde nicht wirklichkeitsblind. Gelegentlich konnte ich von ihm zutreffende Bemerkungen über die Lage hören. Er handelte eher wie ein Bankrotteur, der bis zum letzten Augenblick mit den anderen zugleich sich selbst betrügen will.«

Verschwenderisch war das Glück mit Göring umgegangen, nun wurde das Unglück für ihn ebenso verschwenderisch. Er verlor die Macht wieder, die ihm zugefallen war, aber nicht auf einmal, sondern schrittweise - wie das Land, dem er zu dienen glaubte, als er Hitler zu seinem Abgott machte.

Dieser hatte ihn Ende Januar 1942 nach Rom geschickt, um von Mussolini Soldaten für die Ostfront zu fordern.

Nach dem Flugzeugabsturz von Dr. Todt wurde er - als Vorgesetzter dieses Mannes - von Hitler nicht gefragt, als dieser Speer zum Nachfolger machte. Dies geschah im Februar. Dazu kam, daß Speer nun die Rüstung, die bisher Göring als Beauftragten für den Vierjahresplan unterstand, ihm aus den Händen nehmen durfte, daß der Gauleiter Sauckel Generalvollmacht erhielt, Arbeitskräfte aus den besetzten Ländern ins Reich zu holen.

Bisher gehörte das alles in Görings Imperium eines Wirtschaftsdiktators, auch die »Zentrale Planung« über die Rohstoffe, die er verlor. Er blieb nominell noch damit befaßt und mußte zusehen, wie andere die Fehler aufdeckten, die er zu verantworten hatte.

Er mußte erleben, wie andere, die vielleicht fähiger als er waren, Rüstung und Kriegswirtschaft, die Steigerung der Produktion von Flugzeugen, in ihre Hände nahmen. In seine Hände aber nahm er dafür etwas, das schön und kostbar war: Diamanten, Perlen, kostbare Schmuckstücke. Er holte sie aus der Tasche, wenn er Gespräche führte, oder ein Adjutant brachte sie ihm. Während er sprach, spielte er mit ihnen. Er war Midas, der seine Schätze zählte, die ihm unaufhörlich zuflossen. Er liebte es, in einem grün-samtenen Morgenrock, wie es Speer bemerkte, zu empfangen, oder in eine Toga gehüllt, wie es andere beschrieben.

Er wehrte sich, die Aushöhlung seiner Macht hinzunehmen, aber dann fügte er sich. Er mußte zusehen, wie seine Untergebenen, die er für immer an sich gebunden zu haben glaubte, von ihm abfielen.

»Göring, der zweifellos den Vierjahresplan anfangs mit viel Energie vorangetrieben hatte«, schreibt Speer, »galt 1942 allgemein als lethargisch und ausgesprochen arbeitsunlustig. Zusehends machte er einen unsteten Eindruck, wahllos griff er zu viele Ideen auf, war sprunghaft und meist unrealistisch. Es galt als offenes Geheimnis, daß Göring sich seinen hohen Aufwand von der Wirtschaft finanzieren ließ, und ich hatte das Gefühl, daß er bei einer Minderung seines Ansehens eine Minderung dieser Bezüge fürchtete.«

Dies trat nicht ein; Göring konnte bei seinen Erwerbungen, die er selbst oder Beauftragte in Paris, Amsterdam und Rom für ihn machten, um die Privatsammlungen, die er 1953 dem Reich an seinem sechzigsten Geburtstag überlassen wollte, zu vervollständigen, weiter auf Spenden hoffen.

Besucher, die ihn in dienstlichen Angelegenheiten sprachen, erzählten, sie hätten zusehen müssen, wie er sich zuerst euphorisch verhielt, dann in Trance verfiel, einschlief. Euphorie und Apathie gehörten nun als sich abwechselnde Stimmungen zum Reichsmarschall. Die Deutschen erfuhren davon nichts. Sie wurden 1942 in der Heimat von den Bomberoffensiven der Royal Air Force getroffen, die auch bewiesen, daß Görings Luftwaffe und Flak nicht in der Lage waren, sie entscheidend zu bekämpfen.

Er hatte ja 1939 »Lehmann« heißen wollen, wenn feindliche Bomber Berlin oder Städte des Reichs erreichen würden, daraus wurde »Meier«, und so nannten die Deutschen Göring nun Meier.

Hitler machte ihm heftige Vorwürfe, die Göring ernst nahm. Er fürchtete, den Oberbefehl über die Luftwaffe zu verlieren. Hitler war seit Dezember 1941 Oberbefehlshaber des Heeres, er führte seinen Krieg im Osten, dorthin folgte ihm Göring nur selten. Als er sich im Sommer 1942 im Führerhauptquartier bei Winniza einfand, von dem aus der Marsch in den Kaukasus und nach Stalingrad von Hitler geleitet wurde, suchte er einen Grund, sich abzusetzen; er fuhr in die Oper in Winniza.

Im Mai war ein Spionagering im Reichsluftfahrtministerium ausgehoben worden, eine »Rote Kapelle«, die Moskau mit Informationen versorgte. Sie kamen zum Teil aus dem Forschungsamt, das in Berlin die Telefongespräche abhörte. Ein Enkel von Admiral Tirpitz, der Luftwaffen-Leutnant Harold Schulze-Boysen, arbeitete im Forschungsamt; er war der Anführer der Verräter.

Im April war Göring wieder einmal in Italien gewesen. Er besuchte Sizilien; dort lag sein VII. Fliegerkorps, das über dem Mittelmeer eingesetzt war. »Eigentlich sollte er von Reggio di Calabria mit einem Schnellboot nach Messina übergesetzt werden«, schreibt Paul Deichmann, Chef des Fliegerkorps, »da aber hoher Seegang herrschte, wollten die Italiener den beleibten Gast nicht in einer Nußschale den Gefahren von Scylla und Charybdis aussetzen und legten für ihn eine Sonderfahrt des großen Fährschiffes ein. Als es in Messina einlief, waren die Besatzungen der Kriegsschiffe in Parade-Aufstellung an Deck. Trotzdem fand der Reichsmarschall diese Art der Beförderung unter seiner Würde.«

Nach außen versuchte Göring noch den alten Glanz zu vermitteln, der ihn einst umgeben hatte, aber er merkte auch bei diesen Versuchen, daß er nicht mehr ernst genommen wurde.

Er trumpfte noch auf, aber manches klang nach Galgenhumor. Als Beauftragter für den Vierjahresplan hielt er am 6. September 1942 eine Besprechung mit Funktionären aus den besetzten Gebieten ab. Nachdem er sarkastische Bemerkungen über den Westen gemacht hatte, kam er auf den Osten: »Nun muß ich eins sagen, damit ich Ihr Gemüt beruhigen kann und damit Sie hoffnungsfreudig der Zukunft für die Ernährung Ihrer Wehrmacht entgegensehen. Da habe ich gerade auf der Herfahrt aus dem Lande der Don Kosaken - da sind ja Ihre Truppen - gelesen, wie ein Kriegsberichter mit Soldaten dahin kommt. Ein oller Kosak. Alles sehr anständig. Jetzt wollen wir einmal sehen, was sie essen: ›Als die Panzergrenadiere den Bewohnern von ihren Fahrzeugen zuwinkten, da hatten sie alle ihre Schüchternheit bald hinter sich geworfen und waren mit Eiern, Milch, Butter, Weizenbrot, Honig und den ersten Äpfeln gekommen und hatten ihre Empfangsgeschenke den Kampffahrzeugen gereicht.

Sie trugen süßen Rahm und gekochtes Fleisch herbei. Saure Milch gab es, und die Kosaken schnitten das Weißbrot in große Teile und überreichten es ihren Gästen, den deutschen Soldaten. Sie lernten nun, dieses Fleisch auf kosakische Manier zu essen, indem sie die Fleischbrocken auf die Gabel spießten und die Bissen durch die umfangreiche Rahmschüssel zogen.‹

Also, meine Herren, dieser Versorgung der Wehrmacht ist nichts mehr hinzuzufügen als das eine: Bis auf weiteres will ich nichts mehr von Ihnen hören, keine Anforderungen. Der Wehrmacht ist nur mehr zu geben, was als zusätzliche Sachen in Fragen kommt, Schokolade und diese Dinge.

Ich hoffe, daß wir bald in den Besitz der Räuchereien kommen, und daß wir in großem Ausmaße den Fischreichtum des Asowschen und Kaspischen Meeres hineinziehen können. General Wagner, beim

Kaviar machen wir halb und halb, halb die Wehrmacht, halb die Heimat - natürlich, sobald wir dort sind.
(Zwischenruf Staatssekretär Backe vom Landwirtschaftsministerium: Soviel kann er nicht kriegen!)
Doch, die Hälfte kann er kriegen, wenn er es erobert. Da stehen wir auf dem Standpunkt, den zusätzlichen Leckerbissen ißt der, der das Gebiet erobert.
Meine Herren, ich möchte gleich ein Weiteres sagen. Ich habe außerordentlich viel zu tun und außerordentlich viel Verantwortung. Ich habe keine Zeit, Briefe und Denkschriften durchzulesen. Ich habe nur Zeit, durch einen kurzen Bericht von Backe von Zeit zu Zeit festzustellen, ob die Forderungen eingehalten werden. Wenn nicht, dann müssen wir uns auf einer anderen Ebene wiedersehen.«
Als die deutschen Gebirgsjäger im Kaukasus steckenblieben, sagte Göring, der Kaukasus sei nichts anderes als der Berliner Grunewald, aber im November fand er sich auf der anderen Ebene wieder, die er den Funktionären im September angedroht hatte.
Er selbst mußte etwas verantworten, was er auch zu tragen bereit war.
Als im November die 6. Armee in Stalingrad eingeschlossen wurde, befahl Hitler, sie dürfe nicht ausbrechen. Er stützte sich dabei auf Göring, der ihm feierlich erklärt hatte, die Versorgung der 6. Armee aus der Luft werde von ihm persönlich garantiert. Als der Generalstabschef Zeitzler in der Lagebesprechung dies bezweifelte, meinte Göring, es sei Sache der Luftwaffe, die notwendigen Berechnungen anzustellen. Der Generalstab der Luftwaffe hatte jedoch ausgerechnet, daß eine Luftversorgung des Kessels nicht möglich war.
Bald stellte sich heraus, daß Göring sein Versprechen nicht halten konnte.
Am 12. Dezember lud Göring in Berlin zur Wiedereröffnung der zerstörten Staatsoper Unter den Linden ein. »Die Meistersinger von Nürnberg« wurden gegeben. Speer saß mit Göring in der Kaiserloge, die jetzt nach dem Wiederaufbau Führerloge genannt wurde.
Zehn Tage später suchte Paul Deichmann, der mit einer italienischen Delegation im ostpreußischen Führerhauptquartier eingetroffen war, Göring auf. Es war der 22. Dezember. Deichmann schreibt: »Göring hatte mir befohlen, mich nach dem Vortrag bei Hitler auf dem Reichsjägerhof bei Rominten, dem ehemaligen kaiserlichen Jagdschloß, bei ihm zu melden. Ich erfuhr aber, daß er noch in seinem, in der Wolfsschanze für ihn reservierten, Quartier war. Als ich

mich seinem Arbeitszimmer näherte, hörte ich drinnen einen Menschen laut wie einen Wolf heulen. Der vor der Tür postierte SS-Offizier ließ mich trotzdem ein.

Göring saß an seinem Schreibtisch, stützte sein Haupt mit den Händen und gab diese Laute von sich. General Bodenschatz, der bei ihm war, flüsterte mir zu, gerade sei die Nachricht eingegangen, daß die für die Luftversorgung von Stalingrad unentbehrlichen Flugplätze Tazinskaja und Morosowskaja wahrscheinlich verloren waren. Göring stammelte hin und wieder unter Seufzern einige unverständliche Worte. Ein Gespräch kam nicht zustande. Die Szene wirkte theatralisch. Ich flüchtete.«

Ende 1942 sagte Göring zu Speer, der ihn in der Wolfsschanze aufsuchte wie kurz vorher General Deichmann: »Wir müssen froh sein, wenn Deutschland nach diesem Kriege die Grenzen von 1933 erhalten bleiben.« Speer schreibt: »Ich hatte den Eindruck, daß er trotz der Unverfrorenheit, mit der er immer und dröhnend Hitler zum Munde redete, die Niederlage näherrücken sah.«

Am 15. Januar 1943 beauftragte Hitler Feldmarschall Milch mit der Luftversorgung Stalingrads. Sein Sonderstab konnte die Zahl der Versorgungseinsätze zwar steigern, aber die Tragödie war am 2. Februar beendet.

Die Luftwaffe hatte 488 Flugzeuge und 800 Mann Besatzung dabei verloren.

In Nürnberg sagte Göring zu Werner Bross: »Als später im Einsatz gegen England Bombenflugzeuge fehlten, machte der Führer mir Vorwürfe. Da habe ich ihm aber ganz klar gesagt (und hierbei hob Göring seine Stimme, als wenn er selbst in diesem Augenblick vor Hitler stünde, sprach scharf und unwillig): ›Da müssen Sie in Stalingrad nachsehen, da liegen meine Bomber zusammengeschlagen auf den Feldern.‹«

Am 30. Januar 1943 hielt er im Berliner »Haus der Flieger« eine letzte Rede, die der Rundfunk übertrug. Sie war auch in den Trümmern von Stalingrad zu hören, bei den Resten der 6. Armee, die bisher noch überlebt hatten und nun ihre eigene Totenrede empfingen.

»Noch nach Jahrhunderten wird von Stalingrad und den deutschen Helden gesprochen werden, die ihre Pflicht erfüllten bis in den Tod fürs Vaterland«, rief er mit seiner metallisch-scharfen Stimme ins Mikrofon.

Es war Görings Grabrede auf das Dritte Reich, zehn Jahre nach seiner Ernennung zum Reichsminister im Kabinett Hitler und wenige

Tage nach der Verkündung der Forderung einer bedingungslosen Kapitulation in Casablanca durch Roosevelt und Churchill, der einzigen Bedingung, nach der die Deutschen wieder Frieden haben könnten.

Im Mai 1943 befahl Hitler, daß ihm alle Reden vorgelegt werden müßten, ehe sie seine Minister über den Rundfunk hielten. Darauf wollte Göring verzichten; er verstummte.

30. KAPITEL

Zusammenbruch

Mit den Tageseinflügen amerikanischer Bomberflotten, die am 27. Januar 1943 mit einem Angriff auf Wilhelmshaven begannen, trat der Luftkrieg in eine neue Phase. Göring wurde von Hitler vorgeworfen, seine Jagdwaffe könne die Angriffe nicht verhindern. Aber hatte Göring nicht Hitler vor dem Krieg gewarnt und sich schon außerstande gezeigt, mit der britischen Luftwaffe fertig zu werden? Er hatte vieles von dem vorausgesehen, was jetzt über das Dritte Reich hereinbrach.

Am 18. Februar hielt Goebbels im Berliner Sportpalast seine Rede zum »Totalen Krieg«, dem das »politisch bestgeschulte Publikum«, das man »in Deutschland finden könne«, wie er nach der Veranstaltung zu Speer sagte, »Beifall an den richtigen Stellen« spendete. Nach der Grabrede, die Göring am 30. Januar gehalten hatte, war die Goebbels-Rede die Antwort aus dem Totenhaus der NSDAP. Prominente Künstler waren zu dieser Versammlung von Emissären des Propagandaministers abgeholt worden; Gründgens erfuhr davon und entzog sich für einen Tag Zugriffen, die einem Preußischen Staatsrat nicht zugemutet werden konnten. Goebbels ließ ihn suchen, um ihn durch die Wochenschauaufnahmen zu seinem Satrapen zu stempeln, wie es mit Heinrich George gelang.

Als am Abend nach dem politischen Spektakel im Sportpalast Goebbels in seiner Ministervilla besorgte Parteigenossen bewirtete, schlugen Speer und Milch ihm vor, den »Ministerrat für die Reichsverteidigung«, dessen Vorsitzender Göring war, wieder zu aktivieren. Goebbels stimmte sofort zu; er konnte dadurch Göring, der sich nach seiner Ansicht abzusetzen schien, wieder in die Verantwortung zurückholen. Göring hatte sich widersetzt, als Goebbels mit anderen Lokalen das Restaurant »Horcher« schließen ließ, in dem Göring mit Luftwaffenoffizieren seit Jahren tafelte. Goebbels sorgte dafür, daß Fensterscheiben des Lokals eingeworfen wurden, das Göring geöffnet halten ließ. Göring hatte sich in die Einsamkeit des Obersalzberges zurückgezogen.

Speer war bereit, zu vermitteln: »Hier war eine mit allen Vollmachten versehene staatsrechtliche Konstruktion vorhanden, ausgestattet mit dem Recht, sogar ohne Mitwirkung Hitlers Gesetze zu erlassen. Mit ihrer Hilfe konnte die von Bormann und Lammers usurpierte Machtstellung aufgebrochen werden. Bormann und Lammers hätten sich dieser Instanz, deren Möglichkeiten durch Görings Indolenz unausgeschöpft geblieben waren, fügen müssen.«

Am 28. Februar besuchte Speer den Reichsmarschall auf dem Obersalzberg. Göring schien geschmeichelt, daß man sich seiner entsann. Am 2. März empfing er Goebbels zu einer Aussprache unter vier Augen. Es war nun nicht mehr Zeit, sich an früher zu erinnern. Beide Paladine Hitlers waren besorgt über die Gesundheit des Führers, von dem Göring sagte, er sei in dreieinhalb Kriegsjahren um fünfzehn Jahre gealtert. Göring meinte, Hitler müsse freigemacht werden für seine Aufgaben als militärischer Führer, obwohl er überzeugt war, daß es dafür zu spät sei. Er schlug vor, auch Himmler für die Aktion der Paladine zu gewinnen. Goebbels lag daran, Göring klarzumachen, daß er sich nicht davonstehlen könne. In seinem Tagebuch schrieb er, Göring wisse, was geschehen würde, wenn jetzt Schwäche »von uns« gezeigt würde. »Er macht sich darüber keine Illusionen. In der Judenfrage, zum Beispiel, haben wir eine Position eingenommen, von der es keine Flucht mehr gibt.« Damit legte er Göring auf die Mitverantwortung fest: »Das ist eine gute Sache. Die Erfahrung lehrt, daß eine Bewegung und ein Volk, die ihre Brücken hinter sich verbrannt haben, besser kämpfen als jene, die noch fähig zum Rückzug sind.« Der Ego-Optimist Göring wurde von Goebbels durch diese Festlegungen, die auch Erinnerungen waren, wieder in den Kreis der Verantwortlichen für die Judenverfolgung und Judenvernichtung einbezogen, was auch Görings Bemerkung über die Aufnahme Himmlers in den Reichsverteidigungsrat bestätigt.

Göring reiste anschließend nach Italien, Goebbels nach Berlin, auf das soeben ein schwerer Luftangriff stattgefunden hatte, der 35 000 Einwohner obdachlos machte und 700 tötete. Aber aus der Verschwörung der Paladine wurde nichts. Als Goebbels am 9. März Hitler mit Speer im ukrainischen Führerhauptquartier bei Winniza aufsuchte, mußten sie sich anhören, wie scharf Hitler Göring in dessen Abwesenheit kritisierte. Er sei ein Wunschträumer, sein im Hauptquartier anwesender Verbindungsoffizier General Bodenschatz ein kalter Zyniker.

Diesem wegen Göring wutentbrannten Hitler wagten Goebbels und

Speer nicht, ihre Absicht vorzutragen, den Reichsverteidigungsrat unter Göring wiederzubeleben.
Am 20. März nahm Hitler sich in Berlin Göring vor, den er wegen eines Luftangriffs auf Nürnberg aus Rom zurückgerufen hatte. Dabei sprach er auch von der Untauglichkeit der Luftwaffen-Generale.
Jetzt blieb Göring nur noch übrig, sich um die Luftwaffe zu kümmern, wenn er Hitlers Vertrauen zurückgewinnen wollte. Er hatte Ende 1942 seine Menschenreserven, die er für den Luftkrieg bereithielt, zum Teil abgeben müssen. Es wurden 22 Luftwaffen-Felddivisionen aufgestellt, die an den Fronten eingesetzt werden konnten. Obwohl das Heer diese Soldaten zur Auffüllung angeschlagener Divisionen verwenden wollte, konnte Göring es durchsetzen, daß sie bei der Luftwaffe und unter seinem Kommando blieben. Sie mußten nun einen Krieg führen, für den sie nicht ausgebildet worden waren, und erlitten entsprechende Verluste.
Er hatte auch die Panzerdivision »Hermann Göring« aufstellen lassen, die als Garde-Verband galt. Sie war jetzt in Tunesien eingesetzt und kämpfte später in Italien, ehe sie an die Ostfront gebracht wurde. Divisionskommandeur war Beppo Schmid, ein alter Vertrauter Górings.
Während Göring im Frühjahr und im Sommer 1943 Schrecken bei seinen Fliegern, vor allem den Jagdfliegern in Italien, denen er Feigheit vor dem Feind vorwarf, verbreitete, war er um seine Reichswerke Hermann Göring besorgt, die durch die Luftangriffe zu leiden begannen.
Zu den Reichswerken, die er als Beauftragter des Vierjahresplanes geschaffen hatte, gehörten 176 Fabriken, 69 Bergwerks- und metallurgische Unternehmen, 156 Handelsgesellschaften, 46 Transport- und 15 Baufirmen.
Er hatte auch noch Zeit, seine Kunstschätze zu vermehren, die ihn schon jetzt zum reichsten Mann Deutschlands machten. Sie strömten ihm aus den besetzten Ländern zu.
Im März 1943 erhielt er von Bormann aus dem »Reichsfonds« 6 Millionen Mark für seine Tätigkeit im Kunsthandel; es gab noch viel im Ausland aufzukaufen.
Für den weiteren Ausbau von Carinhall, das Hauptaufbewahrungsplatz für die Kunstschätze wurde, verlangte er 2 Millionen Mark vom Reichsfinanzminister Graf Schwerin von Krosigk, der sie ihm widerwillig geben mußte, nachdem er Göring auf die Lage in der Heimat hingewiesen hatte.

Göring ahnte, daß alles verloren war, aber er blieb der König Midas auch am Rande des Abgrundes.
Im April hatte Hitlers Luftwaffen-Adjutant v. Below den Eindruck, daß der Führer von Göring nichts mehr wissen wollte.
Nach Italien flogen jetzt die »Fliegenden Festungen« der Amerikaner, gegen deren Bewaffnung und Panzerung die deutschen Jagdflieger kaum noch etwas ausrichten konnten. Am 11. Juni schickte Göring ein Telegramm an die Luftflotte 2 in Italien: »Allen in Italien befindlichen Jägern ist mitzuteilen, daß sie die erbärmlichsten Flieger sind, die ich jemals befehligte. Wenn durch Zufall überhaupt eine Feindberührung zustande kommt, werden sie abgeschlagen, ohne selbst Erfolge zu erzielen. Bis auf weiteres verbiete ich jeden Urlaub, damit ich mich in der Heimat dieser Jammergestalten nicht zu schämen brauche. Göring.« Galland, Görings General der Jagdflieger, hatte im Frühjahr den ersten Messerschmitt-Düsenjäger Me 262 geflogen. Er sah in diesem Flugzeug die Möglichkeit, die Bomberflotten entscheidend zu schlagen, worunter von ihm verstanden wurde, ihnen so hohe Verluste beizubringen, daß die Piloten den Mut verloren, wiederzukommen.
Vom 25. Juli bis 3. August wurde Hamburg durch Nachtangriffe britischer und Tagesangriffe amerikanischer Bomber weitgehend zerstört. Dabei wurden Metallfolien abgeworfen, durch die Radargeräte geblendet wurden. 35 000 Menschen starben, darunter 5000 Kinder. Göring gab seinem Generalstabschef Jeschonnek die Schuld an der fehlenden Abwehr gegen diese Vernichtungs-Bomberströme. Am 19. August erschoß sich Jeschonnek.
»Mir schien Jeschonneks Tod bezeichnend für die Situation der Luftwaffe und die ständige Überforderung dieses Wehrmachtteils«, schreibt v. Below. »Sie war für große Aufgaben nicht mehr fähig.« Nach dem Selbstmord Jeschonneks hielt Göring in der Wolfsschanze eine Besprechung mit seinen engsten Mitarbeitern ab. General Korten war neuer Generalstabschef geworden. Galland schreibt: »Göring faßte das Ergebnis zusammen. Die Luftwaffe müsse nach ihrer offensiven Phase sich nunmehr gegen den Westen auf Verteidigung umstellen. Es sei jetzt die wichtigste Aufgabe der Luftwaffe, nicht nur Leben und Gut der in den von Bomben bedrohten Städten lebenden deutschen Menschen zu schützen, sondern auch das Rüstungspotential des Reiches zu erhalten.« Galland schreibt, er habe nie vorher und nie danach in einem Kreis der für die Führung Verantwortlichen eine solche Einmütigkeit erlebt. »Es war, als hätten

alle, unter dem Eindruck der Hamburger Katastrophe, jeden persönlichen oder Ressort-Ehrgeiz zurückgestellt. Es gab keine Gegensätze zwischen Generalstab und Rüstung, keine Rivalität zwischen Bombern und Jägern. Auch Göring schien von dieser Stimmung mitgerissen zu sein. Er ließ uns einige Zeit allein, um im Führerbunker Bericht zu erstatten und die Vollmacht für das sofortige Anlaufen der in Aussicht genommenen Maßnahmen einzuholen.« Galland hatte damals den Eindruck, daß Göring eingesehen habe, wie falsch der Kurs gewesen war, den die Luftwaffe steuerte. »Die Luftüberlegenheit über dem Reich zurückerobern und sichern, lautete der einmütige Entschluß. Und das konnten bei diesem Stand der Entwicklung des Luftkrieges nur noch die Jäger. Für mich konnte kein Zweifel bestehen, daß Göring mit dem ganzen Gewicht seiner Autorität uns unterstützen würde.«

Er sah, wie dann die Tür aufging, Göring, den Blick starr geradeaus gerichtet, zwischen ihnen hindurchging und in seinen angrenzenden Räumen verschwand.

»Nach einer Weile wurden Peltz und ich zu Göring befohlen. Das Bild, das sich uns bot, war erschütternd. Göring war vollkommen zusammengebrochen. Den Kopf zwischen den Armen auf einem Tisch vergraben, stöhnte er unverständliche Worte vor sich hin. Wir standen einige Augenblicke peinlich berührt da. Dann richtete er sich auf und erklärte, wir seien Zeugen des verzweifeltsten Augenblickes seines Lebens. Der Führer habe ihm das Vertrauen entzogen. Alle seine Vorschläge, von denen er sich eine radikale Änderung der Lage des Luftkrieges versprochen habe, seien abgelehnt worden. Der Führer habe erklärt, er sei zu oft von der Luftwaffe enttäuscht worden. Von Umstellung auf die Luftdefensive gegen den Westen könne nicht die Rede sein. Die Luftwaffe habe total versagt. Jetzt werde ihr eine letzte Möglichkeit gegeben, sich zu rehabilitieren, und zwar mit der Wiederaufnahme verstärkter Angriffe gegen England. Terror könne nur durch Gegenterror gebrochen werden. So nur sei der Führer auch mit seinen innenpolitischen Gegnern fertiggeworden. Er, Göring, habe seinen Irrtum eingesehen. Der Führer habe immer recht. Der Führer habe als erste Maßnahme die Schaffung eines Führers der Luftangriffe gegen England befohlen. Göring erhob sich: ›Oberst Peltz‹, rief er, ›ich ernenne Sie hiermit zum Angriffsführer England!‹

Der ›Angriffsführer England‹ ging mit Energie an seine Aufgabe heran. Mit neuen Verfahren und neuen Flugzeugen (Ju 88 und He 177) vermochte er später die Angriffe gegen England neu zu beleben. Laut Führerbefehl waren alle Anstrengungen der Luftwaffe dieser Aufgabe unterzuordnen. Trotzdem erlangte die neue Offensive nie strategische Bedeutung.«

Nach der Landung der Alliierten auf Sizilien hatte Italien im September das Bündnis mit Deutschland verlassen.

Göring legte seine Orden ab. Er soll gesagt haben, als die Bombardierungen deutscher Städte immer grauenhafter wurden: »Das deutsche Volk trägt diese Luftangriffe wie eine Strafe Gottes!«

Er versuchte, von Carinhall einmal den Jägereinsatz gegen einfliegende amerikanische Bomber selbst zu leiten.

Er schickte die Jäger in die falsche Richtung.

Er besuchte die Fliegerhorste, rief seinen Fliegern zu: »Laßt mich nicht im Stich«, zeigte sich der Bevölkerung in den bombardierten Städten.

Am 26. November wurden Hitler auf dem Flugplatz Insterburg in Ostpreußen die neuesten Flugzeuge vorgeführt. Er sah zum ersten Mal die Me 262, rief Messerschmitt zu sich und fragte ihn, ob dieses Düsenflugzeug auch als Bombenflugzeug gebaut werden könne. Dazu schreibt v. Below, der neben Hitler stand: »Messerschmitt bejahte diese Frage und sagte, die Maschine könnte zwei Bomben zu je 250 kg tragen. Hitler antwortete daraufhin nur: ›Das ist der Schnellbomber!‹«

Hitler dachte an die Bekämpfung der sich in England zu den Angriffsflügen massiert versammelnden Bomberverbänden auf ihren dortigen Flugplätzen und mag auch eine Landung der Alliierten in Frankreich in Erwägung gezogen haben. Dieser zweistrahlige Düsenjagdbomber sollte dann jede Sperre am Himmel durchbrechen und im Tiefflug den landenden Feind vernichten. Die hohe Geschwindigkeit erlaubte dem Flugzeug, neue Bomben in kurzer Zeit aufzunehmen und wieder in das Vernichtungswerk einzugreifen.

Deshalb blieb Hitler hart, als Göring wenige Tage nach seiner Entscheidung versuchte, sie rückgängig zu machen. Die Reichsverteidigung, für die das Wunderflugzeug, mit dem die Luftwaffe wieder vor den bombardierten deutschen Menschen in den Städten hätte bestehen können, ursprünglich gedacht war, zog er dabei nicht in Betracht.

Obwohl es gelang, die Me 262 bald in größeren Mengen herzustellen, war es nicht möglich, sie 1944 in kurzer Zeit als zweistrahligen Jagdbomber auszurüsten.

47 *Nach dem Frankreichfeldzug: Göring als Reichsmarschall mit den Generalfeldmarschällen der Luftwaffe* (von links nach rechts) *Stumpf, Kesselring, Milch. Rechts neben Göring Generaloberst Jeschonnek.*

48 *Die Kommandostandarte des Reichsmarschalls. Grundfarbe: hellblau, Stickerei: gold.*

49 *Kunstgeschmiedetes Schwert, als Ehrengabe der Stadt Frankfurt am Main am 4. November 1933 überreicht.*

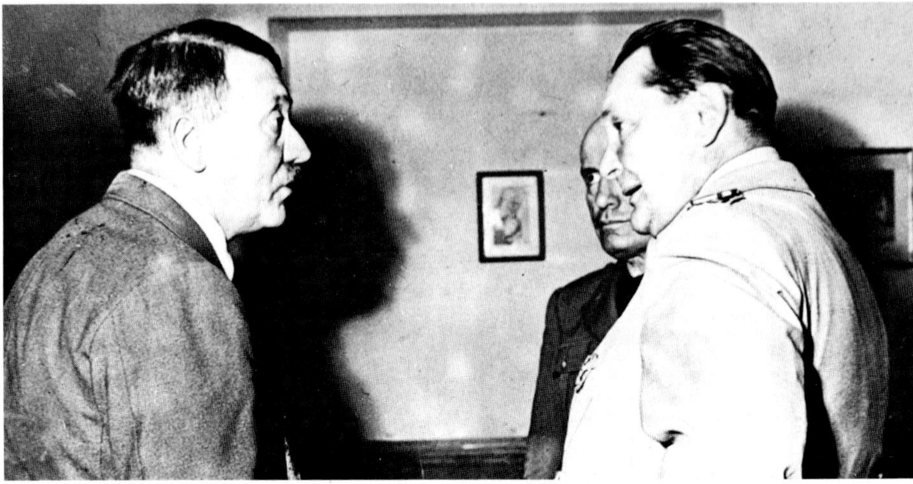

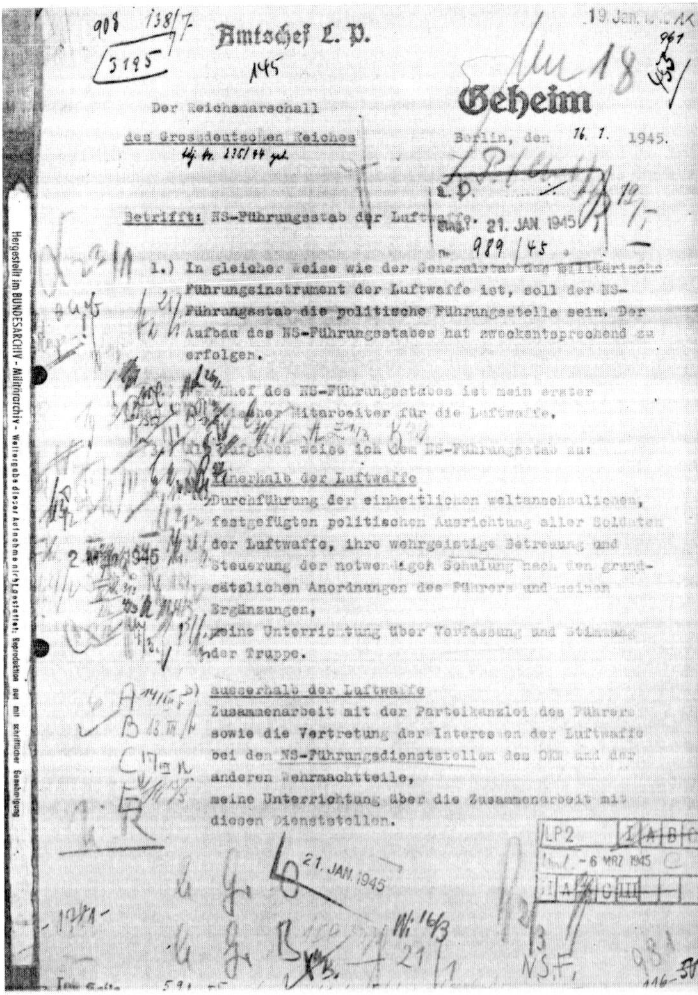

Amtschef L. P.

Der Reichsmarschall

des Grossdeutschen Reiches

Geheim

Berlin, den 16. 1. 1945.

Eing.: 21. JAN. 1945

Betrifft: NS-Führungsstab der Luftwaffe

1.) In gleicher weise wie der Generalstab das militärische Führungsinstrument der Luftwaffe ist, soll der NS-Führungsstab die politische Führungsstelle sein. Der Aufbau des NS-Führungsstabes hat zweckentsprechend zu erfolgen.

2.) Der Chef des NS-Führungsstabes ist mein erster politischer Mitarbeiter für die Luftwaffe.

3.) Die Aufgaben weise ich dem NS-Führungsstab zu:

a) innerhalb der Luftwaffe

Durchführung der einheitlichen weltanschaulichen, festgefügten politischen Ausrichtung aller Soldaten der Luftwaffe, ihre wehrgeistige Betreuung und Steuerung der notwendigen Schulung nach den grundsätzlichen Anordnungen des Führers und meinen Ergänzungen,

meine Unterrichtung über Verfassung und Stimmung der Truppe.

b) ausserhalb der Luftwaffe

Zusammenarbeit mit der Parteikanzlei des Führers sowie die Vertretung der Interessen der Luftwaffe bei den NS-Führungsdienststellen des OKW und der anderen Wehrmachtteile,

meine Unterrichtung über die Zusammenarbeit mit diesen Dienststellen.

21. JAN. 1945

50 *20. Juli 1944 Führerhauptquartier Wolfsschanze bei Rastenburg in Ostpreußen. Nach dem Attentat: Hitler, Mussolini, Göring.*

51 *Ein Erlaß des Reichsmarschalls vom 16. Januar 1945.*

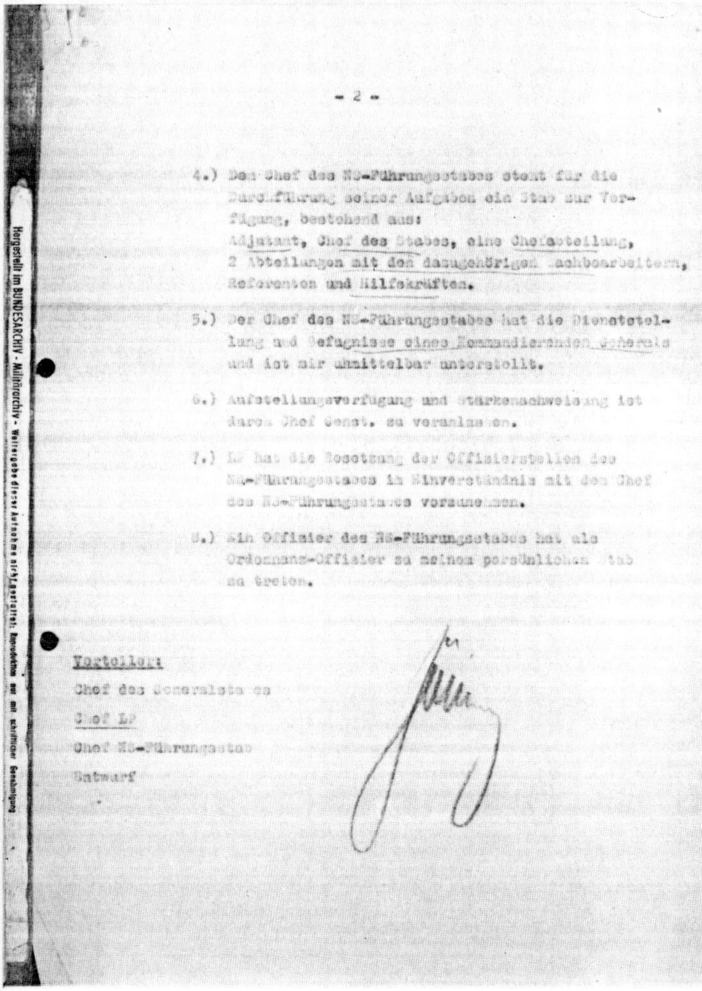

- 2 -

4.) Dem Chef des NS-Führungsstabes steht für die Durchführung seiner Aufgaben ein Stab zur Verfügung, bestehend aus:
Adjutant, Chef des Stabes, eine Chefabteilung, 2 Abteilungen mit den dazugehörigen Sachbearbeitern, Referenten und Hilfskräften.

5.) Der Chef des NS-Führungsstabes hat die Dienststellung und Befugnisse eines Kommandierenden Generals und ist mir unmittelbar unterstellt.

6.) Aufstellungsverfügung und Stärkenachweisung ist durch Chef Genst. zu veranlassen.

7.) LP hat die Besetzung der Offizierstellen des NS-Führungsstabes im Einverständnis mit dem Chef des NS-Führungsstabes vorzunehmen.

8.) Ein Offizier des NS-Führungsstabes hat als Ordonnanz-Offizier zu meinem persönlichen Stab zu treten.

Verteiler:
Chef des Generalstabes
Chef LP
Chef NS-Führungsstab
Entwurf

52 Der Hauptangeklagte betritt den Gerichtssaal in Nürnberg zur Urteilsverkündung.

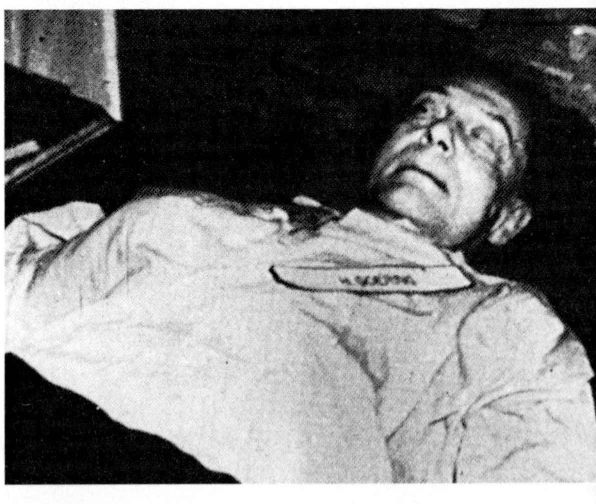

53 Hermann Görings Leichnam am 16. Oktober 1946 im Nürnberger Kriegsverbrechergefängnis.

Ende 1943 ergab sich Göring in das Schicksal, das er einst gewählt und das er später zu ändern gesucht hatte.
Es blieb stets sein Stolz, neben Hitler gestanden zu haben, nicht unter ihm, und er wußte, daß er gerade von dieser Stellung her bei den Deutschen jener Jahre Respekt und sogar Zuneigung gewonnen hatte.
Obwohl er nun wußte, daß Hitlers Weg in den Untergang führte, wollte er bis zuletzt gehorsamster Reichsmarschall des Großdeutschen Reiches bleiben, Hitlers getreuer Paladin bis in den Abgrund, der sich öffnete.
Er hatte Hitler Treue geschworen, als beide auf dem Wege zur Macht waren; nun blieb ihm nur übrig, sie zu halten und auf den Tag zu warten, da er endlich die Nachfolge antreten könnte, auf die er solange gewartet hatte.
In einem Deutschland unter Göring statt Hitler wäre der Nationalsozialismus »abgeflacht«, wie Speer später meinte.
Vielleicht hätte es ihn unter ihm gar nicht mehr geben können. Aber das sind Spekulationen, die ins Nichts führen.

31. KAPITEL

Dem Jüngsten Gericht entgegen

Als Göring am 12. Januar 1944 seinen Geburtstag feierte - er war jetzt 51 Jahre alt - erhielt er, wie es üblich geworden war, kostbare Geschenke. Seine Panzerdivision »Hermann Göring« zweigte aus den Kunstschätzen, die im Kloster von Monte Cassino aufbewahrt und von ihr evakuiert wurden, fünfzehn Kisten von den zweihundert ab, die in den Vatikan transportiert wurden. Die Kunstschätze waren zum größeren Teil aus Neapel in das Kloster gebracht worden.
Göring lehnte dieses Geschenk ab; er wollte sogar seine Leute bestrafen. Die Kisten wurden in Höhlen bei Alt-Aussee in den Alpen vor Bombenangriffen in Sicherheit gebracht. Göring begann jetzt auch, Kostbarkeiten aus seinen Landsitzen und Schlössern in Luftschutzbunkern zu bergen. Im unterirdischen Hauptquartier der Luftwaffe, das Göring schon 1934 im Ehrenpfortenberg bei Potsdam errichten ließ, häuften sie sich in den Bunkergängen. Dort standen darum auch seit April 1943 die Särge der beiden preußischen Könige aus der Garnisonkirche. Die Stadt Berlin, die ihm 1942 noch ein Gemälde von Tintoretto zum Geburtstag geschenkt hatte, das fast eine Viertelmillion Mark wert war, brachte es 1944 nur noch zu einem Gemälde aus der Schule des Antonio Moro, das etwa zehn Prozent des Tintoretto kostete.
Berlin hatte unter furchtbaren Luftangriffen zu leiden, deshalb war man wohl etwas zurückhaltender geworden.
Göring besaß jetzt fünf Rembrandts, Bilder von Rubens, Velasquez, Fragonard, Frans Hals, van Dyck, van Eijck, Boucher, Goya, den beiden Cranachs.
Im Gegensatz zu Hitler, der seine Bilder in Kisten verpackt ließ, umgab sich Göring mit ihnen, er wollte sie sehen, mit ihnen leben, solange das noch möglich war,
217 große Alben enthielten Fotos seiner Bilder und Kunstschätze; in Carinhall hütete er diese Dokumentation seiner Sammelleidenschaft; mit der Spielzeugeisenbahn, die im Dachgeschoß untergebracht war, hatte er nichts mehr vor. Er zeigte sie nur noch selten sei-

nen Gästen, aber die Bilder, die an den Wänden hingen, wies er ihnen stolz vor. Verwaltet wurden sie von dem Kunsthändler Hofer, der Görings Haupteinkäufer war, und der Bibliothekarin Gisela Limberger.
Napoleon hatte einst Kunstwerke aus allen Ländern, die er besiegte, in den Louvre nach Paris bringen lassen. Göring ließ Kunstwerke aufkaufen oder sich schenken. Über sie hatte er noch Macht, in sie konnte er sein Ego, auch seine geschundene Seele, versenken, wobei ihm noch die Machtfülle erhalten blieb, die ihm auf anderen Gebieten längst genommen worden war. Er konnte sich als Herr über Kunstwerke fühlen; das war seine letzte Ausübung von Macht. Er war besorgt, daß Bomben die Kunstwerke wie die Dome und Städte seines Landes zerstören könnten. Bomben verschonten Carinhall, Veldenstein und den Obersalzberg; Göring mußte annehmen, daß er mit seinen Schätzen vom Feind respektiert werde.
Veldenstein ließ er auch 1944 weiter ausbauen; er hielt sich jetzt dort öfter und länger auf. Als Kind hatte er dort Gehorchen gelernt, auch wenn ihm das nicht paßte. Nun mußte er dem Mann gehorchen, durch den das Reich zerstört wurde.
In einem Zustand zwischen Aufputschung durch die regelmäßige Einnahme der Paracodein-Tabletten und nachfolgender Erschlaffung hatte er die Ereignisse zu ertragen. Dabei wurde er bösartig gegenüber Untergebenen, die er dann sofort wieder um Verzeihung bat. Er war körperlich und seelisch krank. Die Zermürbung der Bevölkerung und Zerstörung der Städte durch die Übermacht der alliierten Luftwaffen dauerte an, aber das Ziel, die Deutschen von ihren Führern zu trennen, wurde nicht erreicht. Je brutaler der Luftkrieg gegen die Bevölkerung wurde, desto stoischer ertrug sie ihn. Am 20. Februar 1944 begann die »Big Week«-Offensive der alliierten Luftstreitkräfte, in der zur Vorbereitung der Invasion in der Normandie die Luftfahrtindustrie und damit die Luftwaffe vernichtet werden sollte.
Am 24. Februar zog sich Göring für einen dreiwöchigen Urlaub auf Burg Veldenstein zurück. Umgeben von einem kleinen Führungsstab hielt er sich in dem Biedermeier-Haus auf, telefonierte mit seinen Generalen, drohte und lobte, wenn es seinen Jagdfliegern gelang, höhere Abschußzahlen als früher bei den Luftangriffen auf Berlin und Nürnberg zu erzielen.
Am 4. März suchten ihn Milch und Saur, Speers Stellvertreter, auf, um ihm zu melden, beide hätten mit Speer den »Jägerstab« nach

dem Muster des »Ruhr-Stabs« errichtet, der sich bei der Reparatur von Verkehrseinrichtungen im zerbombten Ruhrgebiet bewährt hatte. Der »Jägerstab« wollte für viele neue Flugzeuge sorgen, die in unterirdischen Fabrikationsstätten entstehen sollten. Göring kritisierte, daß die Luftfahrtindustrie sich viel zu langsam unter die Erde begab. Während Görings Urlaub brachen in der Nacht vom 24. zum 25. März britische Fliegeroffiziere aus dem Kriegsgefangenenlager »Stalag Luft III« bei Sagan in Schlesien aus. Ohne Göring darüber zu befragen, befahl Hitler, jeden zu erschießen, der wieder eingefangen würde.

Göring nahm am 29. März seinen Dienst als Oberbefehlshaber der Luftwaffe wieder auf. Im Nürnberger Prozeß sagte er: »Ich war nicht anwesend, als der Befehl vom Führer gegeben wurde. Als ich davon erfuhr, protestierte ich auf das heftigste, aber da war es eben schon zu spät. Ich selbst sah es als das schwerwiegendste Ereignis des ganzen Krieges an.« Die Erschießungen dauerten bis 13. April.

Von den ausgebrochenen 75 britischen Fliegeroffizieren wurden 50 erschossen.

Als Göring nach seiner Rückkehr aus dem Urlaub auf dem Obersalzberg davon erfuhr, stellte er Hitler zur Rede, aber einen Gegenbefehl konnte er nicht geben; es war zu spät.

Dies wäre ein Grund für ihn gewesen, mit Hitler zu brechen, doch dazu war er nicht mehr in der Lage.

Emmy Göring schreibt, ihr Mann sei empört gewesen, als er bei ihr in Berchtesgaden von den Erschießungen erfuhr. Es sei am Tage nach ihrem Geburtstag gewesen. Göring habe sich große Sorgen um seine Flieger gemacht, die in englischer Kriegsgefangenschaft waren.

Hitler wird Göring übergangen haben, als er den Befehl erließ, weil er befürchten mußte, daß Göring sich endlich einmal ihm nicht mehr fügen würde. Er hätte einen Prestigeverlust erlitten, wenn er Göring seiner Ämter enthob, was die Folge eines Ungehorsams des Reichsmarschalls hätte sein müssen.

Trotz aller Konflikte, die er mit Göring hatte, legte er Wert darauf, daß Göring für die Deutschen und deren Feinde blieb, was er gewesen war.

Anfang April befahl Hitler, ein neues Führerhauptquartier bei Waldenburg in Schlesien zu bauen, das soviel Tonnen Beton und Stahl verschlingen würde wie das Jahreskontingent für öffentliche Luftschutzbauten im Reich.

Schlesien hatte noch keine Luftangriffe und Luftalarme erleben müssen.
Bald darauf wurde der Bau öffentlicher Luftschutzräume durch den Staat eingestellt. Die Leute sollten sich selbst helfen.
Später wurde geschrieben, es sei eine unwirkliche Welt gewesen, in der Hitler vor der Invasion in Frankreich noch ruhelos seinen Willen durchsetzte.
Aber sie war sehr wirklich, und jede Maßnahme, die er traf, hatte ihre Folgen für die Menschen.
Auf Veldenstein erfuhr Göring am 6. Juni von der Invasion in der Normandie; er reiste sofort zu einer Lagebesprechung ins Schloß Kleßheim bei Salzburg. Seine Luftwaffe konnte nur mit wenigen Flugzeugen am ersten Tag der Invasion eingreifen. Die Alliierten zählten dreißig deutsche Luftangriffe von Jägern und Bombern. 319 Flugzeuge sollten beteiligt gewesen sein.
Die Me 262, Hitlers Schnellbomber, war noch immer in der Erprobung. Als Jagdflugzeug durfte das Düsenflugzeug nicht eingesetzt werden, da Hitler es verboten hatte.
Am 7. Juni befahl Göring, alle Flugzeuge der Reichsverteidigung nach Frankreich zu verlegen. Das scheiterte zum Teil an technischen Mängeln und der Luftherrschaft der Alliierten. Im Juni wurde das Flugbenzin knapp, da im Mai die Hydrierwerke bombardiert worden waren, die es herstellten. Göring mußte es sich gefallen lassen, daß Hitler ihn bei einer Lagebesprechung im Berghof fragte, ob er mit seiner Luftwaffe einen Rückversicherungsvertrag beim Feind abgeschlossen habe.
Am 12. Juni begann der Beschuß Londons mit der »Fliegenden Bombe«, der V 1 (Vergeltungswaffe = V), die von der Luftwaffe in Peenemünde entwickelt worden war. Dort war auch die V 2 als Waffe des Heeres unter Mitarbeit von Wernher von Braun entstanden, eine Rakete, die Sprengstoff trug und aus der später die Weltraumraketen der Amerikaner und Russen werden sollten.
Am 20. Juni wurde die Luftrüstung an Speer übertragen; Feldmarschall Milch verlor sein Amt als Generalluftzeugmeister, aber er blieb Generalinspekteur der Luftwaffe; Hitler wollte keine aufsehenerregenden Veränderungen, die dem Feinde bekannt werden könnten. Das Technische Amt, nun »Technische Luftrüstung« genannt, fiel an Oberst Diesing, der zu Görings kleinem Führungsstab auf Burg Veldenstein gehörte. Von der Ernennung eines neuen Staatssekretärs für die Luftfahrt sah Göring ab; es hatte keinen Zweck

mehr. Den Rest, der noch blieb, wollte er allein besorgen. Die Verschwörer aus dem Heer, die im Juli 1944 das Attentat auf Hitler wagen wollten, bezogen auch Göring und Himmler in ihre Planungen ein. Sie sollten gemeinsam mit Hitler getötet werden, Göring als Nachfolger des Führers, Himmler als Machthaber über Polizei und SS und die Konzentrationslager.

Oberst Graf Stauffenberg sah dafür am 11. Juli die Gelegenheit, als er Vortrag im Berghof Hitlers hielt. Da aber nur Göring dabei anwesend war, nicht Himmler, sah er von dem Attentat ab. Vier Tage später war er wieder auf dem Berghof, wiederum waren die drei nicht beisammen, die in die Luft gesprengt werden sollten. Daraufhin entschloß sich der Kreis der Verschwörer um Stauffenberg, Hitler zu beseitigen, ohne noch auf die Teilnahme von Göring und Himmler an einer Lagebesprechung zu warten.

Als Oberst Graf Stauffenberg am 20. Juli in der Lagebaracke des Führerhauptquartiers Wolfsschanze die Bombe legte, hielt sich Göring im Reichsjägerhof in der Rominter Heide auf. Dort wurde es Zeit, die Sachen zu packen, denn die sowjetischen Armeen näherten sich der Grenze Ostpreußens. Durch das Attentat wurde Görings Generalstabschef General Korten getötet, sein Freund General Bodenschatz wurde verwundet.

Mit Mussolini, der nach dem Attentat mit einer Delegation zu einem Besuch eingetroffen war, sah Göring sich die verwüstete Lagebaracke an. Dann tranken sie im größeren Kreise Tee, wobei Göring den Außenminister v. Ribbentrop wütend dafür verantwortlich machte, daß er 1939 den Deutschen den Krieg »auf den Hals geladen« habe, den er selbst mit Hilfe von Dahlerus vermeiden wollte. Unbeherrscht nannte Göring den Außenminister: »Sie Sektvertreter!« und »Ribbentrop«, worauf dieser erwiderte, er heiße von Ribbentrop.

Göring hatte 1933 bei der Übernahme des Amtes des preußischen Innenministers eine Akte vorgelegt bekommen, nach der Ribbentrop sich das Adelsprädikat 1931 von einem armen Verwandten gekauft habe.

Abends rief der Reichsmarschall die Befehlshaber seiner Luftflotten an und befahl ihnen, jeden aufzuhängen, der bei ihnen als »Vertreter der neuen Regierung« erschiene. Wäre Hitler getötet worden, so hätte Göring die Nachfolge angetreten, aber Himmler sagte später, er hätte dafür gesorgt, das dies nicht geschehen wäre.

Am 23. Juli überraschte Göring Hitler mit dem Vorschlag, den

»Deutschen Gruß« an Stelle der Ehrenbezeigung durch Anlegen der rechten Hand an die Kopfbedeckung in der Wehrmacht einzuführen. Dieser unmilitärische Gruß wurde nun von Hitler befohlen.
Nach diesem Vorschlag sagte Göring, er habe eine Halsentzündung, und meldete sich zu einem Krankheitsurlaub nach Carinhall ab.
Den Monat August verbrachte Göring in Carinhall. Galland schreibt: »Er hatte sich ›krankheitshalber‹ zurückgezogen. Der wirkliche Grund dürfte sein Zusammenbruch unter den Vowürfen gewesen sein, die gegen ihn und die Luftwaffe erhoben wurden. Er hatte sich bis zum letzten Augenblick bemüht, die wirkliche Lage nach oben zu verschleiern. Nun gab es nichts mehr zu beschönigen oder zu verheimlichen. Nun sprachen die nackten Tatsachen des Luftkrieges ihre reale und unerbittliche Sprache. Mit Göring war nicht mehr zu rechnen.«
Im August begann der Rückzug aus Frankreich, bei dem es auch in der Luftwaffe zu schlimmen Bildern der Desorganisation und Verzweiflung kam. Dadurch wurde auch Görings Eitelkeit tief getroffen. Die Luftwaffe hatte sich tapfer geschlagen, er war auf seine Soldaten stolz gewesen, nicht zuletzt, da die Luftwaffe mit dem 20. Juli nichts zu tun hatte. Jetzt konnte er seine Soldaten nicht mehr vor Hohn und Spott der anderen Wehrmachtteile bewahren. Es wurde angenommen, Eisenhowers Expeditionsarmeen würden bald am Rhein erscheinen, aber das trat nicht ein. Göring stellte am 4. September 6 Fallschirmregimenter, die sich in der Ausbildung befanden, zur Verfügung des neuernannten Oberbefehlshabers West, Feldmarschall v. Rundstedt, dazu noch einige Tausend Mann aus Genesenden, fliegendem Personal und Bodenpersonal. Generaloberst Student stellte mit diesen Soldaten die 1. Fallschirmjäger-Armee auf, die eine Frontlücke schloß.
Der Inspekteur der Jagdflieger, General Galland, kümmerte sich um die Jägerreserve, die er Göring vorgeschlagen hatte. Piloten wurden ausgebildet, ihre Zahl wuchs ständig. Göring mußte sich vorwerfen lassen, er wolle seine Piloten vor dem Heldentod bewahren, und vielleicht dachte er auch im Innersten seiner Seele daran, denn der Krieg war verloren, sein Ende schien kurz bevorzustehen.
Ende August hatte er in Carinhall Gustaf Gründgens zu Besuch. Dieser brachte ihm eine neue Hiobsbotschaft. Gründgens hatte sich 1943 freiwillig zur Luftwaffe gemeldet, Göring ließ ihn in Utrecht bei der Ausbildungseinheit eines seiner Luftwaffenregimenter dienen, wo er es bis zum Wachtmeister brachte. Gründgens wollte sich so

den Gefahren entziehen, die er von der Gestapo für seine Person und seine eigenwilligen Handlungen, die Göring gedeckt hatte, befürchtete.
Die Geschäfte des Generalintendanten führte er während dieser Zeit in Luftwaffenuniform nebenbei.
Im Frühjahr 1944 hatte ihn Göring wieder ganz nach Berlin geholt, um ihn »Die Räuber« von Schiller inszenieren zu lassen. Er hatte ihm Schloß Bellevue als Wohnsitz zugewiesen. »Die Räuber« wurden, mit Gründgens als Franz Moor, im von den Luftbombardements gepeinigten Berlin die letzte Gründgens-Inszenierung.
Aus dem Mephisto war Franz, die Kanaille, geworden, die auf der Bühne im Haus Am Gendarmenmarkt vom Jüngsten Gericht sprach: »Plötzlich traf ein ungeheurer Donner mein schlummerndes Ohr, und siehe, da war mir's, als säh' ich aufflammen den ganzen Horizont in feuriger Lohe, und Berge und Städte und Wälder wie Wachs im Ofen zerschmolzen – und das nackte Gefild begann zu kreißen und aufzuwerfen Schädel und Rippen und Kinnbacken und Beine, die sich zusammenzogen in menschliche Leiber und daherströmten unübersehbar, ein lebendiger Strom.«
Das wurde zur Abschiedsbotschaft an die Berliner und Göring, der über die Preußischen Staatstheater seine schützende Hand gehalten hatte.
Die Hiobsbotschaft, die Gründgens jetzt für Göring hatte, kam aus dem Propagandaministerium: Alle deutschen Theater würden geschlossen, die Theaterleute in den Krieg geschickt oder in Rüstungsfabriken. Davon erfuhr Göring durch seinen Generalintendanten, nicht durch Goebbels, der diese Anordnung veranlaßt hatte. Gründgens hoffte, daß bei den Preußischen Staatstheatern eine Ausnahme gemacht würde, da sie Göring unterstanden, aber Göring war hier wie in vielen anderen Dingen machtlos geworden. Er konnte nur noch dafür sorgen, daß die Schauspieler eigene Leseabende abhalten durften, wenn sie nicht fronttauglich waren.
So brach auch sein theatralisches Traumreich zusammen, das große deutsche Schauspielkunst aufgebaut hatte. Nachdem er den Dienst im September wieder angetreten hatte, hielt er Distanz von Hitler in der Wolfsschanze. Sein neuer Generalstabschef General Kreige fiel dort in Ungnade. Hitler wollte im September dem Generalobersten Ritter von Greim die Führung der Luftwaffe übergeben, der dies jedoch ablehnte, da Hitler Göring formell als Oberbefehlshaber der Luftwaffe behalten wollte. Zu seinem Luftwaffenadjutanten sagte

Hitler, er könne Göring nicht fallen lassen, seine Verdienste seien einmalig, und es könne sein, daß er ihn noch einmal brauche.
Mitte September scheiterte eine groß angelegte Luftlandung am Niederrhein in Holland, durch die sich die Alliierten den Weg ins Ruhrgebiet öffnen wollten. Es sah nun aus, als würde der Krieg noch dauern. Hitler ließ die Ardennenoffensive vorbereiten, für die er Görings und Gallands Jägerreserve brauchte.
Für den Endkampf, der bevorstand, wurde im September 1944 bei Modlin in Polen das Fallschirm-Panzerkorps »Hermann Göring« gebildet, das - wie »Großdeutschland«, »Feldherrnhalle« und das XXIV. Panzerkorps unter General Nehring – nur geschlossen eingesetzt werden sollte; deshalb erhielt es starke Korpstruppen. Zu ihm gehörten die Panzerdivision »Hermann Göring« und die Fallschirm-Panzergrenadierdivision 2 »Hermann Göring«. Hervorgegangen waren diese »HG«-Verbände, die dem Heer zur Verfügung gestellt wurden, aus dem »Regiment General Göring«, das am 24. September 1935 aus der preußischen Landespolizei in die Luftwaffe übernommen worden war. Daraus wurden am 1. März 1941 das verstärkte Regiment (mot.) »Hermann Göring«, im Juli 1942 die Brigade »Hermann Göring«, im Oktober 1942 die Panzerdivision »Hermann Göring«. Der »Fallschirm«-Zusatz in der Benennung entsprach nicht der Ausbildung; es waren keine Fallschirmspringer in diesen Verbänden.
Für Görings persönliche Verwendung und seinen Schutz gab es das Wachbataillon »Hermann Göring«, aus dem das Begleitregiment »Hermann Göring« wurde. Es ist aufgeteilt worden, so daß Ende 1944 ein neues Begleitbataillon »Hermann Göring« aufgestellt werden mußte, auf das sich Göring in Carinhall verlassen konnte. Es hat dann auch Ende April 1945 die Sprengung des Landsitzes in der Schorfheide und des Mausoleums durchgeführt.
Das Panzerkorps »Hermann Göring« gehörte im Oktober zu den deutschen Truppen, die unter Generaloberst Reinhardt den ersten Einbruch der Roten Armee in Ostpreußen erfolgreich abwehrten. Eine sowjetische Gardearmee wurde abgefangen und zum Rückzug gezwungen. Besonders schwere Kämpfe fanden zwischen Surdauen und Schirwindt sowie zwischen der Rominter Heide, wo sich der Reichsjägerhof Görings befand, und Ebenrode statt.
Goldap fiel in Feindeshand. In der wiedereroberten Ortschaft Nemmersdorf fanden Soldaten des Panzerkorps »Hermann Göring« gräßlich verstümmelte Leichen von Zivilisten, die von den Rotarmi-

sten zurückgelassen worden waren. Die Greueltaten der Roten Armee in Nemmersdorf wurden in der Deutschen Wochenschau und der Presse verbreitet, damit jeder vor Augen hatte, was im deutschen Osten mit Zivilisten geschehen konnte.
Ein Offizier der Luftwaffe schrieb über das Grauen von Nemmersdorf: »Die in dem Dorf überraschten Frauen, darunter auch einige Ordensschwestern, wurden durch die Russen zusammengetrieben, vergewaltigt und übel zugerichtet. Dann sind die Frauen auf bestialische Art erstochen oder erschossen worden.«
Göring hatte den Reichsjägerhof ausräumen lassen; er war sein Refugium gewesen, das er nun aufgeben mußte. Möbel wurden, wie früher schon, ausgebombten Deutschen geschenkt, vor allem Schauspielern in Berlin.
Bevor die Rote Armee den Reichsjägerhof erreichte, ließ Göring eine Kette von drei Flugzeugen des Typs FW 190 von dem Feldflugplatz Gerdauen starten, um seinen Jagdhof zusammenzubomben. Die Russen sollten nur noch Trümmer vorfinden. Bei ihrer Rückkehr empfing er die Piloten auf dem Feldflugplatz, drückte jedem die Hand, wie er es oft nach Feindflügen getan hatte, und verlieh ihnen das Eiserne Kreuz I. Klasse. Von den jungen Piloten wurde er gefragt, wie es um den Krieg stünde, worauf er erwiderte, der Krieg sei verloren, Wunderwaffen gebe es nicht. Die Piloten waren davon beeindruckt; es war für sie das erste Mal, daß ein höherer Vorgesetzter zugab, daß der Krieg verloren sei. Und Göring war Oberbefehlshaber der Luftwaffe!
Daß ausgerechnet ein Panzerkorps »Hermann Göring« in der Rominter Heide kämpfte, gehörte zu den Kriegsläuften, aber es liegt doch eine Symbolik darin. Görings Jagdgebiet war zum Schlachtfeld geworden, auf dem »H.G.«, wie das Panzerkorps abgekürzt genannt wurde, das letzte Wort sprach. Im Oktober 1944 war Hitler endlich bereit, die Me 262 als Jagdflugzeug verwenden zu lassen. Als Jagdbomber oder bombentragendes Schlachtflugzeug hatte sich die Me 262 nicht bewährt, da die abgeworfenen Bomben mangels eines der Geschwindigkeit angepaßten Zielgeräts ihre Ziele weit verfehlten. Das Jagdgeschwader 7 erhielt die Düsenjäger. Der Jagdbombereinsatz, den Hitler wollte, war nicht zustande gekommen. Göring hatte sich noch im September 1944 dafür eingesetzt, die He 162 als »Volksjäger« zu verwenden, die einfach und billig in Massen produziert werden sollte. In diesem Düsenflugzeug sollten junge, kaum ausgebildete Piloten sich in die alliierten Bomberströme stürzen.

Göring hielt im Oktober 1944 in Berlin-Wannsee eine Stabsbesprechung ab, auf der er seine Kommandeure tadelte und auch beschimpfte. Er ließ die Rede auf Schallplatte aufnehmen und an die Fliegerhorste verteilen, wo man sie abhören mußte. Das führte dazu, daß Auflehnung und Erbitterung in der Luftwaffe wuchsen.
Am 30. Oktober besuchte er noch einmal Peenemünde auf der Ostsee-Insel Usedom, um sich die Flakrakete, auch »Wasserfall« genannt, vorführen zu lassen. Sie wurde nach optischer Sicht ferngesteuert und hatte einen Wirkungsbereich von 26 km Radius und 18 km Höhe. Die Entwicklung war noch nicht beendet, bisher hatte man mit ihr 600 m/sec Fluggeschwindigkeit erreicht. Er fand dort viele Vertreter des Munitionsministeriums und der Luftwaffe vor. General Dornberger, der Heeres-Chef der Versuchsanstalt, empfing ihn. »Er hatte sich so verändert, daß mir seine Erscheinung (gegenüber Frühjahr 1939) unfaßbar war«, schreibt Dornberger. »Knallrote, weiche, saffianlederne Reitstiefel mit silbernen Sporen zogen zunächst den Blick an. Göring trug einen dicken, mit Fellen nach außen getragenen, weiten und langen Pelzmantel aus australischem Opossum. Als der schwere Mann, auf kleinen Füßen unsicher gehend, auf mich zukam und dabei den offenen Mantel zur Seite klappte, sah ich seine hellgraue Fliegeruniform, den Pour le mérite und das Großkreuz des Eisernen Kreuzes. Eine fast weiße, hellgraue Fliegermütze und der Interimsstab zum Marschallstab ergänzten seinen phantastischen Aufzug. Platinringe mit riesigen, tiefroten, in ihrer Klarheit leuchtenden Rubinen glänzten an seinen weichen, dickfingrigen Händen. Seine einst energischen Gesichtszüge waren schlaff, apathisch und erschreckend aufgeschwemmt. Helle, jedoch unruhige Augen sahen mich an. Ich hatte den Eindruck eines an allem Geschehen uninteressierten, energielosen und gesättigten Genußmenschen.«
Bei der Vorführung sollte entschieden werden, an welchen Typen von Flugzeugabwehrraketen weitergearbeitet werden konnte. Für Göring war dies alles nur noch Theater, er wußte, daß es dafür zu spät war. In einem Wellblechschuppen wurden die Geräte erläutert. »Er tat so, als ob er die Zeichnungen an den Wänden betrachtete«, schrieb Dornberger, »aber er sah sie gar nicht mehr an. Er war völlig uninteressiert. Ich ging neben ihm her. Alle fünf Minuten etwa begannen sich seine Augen zu drehen, bis man nur noch das Weiße des Augapfels sah. Er schwankte, griff in die Manteltasche, schluckte eine kleine, runde, rosarote Pille. Schlagartig richtete er sich wieder auf

und schien wieder ganz normal. Nach fünf Minuten der gleiche Vorgang.«
Am Ende sagte Göring: »Das habe ich ja alles schon vor dreiviertel Jahren gehört. Zeigen Sie mir, was es Neues gibt.«
Als Göring eine Treppe zum Dach des kleinen Meßhauses der »Wasserfall«-Entwicklung hochstieg, zog er einen schweren Revolver aus der Tasche, warf ihn mehrmals in die Luft und fing ihn wieder auf. Sein Adjutant nahm ihm mit der Bemerkung, sie sei geladen und nicht gesichert, die Waffe ab.
Die abgeschossenen Raketen verschwanden in dem grauen, wolkenbedeckten Himmel nach wenigen Sekunden, worauf Göring rief: »Wenn das alles ist, was Sie mir vorführen, dann können Sie mir gestohlen werden. Das habe ich alles schon vor einem Jahr mit genau dem gleichen Erfolg gesehen.« Die nach optischer Sicht arbeitenden elektrischen Fernlenkgeräte hatten keinen Einfluß auf die Raketen.
Darauf ließ er sich eine A 4, die V 2, vorführen.
Dornberger schrieb: »Er benahm sich wie ein aufgeregtes Kind. Immer wieder sah er durch das Doppelglas. Dann schließlich stieg Qualm im Wald auf. Das Dröhnen der kleinen Brennstufe wurde hörbar, und unter grollendem Donner stieg die Rakete senkrecht in die Höhe. Der Umlenkbogen setzte ein, und der Flugkörper verschwand in östlicher Richtung in den Wolken. Lachend drehte sich Göring um. Sein Riesenmantel umfing mich. Er drückte mich an sich, klopfte mir auf den Rücken und sagte: ›Das ist ganz groß. Das ist etwas für den ersten Parteitag nach dem Kriege‹.«
Er fuhr dann zur Versuchsstelle der Luftwaffe in Peenemünde West, um sich von Dr. Kramer von der Ruhrstahl AG über eine kleine, durch Draht gesteuerte, von Bord eines Flugzeuges abzufeuernde Flugzeugabwehrrakete X 4 vortragen zu lassen. »Herr Reichsmarschall, ich muß Ihre Entscheidung heute haben«, sagte Dr. Kramer, »damit die X 4 nunmehr in die höchste Dringlichkeitsstufe eingereiht wird. Ich muß diese Entscheidung haben, sonst können wir die Entwicklung nicht abschließen.«
Göring antwortete nur resigniert lächelnd: »Was hat es für einen Zweck, wenn ich es Ihnen zusage? Bis ich nach Hause komme, hat bestimmt wieder irgendeine Abteilung meines Generalstabes meinen Entscheid aufgehoben. Ich habe in meinem eigenen Laden nichts mehr zu sagen.«
Im November 1944 wurde General Koller Görings Generalstabschef, ein ruhiger, beherrschter Offizier, der ihn nun bis zum Ende

begleiten sollte. Es flogen auch endlich in diesem Monat vierzig zweistrahlige Düsenjäger Me 262 unter Major Nowottny, der am 8. November von einem Feindflug nicht zurückkehrte. Der Verband wurde aufgelöst.

Es lag in jenem Herbst des Dritten Reiches nahe, daß sich der Reichsmarschall selbst an die Front begab, um dort seine Pflicht zu erfüllen, nachdem seine Luftwaffe längst geschlagen worden war. Göring wollte das auch. Im September 1944 sagte er Hitler, er wolle jetzt zur 1. Fallschirmarmee an die Front im Westen gehen, dort sei sein Platz. Doch Hitler verbot es ihm. Er wollte nicht, daß sein Nachfolger in Kriegsgefangenschaft fiel oder getötet wurde.

Im November 1944 wurde Carinhall der letzte militärische Gefechtsstand Görings. Dort hatte er seine Frau und Edda bei sich. Den Einfluß, den beide auf ihn hatten, sollte Hitler im Februar 1945 gegenüber Goebbels als schädlich bezeichnen. Emmy Göring sei keine Nationalsozialistin und Göring kein Revolutionär, sondern ein Bourgeois. Zu einem »Gerichtstag« befahl Göring am 11. November 1944 alle hoch ausgezeichneten Verbandsführer der Luftwaffe in die Luftkriegsschule Berlin-Gatow. Die »Aussprache« war für zwei Tage angesetzt. Johannes Steinhoff schreibt: »Eine illustre Versammlung von Männern, die dem Volk als ›Helden‹ bekannt waren, deren Konterfeis in den Illustrierten, in Groschenheften und Wochenschauen vom Propaganda-Apparat unermüdlich präsentiert wurden. Gut aussehende, meist blutjunge Männer. Die Herbstsonne spiegelte sich in den Dekorationen, die sie am Hals oder auf der Brust trugen. Man hatte sie sorgfältig ausgesucht - die ›Höchstdekorierten‹ der Luftwaffe und die Waffengenerale der Bomber, Jäger und Aufklärer.

Ich stand neben Lützow und dem General der Jagdflieger (Galland). Dieser trug die Uniformjacke in einer modischen Variante, nämlich hochgeschlossen. Aber er trug keine Auszeichnung.« Steinhoff schildert dann den Anblick Görings: »Er trug die taubenblaue Uniform (Reichsmarschall-Privileg) mit den breiten, weißseidenen Aufschlägen und - zu meiner Enttäuschung - lange Hosen. Der dicke Mann zwängte sich zwischen die Seitenlehnen eines Sessels und ›ließ sich nieder‹. Und schon öffnete er den breiten, energischen Mund und begann mit seiner sonoren Trompetenstimme den Raum zu füllen.

›Meine Herren, diese Versammlung ist ein Areopag, aber beileibe kein Scherbengericht. Ich erwarte von Ihnen, die Sie meine Tapfer-

sten und Erfolgreichsten sind, daß Sie kritisch zu allem Stellung nehmen, was in unserer Waffe – Ihrer Meinung nach – nicht in Ordnung ist, verbessert werden sollte.
Aber Ihre Kritik hat vor der Spitze der Luftwaffe haltzumachen – Ihrem Oberbefehlshaber. Hier steht nichts zur Diskussion, denn: Habemus papam.
Sie sollen mir helfen, den Ruf der Luftwaffe wiederherzustellen. Das deutsche Volk erwartet das, denn wir haben versagt, unglaublich versagt . . .«
In Steinhoffs Erinnerung sah Göring damals so aus: »Seine Wangen waren rosig und die Augen, die in der großen Fläche des breiten Gesichts zu klein wirkten, fingen an zu leuchten. Es war der Mund dieses Mannes, der mich stets gefesselt hatte, dieser energische, riesige Mund über dem brutalen Kinn. Die Lippen waren schmal und in den Mundwinkeln eingezogen. Der Mund eines Willensmenschen, aber zugleich ein sinnlicher, genießender Mund.«
Nach Görings Einleitungsansprache blieben die Fliegeroffiziere unter sich. Da sie den Reichsmarschall nicht kritisieren durften, gab es nur ideologisch gefärbte Diskussionsbeiträge, die darin mündeten, ein »Glaubensbekenntnis zum Nationalsozialismus« zu unterschreiben. Da die Fliegeroffiziere glaubten, für Deutschland zu fliegen, nicht für eine Partei und ihre Weltanschauung, fanden sie mit wenigen Ausnahmen die Tagung überflüssig. An ihrem Ende schob Galland Oberst Steinhoff einen Zettel zu: »Der Reichsmarschall hat, gedrängt durch den Führer, die Erlaubnis gegeben, das erste Turbinen-Jagdgeschwader aufzustellen. Wollen Sie es führen?«
Steinhoff schrieb auf den Zettel: »Vielen Dank.«
Am 12. November 1944 konnte Galland die Jagdwaffe wieder einsatzbereit melden, deren Ausbildung auf den Einsatz in der Reichsverteidigung abgestellt gewesen war. Das Ergebnis der Bildung der Jägerreserve waren 18 Jagdgeschwader mit 3700 Flugzeugen und Flugzeugführern. Eine solche Streitmacht hatte die Luftwaffe noch nie besessen.
Doch für die Reichsverteidigung war sie nicht bestimmt; ab 20. November 1944 wurden die Geschwader hinter die Westfront verlegt. Sie sollten während der Ardennen-Offensive eingesetzt werden.
»In diesem Augenblick«, schreibt Galland, »brach für mich der Sinn für die Weiterführung des Kampfes zusammen.« Hitlers letzter militärischer Einfall, durch eine große Offensive im Westen die alliierten Armeen entscheidend zu schlagen, um freie Hand gegen den Ost-

gegner zu erhalten, begann nach absoluter Geheimhaltung am 16. Dezember 1944 bei einem trüben Wetter, das die alliierte Luftwaffe von Einsätzen abhielt. Am 24. Dezember klarte der Himmel auf.

»Die Jagdwaffe erhielt ihren Todesstoß in der Ardennen-Offensive«, schreibt Galland. »Unter ungewohnten Verhältnissen, mit mangelnder Ausbildung und Kampferfahrung kam die zahlenmäßige Stärke unserer Jäger überhaupt nicht zur Entfaltung. Sie wurden in der Verlegung, am Boden und in großen Luftschlachten, besonders während der Weihnachtsfeiertage, dezimiert und schließlich aufgerieben.

Den Abschluß dieses tragischen Kapitels bildete das sogenannte Unternehmen ›Bodenplatte‹. In den ersten Stunden des letzten Kriegsjahres, am Morgen des 1. Januar 1945, starteten im Tiefflug, zum Teil mit Nachtjägern und Bombern als Lotsen, sämtliche Jäger zu einem großangelegten und genau vorbereiteten Angriff auf alliierte Flugplätze in Nordfrankreich, Belgien und Holland. Durch diese Aktion sollten die feindlichen Luftstreitkräfte schlagartig gelähmt werden. Bei gutem Wetter wäre der Großeinsatz entsprechend früher gestartet worden.

Wir opferten in diesem Gewalteinsatz unsere letzte Substanz.«

Da aus Geheimhaltungsgründen die V 1-Sperrgebiete mit ihrer Flakabwehr nicht benachrichtigt worden waren, wurden zahlreiche Jagdflugzeuge über ihnen von der eigenen Truppe abgeschossen. Galland nennt einen Verlust von fast 300 Jagdfliegern, darunter 59 Verbandsführern.

Am Neujahrstag 1945 fand sich Göring im Führerhauptquartier »Adlerhorst« in der Nähe von Schloß Ziegenberg in Hessen ein.

Die Ardennen-Offensive war gescheitert, die Aufopferung seiner Jagdflieger umsonst gewesen.

Nicht ein Jagdflieger, sondern ein Stukaflieger, der sowjetische Panzer an der Ostfront abgeschossen hatte, erhielt abends von Hitler den höchsten Tapferkeitsorden, das Goldene Eichenlaub mit Schwertern und Brillanten des Ritterkreuzes: Major Rudel.

Göring bemerkte nach der Verleihung, daß die anwesenden Dönitz, Keitel und Jodl diesen Orden, der nur einmal verliehen worden ist, auch für ihre Leute haben wollten.

Er sagte zu Rudel: »Sehen Sie, wie neidisch die anderen auf mich sind und wie schwierig meine Gesamtsituation ist.«

Er hatte mich gesagt, nicht uns oder Sie.

So eitel blieb er bis zuletzt.
Hitler hatte Rudel befohlen, nicht mehr zu fliegen, aber der Major verweigerte den Befehl und stimmte sogar Hitler um. Göring meinte gegenüber Rudel, daß er um alles in der Welt nicht geglaubt hätte, der Major könnte den Führer umstimmen.
Wann war es ihm selbst je gelungen?
Es war ein Augenblick der Wahrheit für ihn, aber Wahrheiten haben oft ein kurzes Leben.

32. Kapitel

Eine letzte lange Reise

An seinem Mercedes ließ Göring im neuen Jahr das »Uhu« genannte Nachtsichtgerät vor der Windschutzscheibe anbringen, auch Y-Gerät genannt, das im Sommer 1944 in wenigen Panzerkampfwagen eingeführt worden war. Sein Fahrer konnte, mit Hilfe der infraroten Strahlen, nachts bis zu 150 Meter weit die Landstraße erkennen, deshalb fuhr er mit hoher Geschwindigkeit.
Der Reichsmarschall, der neben dem Fahrer saß, hatte die schwarze Nacht vor sich.
Als er am 12. Januar 1945 in Carinhall 52 Jahre alt wurde, gab es keine große Festlichkeit mehr; von niemandem aus Industrie und Wirtschaft, aus den zerstörten Städten und Gauen Großdeutschlands erhielt er kostbare Geschenke. Er bekam nur unangemeldeten Besuch von Erhard Milch, der in seiner Jagdhütte am Stechlinsee wohnte. Milch wollte sich mit Göring wieder verständigen. Er fragte, ob er eine neue Verwendung für ihn habe, aber Göring dachte daran, Bruno Loerzer, der ihn einst zur Militärfliegerei gebracht hatte, zum Generalinspekteur zu ernennen. Der uneingeladene Gast wurde an die Tafel gebeten. Göring sagte: »Die Familie Göring hat immer Wert auf gutes Essen gelegt. Jetzt ist nicht die Zeit, zu fasten. Wir werden bald alle einen Genickschuß bekommen.«
Er brachte auch einen Trinkspruch aus. »Heil Hitler! Gott schütze Deutschland!«
Zu Hitler, der sich noch im »Adlerhorst« aufhielt, fuhr er anschließend, um sich von ihm herzlich, wie v. Below sich erinnert, gratulieren zu lassen.
Es war der Tag, an dem die große Offensive der Roten Armee an der Weichsel begann, die so lange anhielt, bis sie kurz vor Carinhall an der Oder verebbte.
Am 16. Januar 1945 kehrte Hitler in die Reichskanzlei zurück; Göring kam zu den meisten Lagebesprechungen, die er dort noch abhielt.
Göring unterzeichnete an diesem Tage in Carinhall als Reichsmar-

schall des Großdeutschen Reiches einen Befehl, durch den die Luftwaffe einen NS-Führungsstab erhalten sollte. Diese Einrichtung gab es beim OKW, beim Heer und in der Kriegsmarine schon länger; Göring hatte es jedoch abgelehnt, seine Luftwaffe durch die Indoktrinierung bloßzustellen, für ihn war sie selbstverständlich immer nationalsozialistisch gewesen. Er wollte auch nicht, daß sie mit Martin Bormanns Parteikanzlei zusammenarbeiten sollte, wie es den anderen Wehrmachtsteilen befohlen worden war.

Aber nun beugte er sich auch unter dieses Joch. Es hatte ihm nichts mehr zu bedeuten. Er machte den Chef des NS-Führungsstabes der Luftwaffe dafür verantwortlich, daß er allen Soldaten eine »einheitliche weltanschauliche, festgefügte Ausrichtung« vermittle und für ihre »wehrgeistige Betreuung« sorge. Aber er hatte Göring auch über Verfassung und Stimmung der Truppe zu berichten. In seinen persönlichen Stab sollte ein Offizier des NS-Führungsstabes kommandiert werden. Dieser Befehl erreichte die Dienststellen der Luftwaffe mit jener Verzögerung, die damals zur Lage der Dinge gehörte. Die letzten Abzeichnungen von zuständigen Offizieren auf dem Befehl fanden erst Mitte März statt.

Am 16. Januar wußte Göring längst, daß es in der Luftwaffe gärte. Er erfuhr von absichtlichen Verzögerungen bei der Reparatur von Frontflugzeugen auf den Feldflugplätzen durch das Werkstatt-Personal, aber vor allem hatte er eine Verschwörung der Jagdflieger zu fürchten.

Galland war von ihm beurlaubt worden, einen Nachfolger hatte er nicht gefunden. Himmler bemühte sich auffällig um höhere Luftwaffenoffiziere, seine SS erprobte gerade eine senkrecht startende Flugabwehrrakete.

Am 13. Januar waren die Obersten Lützow und Steinhoff von Berlin-Gatow nach Lodz, das Litzmannstadt genannt wurde, geflogen, um den Befehlshaber der Luftflotte an der Ostfront, den rangältesten Jagdflieger des Ersten Weltkrieges, Generaloberst Ritter von Greim, aufzusuchen. So etwas war ungewöhnlich, obwohl sie mit General Koller darüber gesprochen hatten. Sie wollten, daß Greim bei Hitler unter Umgehung Görings vorstellig werden sollte. Sie fragten Greim, der schwere Sorgen wegen der sowjetischen Offensive an der Weichsel hatte, ob er bereit wäre, an der Stelle des Reichsmarschalls die Luftwaffe zu übernehmen. Darauf erfuhren sie von Greim, daß Hitler diese Möglichkeit schon im September 1944 erwogen habe. Im übrigen sei es jetzt zu spät.

»Ich kann nicht zum Verräter werden«, sagte Greim. »Ich nicht. Und schon gar nicht Hermann Göring gegenüber.« Steinhoff erinnerte sich an diese Worte.
Sie wurden von Greim ins Reich zurückgeschickt, um General Koller aufzusuchen, der sich, wie Steinhoff schreibt, an die Vorgänge des 20. Juli 1944 erinnert sah und eine Katastrophe verhindern wollte.
Deshalb schlug Koller Göring vor, die fünf Verschwörer zu empfangen: Es waren die Obersten Lützow, Trautloft, Neumann, Rödel und Steinhoff.
Göring traf sie im »Haus der Flieger« in Berlin. Ihm legte Oberst Lützow, der jetzt als Sprecher der Verschwörer auftrat, eine Denkschrift vor. Steinhoff schreibt, zuerst habe es ausgesehen, als sei Göring einsichtig, aber nachdem es Lützow gewagt hatte, dem Reichsmarschall ins Wort zu fallen, habe Göring zum Gegenschlag ausgeholt. In seiner Lage konnte er sich eine Meuterei seiner Jagdflieger nicht leisten.
»Jetzt will ich Ihnen einmal sagen, was ich von diesem Unternehmen halte!« schrie er seine hochdekorierten Offiziere an. »Was Sie mir hier bieten, meine Herren, ist Staatsverrat, ist Meuterei!«
Seinen Sessel zurückschiebend rief er, hochrot im Gesicht, dann aus: »Sie Lützow, Sie . . . ich lasse Sie füsilieren!« Doch dazu kam es nicht. Göring versetzte Oberst Lützow zu einem Fliegerstab nach Oberitalien und verbot ihm, das Reich wieder zu betreten. Galland mußte Berlin verlassen, aber jederzeit abrufbereit sein. Jetzt erst wurde die Abberufung Gallands den Jagdgeschwadern mitgeteilt; sein Nachfolger wurde Oberst Gollob.
Nun hatte auch die Luftwaffe ihre Verschwörer, aber Göring, der sich ihnen stellte, konnte diese auch ihn persönlich treffende Gefahr beseitigen.
Galland wurde zum Generalleutnant befördet, und Göring gab ihm einen neuen Auftrag. Er sollte die erste Düsenjägerstaffel der Luftwaffe, deren Piloten er sich selbst aussuchen konnte, auf dem Flugplatz München-Riem aufstellen. Es war ein »Himmelfahrtskommando«.
Galland schreibt: »Ganz besonders empfehle er mir die von ihm abgelösten, obstinaten und renitenten Kommodore und Kommandeure, an ihrer Spitze den ›Meuterer-Anführer‹ Lützow.« Da Galland den neuen General der Jagdflieger, Gollob, nicht leiden konnte, war er dankbar, daß er Göring direkt unterstellt wurde.

»Der Ring begann sich zu schließen«, schreibt er. »Als Oberleutnant und Staffelkapitän war ich in diesen Krieg gezogen. Als Generalleutnant und Staffelkapitän sollte ich ihn beenden! Ein Jagdverband, der unterstellungsmäßig frei in der Luft schwebte! Ein paar Auserwählte der deutschen Jagdflieger-Elite als Piloten! Düsenjäger, von denen wir felsenfest überzeugt waren, daß es in der Welt zur Zeit nichts Besseres gäbe!«
Göring hatte kurz vor dem Ende des Krieges für einen Abschluß des Ringens um die Me 262 als Jäger oder als Jagdbomber gesorgt.
Die Einsätze von Gallands Düsenjägern, die Göring in ihrer Tapferkeit und Verzweiflung für ehrenhaft und der Jagdfliegerei würdig hielt, zu der er seit 1915 gezählt hatte, konnten nur noch eine trotzige Marginalie zum Ausgang des Krieges werden.
Unter Galland flogen die Me 262 die bekanntesten Jagdflieger: Lützow, Steinhoff, Hohagen, Krupinski, Barkhorn, Bär, Herget, Bob, Eichel-Streiber. Lützow fiel, Steinhoff wurde schwer verwundet.
Während dies geschah, wurden Generale der Luftwaffe, für die keine Verwendung mehr war, in den Ruhestand geschickt. Göring hatte am 27. Januar 1945, während einer Lagebesprechung in der Reichskanzlei, eine Auseinandersetzung mit Hitler, auf die er sich in Nürnberg 1946 gegenüber Werner Bross berief. Hitler wollte alte Offiziere im Ruhestand wieder aktivieren, um sie als einfache Soldaten oder Unteroffiziere kämpfen zu lassen. Ihre Dienstgrade sollten ihnen aberkannt werden, wenn sie nicht in der Lage wären, entsprechende Einheiten zu führen.
Göring widersprach Hitler. Er meinte, daß man die Ehrauffassung des Offiziers kränke, wenn man ihm seinen ehrlich erworbenen Rang aberkenne. Sei wirklich ein General nicht in der Lage, eine Kompanie zu führen, so werde er eben als Posten eingestellt, aber er stehe dann als General auf Posten. »Der Führer wollte mich nun damit beruhigen«, sagte Göring zu Werner Bross, »daß die Geldbezüge ja dieselben bleiben sollten. Das hat mich furchtbar erregt. Ich sagte dem Führer: ›Dann würde ich anstelle dieser Offiziere Ihnen das Geld vor die Füße schmeißen!‹ Mein Auftreten am 27. Januar 1945 ist für den Führer der letzte Anlaß gewesen, mir sein Vertrauen vollständig zu entziehen.«
Diese winzige Episode in der Götterdämmerung des Dritten Reiches fiel mit der Ankunft der Heeresgruppe Marschall Schukows an der Oder zusammen. Am 30. Januar befahl Hitler, Carinhall von allen Frauen und Kindern zu räumen.

Emmy Göring verabschiedete sich am 31. Januar von ihrem Mann, der in Carinhall zurückblieb. Es wurde ein unmittelbarer sowjetischer Angriff in diesem Raum erwartet, der jedoch zunächst ausblieb. Ohne sich noch einmal umzublicken, verließ sie den Landsitz in der Schorfheide. Auf dem Anhalter Bahnhof wartete Görings Sonderzug, in dem sie Berliner mitnahm, die mit ihr nach München fuhren.
Als sie am Morgen des 1. Februar das Göringsche Haus auf dem Obersalzberg mit ihrer Tochter Edda und Frauen aus ihrer und Görings Verwandschaft wiedersah, freute sie sich, daß das Haus noch stand.
In Carinhall konnte man jetzt den Geschützdonner von der nahen Ostfront hören.
Die Kunstschätze waren abtransportiert; die übrigen Gegenstände sollten ihnen nach Süddeutschland folgen oder in der Schorfheide vergraben werden.
Aus der Lagebesprechung am 27. Januar wußte Göring, daß Hitler an eine letzte Zuflucht in den Alpen dachte. Auf dem Obersalzberg gab es ausgedehnte Bunker und Stollen, in denen Martin Bormann Vorräte eingelagert hatte.
Am 3. Februar berichtete die »New York Times«, die Kämpfe in Deutschland würden auch nach dem Fall von Berlin noch weitergehen. Dafür sei von der Berliner Regierung das Alpengebiet als National-Reduit vorgesehen.
Aber eine militärisch ausgebaute Alpenfestung sollte es nie geben; sie blieb ein Phantom, von dem sich General Eisenhower jedoch täuschen ließ. Um Carinhall zog Göring Reste seines Ersatz-Regiments »Hermann Göring« zusammen, das in Utrecht gelegen hatte und in dem Gründgens Wachtmeister gewesen war. Es mußte 1944 nach Westpreußen verlegt werden, wo es als Fallschirm-Panzer-Ersatz- und Ausbildungs-Brigade »Hermann Göring« in die Festung Graudenz geworfen wurde, die sich bis März halten konnte. Aus hinter der Front gebliebenen Resten dieses Verbandes wurden zwei weitere Regimenter am 28. Januar und 15. Februar in der Nähe von Carinhall aufgestellt. Am 14. März wurden sie in Joachimsthal am Rande der Schorfheide zur Brigade zusammengefaßt.
Sie gehörten ab 17. März zur 9. Fallschirmjäger-Division, die wieder frontverwendungsfähig gemacht wurde.
Mit den Soldaten dieser Einheiten hatte sich Göring nicht nur gegen den nahen Feind an der Oder einigermaßen gesichert, sondern auch

gegen einen inneren Feind. Er wußte, daß Goebbels jetzt zu seinen erbittertsten Gegnern zählte, an denen kein Mangel war. Goebbels benutzte jeden Besuch bei Hitler, um den Reichsmarschall für die katastrophale Luftlage verantwortlich zu machen, die Zerstörung der Städte, den Untergang des Dritten Reiches. Mehrfach forderte Goebbels von Hitler, Göring vor den Volksgerichtshof zu stellen, um ihn auf den Scherbenhaufen der Geschichte zu werfen. Aber Hitler dachte nicht daran, der Welt dieses Schauspiel zu bieten.
Goebbels schlug vor, Dönitz die Luftwaffe zu übergeben, was Hitler ablehnte, da der Großadmiral nur etwas von U-Booten verstünde. Aber es ging Goebbels auch darum, Göring als Nachfolger Hitlers unmöglich zu machen, um selbst diese Rolle übernehmen zu können, auch wenn er sich nicht mehr viel davon versprach. Er dachte, er würde so viel stärker in die Geschichte eingehen als durch seine bisherigen Leistungen.
Am 13. und 14. Februar wurde Dresden das Opfer von drei angloamerikanischen Luftangriffen.
Die Flakgeschütze waren im Januar abgezogen und im Westen im Endkampf eingesetzt worden. Kein Flugzeug der Luftwaffe war im Einsatz, um die Stadt gegen die Bomberströme zu verteidigen.
Nur eine deutsche Kuriermaschine, die zufällig über Dresden nach Berlin flog, wurde von alliierten Jägern abgeschossen. Zwei Tage vorher war die Konferenz von Yalta zu Ende gegangen, auf der die Zukunft Europas festgelegt wurde.
Der Luftkrieg über Deutschland war eine einseitige Angelegenheit der überlegenen Gegner der Göringschen Luftwaffe geworden. Ihm blieb nichts übrig, als Frontfahrten zu unternehmen; vielleicht suchte er den Tod. Als Hitler davon erfuhr, verbot er ihm diese gefährlichen Ausflüge.
Göring ging in der Schorfheide auf Jagd, begann seine Bisons abzuschießen, die er nicht den Russen überlassen wollte. Speer besuchte ihn Mitte Februar in Carinhall. Er schreibt: »Sicherlich war Göring längst korrumpiert und entnervt. Zugleich aber zählte er von dem Tage des Kriegsausbruchs an zu den wenigen, die realistisch und illusionslos die Wendung sahen, die Hitler durch diesen Krieg verursacht hatte. Wenn Göring, als der zweite Mann im Staate, zusammen mit Keitel, Jodl, Dönitz, Guderian und mir Hitler ultimativ aufgefordert hätte, uns seine Vorstellungen zu entwickeln, wie er den Krieg zu Ende bringen wolle, wäre Hitler gezwungen worden, sich zu erklären. Nicht nur, daß Hitler seit jeher Konflikte dieser Art scheu-

te; jetzt konnte er sich weniger denn je leisten, die Fiktion einer einmütigen Führung aufzugeben.
An diesem Abend in Carinhall kam ich Göring zum ersten und einzigen Mal persönlich nahe. An seinem Kamin ließ Göring einen alten Rothschild-Lafitte servieren und befahl dem Diener, uns nicht mehr zu stören.
Offen schilderte ich meine Enttäuschung über Hitler, ebenso offen entgegnete Göring, daß er mich gut verstehe und daß es ihm oft ähnlich ergehe. Indessen, ich hätte es leichter als er, denn ich sei bedeutend später zu Hitler gestoßen und könne mich daher auch eher von ihm lösen. Er sei viel enger an Hitler gebunden, viele Jahre gemeinsamer Erlebnisse und Sorgen hätten sie aneinandergekettet – er käme nicht mehr los.«
Göring gestand damit auch eine persönliche Schuld: Er war persönlich mutig, aber gegenüber Hitler blieb er auch jetzt feige. Er wußte freilich, daß ihm der Mut gegen Hitler zu diesem Zeitpunkt nichts mehr genützt hätte. Aber dem Vaterland, das er als Reichsmarschall zu verteidigen hatte, konnte er auch nichts mehr geben.
Als der Krieg begann, hatte Göring ausgerufen: »Wenn wir diesen Krieg verlieren, dann gnade uns Gott!«
Nun war dieser Fall eingetreten, aber wo war der Gott, der Gnade gewähren konnte?
Göring schien zu hoffen, doch irgend einer Gnade teilhaftig werden zu können, sonst hätte er längst das Zyankali genommen, das er stets bei sich trug.
Nach der Zerstörung Dresdens wäre dafür der rechte Zeitpunkt gewesen.
Anfang März berichtete die »Joachimsthaler Zeitung«, der Reichsmarschall habe einen Bison erlegt, den er einem Flüchtlingstreck, der auf der Straße nach Westen zog, schenkte.
Goebbels lief mit der Zeitung zu Hitler, um ihn endlich zu bewegen, Göring als seinen Nachfolger abzulösen.
Doch Hitler hielt an Göring fest.
Mitte März waren Görings Truppen um Carinhall frontverwendungsfähig, die 9. Fallschirmjäger-Division kam an die Oderfront. Ein Bataillon blieb jedoch in Carinhall.
Hitler gestattete Ende März, daß Göring mit zwei Sonderzügen, in denen er Möbel und Antiquitäten mitnahm, nach Berchtesgaden fuhr. Auf dem Obersalzberg sah er seine Familie wieder und empfing Anfang April General Galland, der am 31. März mit seinem

neu aufgestellten Verband von Me 262, dem ersten frontverwendungsfähigen Düsenjäger dieses Krieges, von Brandenburg-Briest nach München-Riem geflogen war. Das J V 44, wie es genannt wurde, brauchte für eine Entfernung über rund 500 Kilometer nur 42 Minuten. Der Zorn der Jagdflieger war wegen der ursprünglichen Konzipierung der Me 262 als Kampfflugzeug für den Erdeinsatz gegen die Flugstützpunkte der Alliierten in England entstanden, den sie für unsinnig hielten. Jetzt hörte Galland von Göring, der ihn freundlich empfing, daß seine Voraussagen über den falschen Einsatz der Me 262 bei den Kampffliegern richtig gewesen wären.
Göring wollte seinen Frieden mit Galland machen.
Sein Aufenthalt auf dem Obersalzberg galt aber vor allem der Unterbringung seiner Kunstschätze, die vor Bomben sicher sein sollten, auch wenn sie bald andere aus ihren unterirdischen Verliesen hervorholen würden. Er konnte nicht mehr damit rechnen, sie zu behalten, wenn er das Kriegsende überleben sollte, was ihm nicht sicher schien. Einer der Sonderzüge Görings wurde später geplündert. Er war auf dem Gleis in Berchtesgaden stehen geblieben. Göring verabschiedete sich von Frau und Tochter und fuhr mit seinem Leibarzt Dr. von Ondarza und dem Adjutanten Bernd von Brauchitsch wieder nach Carinhall zurück. Auch sein Diener Kropp war noch immer bei ihm, auf den er angewiesen war. Aus Carinhall telegrafierte er am 10. April seiner Frau zum zehnten Hochzeitstag. Das Telegramm endete: »Möge Gott Deutschland und uns schützen.«
Zu Oberst Rudel, der ihn in Carinhall aufsuchte, sagte er: »Ich bin neugierig, wann wir die Bude hier anzünden müssen.« Pioniere hatten die Sprengung der Gebäude und des unterirdischen Mausoleums vorbereitet. Bei Göring waren noch General Konrad und Major Freigang, ein Generalstabsoffizier. Der Führungsstab der Luftwaffe befand sich mit General Koller im Bunker unter dem Ehrenpfortenberg bei Potsdam und in dortigen Kasernen.
Am 16. April begann die Rote Armee die Schlacht an der Oder; am 20. April hatten die Deutschen sie verloren.
Südlich der Schorfheide standen jetzt sowjetische und polnische Truppen. Die Fallschirmjäger, die um Carinhall gelegen hatten, waren bei Eberswalde vernichtet worden. Göring schoß noch seine letzten vier Bisons ab, die er mit ihren Namen gerufen hatte. Dann verabschiedete er sich von seinem Jagdpersonal und fuhr, ohne sich noch einmal umzudrehen, nach Berlin, um Hitler zum 56. Geburtstag zu gratulieren.

Dort nahm er auch an der Lagebesprechung im Führerbunker mit General Christian teil, der General Koller bei Hitler vertrat.
Er hatte sich eine neue Uniform anfertigen lassen, die Teilnehmern an der Lagebesprechung »amerikanisch« vorkam. Sie war aus braungrauem einfachen Tuch und hatte Achselstücke aus Stoff mit dem goldenen Reichsmarschall-Adler.
Für den bevorstehenden Sommerfeldzug des Heeres war diese leichte, braungraue Uniform gedacht, die auch schon an die Truppe ausgegeben wurde. Aber mit einer amerikanischen Uniform hatte sie nichts zu tun. Göring trug sie, um weniger auffällig seine letzte Fahrt durch Deutschland antreten zu können, die ihm jetzt bevorstand.
Noch einmal saß er während jener Lagebesprechung Hitler gegenüber, der sich noch nicht entschieden hatte, ob er den Tod in Berlin oder auf dem Obersalzberg suchen würde. Einige Generale rieten ihm, das Hauptquartier nach Berchtesgaden zu verlegen. Göring sagte, es gäbe nur noch eine einzige Straße dorthin, die zur Zeit noch feindfrei sei.
Für den Flug nach Salzburg hatte Martin Bormann schon vorgesorgt: Zehn Ju 388 standen rings um Berlin bereit, um das Führerhauptquartier auszufliegen.
Der Obersalzberg schien für die letzte Szene der Götterdämmerung vorgesehen zu sein. Von Hitlers und Görings Zahnarzt Dr. Blaschke wurde dessen medizinisch-technische Assistentin Frau Heusermann an diesem Abend aufgefordert, mit ihm nach Salzburg zu fliegen, aber sie lehnte ab, da sie nicht im Gefolge Hitlers sterben wollte.
Neun von den zehn Ju 388 kamen in Salzburg an; eine stürzte bei Börnersdorf im Osterzgebirge ab.
Als sich Göring nach der Lagebesprechung von Hitler verabschiedete, hätte es nahe gelegen, daß über die Nachfolge gesprochen würde. Göring sagte Hitler, er habe in Süddeutschland dringende Aufgaben zu erledigen, wahrscheinlich gelänge es nur noch heute, im Kraftwagen Berlin zu verlassen.
Albert Speer erinnert sich, daß Hitler Göring geistesabwesend angesehen habe. Er sei wohl in diesem Augenblick von seiner eigenen Entscheidung, in Berlin zu bleiben und sein Leben aufs Spiel zu setzen, selbst ergriffen gewesen. Er habe Göring mit gleichgültigen Worten die Hand gegeben. Der Luftwaffenadjutant Oberst v. Below schreibt, Hitler habe keine Notiz mehr von Göring genommen; es sei ein »unschöner Augenblick« gewesen. Aber er hatte an diesem 20. April den Eindruck, »daß Hitler noch nicht entschlossen war, ob

er Berlin verlassen oder bleiben sollte. Am späten Abend versammelten wir uns in Hitlers kleinem Wohnraum zu einem Umtrunk.«
Bomberverbände der Amerikaner und Engländer griffen an diesem Tag Berlin an, als »Geburtstagsgeschenk an Hitler«, wie die Einsätze genannt wurden. Der letzte Luftalarm endete erst 2.30 Uhr in der Nacht zum 21. April.

Aus diesem Grunde mußte Göring mit seiner Begleitung bei seiner Fahrt zum Luftwaffenhauptquartier bei Potsdam mehrere Luftschutzbunker aufsuchen. Dabei verlor er die Verbindung zu seinem Mercedes. Sein Adjutant v. Brauchitsch suchte ihn.

Dr. v. Ondarza, der als sein Arzt bei Göring blieb, berichtete, er sei von den Berlinern freundlich in den Luftschutzkellern aufgenommen worden: »Er selbst habe sich sehr leutselig gegeben und Witze gemacht, vor allem auch über seinen berüchtigten Ausspruch, er wolle Meier heißen, wenn ... Man sandte sogar Boten aus den Nebenbunkern, um ihn dorthin zu bitten. Er ging auch hin und war bei den Berlinern durchaus noch populär.«

Das Luftwaffenhauptquartier erreichte die Wagenkolonne Görings dann um 2.20 Uhr. General Koller, der mit v. Brauchitsch dort telefonierte, bat noch um ein Gespräch mit dem Reichsmarschall, er drängte zur Eile, da sonst das Passieren der Elbe vor Tagesanbruch nicht mehr möglich wäre. Aber um 3.00 Uhr verließ Göring mit seiner Wagenkolonne das Hauptquartier, ohne mit Koller gesprochen zu haben. Der Fahrer Görings hatte das »Uhu«-Gerät vor sich an der Windschutzscheibe, so daß mit hohem Tempo gefahren werden konnte.

Über Brandenburg und Belzig gelangten sie nach Wittenberg, dort über die Elbe und weiter nach Dresden, das ein Trümmerfeld war. Sie fuhren über das Osterzgebirge nach Teplitz und Pilsen. In Bayerisch-Eisenstein gelangten sie wieder ins Altreich, aus dem Hitler mit Göring 1938 das Großdeutsche Reich gemacht hatte.

Seine Wagenkolonne fuhr dann auf der Ostmarkstraße und am linken Ufer des Flusses Inn, an Braunau vorbei, in dem der Mann geboren war, dem Göring so lange die Treue gehalten und der das Verderben über die Deutschen gebracht hatte.

Abends waren sie in Berchtesgaden und auf der kurvenreichen Straße zum Obersalzberg.

Der Frühling war sommerlich warm, das Land, durch das Göring fuhr, blühte. Im Süden begann es zu regnen, es war ein fruchtbarer Frühlingsregen.

Göring fuhr auf der letzten Nord-Süd-Straße, die seinem Land noch geblieben war, von Tieffliegern verfolgt, vorbei an brennenden Häusern und zerschossenen Autos, denn mit seiner Wagenkolonne war er nicht allein unterwegs; viele fuhren wie er aus dem Norden in den Süden.
Göring wußte aus erbeuteten Papieren seit Ende März, wie die Demarkationslinien gedacht waren; jetzt fuhr er in die zukünftige amerikanische Besatzungszone. Er fühlte sich verantwortlich für seine Adjutanten und Angestellten, die bei ihm waren, und er war glücklich, daß niemand von seinen Leuten unterwegs verunglückte oder getroffen wurde.
Möglich, daß er sich in diesen langen Stunden an die Fahrt erinnerte, die er kurz vor dem Tode von Carin Göring mit ihr aus Berlin nach Dresden und Süddeutschland unternommen hatte.
Damals wollte er ihr zeigen, wie schön dieses Deutschland war, in das sie ihm aus Schweden gefolgt war.
Was war aus Deutschland seit 1931 geworden!
Und wie groß waren in diesen vierzehn Jahren sein Glück, sein Verdienst, und seine Schuld.
Ein verzweifelter Ausdruck sei in seinen Augen gewesen, schreibt Emmy Göring, als sie sich auf dem Obersalzberg wiedersahen.
Sie wollte von ihm hören, ob Hitler noch immer auf etwas hoffe, aber sie konnte ihm in diesem Zustand keine Fragen mehr stellen.
Da Hitler am Abend vorher gesagt hatte, er werde es dem Schicksal überlassen, ob er in Berlin bliebe oder zum Obersalzberg fliege, mußte Göring damit rechnen, daß Hitler ihm nach Berchtesgaden folgen würde.
Dann konnte das Ende in der Alpenfestung, wie sie genannt wurde, nur noch der Massenselbstmord, das Autodafé, der Sprung der letzten Goten in den Krater des Vesuvs sein, für Göring zusammen mit Frau und Tochter Edda, die er »Eddalein« nannte.
Den Obersalzberg bewachte die SS; Göring war ohne militärischen Begleitschutz angekommen. Er hatte keine Garde um sich, die ihn und seine Familie schützen konnte.
Göring wußte nicht, daß der Reichsführer SS, Himmler, seit dem 13. April an die Rettung seines Lebens dachte, als er Gespräche mit dem Grafen Bernadotte aufnahm, dem Präsidenten des Schwedischen Roten Kreuzes.
Am Morgen nach Görings Ankunft begann es in den Alpen zu schneien. Auf dem Obersalzberg wurde es wieder Winter.

In Berlin gingen an diesem 22. April 1945 »historische Ereignisse« vor sich, »die entscheidenden dieses Krieges überhaupt«, wie General Chistian dem Chef des Generalstabes der Luftwaffe, General Koller, gegen Abend telefonisch aus dem Führerbunker mitteilte.
Göring wollte am nächsten Morgen zeitig nach Linz fahren. Dort produzierten die Reichswerke, die seinen Namen trugen, noch immer Panzer für die Ostfront in Österreich.
Es ist auch möglich, daß er die unterirdischen Verliese bei Alt-Aussee und anderswo im Gebirge kontrollieren wollte, in denen seine Kunstschätze lagen.
Gegen 22.00 Uhr rief General Koller in Görings Haus über eine Richtverbindung im Thüringer Wald an. Die Verständigung mit ihm war schlecht, Oberst v. Brauchitsch war am Apparat.
»Der, zu dem wir immer hingehen müssen, will da nicht heraus. Ich muß hier weg«, sagte Koller.
Brauchitsch erwiderte: »Göring will, Sie sollen nach hier kommen.«
»Erst muß ich mit Jodl sprechen«, sagte Koller.
Dann brach die Verbindung ab.

33. Kapitel

Gefangenschaft

Eine Woche vor Hitlers Selbstmord in Berlin bekam Göring endlich die Gelegenheit, sein Treueverhältnis zu diesem Manne, das auch ein Treue-Wahn war, zu lösen und selbständig zu handeln.
Es war immer typisch für Göring gewesen, daß er ohne Hitlers Einverständnis nicht zu handeln wagte.
Das Verhältnis Göring - Hitler zeigte in diesem letzten Moment ihrer zweifelhaften Wahlverwandschaft einen kindlich-naiven Zug; es handelte sich sicher um eine übersteigerte Mannentreue Görings, anders ist, zumal aus der kritischen Distanz der Jahrzehnte, jedes Verständnis, geschweige denn eine Erklärung unmöglich.
Göring dachte nicht daran, sich und seine Familie mit dem Zyankali zu vergiften, sich der Verantwortung zu entziehen, die er getragen hatte.
Es paßte nicht zu ihm, sich feige davonzumachen, obwohl er wußte, daß er keinen Rückhalt mehr bei den Generalen der Wehrmacht hatte, von denen einige ihm vorwarfen, er sei zu feige gewesen, Hitler rechtzeitig - aber was hieß hier rechtzeitig? - entgegenzutreten und den Diktator zu entmachten. Die Ereignisse des 23. April 1945 sollten zeigen, daß Göring nicht feige sein wollte, aber sie bewiesen zugleich, daß bei dem Versuch, endlich einmal etwas Eigenes zu unternehmen, ihm der Mut fehlte, sich ganz von Hitler zu trennen.
Erst als Hitler tot war, fühlte Göring sich wieder als freier Mann, der er einst gewesen war.
Vorher wurde er auch tatsächlich, nicht nur moralisch, Hitlers Gefangener.
Es muß Carinhall am 22. April noch gegeben haben, denn General Koller telefonierte mehrere Male mit Offizieren, die sich dort aufhielten. Dabei ging es um den Angriff des Korps Steiner, das von Norden nach Berlin durchbrechen sollte. Dies war eine Illusion, die sich Hitler machte; sie zerbrach mittags. Bei der nachmittäglichen Lagebesprechung kam es zu Hitlers Zusammenbruch. Er gab auf, wollte in Berlin bleiben, sich im letzten Augenblick erschießen.

Über Göring sagte er, er würde sein Nachfolger werden, er werde verhandeln. Aber aus diesen Sätzen ging nicht hervor, wie der Stenograph Hergesell berichtet, ob Hitler das als direkten Befehl meinte oder als eine Weisung, die erst nach seinem Tode gültig sei.
Als Göring am Morgen des 23. April durch General Koller von den Vorgängen im Führerbunker unterrichtet wurde, gab dieser ihm folgende Version von Hitlers Aussage über den Reichsmarschall, die er von General Jodl erhielt: »Er hat gesagt, kämpfen könnte er nicht aus körperlichen Gründen; kämpfen würde er persönlich auch nicht, weil er Gefahr laufen könne, vielleicht verwundet in Feindeshand zu fallen. Wir haben alle nachdrücklich versucht, ihn davon abzubringen, und vorgeschlagen, die Truppen vom Westen nach dem Osten im Kampf einzusetzen. Dazu hat er gesagt, daß doch alles auseinanderginge; er könnte das nicht, das solle dann der Reichsmarschall machen. Auf eine Bemerkung aus dem Kreise, daß kein Soldat mit dem Reichsmarschall kämpfen würde, hat Hitler gesagt: ›Was heißt: kämpfen!, da ist nicht mehr viel zu kämpfen, und wenn's auf Verhandeln ankommt, das kann der Reichsmarschall besser als ich.«
Bei Göring war Reichsleiter Bouhler, als Koller eintraf. Mit ihm war Göring befreundet.
General Koller hatte Göring auch berichtet, daß er kurz vor seinem Abflug von Berlin-Gatow die Nachricht erhielt, der Russe sei in der Stadt bis zum Alexanderplatz durchgebrochen. Von dort war es für sowjetische Panzer bis zur Reichskanzlei nicht mehr weit, nur Minuten. Danach konnte Hitlers Selbstmord nur noch kurze Zeit auf sich warten lassen. Von dieser Meldelage gingen die Überlegungen aus, die Göring jetzt traf. Er ließ Reichsminister Lammers, den Chef der Reichskanzlei, aus Berchtesgaden rufen und fragte ihn, ob Hitlers Testament vom 29. Juni 1941 noch gültig sei. Göring soll es aus seinem Panzerschrank geholt haben.
Lammers bejahte die Frage und fügte hinzu, wenn Hitler etwas anderes bestimmt hätte, müßte er es wissen. Ohne ihn hätte er das nicht rechtskräftig machen lassen können.
Im Testament hieß es: »Wenn ich in meiner Handlungsfreiheit beschränkt sein oder durch irgendwelche Ereignisse ausfallen sollte, so ist der Reichsmarschall Hermann Göring mein Stellvertreter bzw. Nachfolger in allen Ämtern von Staat, Partei und Wehrmacht.«
Von Handlungsfreiheit Hitlers konnte, nach dem Bericht General Kollers, keine Rede mehr sein. Es mußte angenommen werden, daß er aufgegeben hatte.

Trotzdem wollte Göring ohne Hitlers Einverständnis nicht handeln, wenn es noch zu haben war.
Merkwürdig war nur, daß ihm Hitler beim Abschied am 20. April nicht gesagt hatte, was er machen solle, wenn die Reichskanzlei nicht mehr zu halten wäre. Aber hatte ihn Hitler nicht nach Süddeutschland fahren lassen? Ein Göring konnte sich doch nicht, wenn er weiterleben wollte, auf dem Obersalzberg ins Privatleben zurückziehen wie irgendein General.
Zusammen mit Reichsminister Lammers diktierte Göring jetzt einen Funkspruch an Hitler:

HQu., den 23.4.45

Mein Führer,
Sind Sie einverstanden, daß ich nach Ihrem Entschluß, im Gefechtsstand in der Festung zu verbleiben, gemäß Ihres Erlasses vom 29. 6. 41 als Ihr Stellvertreter sofort die Gesamtführung des Reiches übernehme, mit voller Handlungsfreiheit nach innen und außen? Falls bis 22.00 Uhr keine Antwort erfolgt, nehme ich an, daß Sie Ihrer Handlungsfreiheit beraubt sind. Ich werde dann die Voraussetzungen Ihres Erlasses als gegeben ansehen und zum Wohle von Volk und Vaterland handeln.
Was ich in diesen schwersten Stunden meines Lebens für Sie empfinde, wissen Sie, und kann ich durch Worte nicht ausdrücken. Gott schütze Sie und lasse Sie trotz allem baldmöglichst hierherkommen.

Ihr getreuer
Hermann Göring

Lammers hatte geraten, die Terminierung auf 22.00 Uhr wegzulassen, aber Göring blieb dabei.
Der Funkspruch wurde von »Ultra« aufgefangen, wodurch die alliierte Führung wußte, daß Hitler am Ende war.
Ähnliche Funksprüche schickte Göring an Ribbentrop und Keitel, die aufgefordert wurden, zu ihm zu kommen, falls bis 24.00 Uhr keine Antwort aus dem Führerbunker vorliege.
Emmy Göring schreibt: »Mit bitterem Hohn und in tiefster Verzweiflung kam es jetzt über seine Lippen: ›Nun endlich soll ich Deutschland in die Hand bekommen, nun, wo alles zerschlagen und zu spät ist!‹«
Göring glaubte tatsächlich, er könne noch erträgliche Bedingungen herausholen, wenn er sofort mit Churchill, Eisenhower und Truman Verbindung aufnahm. Aber er gab sich nicht der Hoffnung hin, daß

er davonkäme. Er rechnete damit, ausgeliefert zu werden, und fragte seine Frau, ob sie bereit wäre, »alles, aber auch alles für Deutschland zu tragen«. Sie bejahte die Frage. Darauf erwiderte er: »Dieses Ja wollte ich hören. Und nun will ich handeln, sowie die Anwort eintrifft.«

Gegen 17.00 Uhr erhielt er sie:

23.4.45

Funkspruch

g.Kdos - Chefsache - nur durch Offizier

Der Erlaß vom 29.6.41 tritt erst nach meiner besonderen Genehmigung in Kraft. Von einer Handlungsfreiheitsberaubung kann keine Rede sein. Ich verbiete daher jeden Schritt in der von Ihnen angedeuteten Richtung. Adolf Hitler.

Heil Hitler

gez. Martin Bormann

Göring reagierte sofort. Er schickte Funksprüche an Ribbentrop und Keitel: »Führer teilt mir mit, er besitzt noch Handlungsfreiheit. Widerrufe Telegramm von heute mittag. Heil Hitler. Hermann Göring.«

Er wußte nicht, daß Bormann, der den Funkspruch an ihn abgesetzt hatte, noch einen zweiten zum Obersalzberg geschickt hatte.

In ihm wurden die SS-Führer Frank und von Bredow angewiesen, Göring sofort als Hochverräter festzunehmen.

Hitlers Luftwaffen-Adjutant v. Below erfuhr im Führerbunker an diesem Nachmittag von Hitler, »sein Entschluß stehe fest, Göring aller seiner Posten zu entheben und ihn auf dem Obersalzberg in ›Ehrenhaft‹ nehmen zu lassen. Hitler erlag mit diesen Anordnungen ohne Zweifel Einflüsterungen Bormanns. Dieser schickte auch die nötigen Fernschreiben zum Obersalzberg. Ich sprach am Abend nochmals mit Hitler unter vier Augen über Göring und erkannte, daß er in etwa doch Verständnis für Görings Haltung aufbrachte. Er vertrat aber die Meinung, daß Göring als ›zweiter Mann im Staate‹ nach seinen Weisungen arbeiten müsse. Danach gab es keine Verhandlungsmöglichkeiten mit dem Gegner. Hitler befahl mir, Generaloberst Ritter v. Greim nach Berlin zu bestellen. Hitler wollte ihn zu Görings Nachfolger ernennen.«

Es ist möglich, daß Bormann, der nicht mit Hitler sterben wollte, versuchte, ihn in letzter Minute dazu zu bringen, aus Berlin auszufliegen, um auf dem Obersalzberg nach dem Rechten zu sehen. Es mißlang ihm, aber er hatte wenigstens Göring ausgeschaltet.

Am Abend des 23. April erschienen dreißig Mann SS. Göring wurde verhaftet und erhielt Stubenarrest. Bald wurde es ihm gestattet, mit seiner Frau das Abendessen einzunehmen. Auch am 24. April aßen sie wieder zusammen, doch nur mittags und unter SS-Bewachung.
Danach durfte Emmy Göring Abschied von ihrem Mann nehmen, da sie jetzt völlig getrennt würden, wie ein älterer SS-Mann Frau Göring sagte.
Bormann hatte angeordnet, daß die SS-Wache für Göring mit ihren Köpfen dafür hafte, daß Göring nicht entkäme oder befreit würde.
Am Morgen des 25. April setzte ein Luftangriff auf den Obersalzberg ein, der schwere Schäden, aber nur geringe Menschenverluste hervorrief.
Die Görings und die Personen, die mit ihnen im Haus waren, wurden von der SS in den alten Luftschutzkeller geschickt, der vor dem Kriege gebaut worden war. Da er nicht sicher genug war, wurde 1943/44 ein neuer großer Stollen für Göring angelegt, der eine Verbindung zu Bormanns Stollen erhalten sollte, was aber Göring abgelehnt hatte.
In einer Angriffspause wurden sie von der SS in den neuen Stollen befohlen; die SS-Männer fürchteten in dem alten Bunker um ihr Leben.
Aber sie überlebten alle. Als sie am Nachmittag – ohne den Reichsmarschall – ins Freie traten, sah es auf dem Obersalzberg nicht anders aus als in den zerstörten Städten. Auch Görings Landhaus war schwer beschädigt; Frau Göring barg noch einige Sachen.
Die Nacht verbrachten sie wieder im Stollen.
Göring hatte den SS-Führer Frank, der ihre Wache anführte, gebeten, ein Telegramm an Hitler zu schicken: »Wenn Adolf Hitler mich für treulos hält, dann soll er mich erschießen lassen. Aber er soll meine Familie und die Menschen, die bei uns sind, endlich in Freiheit setzen.« Emmy Göring bat Frank, dem Funkspruch etwas hinzuzusetzen: »Wenn Adolf Hitler es für möglich hält, daß mein Mann ihm die Treue nicht gehalten habe, dann möchte er Edda und mich miterschießen lassen.«
Sie wußten nicht, daß Frank einen Funkspruch Bormanns in der Tasche hatte: »Die Situation in Berlin wird immer gespannter. Sollte Berlin fallen und wir mit der Hauptstadt untergehen, dann müssen die Verräter des 23. April liquidiert werden. Männer, tut eure Pflicht! Euer Leben und eure Ehre stehen auf dem Spiel!«

Der Funkspruch, um den die Görings Frank gebeten hatten, wurde nicht mehr abgeschickt.
Für den SS-Offizier war alles klar.
Aber Berlin war weit.
Man mußte hier auf dem Obersalzberg zusehen, wie man sich selbst aus der Vernichtung retten konnte, die soeben ihre mörderischen Vorboten beim Luftangriff gesandt hatte.
General Koller war am 23. April ebenfalls in Berchtesgaden von der SS verhaftet worden. Aber er wurde noch einmal gebraucht. Er erhielt einen Befehl aus der Reichskanzlei, sich sofort bei Hitler einzufinden. Er flog zuerst nach Rechlin, aber dann kam er nicht weiter. Er wollte auch nicht in den Hexenkessel Berlin hineingeraten. Außerdem hatte er das Gefühl, er müsse sich um den verhafteten Reichsmarschall kümmern.
An diesem 25. April enthob Hitler Göring aller seiner Ämter, auch als Reichsjägermeister setzte er ihn ab, wie Bormann sagte, der sich in ein Telefonat des Generals Krebs aus dem Führerbunker mit Keitel einmischte.
Am 27. April meldete der noch intakte, in deutscher Hand befindliche Reichssender Hamburg: »Berlin, den 27. April. Reichsmarschall Hermann Göring ist an seinem seit längerer Zeit bestehenden chronischen Herzleiden, das nunmehr in ein akutes Stadium getreten ist, erkrankt. Er hat daher selbst darum gebeten, in dieser Zeit, die den Einsatz aller Kräfte erfordert, von der Führung der Luftwaffe und den damit zusammenhängenden Aufgaben entbunden zu werden. Der Führer hat dieser Bitte entsprochen. Zum neuen Oberbefehlshaber der Luftwaffe hat der Führer den Generalobersten Ritter v. Greim unter gleichzeitiger Beförderung zum Generalfeldmarschall ernannt.«
Wer damals diese Nachricht noch hören konnte, mußte den Eindruck gewinnen, daß mit dem Tode Görings bald zu rechnen war, auch wenn sich die Begründung seines Rücktritts durch Krankheit in dieser Situation lächerlich anhörte.
Doch die Meldung war so abgefaßt, daß die Möglichkeit für eine zukünftige Version offenblieb, Göring sei einem Herzschlag erlegen. Das entsprach nicht ganz der Weisung Bormanns an Frank. Er sollte ihn erschießen lassen, wenn Hitler tot war.
Während diese Nachricht durch den Runfunk verbreitet wurde, waren die Görings mit ihrer SS-Wache unterwegs. Der Reichsmarschall hatte seinen Bewachern vorgeschlagen, den unwirtlich gewor-

denen Obersalzberg gegen sein Schloß Mauterndorf im Lungau einzutauschen. Ehe sie abreisten, wurde Görings Begleitung, darunter zwei Adjutanten, in das Schloß Kleßheim bei Salzburg abtransportiert. Auch sie sollte erschossen werden, wenn Hitlers Tod gemeldet wurde. Emmy Göring haßte Schloß Mauterndorf, in dem es immer eiskalt war und in dem Gespenster herumspuken sollten.
Dort richteten sie sich nun ein. Die Offiziere der SS-Wache aßen mit ihnen am Tisch; Göring fühlte sich als Gastgeber seiner Bewacher. Sicher wunderte er sich, daß niemand von seiner Luftwaffe kam, um ihn aus dieser Lage zu befreien.
Am 30. April befahl General Koller einer Einheit der Luftnachrichtentruppe, Göring zu helfen, die SS-Wache loszuwerden.
Paul Deichmann hielt sich mit dem Stab seines I. Fliegerkorps in der Nähe von Linz auf. Der Gauleiter von Linz, Eigruber, warf ihm vor, er stehe im Verdacht, Göring befreien zu wollen, diesen Hochverräter, der zum Feind überlaufen wollte, wie er meinte.
Deichmann sicherte ihm zu, daß er Göring nicht befreien lassen wolle. Er schreibt: »Der Reichsmarschall wurde mit seiner Familie und Gefolge in einem 16 Kilometer von meinem Gefechtsstand gelegenen Schloß Mauterndorf in durchaus großzügiger Weise gefangen gehalten.«
Am Abend des 1. Mai meldete der Rundfunk den Tod Hitlers.
Emmy Göring lag mit Herzbeschwerden und Ischias im Bett, als Göring mit dieser Nachricht zu ihr kam. Sie schreibt: »Es war plötzlich eine unheimliche Ruhe um uns. Jetzt mußt du etwas sagen, dachte ich. Aber in mir war alles wie ausgebrannt.« Ihr Mann machte sich Vorwürfe: »Und jetzt kann ich mich nicht mehr rechtfertigen. Ich kann ihm nicht ins Gesicht sagen, daß er mir Unrecht getan hat und daß ich ihm treu war.« Da Emmy Göring fürchtete, ihr Mann verliere den Verstand, versuchte sie ihn abzulenken, sagte, es ginge ihr nicht gut, sie habe starke Herzschmerzen. Da blieb er bei ihr am Bett sitzen und beruhigte sich wieder.
Jetzt kamen aus Schloß Kleßheim seine beiden Adjutanten mit dem übrigen Gefolge. Göring telefonierte mit Feldmarschall Kesselring, der die Kommandogewalt im noch dem Reiche verbliebenen Südraum erhalten hatte, und bat ihn, einen Funkspruch an Großadmiral Dönitz zu übermitteln, in dem der Reichsmarschall vorschlug, ihn in die Waffenstillstandsverhandlungen einzubeziehen. Kesselring ließ den Funkspruch nach Flensburg zu Dönitz weitergeben; eine Antwort erfolgte nicht.

Kurz nach der Meldung vom Tod Hitlers hatte jedoch Kesselring einen anderen Anruf aus Schloß Mauterndorf erhalten. SS-Standartenführer Brause, der Bewacher Görings, fragte ihn, ob er den Befehl Hitlers noch ausführen müßte, Göring, dessen Familie und Stabsgefolge, darunter zwei Generalstabsoffiziere und ein Stabsarzt, zu erschießen.

General a.D. Paul Deichmann schreibt: »Kesselring verbot ihm das und befahl ihm, mit seinem Kommando abzurücken und Göring mit Gefolge sich selbst zu überlassen. Schaden könnte er ja doch nicht mehr anrichten.

Während das SS-Kommando heimlich packte und abmarschierte, hielt sich Göring im Schloßpark auf. In diesem Augenblick marschierte eine meiner Luftnachrichteneinheiten am Schloßpark vorbei. Göring, der keine Bewacher sah, winkte den Soldaten zu. Sie erkannten ihn, kamen in den Schloßpark und umringten ihn händeschüttelnd. Ich erfuhr diesen Vorgang von Feldmarschall Kesselring, den ich auf dem Flugplatz Zeltweg traf.

Wieso hohe und offensichtlich höchste Parteidienststellen angenommen hatten, ich könnte Göring und sein Gefolge befreien, ist mir unklar. Kann sein, daß es nur eine Vorsichtsmaßnahme war, da ich als Luftwaffenbefehlshaber in dem Raum, in dem das Schloß stand, in dem Göring war, über starke Kräfte verfügte. Möglich ist es aber auch, daß jemand aus Görings Gefolge versucht hatte, sich mit mir in Verbindung zu setzen. Doch wäre ein politischer Machtkampf bei dieser Kriegslage ein Verbrechen gewesen. Mein Eingreifen – während Hitler noch am Leben war – hätte wahrscheinlich den Tod Görings, seiner Familie und seines Gefolges bedeutet, da das SS-Kommando einen entsprechenden Befehl hatte.«

Göring hatte seine Freiheit wieder. Er blieb in Mauterndorf. Von dort schickte er seinen Adjutanten v. Brauchitsch als Parlamentär mit weißer Fahne und Briefen zu den Amerikanern. In dem Brief an General Eisenhower stand, er, Göring, wisse zwar, daß Waffenstillstandsverhandlungen mit der Regierung Dönitz geführt würden. Dennoch halte er es für zweckmäßig, wenn auf der Basis »Marschall zu Marschall« auch ein direkter Kontakt zwischen Eisenhower und ihm hergestellt würde.

General Koller hatte für die Görings eine ländliche Villa, auch Schloß Fischhorn genannt, bei Zell am See beschlagnahmen lassen. Der Besitzer weigerte sich, Göring aufzunehmen.

Als Oberst v. Brauchitsch nach längerem Suchen endlich auf amerikanische Truppen stieß, teilte er ihnen mit, Göring erwarte sie auf Schloß Fischhorn.

Aber erst am 8. Mai verließ Göring Schloß Mauterndorf, um mit seinem Gefolge nach Schloß Fischhorn zu fahren.

Dabei geriet er in den Rückstrom deutscher Soldaten, die aus dem Kriege heimkehren wollten. In Radstatt blieb sein Wagen in der Menge stecken. Wenn man ihn und seine Frau erkannte, wurde er auf dieser Fahrt von den Soldaten mit lauten Zurufen begrüßt. Sie schienen sich zu freuen, daß »Hermann« noch lebte; manche glaubten, nun werde alles nicht so schlimm werden.

In Radstatt umringten Soldaten sein Auto.

Er erfuhr, daß er immer noch beliebt war.

Im Gedränge fand ihn ein amerikanischer Leutnant, mit dem Göring nun nach Schloß Fischhorn weiterfuhr.

Dort begrüßte ihn der amerikanische Brigade-General Stack mit Handschlag und lud ihn zum Abendessen ein.

Den Görings und ihrem Gefolge wurden Zimmer im zweiten Stock der Villa zur Verfügung gestellt, die Amerikaner wohnten im ersten und dritten Stock. Emmy Göring ließ ihren Mann allein zum Abendessen gehen, sie war am Ende ihrer Kräfte. Edda bettete sie auf eine Couch. Als sie die Fenster verdunkeln wollte, kam ein amerikanischer Soldat, der ihr sagte, der Krieg sei aus, sie brauche nicht mehr zu verdunkeln. Da weinte sie. Am nächsten Morgen frühstückte der Reichsmarschall noch mit General Stack, der ihm beim Abendessen gesagt hatte, General Eisenhower habe Göring freies Geleit zugesagt, was nicht stimmte.

Jetzt mußte sich Göring von seiner Familie und dem Gefolge trennen. Er wurde nach Kitzbühel in das Hauptquartier der amerikanischen 7. Armee gefahren, in dem sich auch General Spaatz aufhielt, der in Berlin-Karlshorst die bedingungslose Kapitulation der deutschen Wehrmacht mit unterzeichnet hatte. Im Garten eines Hotels durfte Göring eine Pressekonferenz abhalten. Er hatte seine Reichsmarschalluniform wieder gegen die braungraue Felduniform eingetauscht, die er vorher getragen hatte.

Den Kriegskorrespondenten, Fotografen und Filmleuten hatte er viel zu erzählen, durch ihn erfuhren sie von seiner Gefangenschaft. Als Champagner gereicht wurde, mußte bei Göring der Eindruck enstehen, ihm würde damit soldatischer Respekt erwiesen, denn er hatte es mit abgeschossenen gegnerischen Fliegern während des Ersten Weltkrieges in Frankreich ebenso gehalten.

Aber jetzt war der Zweite Weltkrieg in Europa zu Ende.
General Eisenhower erfuhr von dieser Pressekonferenz Görings voller Entsetzen. Er befahl, den Reichsmarschall am nächsten Tag aus dem Verkehr zu ziehen und nach Augsburg der Vernehmung zuzuführen.
Bei Görings Ankunft in Augsburg wurden ihm die Orden, der Marschallstab, die Schulterstücke und der große Diamantring, den er am Finger trug, von den Amerikanern abgenommen. Er war jetzt ein Kriegsgefangener wie die drei deutschen Generale, mit denen er in einem Haus zusammengelegt wurde, was ihm nicht gefiel, denn als Reichsmarschall hätte er eine bessere Behandlung erwartet, die Generale hatten doch einen ihm untergeordneten Rang.

34. KAPITEL

Landung im »Mülleimer«

In der modernen Siedlung außerhalb des zerstörten Augsburg, die nun Göring mit mehreren hundert Kriegsgefangenen aus Partei, Staat und Wehrmacht bewohnte, begannen die Vernehmungen, aber sie wurden mit Göring so von den Amerikanern geführt, daß er nicht merken sollte, er würde vernommen.
Es wurden von den Vernehmungsoffizieren keine Notizen gemacht, es fanden Gespräche statt, in denen der Reichsmarschall bereitwillig auf mehr als sechshundert Fragen Auskunft gab. Er hatte dabei auch wichtige Informationen über den japanischen Verbündeten mitgeteilt, mit dem die Alliierten sich noch im Krieg befanden.
Göring beteuerte, er habe nie ein Todesurteil unterzeichnet noch jemanden in ein Konzentrationslager geschickt, wenn es nicht eine Frage militärischer Notwendigkeit gewesen war. Er erklärte, er sei mit den antijüdischen Maßnahmen nicht einverstanden gewesen, die Methoden, die dabei angewandt wurden, habe er nie gutgeheißen und sie seien nicht zu entschuldigen.
Er legte einem Vernehmungsoffizier Quittungen von Schecks vor, die von seiner Frau monatlich an einen jüdischen Schneider im Konzentrationslager Theresienstadt überwiesen wurden, und fügte hinzu, Theresienstadt sei nicht so schlimm gewesen wie sein Ruf.
Wenn Göring schweigsam wurde, redeten ihn die Vernehmungsoffiziere mit »Herr Reichsmarschall« an, dann wurde er wieder munter. Er fühlte sich wie ein englischer Peer, ein Herzog, der damit rechnen mußte, in die Verbannung geschickt zu werden. Manchmal erinnerte er in den Gesprächen an Marschall Pétain, der von den Deutschen ehrenhaft auf Schloß Sigmaringen interniert worden war.
(Von dort hatte sich im Dezember 1944 Marschall Pétain in einem persönlichen Brief an Göring gewandt – von »Marschall zu Marschall«, wie er schrieb –, um einen ihm zugewiesenen »persönlichen Begleiter« loszuwerden, der mit der Gestapo in Verbindung stand. Dieser Begleiter trug Luftwaffenuniform, war aber nie an der Front gewesen. Er hatte die Entfernung des Priesters von Pétain veranlaßt. Göring ließ den Begleiter ablösen).

Aber nicht einmal ein St. Helena war für Göring vorgesehen.
Doch er rechnete damit. Hervorgehoben wird in den Berichten der Vernehmungsoffiziere Görings Eitelkeit, er sei schlau gewesen, aber nicht klug.
Er habe sich als Europäer verstanden, der in Friedenszeiten nie einen ausländischen Staatsmann angegriffen habe und die Autorität des Staates gegenüber der Partei verteidigte. Sein Stern sei nach der Luftschlacht um England bei Hitler gesunken.
Er verstand es, sich in Kriegsgefangenschaft beliebt zu machen, wobei ihm seine große Menschenkenntnis half. Lagerkommandant war ein englischer Major ungarischer Abstammung, der recht unangenehm war, den Göring aber gut zu nehmen wußte. Es gelang ihm, den Lagerkommandanten dazu zu bringen, seinem Diener Kropp, der bei ihm bleiben durfte, die Erlaubnis zu geben, in einem seiner drei Wagen, die ihm noch verblieben waren, nach Schloß Fischhorn zu fahren, um Kleidungsstücke abzuholen.
Als Dank für dieses Entgegenkommen schenkte Göring dem Major ein italienisches Madonnenbild, das Kropp mitgebracht hatte. Er sagte dazu, er habe das Bild, das vorher den Rothschilds gehörte, ordnungsgemäß auf einer Auktion in Paris ersteigert.
Der Major lieferte das Bild ab, das mit 300 000 Dollar bewertet wurde.
Die Reise Kropps könnte noch mit der Anzahl der Giftkapseln in Zusammenhang gebracht werden, die Göring in der Gefangenschaft bei sich hatte und die ihm bis zu seinem Selbstmord in Nürnberg erlaubten, stets den Zeitpunkt wählen zu können, an dem er mit sich ein Ende machen wollte.
Er hatte sich mit dem Zyankali, das Hitler seinen Getreuen gab, dreifach eingedeckt.
Göring war immer unmäßig gewesen, so auch in diesem Falle.
Durch Robert Kropps Besuch im Schloß Fischhorn erfuhr Emmy Göring, daß ihr Mann noch lebte, von dem sie einen Brief erhielt. Sie bemerkte, daß Kropp es sehr eilig hatte, er wirkte verstört und sagte, es sei alles so grauenhaft, als er sich verabschiedete.
Bei Göring in der Siedlung bei Augsburg waren noch seine Adjutanten, Oberst v. Brauchitsch und Major Klaas. Über die zwanzigstündigen Vernehmungen Görings meldete der amerikanische Lagerkommandant Major Kubala am 19. Mai 1945 an General Patch, den Befehlshaber der 7. Armee. In der Meldung hieß es, daß Göring keineswegs die komische Figur sei, als die man ihn so häufig in den Zeitungen dargestellt habe, er sei weder dumm noch ein shakespearischer

Narr, eher kühl und berechnend. Man dürfe diesen Mann nicht unterschätzen. Stolz behaupte er, die Landung seiner Fallschirmjäger auf Kreta geplant und Pläne für die Einnahme von Gibraltar entworfen zu haben. Er sei verantwortlich für den Aufbau der Luftwaffe, streite aber ab, etwas mit den Rassegesetzen, den Konzentrationslagern, der SS und Greueltaten zu tun gehabt zu haben, die in Deutschland und außerhalb des Landes verübt wurden.
Wörtlich hieß es: »Hinter seinen geistreichen und oft witzigen Worten spürt man, daß er jede Gelegenheit wahrnimmt, sich in ein möglichst günstiges Licht zu setzen. Göring ist in jedem Augenblick ein Schauspieler, der sein Publikum nicht enttäuscht.«
Den Vernehmungsoffizieren ging es auch um das Schicksal seiner Kunstsammlung. Göring war bereit, darauf wahrheitsgemäße Antworten zu geben. Er sagte, die Gemälde und Gobelins seien gekauft und bezahlt worden. Aus den im Pariser Museum Jeu de Paume gesammelten Kunstschätzen habe er bei Versteigerungen Gegenstände erworben, die den jüdischen Besitzern widerrechtlich abgenommen worden seien. Er sei bereit, sie zurückzugeben.
Göring teilte mit, daß der größte Teil dieser Kunstgegenstände und seines Besitzes an Schätzen sich in Berchtesgaden auf Güterwagen befände. Es sei nicht mehr möglich gewesen, sie in Luftschutzbunkern unterzubringen, da er am 23. April verhaftet worden wäre. Er nannte seinen Kunstberater Hofer, der über alles Auskunft geben könne.
Darüber wurde ein Protokoll aufgenommen.
Leonard Mosley schreibt: »Alle Gemälde, die er benannte, wurden wiedergefunden (mit Ausnahme derer, die in Berlin zurückgelassen und den Russen in die Hände gefallen waren). Zur Feier ihrer Auffindung wurde Göring zu einer zweiten Cocktail-Party in die Offiziersmesse eingeladen. Diesmal trank man den Champagner, den die Soldaten der 7. Armee neben den Gemälden in Görings Eisenbahnwaggons gefunden hatten.«
Am 21. Mai wurde Göring mit Kropp in einem viersitzigen Flugzeug, einer »Piper Cub«, nach Luxemburg geflogen. Ihm war nur noch die Begleitung eines Adjutanten zugestanden worden; aber da er Kropp behalten wollte, trennte er sich von den beiden Offizieren.
Auf dem Flugplatz meinte Göring vor dem Abflug, als alter Jagdflieger des Ersten Weltkrieges wisse er, daß diese Maschine nicht zuverlässig sei. Er weigerte sich, sie zu besteigen. Erst als ihm der ranghöchste amerikanische Offizier, ein Oberst, vor den etwa zweihun-

dert Amerikanern, die sich dieses Schauspiel nicht entgehen lassen wollten, gesagt hatte, er garantiere ihm die sichere Ankunft, stieg Göring ein. Vorher grüßte er militärisch, aber der Gruß wurde nicht erwidert. Der Oberst hatte ihn zum letzten Mal mit »Herr Reichsmarschall« angeredet.
Mit ihm flog ein Major des militärischen Geheimdienstes, der später berichtete, er habe Göring und seinen Diener im luxemburgischen Bad Mondorf in das verwahrloste »Palace-Hotel« gebracht, das von den amerikanischen Soldaten »Ash Cage« (Mülleimer) genannt wurde.
Göring sei eine kleine Kammer, ein Verlies mit einer Pritsche, einem Stuhl und Tisch zugeteilt worden, worauf er zu dem Major sagte: »Jetzt sehe ich, was der größte Fehler meines Lebens war: daß ich nicht den Weg Adolf Hitlers gegangen bin.«
Er bereute, daß er sich dieser Demütigung nicht durch den Tod entzogen hatte, aber er war jederzeit in der Lage, dies auch jetzt noch zu tun, da ihm von den drei Giftkapseln, die er bei sich hatte, bei der Durchsuchung nur eine abgenommen wurde. Sie wurde in einer Nescafé-Dose gefunden. Die vielen Paracodein-Tabletten, die er mitbrachte und immer noch benutzt hatte, obwohl er gefangen war, wurden ihm abgenommen. Der amerikanische Sanitätsoffizier Kelley untersuchte sie und fand heraus, daß sie nur eine kleine Menge von Paracodein enthielten. Die Tagesdosis Görings betrug zu dieser Zeit hundert Tabletten, die 150 bis 200 Milligramm Morphium enthielten. »Sie hätten seine geistigen Fähigkeiten zu keiner Zeit entscheidend beeinflussen können«, schreibt Kelley.
Er begann mit einer Entziehungskur, die darin bestand, die Zahl der täglich eingenommenen Tabletten zu verringern. Bei seiner Einlieferung in Mondorf wog der nur mittelgroße Göring 280 Pfund.
Anfang Juni mußte ihn sein Diener Kropp verlassen, ein deutscher Kriegsgefangener übernahm dessen Aufgaben.
Im »Ash Cage« traf Göring viele Bekannte wieder, Freunde und Feinde: Die Amerikaner hatten die Spitzen des Dritten Reiches und der Wehrmacht in diesen »Mülleimer« geworfen.
Am 20. Juni verließ Emmy Göring mit Edda und ihrer weiblichen Begleitung Schloß Fischhorn, da alle Reichsdeutschen aus Österreich ausgewiesen wurden.
Im Biedermeierhaus von Schloß Veldenstein, das geplündert war und leer stand, kamen sie unter. Die Frauen stopften sich Strohsäcke und liehen sich Bettgestelle von einem Gasthof in Neustadt. Im Ver-

walterhaus quartierte sich eine amerikanische Wache ein. Auch sie waren jetzt Gefangene.
Im August erfuhr Göring, daß er als »Hauptkriegsverbrecher Nr. 1« in Nürnberg vor ein internationales Tribunal gestellt werden würde. Er hatte gefürchtet, an die Sowjetunion ausgeliefert zu werden, aus der auch Vernehmungsoffiziere in Mondorf erschienen, die ihn verhörten. Unter ihnen war Lew Besymenskij, der bei der Kapitulation in Berlin-Karlshorst Dolmetscher gewesen war. Göring war nervös, da er annahm, die fünf Offiziere, darunter eine Frau, würden ihn nach Rußland mitnehmen. Er wurde gefragt, wann ihm klar geworden sei, daß Deutschland den Krieg verloren habe, worauf er erwiderte: »Zweifel am Ausgang des Krieges kamen mir nach der Invasion der alliierten Armeen im Westen. Der Durchbruch der russischen Truppen an der Weichsel und der gleichzeitige Angriff alliierter Truppen im Westen waren für mich das erste ernsthafte Signal.«
Vor dem Nürnberger Gerichtshof sagte er später, er habe Mitte bis Ende Januar 1945 keine Hoffnungen mehr gehegt. Den Russen erzählte er von den Jägern mit Turbinenantrieb, die mit 6 Kanonen und 24 Raketen ausgerüstet waren. Durch sie hätte es möglich werden können, die Luftangriffe auf Deutschland zu verhindern.
Über Himmler sagte er: »Als mein Ansehen zu fallen begann, begann die Autorität dieses Menschen zu wachsen, der den nächsten Platz hinter mir eingenommen hat. Ich wurde als ein Konservativer angesehen. Je radikaler Hitler und seine Politik wurden, um so mehr brauchte er radikale Männer. Als Himmler mit der Führung der Heeresgruppe Weichsel beauftragt wurde, dachten wir, daß die ganze Welt verrückt geworden wäre. Himmler war bestrebt, meine Stellung einzunehmen, versicherte mich seiner Freundschaft, aber agitierte gegen mich. Ich selbst habe ihm gesagt, daß ich gut zu ihm stünde, war aber tatsächlich auf der Hut.«
Auf die Frage nach dem Schicksal Himmlers antwortete Göring: »Wenn er wirklich tot ist, dann zweifle ich nicht daran, daß er in jener Welt ein Teufel und nicht ein Engel sein wird.«
Über seine Kronprinzenrolle befragt, antwortete er: »Als vor 1–1½ Jahren mein schlechtes Verhältnis zum Führer bekannt wurde, fragte der Chef der Reichskanzlei den Führer, ob ich dennoch sein Nachfolger bliebe. Hitler antwortete darauf, daß er Göring nicht bestimmen würde, wenn er jetzt einen Nachfolger ernennen müßte, aber da dies nun einmal so gemacht sei und sich dies auch im Bewußtsein des Volkes verankert habe, ändere er seinen Entschluß nicht.«

Im August begann Göring eine Abmagerungskur, um in Nürnberg gut auszusehen, wenn das Gericht der Sieger über die Besiegten zusammentrat.

Zuletzt sollte er doch noch der »erste Mann« werden, der er so gern viel früher geworden wäre.

Er war auch bereit, die Verantwortung für alles zu übernehmen, was er getan hatte.

Darin unterschied er sich von vielen, die damals mit ihm in den »Mülleimer« geworfen worden waren.

Hitler konnte er sich vor diesem Gericht nicht vorstellen. Aber er, Göring, war bereit, an Hitlers Stelle Verantwortung zu tragen.

Im September wurde er in das Gefängnis des Nürnberger Justizpalastes verlegt.

Der amerikanische Direktor des Gefängnisses, Oberst Andrus, war schon in Mondorf ein strenger Vorgesetzter der »Mülleimer«-Gefangenen gewesen.

Albert Speer, der an anderen Orten vernommen worden war, sah Göring dort wieder.

»Gegenüber, aus der Öffnung seiner Zellentür, sah Göring herüber und schüttelte den Kopf. Es herrschte eine unheimliche Stille. Göring wanderte in seiner Zelle unentwegt auf und ab.«

35. Kapitel

Gift

Die letzten Monate seines Lebens verbrachte Göring in seiner Nürnberger Einzelzelle, im Gerichtssaal, bei den Mahlzeiten zuerst mit den anderen 20 Mitangeklagten, dann allein in einem Raum, da der Gefängnisdirektor Oberst Andrus ihn davon abhalten wollte, seine Mitgefangenen zu beeinflussen. Täglich konnte er sich eine halbe Stunde in einem Hof bewegen, aber er durfte auch lange Gespräche mit seinem Verteidiger Dr. Stahmer und dessen Assistenten Werner Bross führen, Aktenstücke einsehen, die seine Unterschrift zeigten, selbst Schriftstücke anfertigen, in denen er sich mit der Zeit auseinandersetzte, die seinen Aufstieg und Fall gesehen hatte.

Er schrieb Briefe und erhielt Post, sein Foto aus den Jahren der Machtfülle und der Üppigkeit versah er mit Autogrammen, die von ihm gewünscht wurden.

Er wurde 53 Jahre alt, sah wieder jünger aus. Er kam den Mitgefangenen wie der Göring vor 1933 vor, soweit sie ihn damals schon gekannt hatten.

Wenn er den Gerichtssaal betrat, hatte er eine Giftkapsel im Stiefel verborgen, wie er am Ende dem Oberst Andrus schrieb, jene Zyankali-Kapsel aus Hitlers Hinterlassenschaft für jeden, den er für würdig hielt, sich mit ihm umzubringen. Eine zweite Giftkapsel hatte Göring in einer Dose mit Nivea-Creme untergebracht.

Das Nürnberger Gefängnis war noch nicht wie das Gefängnis in Spandau, das einigen von Görings Mitgefangenen nach dem Prozeß als Aufenthaltsplatz zugeteilt wurde, durch peinlich genaue Sicherheitsmaßnahmen und Hausordnungen für die Insassen hergerichtet. Dafür gab es in Nürnberg die Wiederbegegnung mit den Schrecken der so nahen Vergangenheit, dem Horror durch Akten und Zeugenaussagen, die auch Göring in selbstquälerische Zweifel über das Maß seiner Schuld trieben, obwohl er sich vorgenommen hatte, dieses letzte »Theater« zu nutzen, wie er die Gerichtsverhandlung nannte, in dem ihm die Hauptrolle zustand.

Der amerikanische Gerichts-Psychologe G.M. Gilbert, den Göring

sein »Christkindl« nannte, stand ihm bis zuletzt als Gesprächspartner zur Verfügung. In dem »Nürnberger Tagebuch« hat Gilbert aufgezeichnet, was Göring ihm zu sagen hatte und wonach er ihn fragte. Sagte er ihm, was er wirklich dachte? Die Aufzeichnungen sind kein Protokoll, aber sie geben die Ansichten eines Mannes wieder, der mit dem Leben abgeschlossen hat und dennoch um sein Leben kämpft, auch um sein Nachleben in der Erinnerung derer, die seine Zeitgenossen in Deutschland waren. Von ihnen hatte er damals nichts zu erwarten. Sie waren geschlagen, zermürbt, schuldlos oder schuldig in Ereignisse verstrickt, für die es kein Beispiel in der Weltgeschichte gab. Göring hatte diese Ereignisse mit herbeigeführt, er war neben Hitler der Mann gewesen, der am hellsten in trügerischem Licht gestrahlt hatte, und der nun um so tiefer in die Schwärze des Unheils gefallen war.
Wie sollten sie Erbarmen mit ihm haben, die Gegner und Freunde, da sie doch auch durch ihn gelebt und gelitten hatten! Er sah im Gerichtssaal viele Bekannte wieder, die wie er den Jubel der Massen nun zu vergessen hatten, mit dem sie aus der Masse herausgehoben und in Ämter getragen wurden, in denen sie versagten oder sich behaupteten. Das Volk, zu dem sie gehörten, war in den Augen der Welt nichtswürdig geworden.
Das Nürnberger Tribunal ließ daran keinen Zweifel, auch wenn es zur Wahrheitsfindung in dem Sinne beitrug, daß es zu unterscheiden wußte.
Die Äußerungen, die Gilbert von Göring wiedergibt, sind gekennzeichnet von Arroganz und Zynismus, aber auch von Erschütterung und quälendem Selbstzweifel.
Görings Intelligenzquotient war nach Schacht und Seyß-Inquart unter den Angeklagten der dritthöchste, wie Gilbert herausfand, und die Wortgefechte, die der »Hauptkriegsverbrecher Nr. 1« mit dem amerikanischen Ankläger Jackson im Gerichtssaal sich leisten konnte, wurden auch von seinen Feinden bewundert.
Es gelang ihm, einige Zeit lang eine »Göring-Fraktion« auf der Anklagebank zu bilden, in der er noch einmal sich selbst bewies, welche Kraft zur Führung er doch besaß.
Aber alles war eitel vor dem Gedanken, daß es kein Entrinnen für ihn mehr geben konnte - nicht in eine lebenslängliche Verbannung als Reichsmarschall, nicht in ein Alter, in dem er leidenschaftslos auf sein Leben zurückblicken konnte.
Als der Prozeß begann, träumte er noch davon, daß ihm fünfzig

Jahre nach seinem Tod der Marmorsarkophag sicher sei, den sein Volk für ihn bereit hielte.
Als er aber sah, was das Dritte Reich hinterlassen hatte, verlor er auch diese Illusion.
Dennoch erblickte er in der Geschichte seinen sicheren Platz.
Durch sie würde er weiterleben, an Orten und auf Plätzen, die er sich nicht mehr aussuchen konnte, die aber doch irgendwie existierten, von niemandem mehr bewundert, mit Schuld beladen, gehaßt und von dem gezeichnet, was er getan oder unterlassen hatte.
Er wehrte sich heftig gegen den Vorwurf, er habe den Krieg mit herbeigeführt, den er doch - wenigstens den gegen die Westmächte - verhindern wollte und wofür er manches getan hatte.
Aber er nahm die Verantwortung für alles auf sich, was er getan hatte.
Die Kreuzverhöre, die von den Richtern mit ihm angestellt wurden, waren vernichtend, aber das hinderte ihn nicht, aufzubegehren gegen diejenigen, die ihn zu verurteilen hatten, denn das Urteil stand außer Zweifel.
Albert Speer sagte zu ihm, er wolle nun wohl sie alle, die Mitangeklagten, auf den Ritt nach Walhall mitnehmen. »Fahr auf nach Walhall« hatte Göring seinen toten Fliegerkameraden Udet und Mölders auf dem Berliner Invalidenfriedhof nachgerufen.
Walhall, das war Walhalla, die Ruhmeshalle der Germanen, in denen sich die Krieger wiedertreffen sollten, jene Männer, die den Schild der Ehre hochgehalten hatten, als sie kämpften und litten.
Aber Göring war nicht nur Soldat gewesen, er war auch Hitlers »Kronprinz«, der sein »Erbrecht« verlor, aus der Partei ausgestoßen, aller seiner Ämter für verlustig erklärt wurde, als der Höllenritt sich dem Abschluß näherte. Das machte ihn unverwechselbar unter den Paladinen Hitlers, aber auch in der Geschichte des Dritten Reiches und der Last seines Erbes, das sein Volk zu tragen hatte und auch die Welt, in der es weiterlebte.
Er hatte sich alles ganz anders vorgestellt, aber nun wurde er eingeholt von seiner eigenen Geschichte, ein Mann in den besten Jahren seines Lebens, das nun zu Ende ging. In seinem Schlußwort vor dem Tribunal nahm er auf sich, was er glaubte, verantwortet zu haben, lehnte er ab, wies er zurück, was ihm darüber hinaus vorgeworfen und durch Aussagen erhärtet worden war.
Als ihm sein Urteil »Tod durch Erhängen« verkündet wurde, hinderte ihn ein technisches Versagen seines Apparates, mit dem er die

Übersetzung aus dem Englischen abhörte, daran, es zu verstehen; er streckte die Arme aus, um das Gericht auf diese Störung aufmerksam zu machen.
Er durfte sich noch von seiner Frau verabschieden, die von Veldenstein ins Zuchthaus Straubing gebracht worden war, in das ihr die Tochter Edda bald folgte. Sie war jetzt wieder frei und lebte in einer Hütte in der Nähe des Wohnsitzes aus Görings Kindheit, dem Biedermeierhaus des Dr. Ritter von Epenstein auf dem fränkischen Burghügel von Veldenstein.
Er konnte Emmy Göring noch andeuten, daß er sich nicht hängen lassen würde.
Am vorletzten Abend vor seinem Tode wünschte er, das Abendmahl mit seinem Gefängnisgeistlichen, dem amerikanischen Vikar Captain Henry F. Gerecke einzunehmen und die Tröstungen der lutherischen Kirche zu erhalten, aber der Gefängnisgeistliche verweigerte ihm beides, da er glaubte, Göring habe während des Prozesses bewiesen, daß er kein reuiger Sünder sei. Vorher hatte er Göring noch an seine Tochter Edda erinnert, die er doch im Himmel wiedersehen wolle, aber auch damit konnte er kein Sündenbekenntnis erzwingen. So blieb Göring nur noch übrig, seine Bewacher zu überlisten, die ihn am Abend vor der geplanten Hinrichtung durch das Loch in der Gefängnistür beobachteten, um zu verhindern, daß er sich dem Galgen entzog.
Dies gelang ihm. Er konnte sich die Zyankali-Kapsel mit einer Bewegung der Hand, mit der er sich über das Gesicht strich, in den Mund schieben, um etwas später, knapp zwei Stunden vor dem Weg zum Galgen, zuzubeißen.
So holte ihn Hitlers Giftgeschenk doch noch ein, aber er düpierte den Henker, der darauf wartete, ihn als ersten der zum Tode Verurteilten aufzuhängen.
Als von den vier Offizieren aus Großbritannien, Frankreich, den USA und der Sowjetunion die Strecke gezählt wurde, die der Henker ihnen vorführte, wurde Göring auf einer Bahre zu den Gehenkten gelegt.
Dem Toten legte jemand den Strick um den Hals, dem er sich lebend entzogen hatte.
Die Leichen wurden am 16. Oktober 1946 nach München gebracht und in einem Krematorium verbrannt. Ihre Asche streute man in einen Straßengraben auf dem Lande, damit niemand sie finden sollte.
Diese Dinge geschahen und gerieten vor vielen Jahren in Vergessen-

heit. Aber sie wurden aus der Vergessenheit wieder hervorgeholt. Denn es gibt auf dieser Erde nichts, von dem nicht etwas übrig bliebe.

Und es gibt kein Erbarmen ohne Reue.

Nachwort

Charles Dickens hat gesagt, wenn die Erzähler nur den hundertsten Teil von dem berichten würden, was das Leben selbst unaufhaltsam an merkwürdigen Verstrickungen und mehr als zufälligen Begebenheiten hervorbringe, so würden ihre Zuhörer und Leser sie verdächtigen, sie tischten ihnen lauter Unwahrscheinlichkeiten auf. Hermann Görings Leben und Tod könnten, im Sinne dieses Ausspruches, den Eindruck beim Leser erwecken, der jene Jahrzehnte, die heute so weit zurückliegen, nicht erlebt hat, diese Gestalt sei in ihrer Widersprüchlichkeit etwas ganz Unwahrscheinliches gewesen, eine Erfindung des Zeitgeistes, nicht eine Kreatur der Natur.

Man muß sich damit abfinden, daß es Göring gegeben hat. Ohne Hitler wäre er ein reicher Unternehmer geworden, der in der Luftfahrtindustrie eine Rolle gespielt hätte. Mit Hitler wurde er zu einer Figur der Geschichte. Er besaß das umstrittene Vorrecht des Soldaten und Offiziers, unbedingten Gehorsam leisten zu müssen. Als Marschall des Reiches hätte er aber den Dienst an diesem Reich über seine Treue zu Hitler stellen können; in die Geschichte wäre er dadurch auf andere Weise eingegangen.

Aber sein Verhängnis – und das der Deutschen – war es, die Ergebenheit und Treue über die eigenen Einsichten und Erfahrungen zu stellen, die eigene Person mit ihrem Gewicht einem Manne unterzuordnen, der selbst nicht treu zu ihr und seinem Volke war. Da er aber Hitler vieles verdankte, was ihn mächtig und reich gemacht hatte, fand er nicht den Mut, ihm entgegenzutreten, obwohl er es in Gedanken oft tat.

Als Göring im Februar 1943, nach Stalingrad, wieder Drogen zu sich nahm, auf die er zehn Jahre verzichtet hatte, schrieb sein Stellvertreter Erhard Milch in sein Tagebuch: »Es war mein Eindruck, daß er sich vor Hitler fürchtete.«

Diese Furcht zeigte sich in doppelter Hinsicht. Göring fürchtete sich tatsächlich vor diesem Manne, aber er hatte auch Furcht vor dem, was dieser Mann anrichtete. So ist es wohl zu dem »heldischen

Zynismus« Górings gekommen, hinter dem er sich versteckte, um Hitler nicht gefährlich zu werden. Dazu gehörten auch die Maskeraden, die er genoß, wenn er sie anderen zeigen konnte, seine theatralischen Auftritte in wechselnden Kostümen, mit denen er seine Besucher zu beeindrucken wußte, denen sie jedoch närrisch vorkamen. Sie erinnerten an einen Kondottiere der Renaissance-Zeit Italiens oder, naheliegender, an Mussolinis Wandlungskünste.
Er schämte sich nicht seiner Tränen, die er offen zeigte, und er weinte oft vor anderen, wenn ihn Schläge getroffen hatten.
Unter den vielen Gemälden, die er zusammentrug, befanden sich auch Fälschungen, die er nicht erkannte, obwohl sein Kunstverstand nicht unbedeutend war.
Er war selbst ein Kunstwerk des Dritten Reiches, das so oft mit Fälschungen arbeitete.
Jedes Kunstwerk, eine künstliche Hervorbringung, fällt aus dem Rahmen des Allgemeinen, so zerstörerisch oder sinnentleert eine Epoche auch sein mag.
Es zieht Aufmerksamkeit auf sich, woran es Göring bei den Deutschen nicht fehlte. Hinter dem Würdenträger und Paladin sahen sie den Menschen, und das war ganz selten in jener Zeit des Führerstaates.
Und wenn sie den Menschen nicht sahen, dann stellten sie sich wenigstens vor, daß er dahinter verborgen sein müsse.
»Meine Stärke war meine Toleranz«, sagte Göring 1946 in Nürnberg zum Assistenten seines Verteidigers; auch das gehörte zu seiner Großsprecherei, aber es enthält doch etwas Wahres, wenn man bedenkt, was Toleranz in einem Staat bedeutete, der nicht tolerant war.
Da Göring mächtig war, Macht verschenken und verleihen konnte, hatte er Freunde, aber auch ehe er Macht erhielt, suchte man seine Nähe.
Frühere Freunde sagten später, seine Augen seien unvergeßlich, sie hätten etwas Überzeugendes und Zwingendes gehabt. Es muß eine Aura um ihn gegeben haben, die nicht nur seiner Stellung und Befehlsgewalt entsprach.
Er war großzügig, schenkte gern, arbeitete in seinen vielen Ämtern, die ihm aufgehäuft wurden, manchmal nur notgedrungen.
Er meinte, er könne sich auf seine Leute verlassen.
Als Minister und Ministerpräsident verlangte er Denkschriften, die nicht mehr als zwei Seiten umfassen durften, sonst seien sie für ihn nutzlos. Mehr als vier Seiten las er nicht. Seine Lektüre waren Edgar

Wallace und Karl May, aber auch historische Werke, in denen er eine Spiegelung seiner Person suchte.
Im Kreise der Potentaten des Dritten Reiches nahm er nach Herkommen, Erziehung und als mit dem »Pour le mérite« ausgezeichneter Offizier eine Sonderstellung ein, auch in gesellschaftlicher Achtung. Die in ihn gesetzte Hoffnung, er würde ein Garant für preußische Tradition sein, war vergebens. Vom preußischen Erbe hatte er lediglich »Immer in der Pflicht« für sich ausgewählt, doch die Moral, die diesem Pflichtbewußtsein zugehörte, mißachtete er, als er sich dem Nationalsozialismus verschrieb. Er kannte die Schwierigkeiten des Lebens und versuchte, gerecht zu sein, doch gleichzeitig entzog er sich ihnen und lebte in Traumwelten, denen er sehr irdische Fassungen gab. In diesem Rahmen nahm er in seiner Prunksucht die Allüren eines Parvenu an.
Zuletzt, 24 Stunden vor seinem Selbstmord mit Potassium Cyanid, wie die Wachen, die ihn vergebens bewacht hatten, das Gift nannten, schrieb er eine Proklamation an das deutsche Volk. Die amerikanische Armee-Zeitung »Stars and Stripes« hatte bereits angekündigt, sie werde veröffentlicht, aber das ist nie geschehen.
Sie soll in den amerikanischen Archiven von Alexandria, Virginia, verschwunden sein.
Wer hätte damals noch einem Reichsmarschall zugehört?
Die Reichsmarschälle von Pappenheim sind 600 Jahre lang seit 1192 die Generalquartiermeister des deutschen Reichsheeres gewesen, auch die obersten Feldrichter und die Verantwortlichen für das Straßen-, Transport- und Gesundheitswesen des Heeres. Der Reichsmarschall des Dritten Reiches Hermann Göring ist mit ihnen nicht vergleichbar.
Er erhielt zahlreiche Orden, für die ihm die Soldatenstadt Potsdam einen Schrein zur Aufbewahrung stiftete.
Er bekam fast alles, was es in seiner Zeit für einen ehrgeizigen und eitlen Mann gab, der aus der Geschichte seiner Familie für sich die Verpflichtung zum hohen Staatsdienst ableitete.
Aber daran ist er auch zerbrochen. Er war vielem gewachsen, nur nicht den Maximen einer Moral, die er doch in sich trug.

Berlin-Grunewald, Sommer 1983
Wolfgang Paul

Literatur- und Quellenverzeichnis

Abshagen, Karl Heinz: Canaris. Patriot und Weltbürger. Stuttgart 1949
Below, Nicolaus v.: Als Hitlers Adjutant 1937-45. Mainz 1980
Bethell, Nicholas: The war Hitler won. September 1939. London 1972
Bross, Werner: Gespräche mit Hermann Göring während des Nürnberger Prozesses. Flensburg und Hamburg 1950
Burckhardt, Carl Jakob: Memorabilien. München 1978
Burmester, Dirks: Alarmstart. St. Michael, Österreich 1982
Dahlerus, Birger: Der letzte Versuch. 2. Auflage München 1973
Deichmann, Paul, General der Flieger a.D.: Der Chef im Hintergrund. Ein Leben als Soldat von der preußischen Armee bis zur Bundeswehr. Oldenburg-München-Hamburg 1979
Dimitroff/Georg: Held von Leipzig. Eine Dokumentation auf zwei Schallplatten mit Originalaufnahmen des Reichssenders Leipzig von 1933 anläßlich des Reichstagsbrandprozesses. Litera DDR, o.Da.
Dornberger, Walter: Peenemünde – Die Geschichte der V-Waffen. Esslingen am Neckar 1981
Fraenkel, Heinrich/Manvell, Roger: Hermann Göring. Hannover 1964
Galland, Adolf: Die Ersten und die Letzten. Jagdflieger im Zweiten Weltkrieg. München 1982 (Taschenbuchausgabe)
Gilbert, G.M.: Nürnberger Tagebuch. (Taschenbuchausgabe) Frankfurt am Main 1962
Göring, Emmy, An der Seite meines Mannes. Preußisch Oldendorf 1980
Goertz, Heinrich: Gustaf Gründgens. Reinbek bei Hamburg 1982
The Goebbels Diaries. Edited and Translated by Louis P. Lochner. New York 1971
Joseph Goebbels: Final entries 1945. The Diaries. Edited and introduced by Professor Hugh Trevor-Roper. New York 1979
Gritzbach, Erich: Hermann Goering. The Man and his work. Englische Übersetzung der autorisierten deutschen Fassung. London 1939
Guderian, Heinz: Erinnerungen eines Soldaten. Heidelberg 1951
Halder, Generaloberst: Kriegstagebuch. Bearbeitet von Hans-Adolf Jacobsen in Verbindung mit Alfred Philipp. 1. - 3. Band Stuttgart 1962
Heinkel, Ernst: Stürmisches Leben. Biographie in Zusammenarbeit mit Jürgen Thorwald. (Taschenbuchausgabe) München 1977
Hoegner, Wilhelm: Flucht vor Hitler. München 1977
Ilsemann, Sigurd von: Der Kaiser in Holland. München 1968
Irving, David: The War Path, Hitler's Germany 1933-1939. London 1978
Irving, David: Hitler und seine Feldherren. Frankfurt am Main – Berlin-Wien 1975
Irving, David: Tragödie der Deutschen Luftwaffe. Aus den Akten und Erinnerungen von Feldmarschall Milch. Frankfurt am Main-Berlin-Wien (Taschenbuchausgabe) 1975

Jablonski, Edward: Airwar. New York 1979
Kehrig, Manfred: Stalingrad - Analyse und Dokumentation einer Schlacht. Stuttgart 1974
Kesselring, Albert: Soldat bis zum letzten Tag. Bonn 1953
Koller, Karl: Der letzte Monat. Mannheim 1949
Kordt, Erich: Wahn und Wirklichkeit. Die Außenpolitik des Dritten Reiches. Versuch einer Darstellung. Stuttgart 1947
Kriegstagebuch des Oberkommandos der Wehrmacht (Wehrmachtführungsstab). Band IV: 1. Januar 1944 - 22. Mai 1945
Kuntze, Paul H. Korvettenkapitän z.V.: Das neue Volksbuch von den Kolonien. Leipzig 1941
Maser, Werner: Adolf Hitler. Das Ende der Führer-Legende. Düsseldorf-Wien 1980
Mason, Herbert Molloy: Die Luftwaffe. Wien-Berlin 1973
Mosley, Leonard: Lindbergh. Biography. New York 1976
Mosley, Leonard: Göring. Bergisch Gladbach (Taschenbuchausgabe) 1977
Nauroth, Holger: Die Deutsche Luftwaffe vom Nordkap bis Tobruk 1939-1945. Bildband. Friedberg o.Da.
Paul, Wolfgang: Der Heimatkrieg 1939 bis 1945. Elzlingen am Neckar 1980
Paul, Wolfgang: Brennpunkte. Geschichte der 6. Panzerdivision 1937-1945. 2. Auflage Osnabrück 1983
Paul, Wolfgang: Das Feldlager. Jugend zwischen Langemarck und Stalingrad. 2. Auflage Esslingen am Neckar 1979
Paul, Wolfgang: Das Potsdamer Infanterieregiment 9. Preußische Tradition in Krieg und Frieden. Osnabrück 1983
Paul, Wolfgang: Der Endkampf um Deutschland 1945. 2. Auflage Elzlingen am Neckar 1978
Plehwe, Friedrich-Karl von: Reichskanzler Kurt von Schleicher. Esslingen am Neckar 1983
Reinhard, Oberst a.D.: 1918-19. Die Wehen der Republik. Berlin 1933
Rieckhoff, Herbert-Joachim: Trumpf oder Bluff? Zürich 1945
Ruge, Wolfgang: Hindenburg. Berlin DDR 1980
Schmückle, Gerd: Ohne Pauken und Trompeten. Stuttgart 1982
Schramm, Wilhelm Ritter von: Geheimdienst im Zweiten Weltkrieg. Organisationen-Methoden-Erfolge. 4. Auflage München 1983
Simon, Heiner: Wohin mit Nadeschda? Heilbronn 1983
Speer, Albert: Erinnerungen. Frankfurt am Main-Berlin 1969
Speer, Albert: Technik und Macht. Herausgegeben von Adelbert Reif. Esslingen am Neckar 1979
Sommerfeldt, Martin Henry: Ich war dabei. Die Verschwörung der Dämonen 1933-1939. Darmstadt 1949
Steinhoff, Johannes: In letzter Stunde. Taschenbuchausgabe München 1974
Tessin, Georg: Verbände und Truppen der deutschen Wehrmacht und Waffen-SS im Zweiten Weltkrieg 1939-1945. Erster Band: Die Waffengattungen – Gesamtübersicht. Bearbeitet auf Grund der Unterlagen des Bundesarchiv-Militärarchiv; herausgegeben, unter Mitarbeit von Brün Meyer, mit Unterstützung des Bundesarchivs und des Arbeitskreises für Wehrforschung. Osnabrück 1977
Wehrwissenschaftliche Rundschau, Jahrgang 17 (1967): Die Vernehmung des Reichsmarschalls Göring durch die Sowjets am 17. Juni 1945. Übersetzt und kommentiert von Wilhelm Arenz.

Wilamowitz-Moellendorf, Fanny Gräfin von: Carin Göring. 556.-620. Tausend Berlin 1941
Winterbothom, Frederich Colonel: Aktion Ultra. Frankfurt am Main-Berlin-Wien 1976
Zeitschrift für Politik, Band XIX 1972: Britisch-Deutsche Friedenskontakte in den ersten Monaten des Zweiten Weltkrieges. Eine Dokumentation über die Vermittlungsversuche von Birger Dahlerus von Bernd Martin.
Sowie
Landesarchiv Berlin
Bundesarchiv/Militärarchiv Freiburg im Breisgau
Privat veröffentlichte und unveröffentliche Quellen
Privatarchiv Wolfgang Paul, Berlin-Grunewald

Register

Ach, Alwin von 86
Alvensleben, Werner von 132
Amann, Max 76f., 83
Andrus; Oberst 348, 349
August Wilhelm Prinz von Hohenzollern 105, 107, 109, 135, 181, 190, 195, 199

Backe; Staatssekretär 296
Bahr von 105
Bahr, Hermann 175, 192
Balbo; General 151f., 219f., 238
Ballin 85f.
Ballin, Ilse 242
Bär 324
Barkhorn 324
Beamish, Huldine, siehe Fock, Huldine von
Beaumont, Frank 56
Beck; Oberst 107, 228
Behring, Emil 32
Beindorff 123
Below, Nicolaus von 22f., 199, 214, 216, 225, 227, 230, 233, 239, 243, 269, 281, 286, 302, 304, 321, 329, 336
Berndt, Alfred Ingemar 143
Besymenskij, Lew 347
Bethmann-Hollweg, Theobald 59
Bildt, Paul 176
Bismarck, Otto von 34f., 38, 134, 137, 148
Blaschke, Dr. 329
Blaskowitz; General 260f.
Blomberg von 131, 133, 180, 188, 192, 205, 208, 212, 215, 217, 218f.
Bob 324
Bodenschatz, Karl; General 16, 18, 49–51, 88, 157, 214, 242, 278, 287, 296, 300, 310
Boelcke 47f.,
Bolle; Rittmeister 194
Bormann, Martin 282, 300f., 322, 328, 336–338
Bosch, Robert 123
Böttger; Dolmetscher 16
Bouhler; Reichsleiter 215, 334
Brandenburg, Ernst 132, 155
Brauchitsch, Bernd von 328, 330
Brauchitsch, Walther von 21, 24, 219, 236, 252, 254, 270, 332, 340, 344
Braun, Eva 118
Braun von 116
Braun, Wernher von 309
Bredow von; General 189, 336
Breker; Bildhauer 281
Brockdorff-Rantzau 58
Bross, Werner 30f., 190, 229, 232, 236, 265, 276, 297, 324, 359
Brundage, Avery 207
Brüning, Heinrich 106, 108, 111, 113, 115
Brünneck, Graf von 72
Burckhardt, Carl J. 10–12, 20f., 33
Bürckel; Gauleiter 223
Burckhardt, Jacob 33
Buttlar von 47

Cadogan, Alexander 253, 255
Canaris; Admiral 268
Caprivi, Leo von 32
Carlowitz 127
Caspar 47
Castiglioni, Camillo 97, 99, 150
Cavour, Graf von 262
Cederström, Carl 57
Chamberlain, Neville 11, 26, 29–31, 212, 227f., 231, 240, 248, 253–256, 262

Christian; General 329, 332
Christiansen 156
Christoph; Prinz von Hessen 119
Chroneiß, Theo 178
Churchill, Winston 31, 216, 231, 253, 262, 268, 273, 298, 335
Ciano, Galeazzo; Graf 20f., 240
Clemenceau, Georges 58
Conradi; Oberstleutnant 26
Cranach, Lukas 216
Cuno, Wilhelm 78, 123

Dahlerus, Birger 11, 13–19, 21–28, 245–249, 252–255, 262, 310
Dahlerus, Elisabeth 13
Daladier 228
Danner, Ritter von 84
Decker-Hauff; Professor 33
Deichmann, Paul 195, 202f., 211, 251, 266, 268, 271, 295, 297, 339f.
Diels, Rudolf 138, 142
Diesel, Rudolf 32
Diesing; Oberst 309
Dietl 274
Dimitroff, Georgi 165–168, 172
Dirksen; Botschafter 248
Dollfuß, Engelbert 191
Dönitz; Admiral 319, 326, 339f.,
Dornberger; General 315f.
Dornier 103
Douhet; General 201
Dowding; Luftmarschall 274
Drake, Francis 235
Dubail; General 42
Duesterberg 113f.
Dungern, Otto von 33

Ebert, Friedrich 52f., 84, 97, 115
Eckardt, Dietrich 76f.
Eggert; Leutnant 30
Eichel-Streiber 324
Eigruber; Gauleiter 339
Eisenhower, Dwight D. 325, 335, 340f.,
Eltz-Rübenach 116
Engel; Heeresadjutant 25
Epenstein, Hermann von 36–41, 47, 66–68, 193, 223, 352
Epenstein, Lilly von 223, 242
Epp, Ritter von; General 56, 106, 107, 243
Ernst 141, 188f.
Esser, Hermann 76, 107
Ettlinger, Karl 176

Fechter, Paul 220
Felmy; General 237, 242, 258
Feyder, Jacques 13
Fisch; Geheimrat 47, 155
Foch; Marschall 265
Fock, Carl A. von 64f.
Fock, Elsa von 65
Fock, Huldine von 64f., 90f., 99, 101, 110
Fock, Johan von 65
Fock, Mary von, siehe Rosen, Mary von
Fokker, Anthony 44
Forster; Gauleiter 20
Forzano 176, 261
Franco, Francisco 9, 206, 238
François-Poncet 228
Frank; SS-Führer 336f.
Frank, Hans 255
Freigang; Major 328
Frick, Wilhelm 100, 107, 113, 120, 235
Fritsch von; Generaloberst 187, 196, 215, 218
Gablentz 289
Galland, Adolf 151, 230, 274f., 282, 289, 291, 302, 311, 313, 317–319, 322–324, 327f..
Garbo, Greta 13
Gayl, von 116
Georg, König von England 212
George, Heinrich 299
Gerum, Josef 83
Gessler, Otto 78, 84
Gilbert, G.M. 349f.
Godin, Michael von 85f.
Goebbels, Josef 99f., 103, 106–108, 112, 124f., 132, 135, 139f., 142–145, 149f., 160, 165, 168f., 171, 175, 177, 185, 200, 232–235, 256, 286, 299f., 326f.
Goebbels, Magda 112, 118, 132

Goertz, Heinrich 176
Gollob; Oberst 323
Göring, Carin 61f., 64–71, 74, 76f., 81, 86, 87–93, 94–96, 98f., 101, 104, 108–111, 112, 118f., 152, 160, 170, 183f., 199, 218, 238, 331
Göring, Edda 18, 226, 231, 242, 317, 325, 328, 331, 346, 352
Göring, Emmy 18, 29f., 117f., 133–136, 138, 153, 158–160, 175–177, 184, 192f., 195–199, 208, 215, 218, 226f., 236, 237f., 251, 256, 258f., 292, 308, 317, 325, 328, 331, 337, 339, 341, 344, 346, 352
Göring, Franziska 32f., 35–41, 53, 66f., 69, 81, 243
Göring, Heinrich Ernst 32–40, 67, 81, 147
Göring, Herbert 205
Göring, Karl Ernst 35, 111
Göring, Olga 36, 42
Göring, Paula 37, 40, 42
Göring, Peter 266, 290f.
Graf; Frau 37, 40
Graf, Ulrich 83, 85
Granville, Lord 34
Greim, Ritter von 213, 312, 322f., 336, 338
Grimm, Hermann 33
Gritzbach, Dr. 162f., 245
Groener, Wilhelm 80f., 115, 173
Grönert; Ministerialrat 16
Großkreuz, Major 155
Gruhn, Eva 216, 218f.
Gründgens, Gustaf 159–161, 175–177, 192f., 196, 220, 261f., 292, 299, 311f.,
Grundtmann; Fräulein 137, 143, 249
Grünspan, Herschel 232
Guderian, Heinz 202, 207, 251, 326
Gürtner 116
Gustaf V. von Schweden 254, 259

Hacha, Emil 239
Hadamovski, Eugen 135
Halder; General 21, 25, 228, 254, 268–270
Halifax; Lord 11, 21, 24–26, 238, 253, 255f., 268
Hammerstein-Equord, von 131f.
Hanfstaengl, Ernst 76f., 83f., 88, 168
Haniel 124
Hansson, Per Albin 23
Hartmann, Paul 292
Hassel, Ulrich von 151, 235f.
Hauptmann, Gerhart 32
Hausen von; Generaloberst 47
Hecker 123
Heeringen von; Generaloberst 42
Heermanns, Dr. 258
Heinkel, Ernst 150, 204, 226f., 244, 288, 290
Heissmann, Fritz 143
Hellferich 123
Henckel-Donnersmarck 105
Henckels, Paul 176
Henderson, Neville 24f., 30, 212, 222, 226, 235, 238, 242
Hergesell; Stenograph 334
Herget 324
Heß, Ilse 107
Heß, Rudolf 76f., 83f., 91f., 135, 171, 216, 281f.,
Hetzelt 170
Heusermann; Frau 328
Heydrich, Reinhart 188f., 218, 233, 235, 285f.,
Hilgard 234
Himmler, Heinrich 112, 154, 179, 185, 188f., 218, 222, 255, 260, 286, 310, 322, 347
Hindenburg, Oskar von 131, 173, 181
Hindenburg, Paul von 72, 80f., 104, 106, 110, 113–116, 120f., 125–127, 129–131, 133f., 148, 151, 161–163, 169, 173, 178, 180–182, 185, 187, 190–192
Hoeppner von; Generalleutnant 47
Hofer 345
Hoffmann; Fotograf 107, 118
Hoffmann; (Sekretärin Hitlers) 107
Hohagen 324
Holden, A. 11
Holm, Eleanor 207
Horwitz, Mirjam 176
Höß 286
Hoßbach; Oberst 215
Huber, Paula (s.a. Göring, Paula) 110

Hugenberg, Alfred 113, 116, 132, 134, 145f.
Hull, Cordell 253

Ilsemann, Sigurd von 109
Ironside; Marschall 21, 252
Irving, David 152, 203

Jablonski, Edward 204
Jackson 356
Jeschonnek; Oberst 237, 249, 257, 266, 269, 277f., 302
Jodl; General 259, 319, 326, 334
Johst, Hanns 159, 175
Jung, Edgar 185, 190
Junker 103, 227

Kaas 130
Kahle; Professor 214
Kahr, Ritter von 72, 79f., 82–84, 87
Kalckreuth von 123
Kammhuber 282
Kaneff 168
Kantzow, Carin von, siehe Göring, Carin
Kantzow, Nils von 65f., 96
Kantzow, Thomas von 66f., 95f., 108, 185, 199, 207, 241, 252, 259
Karajan, Herbert von 220
Keitel; General 319, 326, 336
Kelley; Sanitätsoffizier 346
Kemnitz, Mathilde von 80
Kennedy, Joseph 228, 253
Keppler; Sonderbotschafter 221f.
Kerrl; Kirchenminister 215
Kesselring; General 204f., 211, 258, 266, 339f.,
Kessler; Graf Harry 140
Kirdorf 114
Kissinger, Henry 19
Klaas; Major 344
Klausener; Ministerialrat 190
Kleist, Leopold von 108f.
Knillinger von 80, 82
Koburg, Herzog von 105
Köckritz von 70
Koller; General 316, 322, 328, 330, 332, 334, 338–340
Konrad; General 328
Koppenberg 281
Körner, Paul 16, 98, 100, 107, 110f., 117f., 132, 151, 157, 187, 189, 209, 238
Korten; General 310
Koser, Reinhold 32
Kramer, Dr. 316
Krauß, Werner 193, 262
Krebs; General 338
Kreige; General 312
Kreis, Wilhelm 280
Kriebel; Oberst 91
Kropp, Alfred 157
Kropp, Robert 328, 344f.
Krosigk, Schwerin von 116, 301
Krupinski 324
Krupp 123, 170
Krupp von Bohlen und Halbach 139
Kubala; Major 344

Lahs 132
Lammers; Reichsminister 300, 334f.
Leeb, Ritter von 254
Le Fort, Gertrud von 33
Lessing, Gotthold Ephraim 177
Ley, Robert 248
Lindbergh, Charles 206f., 228
Lindemann, Gustav 160
Lipski; poln. Botschafter 237, 239
Lloyd George, David 58
Lochner 169
Loerzer, Bruno 41, 43, 45f., 48f., 98, 156, 321
Londonderry, Lord 212
Lossow von; General 79f., 82–84
Lubbe, Marinus van der 141f., 165, 168
Ludendorff, Erich 42, 72, 80f., 83–86, 90–92, 115, 173
Ludin; Leutnant 107
Lüderitz 34f.,
Lützow; Oberst 317, 322–324

MacLaren, Charles 11
Mafalda; Prinzessin von Hessen 95, 221
Makart, Hans 216
Manvell, Roger 57

Marcks 127
Martin, Lily 65
Martin, Seth 65
Mason, Herbert Malloy 290
Mastny 222
Mauser, Marianne 47, 56, 223
Meißner; Staatssekretär 125, 131f., 173
Mensforth, T. 11
Messerschmitt 227, 245, 276, 304
Miklas, Wilhelm 221
Milch, Erhard 22, 106f., 117, 132f., 146, 151f., 155f., 178, 188–193, 194–196, 206, 208, 210, 213, 216, 231, 237, 239f., 242f., 249, 259, 261f., 265f., 276–278, 283f., 288f., 297, 299, 307, 309, 321
Mölders, Werner 230, 274f., 289–291
Möller, Hanna 13
Möller, Siegfried 13
Molotow 277
Morell, Dr. 239
Mosley, Leonard 282, 287, 345
Mountain, Brian 11
Müller; General 79
Müller; Reichsbischof 198, 231
Müller, Hermann 100, 106
Müller, Karl Alexander 85
Munthe, Axel 210
Mussolini, Benito 25, 80f., 95, 151f., 173, 176, 184, 191, 200, 210, 212, 215, 221, 228, 237, 240, 259–262, 293, 310
Mutschmann; Gauleiter 165

Nansen, Fridtjof 32
Nehring; General 313
Neumann; Oberst 323
Neurath von 116, 131, 215
Niemann 107
Niemann; Frau 107
Nicolson, Harold 207
Nissen, Elisabeth, siehe Dahlerus, Elisabeth
Noske, Wilhelm 115
Nowottny; Major 317

Oberth, Hermann 103
Oesau; Oberst 291
Oldenburg-Januschau 173
Ondarza, Dr. von 328, 330
Oppeln-Bronikowski; Major 47
Ossietzky, Carl von 97
Ott; Oberstleutnant 126f.

Papen, Franz von 116, 120–122, 125–127, 130f., 133, 137, 142, 151, 173, 181f., 185, 190f., 221
Palch; General 344
Pau; General 42
Pétain; Marschall 343
Petz; Oberst 303
Philipp; Prinz von Hessen 95, 107, 119, 157, 221
Phipps, Eric 184
Plehwe, Friedrich-Karl von 74, 116, 126, 129, 189
Plesman, Albert 266
Poincaré, Raymond 75
Popitz; Finanzminister 235
Popoff 165
Price, Ward 195

Quandt, Magda, siehe Goebbels, Magda
Quirnheim, Mertz von 181

Raeder 270
Raschid, Harun al 180
Rath von; Legationsrat 232, 235
Raubal, Angela 112
Raubal, Geli 112, 116, 118
Rawson, S.W. 11
Rehberg, Hans 220
Reichenau von; General 180, 189, 192
Reinhardt; Hauptmann 49
Reinhardt, Walter 53f.,
Reinhart 123
Renwick, Robert 11
Reusch, Paul 124
Rhodes, Cecil 36
Ribbentrop, Joachim von 20–24, 29, 131, 212, 237, 239f., 242, 255, 310, 336
Richthofen, Lothar von 49, 250
Richthofen, Manfred von 48f., 202
Roberts, Frank K. 253

Rödel; Oberst 322
Röhm, Ernst 76, 84, 107, 112, 120, 171, 180f., 187f.,
Roosevelt, Frank D. 31, 235, 259, 298
Rosen, Eric von 60, 62, 65
Rosen, Mary von 60, 62, 65
Rosenberg, Alfred 76f., 93, 276
Rosterg 123
Rudel; Major 319f., 328
Ruge, Wolfgang 123, 173
Rundstedt von; General 119, 311
Rupprecht; Kronprinz von Bayern 72
Rusch, Sepp 40

Salomon, Pfeffer von 87, 106
Sauckel; Gauleiter 293
Sauerbruch, Ferdinand 180
Saur 307
Schacht, Hjalmar 108, 123, 139, 146, 205, 214, 216, 350
Schäffer 116
Schaub, Julius 256
Scheringer; Leutnant 107
Scheubner-Richter 85
Scheuch; Kriegsminister 53
Schiller, Friedrich von 312
Schirach, Baldur von 165, 215
Schirach, Henriette von 215
Schlageter, Albert Leo 78
Schleicher, Kurt von 74, 116f., 122, 125–128, 130–132, 173, 179, 181, 189f.
Schlusnus, Heinrich 198
Schmid, Beppo 301
Schmidt, Paul 259
Schmidt, Paul Otto 256
Schmidt, W. 32
Schmundt 242
Schröder von 123, 130
Schukow; Marschall 324
Schulze-Boysen, Harold 294
Schulze-Naumburg 107
Schuschnigg, Kurt von 212, 221
Seeckt von; General 53, 79, 84
Seisser; Oberst 80, 82–85
Seyß-Inquart, Arthur 221, 350
Shakespeare, William 193
Siebel, Victor 98
Siegert; Major 47
Siemens 123
Siemers, Walter 255
Silverberg 123f.
Solms; Graf 105
Sommerfeldt, Martin Henry 53, 124f., 130, 137, 140, 142–144, 158, 162f., 168f., 173, 184
Sonnemann, Emmy, siehe Göring, Emmy
Sonnino 58
Sophie; Prinzessin von Hessen 119
Soppelsa, Dr. 88
Spaatz; General 341
Speer, Albert 171f., 280f., 293f., 296f., 299–301, 307, 326, 329, 348, 351
Spencer, Charles F. 11, 14, 19, 245, 247
Sperrle 266
Stack; General 341
Stahmer, Otto 30, 349
Stalin, Josef 21, 256
Stauffenberg, Graf von 310
Stauss von 133
Stehlin, Paul 241f.
Steinhoff, Johannes 317f., 322–324
Strasser, Gregor 100, 125–127, 131, 190
Strasser, Otto 106
Strauss, Richard 197
Streek, Hans 85
Stresemann, Gustav 78, 93, 104
Student; Generaloberst 311
Stülpnagel, Joachim von 131
Stumpff; General 206, 213
Stüve, Mary-Lies 13–16, 18f.,

Taneff 165, 168
Thälmann, Ernst 113f., 144f.
Thomson; Oberstleutnant 47f.
Throtha von 165
Thüna von 47
Thyssen, Fritz 100f., 108, 114, 123, 146, 199, 247, 251
Tiefenbrunner, Franziska, siehe Göring, Franziska
Tirpitz, Alfred von 59, 294
Tietjen, Hans 175
Todt, Dr. 225, 259, 293

Torgler 168
Trautloft; Oberst 323
Trolle-Wachtmeister, C.A. 11
Truman, Harry S. 335
Trutz, Wolf 176
Tschaikowskij, Peter 32
Tuch 170

Udet, Ernst 22, 48, 53, 56, 136, 202, 205, 207, 211, 213, 216, 226f., 237, 243–245, 248f., 265, 276, 281, 284, 288–290
Ulbrich, Franz 159, 176
Ursuleae, Viorica 198

Vesoul, Abraham von 33
Vögler, Albert 124
Vuillemin; General 227

Wachowiak, Cilly 107f., 112, 135, 231
Wagner; General 295
Wagner, Richard 67, 177
Walterspiel, Alfred 228
Warsitz 244f.
Weber, Dr. 91
Wedel von; Leutnant 108
Weizsäcker, Ernst von 12, 248
Welles, Sumner 259f.
Wels, Otto 149
Wendt; Oberleutnant 107
Wever; General 155, 178, 191, 195, 201, 202, 204, 290
Widdessen 47
Wied, Marie-Elisabeth zu 68, 107f.
Wilamowitz-Moellendorff, Dagmar 69
Wilamowitz-Moellendorff, Fanny von 60, 62, 64–70, 74, 82, 84, 86, 94–96, 101, 109f., 184
Wilamowitz-Moellendorff, Wichard 65
Wilde, Oscar 32
Wilhelm II.; dt. Kaiser 38, 40, 49, 108f.
Wilkinson, Ellen 212
Wilson, Horace 248
Wilson, Woodrow 58
Wimmer; Oberst 202, 204
Windsor, Herzog von 215
Winterbothom, Frederick 271f., 274
Witthoeft 123
Woermann 123
Wohlfart, Dr. 248

Young, Owen 102

Zeppelin, Ferdinand von 33, 44
Ziegel, Erich 176
Zuckmayer, Carl 289

Bildnachweis

Süddeutscher Verlag 1, 3, 8, 14, 15, 16, 20, 22, 23, 25, 27, 28, 29, 30, 31, 32, 33, 35, 36, 37, 38, 39, 40, 42, 45, 46, 48, 49, 50

Ullstein Bilderdienst 5, 7, 13, 17, 18, 19, 21, 24, 26, 34, 44, 47

Privat 2, 4, 6, 9, 10, 11, 12, 41, 43, 51, 52, 53